JN386651

영어과 교수·학습 과정안

영어과 교수·학습 과정안

김 정 렬 지음

한국문화사

|서문|

영어 수업에 관심을 갖고 우리 학생들과 함께 공부하고 자료를 모으면서 영어과 교수·학습 과정안에 대한 내용을 정리할 필요가 있었다. 우선 예비교사들의 경우에 대학에서 교수 내용과 방법에 대한 이론적인 내용은 많이 배우지만 실제로 학교 수업을 상정하고 배운 것을 교수·학습 과정안에 담아내려고 하면 학생들과의 상호작용 경험이 없어서 많은 어려움이 따른다. 반면에 교직경험이 많은 교사들의 경우는 학교 수업 경험이 많기 때문에 예비교사들과 같은 어려움은 없지만, 반대로 수시로 변하는 교육과정에 대한 이론적 바탕이 오래전에 대학에서 배웠던 것과는 달라서 체계적인 교수·학습 과정안을 구성하는 것이 생각만큼 쉽지 않다.

이런 어려움을 해결하기 위한 방법으로 최근 교육과정의 이론적 바탕위에서 우선 각종 수업 공모전에서 우수작품으로 공인된 교수·학습 과정안을 모아서 우리 학생들에게도 샘플로 삼도록 하면서 이들을 분류해 보았다. 분류해보니 주로 의사소통적 방법으로 듣기, 말하기, 읽기, 쓰기와 같은 기본적인 언어기능을 가르치는 교수·학습 과정안, 스토리텔링, 내용통합, 역할놀이와 같이 수업의 내용이나 활동과 관련된 교수·학습 과정안, 팀티칭, 수준별 수업과 같이 교사나 학생 변인과 관련된 교수·학습 과정안, TPRS, TBL, ESA와 같이 온전히 교수방법을 구현해내고자 하는 교수·학습 과정안이 있었다. 물론 이들 교수·학습 과정안을 위에 열거한 범주로 묶을 수도 있지만 위와 같이 나열하는 방법으로는 초등과 중등의 학교급에 따른 변인까지 있어서 구조화하기가 힘들 것으로 보였다.

그래서 생각해낸 것이 영어 수업을 계획하는 과정이 되는 교수·학습 과정안의 구성으로 분류하고자 했다. 교수·학습 과정안에는 약안과 세안이 있으며 특정 교수방법을 온전히 보여주고자 하는 대안이 있다. 그리고 기본적으로 교수·학습 과정안을 제대로 구성하기 위해서는 영어수업에 대한 이해와 교수·학습 과정안의 기본적인 사항들인 용어와 양식을 알아야 할 필요가 있다. 이렇게 하니 각 장이 제1장에 영어과 수업, 제2장에 교수·학습 과정안, 제3장에 영어과 수업 약안, 제4장에 영어과 수업 세안, 제5장에 영어과 수업 대안으로 정리가 되었다. 여기서 강조해서 언급해야 될 것은 약안과 세안에 있는 교수·학습 과정안들은 각 안의 사례일 뿐이지 필연적인 관련성이 있는 것은 아니라는 것이다.

예를 들어, 스토리텔링이나 팀 티칭이 약안 만으로 제시될 수 있다는 것을 의미하지는 않으며, 마찬가지로 세안에 제시된 기본형, 내용통합, 역할놀이, 수준별 수업도 약안으로 제시될 수 있다는 것이다. 다만 약안과 세안을 구분하고 작성할 줄 알아야 하는데 사례를 모두 약안과 세안 양쪽에 제시할 필요가 없어서 독자들이 약안과 세안의 개념과 구성 방법을 알면 작성할 수 있는 정도로 사례를 보여주는 것에 방점을 찍었다.

좋은 영어과 교수·학습 과정안은 좋은 영어수업의 충분조건은 아니지만 필요조건이다. 다시 말해서 좋은 영어과 교수·학습 과정안이 곧 바로 좋은 영어수업을 담보하는 것은 아니지만 좋은 영어과 교수·학습 과정안 없이 좋은 영어수업은 있을 수 없다는 것이다. 이런 맥락에서 영어수업에 관심을 갖고 수업의 질적 향상을 도모하고자 한다면 영어과 교수·학습 과정안에 대한 이해를 높이는데서 출발할 필요가 있다. 이 책이 만들어지기까지 김지영 선생과 김민성 선생이 교정을 도와주었고, 특히 박수정 선생은 원고의 정리와 색인어 추출까지 많은 도움을 주었다. 대학원에 파견왔다가 이미 졸업해서 현장으로 복귀하신 세 분 선생님들께 지면으로 다시 한 번 감사드린다. 아직 부족한 점이 많은 책이지만 이 책이 무엇보다도 관심있는 독자들의 영어과 수업 개선에 조금이나마 보탬이 된다면 그 이상 바랄 것이 없을 것이다.

2017년 2월 늦은 밤

사락서실에서 지은이 씀

|차례|

제4장 영어과 수업 세안 (Master Plan)_____129

영어과
교수·학습
과정안

제1장

영어과 수업

이 책은 영어과 수업을 미리 계획하고 설계할 때에 교사들이 활용 가능한 교수·학습 과정안의 구성과 내용을 살펴보는 것이다. 교수·학습 과정안은 교사들이 수업을 설계할 때에 수업의 시간적 흐름을 따라서 시작부터 끝까지 가르칠 수업 내용과 수업 활동을 구안하는 형식적 틀이다. 교수·학습 과정안을 수업 전에 미리 구안하는 것은 수업의 질을 높여 성공적인 영어 수업을 할 수 있도록 돕는 것을 목적으로 한다. 수업의 질 향상을 담보한 성공적인 영어 수업은 계획하고 실천하고 반성하면서 보다 나은 수업을 하기 위하여 현재 수업의 개선점을 찾아 다음 영어 수업 계획에 반영하고 적용할 때 실현된다고 할 수 있다. 그렇다면, 영어과 교수·학습 과정안을 들여다 보기에 앞서 우리는 영어 수업이란 무엇인가에 대한 명확한 개념을 이해하고 있어야 한다. 1장 전반부에서는 먼저 영어 수업의 개념을 정의하여 보고, 타 교과 수업과 달리 영어 수업이 갖는 특징들을 간략히 살펴보도록 하겠다.

수업의 성공 여부를 따질 때에는 여러 가지 변인들이 작용하는데, 수업에 영향을 미치는 요소들을 변인이라 한다. 예를 들어 성공적인 영어 수업은 대다수의 학생들이 수업에 적극적으로 참여할 때 이루어질 수 있고 한다면 이때 학생이라는 요소가 영어 수업에 영향을 미치는 변인이 되며, 적극적인 학생의 참여도가 영어수업의 성공 요인이 된다. 1장 후반부에서는 영어 수업에 영향을 미치는 변인에는 어떠한 것이 있으며, 이 변인들이 어떻게 작용할 때 성공적인 영어 수업이 될 수 있는지에 대해 논해보도록 하겠다.

1.1 영어 수업

수업은 학교 교육의 핵심으로서 교사와 학생 간 서로 가르치고 배우는 실제적인 경험을 나타낸다. 수업에 대한 정의는 학자마다 조금씩 다르게 표현되는데, Gage(1963)는 '무엇을 할 수 있거나 행동할 수 있는 방도를 가르치기 위해서 제공되는 인간적인 영향'으로 보았고, Amidon과 Hunter(1967)는 '교실 수업 상황에서 교사와 학생들이 주고받는 언어의 상호작용 과정'으로 보았다. Klauer(1985)는 '학습자들에게 학습이 일어나도록 해주는 인간적인 상호작용'을 수업이라고 정의했고, Robertson(1987)은 '상대에게 의도한 학습이 유발되도록 하기 위해 수행하는 행동'으로 규정하였다. 이들의 수업에 대한 정의에서 수업의 중요한 특성을 도출할 수 있는데 첫째, 수업은 교사와 학생의 인간적인 상호 작용 과정이라는 점이고 둘째, 수업은 의도적인 활동이라는 점이다. 여기에서 수업은 '어떤 의도나 계획에 따라 교사와 학생간의 상호작용'을 의미한다고 할 수 있을 것이다.

그런데 교사와 학생간의 상호작용만으로 수업을 설명할 수는 없다. 왜냐하면 수업은 교사와 학생, 가르치고 배우는 내용을 매개로 하여 삼각관계를 형성하고 있기 때문에 내용 없는 교사와 학생간의 상호작용은 진정한 의미의 수업이라고 할 수 없겠다. 당연히 학생을 무시한 교사와 내용과의 상호작용, 교사를 무시한 학생과 내용간의 상호작용도 진정한 의미에서 수업이라 할 수 없다.

따라서 여러 학자들이 수업에 대해 내린 정의들의 공통적 요소를 추출하고, 교사, 학생, 내용을 매개로 하는 수업의 삼각관계를 종합하여 볼 때, 수업이란 교육의 목적을 달성하기 위해서 교사와 학생이 교육내용을 가지고 상호작용하는 일련의 과정을 의미하고, 학교 교육의 핵심적 활동이라고 할 수 있다. 다음 그림은 이와 같은 수업의 개념을 잘 도표화시켜 놓고 있다.

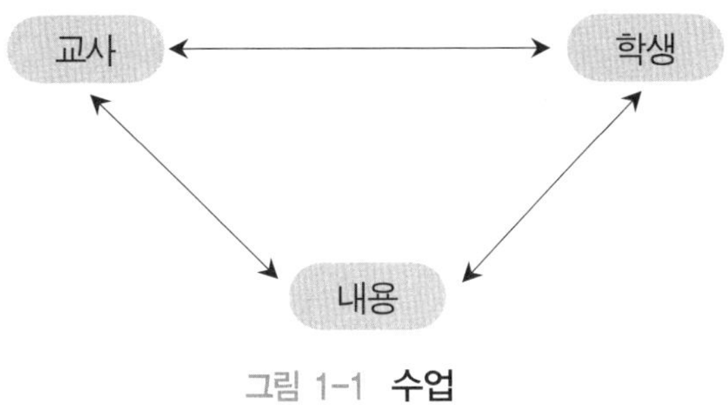

그림 1-1 **수업**

수업을 교사와 학생이 교육내용을 가지고 상호작용하는 의도적인 활동 과정으로 바라봤을 때, 영어 수업은 교사와 학생이 영어라는 언어 내용을 가지고 상호작용하는 활동이라 볼 수 있다. 즉 영어 수업은 영어라는 언어를 교육내용으로 다룬다고 할 수 있다.

언어는 의사소통의 수단으로 사용되며, 여기서 의사소통이란 말이나 글을 이해하고 표현하는 행위로서 말을 듣고 반응을 나타내거나 글을 읽고 대상이나 자신의 생각을 전달하는 행위와 과정을 말한다. 특히, 현재의 세계적인 추세 속에서 영어는 전 세계적으로 통용되는 강력한 국제어로서 국제 정치, 경제, 사회, 문화 등 모든 영역에서 핵심적인 주요 의사소통 수단으로 사용되고 있다. 영어로 의사소통할 수 있는 능력은 이제 선택이 아니라 필수가 되었다고 해도 과언이 아니다. 우리나라도 세계적 추세에 발맞추어 국가 정책적으로 영어교육을 초·중·고등학교에서 실시하고 있다. 이제는 과거 문법 번역 중심의 영어교육이 아닌 궁극적으로 영어로 의사소통하는 능력의 신장에 영어교육의 목표를 두고 영어 수업을 실시할 것을 권고하고 있다. 따라서 영어 수업은 학생들의 영어 의사소통 능력의 신장에 그 목적을 두고 있다.

따라서 앞서 정의한 수업의 개념을 영어 수업에 적용하여 영어 수업을 정의해보면, 영어 수업이란 영어 의사소통 능력을 신장시키기 위해서 교사와 학생 간에 영어라는 언어 내용을 가지고 상호작용하는 활동이라 할 수 있겠다. 영어 수업의 개념을 도표화 시키면 아래 그림과 같다.

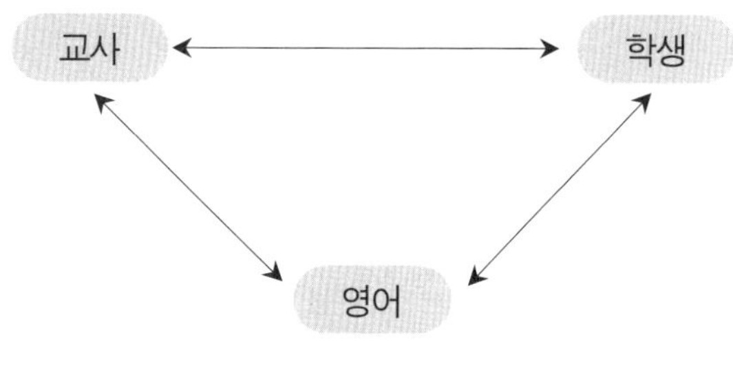

그림 1-2 **영어 수업**

1.2 영어 수업의 특징

우리는 앞 절에서 영어수업의 개념에 대해 살펴보았다. 영어 수업이란 영어 의사소통 능력을 신장시키기 위해서 교사와 학생 간에 영어라는 언어내용을 가지고 상호작용하는 활동이라 하였다. 이 절에서는 영어 수업이 갖는 특징들을 간략히 살펴보도록 하겠다. 우선 EFL(English as a Foreign Language) 상황에서 영어 수업이 가지는 중요성을 살펴보고, 목표, 내용, 방법, 자료, 상호작용 측면에서 영어수업이 가지는 특징들을 살펴보도록 하자.

1.2.1 EFL 상황에서의 영어 수업

우리나라는 EFL 상황이기 때문에 학생들이 실제 생활에서 영어를 접하고 사용할 기회가 거의 없다. 영어는 주로 교실에서만 배우고 사용하게 된다. 또 학생들이 한국어를 습득한 후 학교 교육을 통해 배우므로 한국어처럼 자연스러운 습득이 어렵고, 학교라는 형식적인 틀 속에서 이루어지는 교수-학습의 과정을 통해서 영어를 배우게 된다. 이처럼 학교 밖에서 영어를 사용할 수 있는 기회가 전반적으로 부족한 우리나라 상황에서 영어 수업은 학생들의 영어 습득에 중요한 역할을 한다.

1.2.2 영어 수업의 목표

학교에서 영어를 가르치는 이유는 한국어와 영어를 모두 유창하게 구사하는 이중 언어 사용자를 만들기 위한 것이다. 따라서 우리나라 영어 교육은 영어학, 영문학 같은 전문적 지식의 습득을 목표로 하는 것이 아니라 의사소통 능력의 신장을 목표로 한다. 즉, 영어를 의사소통을 위한 수단의 하나로서 바라보며, 영어를 익히고 사용할 수 있도록 하는데 목표를 둔다.

학생들은 이미 습득한 한국어 능력을 기초로 언어 생활을 심화, 확장해 가는 과정에서 한국어와 다른 언어적 특징을 가진 영어로 의사를 전달하는 방법과 기술을 배우게 된다. 영어 수업을 통해 학생들은 영어의 기능을 더 잘 이해하고, 언어적, 문화적으로 상이한 사람들에게 자신의 생각과 감정을 표현할 능력과 기능을 기르게 된다. 영어 수업은 영어의 사용 능력을 길러주는데 최고의 가치성을 둔다(Widdowson, 1978)고 할 수 있다.

1.2.3 영어 수업의 내용

영어 수업은 언어를 다루는 수업으로서, 언어의 4기능, 듣기, 말하기, 읽기, 쓰기 능력을 향상시키는 것을 목표로 한다. 학생들은 영어 수업을 통해서 영어로 듣고, 말하며, 읽고, 쓰는 법을 배우게 된다. 또 영어 수업은 영어를 모국어로 사용하는 사람들의 사회적·문화적 사고방식 등도 다룬다. 이 과정에서 학생들은 영어 자체에 대한 체계와 구조 및 기능을 이해하고, 영어권 문화를 자연스럽게 배우게 된다.

특히, 영어 수업은 한국어와 상이한 영어의 언어적 구성요소를 내용으로 다루기 때문에 국어를 교육 매체로 사용하는 기타 교과의 수업과 다르다. 영어 수업은 영어의 발음 방법, 상황에 따른 간단한 사용 방법, 문자 등을 가르치되 영어 학습에 대한 긍정적인 태도, 의사소통 기능에 대한 인식, 영어권 문화에 대한 이해에 초점을 둔다.

1.2.4 영어 수업의 방법적 특징

영어 수업은 학생들의 활동과 과업을 중심으로 운영된다. 기본적으로 영어 수업은 영어 연습의 단계를 지나 영어 사용을 통한 습득 과정으로 진행되는데, 영어 사용 단계의 학습에서는 학생 중심의 다양한 활동이 특히 더 많이 요구된다고 할 수 있다. 영어교육의 중요한 목표는 학생들에게 맹목적으로 영어 공부를 시키거나 영어를 연습시키는 것이 아니라, 영어에 대한 흥미와 자신감을 갖게 하면서 쉬운 영어를 실제로 사용할 수 있는 능력을 키워주는 것이다. 학생들이 실제로 영어를 사용할 수 있으려면 직접 영어를 사용하면서 배워야 한다. 무엇보다도 중요한 것은 학생들이 스스로 영어로 생각을 하면서 다른 학생들과 영어로 상호활동을 해보는, 즉 학습 과정에 직접 참여해보는 경험을 자주 갖는 것이다. 따라서 영어수업에서는 학생들이 직접 참여하고 수행하는 활동과 과업이 중시된다. 이를 위해 전체 활동, 분단 활동, 짝 활동, 개별 활동 등의 형태로 다양한 활동들이 영어수업에서 이루어지며, 학생들이 언어표현을 할 수 있는 활동들을 통해 영어 학습에 대한 흥미와 성취 의욕을 높이고 유창성과 정확성을 기르게 된다.

1.2.5 영어 수업에 활용되는 자료

수업 자료란 한 시간의 수업 목표를 효율적으로 달성하기 위해 수업 과정에 동원되는 매체 즉 수단과 방법을 일컫는다. 따라서 그 시간의 수업에 동원되는 자료는 그 수업이 갖는 성격, 특성과 목표에 따라 다양한 것이 동원되어야 한다(이창희, 1995). 특히, 수업 내용을 제시할 때 학생들의 이해를 돕기 위해 다양한 자료를 상황에 맞게 적절히 제시하는 것이 중요하다.

영어 수업에서도 상황에 맞게 다양한 수업 자료 및 멀티미디어 자료가 적절하게 활용된다. 특히 듣기·말하기 학습에서는 현장감 있고 생생한 원어민의 발음과 대화 자료가 제시된다. 언어적 상황을 이해하는 데에는 음성뿐만 아니라 시각적인 영상이 제공되는 것이 효과적이다. 따라서 상황의 이해를 돕는 동영상이라든지 원어민들의 발음을 듣고 따라할 수 있는 듣기 자료, 말하기 자료, 실물, 그림카드, 사전 등 영어 수업에 투입되는 자료는 타 교과 수업에 비해 다양하다. 또 영어 수업 특성상 학생들의 상호작용을 조장하거나 도울 수 있는 자료의 제시가 활발하고, 제시된 상황에 대한 현실감을 줄 수 있는, 직접 체험할 수 있는 자료의 제시가 많고 간접적인 체험을 위해 실제적인 자료의 제시도 활발하다. 뿐만 아니라 시청각적인 자료도 많이 사용된다.

1.2.6 영어 수업에서의 교사와 학생, 그리고 상호작용

영어 수업은 영어라는 언어를 내용으로 다루며 의사소통 능력 신장을 위해 영어 사용 기회를 끊임없이 부여하는 기능을 가진다. 때문에 영어수업에서는 다른 교과 수업보다 교사와 학생 간, 또는 학생과 학생 간에 언어를 주고받는 언어적 상호작용이 활발하다.

모국어 습득 과정에서 상호작용이 모국어 발달과 불가분의 관계인 점을 미루어 보아 영어의 습득 과정에서도 상호작용이 영어 습득과 발달의 결정적 요인이 된다고 추측할 수 있다. 즉, 영어수업에서 상호작용은 학생들의 영어 발달을 촉진시켜 준다는 점에서 매우 중요하다고 할 수 있다. Krashen(1982)은 외국어의 습득을 위해서는 학습자에게 적합하고 충분한 언어 입력 즉 이해 가능한 언어입력(comprehensible input)을 제공해야 한다고 주장하지만 그러한 언어 입력만으로는 언어를 습득할 수 없다. 습득하고자 하는 언어를 통한 상호작용이 목표 언어의 습득이나 발달에 직접적으로 관계된다(Hatch, 1983). 다시말해 언어적 상호작용은 언어교육의 목표이면서 동시에 수단이다. 여기서 상호작용이란 학습자의 생각을 표현하는 것과 다른 사람의 생각을 이해하는 일이 포함되며(Rivers, 1987), 언어적 상호작용이란 협동적 행위(collaborative activity)이며 화자와 청자, 상황 삼자간의 관계를 확립하는 것이다(Wells, 1981). 이러한 상호작용을 통해서 학생들은 듣고, 읽는 언어자료를 더 잘 저장할 수 있으며, 언어의 실제적 의미를 표현하는 언어의 사용을 배우게 된다. 학생들은 제공되는 모든 언어 입력을 그대로 발화하는 기계가 아니며 분석되지 않은 언어 입력을 무조건 모방만 하지도 않는다. 학생들은 상호작용과 추리를 통하여 끊임없이 언어 체계를 수렴한다.

그렇기 때문에 영어 수업에서는 의사 전달 욕구를 가진 학생들에게 자신의 의사를 영어로 표현하고 다른 학생들과 상호작용할 수 기회를 많이 제공해주고자 하는데, 이때 영어 교사의 역할이 중요하다. 교사는 학생들에게 풍부한 언어 입력을 제공하고 많은 언어 출력 기회를 주어야 한다. 영어 교사는 영어를 학생들이 쉽게 이해하고 잘 기억하여 이를 사용하고 적용하는데 어려움이 없도록 도와주고 학생들이 활동을 하면서 상호작용이 일어나도록 해 주어야 한다(Wright, 1987). 게다가 영어 수업 상황에서 교사의 발언은 학생들이 배우고 있는 언어 입력의 주된 역할을 담당(Nunan, 1995)할 뿐만 아니라 학생들에게 같은 한국인으로서 영어 발화에 모범이 될 수 있는 언어모델이 된다.

1.3 영어 수업의 변인

영어수업에서는 학생의 경험이나 수준, 가르칠 내용, 교실 환경, 학급의 규모 등 수업의 형태나 내용에 영향을 미치는 변인들이 무수히 많이 존재한다. 앞서 살펴보았듯이 수업에 영향을 미치는 요소들을 수업 변인이라 한다. 수업을 자세히 관찰하면 매 순간 학습 환경, 교재, 가르치는 교사, 학생 등 여러 가지 복잡한 요소들 간의 상호작용이 나타난다. 교사 학생, 교재와 같은 영어 수업 자체 내에서 수업의 성패에 영향을 미치는 요소들을 영어 수업의 내적 변인이라고 한다. 그 외 물리적 교실 환경, 학급규모 등은 영어 수업 외적 변인들로서 직간접적으로 영어수업에 영향을 미치는 요소들이다. 이 절에서는 영어 수업에 영향을 미치는 수업 변인들을 내적 변인과 외적 변인으로 나누어 살펴보도록 하겠다.

1.3.1 내적 변인

영어 수업 자체를 놓고 보면 영어 수업 내에서 수업의 성패에 영향을 미치는 요소들이 존재함을 알 수 있다. 이런 내적 요소들을 우리는 영어 수업의 내적 변인이라고 한다. 앞서 영어 수업 동안에는 교사와 학생, 교재 간에 상호작용이 활발히 일어난다고 했다. 즉, 영어 수업의 내적 변인에는 교사, 학생, 교재가 있다. 이 내적 변인은 인간적 요소와 비인간적 요소로 구분될 수 있는데, 인간적 요소란 교사와 학생의 역할, 이들의 관계 등을 말하며, 비인간적 요소란 교재 등을 지칭한다. 영어수업은 교사가 영어 교재를 사용하여 학생들에게 새로운 언어 환경을 만들어주면서 시작되며, 학생들에게 언어 입력을 제공하고 다양한 활동을 제공하는 영어 교재가 학생들의 수업을 가속화 시킨다(Dulay, Burt & Krashen, 1982). 이 세 변인들은 상호 관련을 맺으며 영어 수업의 성패에 영향을 끼친다. 영어 수업의 내적 변인들에 관해 구체적으로 살펴보기로 하자.

가. 교사

학교 교육의 성패는 각 학급에서 이루어지고 있는 수업의 질 여하에 달려 있다. 이 수업의 질을 결정하는 것은 무엇보다도 교사가 그 수업을 어떻게 이끌어 가느냐에 따라 달라진다. 즉, 영어 수업의 효과는 교사의 자질에 따라 크게 달라진다. 교사가 영어교과와 가르치는 방법에 대한 충분한 자질을 갖추고 있고 동시에 열성적으로 가르치면 그 수업의 효과는 높아질 것이고, 반대로 영어교과에 대한 체계적인 지식이 부족하고 가르치는 수업 기술도 떨어지면 수업의 효과를 기대하기 힘들다. 영어 수업의 효과는 교실에서 수업을 하는 영어 교사의 자질과 높은 상관이 있다. 이렇듯 교사 변인은 영어수업에 영향을 미치는 주요 변인이라 할 수 있으며 교사 변인의 구체적인 요소들은 다음과 같다.

1) 교사의 영어 실력

교사의 영어 실력은 영어를 잘 이해하고 구사하는 능력을 의미한다. 영어 교사는 영어 수업 중 언어 입력을 제공하고, 학생들에게 모범을 보일 수 있는 언어 모델이 된다. 교사가 영어로 수업을 진행할 수 있을 만큼 유창한 영어 실력을 갖추고 영어로 수업을 진행한다면 학생들은 양질의 풍부한 언어 입력을 제공받게 된다. 반대로 교사가 영어보다 한국어를 더 많이 사용한다면 학생들이 영어에 노출되는 기회는 줄어들게 된다. 즉, 교사의 영어 구사 능력에 따라 영어로 진행되는 영어 수업의 질이 결정되고, 학생들에게 제공되는 언어 입력량이 달라지게 된다. 따라서 영어 교사의 영어 실력은 수업에 영향을 미치는 중요한 변인이 된다.

2) 영어 교과에 대한 지식과 수업 기술

영어 교사는 가르치고자 하는 내용, 교수 방법 및 기술, 전반적인 교육과정에서의 영어 교과의 교수 목적을 숙지하고 있어야 하며(Brown, 1990), 그 내용을 수업 시간에 충실하게 적용할 수 있어야 한다. 여기서 가르치고자 하는 내용과 교수 방법에 대한 이론, 영어과 교육과정에 대한 이해 등이 영어 교과에 대한 지식에 포함된다고 할 수 있다. 이 지식을 실제 영어 수업에 적용하여 활용하는 기술을 수업 기술이라 한다.

교사의 영어 교과에 대한 지식이란 구체적으로 영어교육 이론이나 교육과정, 교수방법 및 교재에 관한 지식, 영어 발음, 문법, 영어 표현의 의미와 기능에 대한 실질적인 지식, 한국어와 영어의 유사점과 차이점에 관한 지식, 영어권 문화에 대한 지식 등을 포함하는 개념이다. 수업 기술이란 영어교육 이론과 수업 방법을 수업 현장에서 실천하는 절차와 기술을 총칭한다. 교사의 영어 교과에 대한 지식과 수업 기술은 학생의 학습에 결정적인 도움을 줄 수 있는 수업 변인으로 작용한다.

3) 교사의 태도

태도란 어떤 사물이나 상황, 사람 등을 대하는 자세를 나타내는 말이다. 교사가 학생을 바라보는 관점에 따라 학생을 대하는 태도가 다르고 교사가 영어 수업 시간에 학생과 인간관계를 어떻게 형성하고 발전시키느냐에 따라 영어 수업의 성취 정도와 분위기는 달라진다. 즉 교사의 태도는 영어 수업의 성패를 가르는 중요한 요소이다. 구체적인 교사의 태도에는 세심하고 따뜻한 배려, 정서적인 친밀감, 격려, 열정, 안정감, 유머 감각, 동정심, 융통성, 허용 등이 있다.

나. 학생

학생은 배우고 학습하는 사람을 일컫는다. 학습에 초점을 두고 이야기할 때 보통은 학생이라는 말보다 학습자라는 말을 많이 쓰게 마련이다. 학생, 학습자라는 변인은 영어 수업에 지대한 영향을 준다. 같은 교사가 같은 내용을 가르치더라도 학습자가 가진 능력이나 성향, 특성에 따라 각 반의 영어 수업은 다른 양상을 띠게 된다. 여기서는 영어 수업에 영향을 미치는 학생 변인을 크게 지적인 측면과 정의적인 측면으로 나누어 살펴보도록 하겠다. 학생의 지능, 언어 적성, 영어 선수 학습 정도는 지적 변인에 해당되며 영어와 영어 문화권에 대한 태도, 동기, 자신감과 모험심은 정의적 변인에 해당된다. 영어 수업에 영향을 끼치는 학생 변인을 구체적으로 살펴보도록 하자.

1) 지능과 언어 적성

영어 수업에 영향을 미치는 요인으로 학생의 지능과 언어 적성을 들 수 있다. 지능이란 흔히 지능지수(intelligence quotient, IQ)로 나타내는데, 배운 정보를 기억하고 회상하며 효율적으로 처리하는 능력을 가리킨다. 언어 적성이란, 청각 능력(auditory ability), 문법적 감각(grammatical sensitivity), 기억 및 회상 능력(memorizing and recalling ability), 귀납적 학습 능력(inductive learning ability)을 포함한다(Carroll, 1965). 청각 능력이란

청각적 음성 자료를 식별하고 이를 어느 기간 동안 기억할 수 있는 능력이며, 문법적 감각이란 문장에서 문법적 정확성을 민감하게 파악하는 능력이다. 기억과 회상 능력이란 단시간에 배워 연관성 있는 내용을 기억하고 파지하는 능력이며, 귀납적 학습 능력이란 학습자가 새로운 언어의 형태, 규칙, 유형을 추론하여 이해하는 능력을 말한다. 이러한 언어 적성은 특히 외국어 학습 초기에 상당히 많은 영향을 미친다(Spolsky, 1989).

2) 선수 학습 정도

모든 수업이 그렇겠지만, 영어 수업도 무(無)의 상태에서 시작되는 것이 아니라 어떤 형태로든 이미 학습되어진 선수 학습을 전제로 하게 된다. 가령 초등학교를 입학한 학생은 사실 초등학교 3학년이 되기 전까지는 학교에서 영어에 대해 배우는 바가 없다. 하지만 학생이 학교 영어 교육이 시작되기 전 영어권 국가에서 영어를 배운 경험이 있거나, 사교육을 꾸준히 받은 경험이 있으면 이미 영어를 듣고 말하고 읽고 쓰는 것을 안다. 따라서 사전 학습 능력을 전제로 영어 수업에 임하게 된다. 선수 학습의 경험 여부는 학생 간의 개인차를 가져오고 영어 수업에 영향을 미치게 된다.

3) 영어와 영어권 문화에 대한 태도

영어 수업에서 학생의 태도는 영어나 영어권 문화 및 영어를 사용하는 사람들에 대해 가지는 기대감을 뜻한다(Schumann, 1987). 여러 연구들(Gardner, 1985)은 외국어 학습자가 학습하고 있는 외국어 및 외국 문화에 대해 어떤 태도를 갖고 있느냐가 외국어 학습의 성공 여부와 깊은 관계가 있음을 보여주고 있다. 즉, 영어나 영어 문화에 대한 학생의 태도는 영어 수업에 영향을 미치는 중요한 요소로 작용한다.

4) 동기

학생의 동기는 영어 수업의 성패에 가장 많은 영향을 주는 요인으로 작용한다. 동기는 개인을 움직이는 원천으로 Brown(1990)의 정의를 빌리자면, 사람이 어떤 목표를 향해 특정한 행동을 하도록 하는 내적 힘이나 충동 또는 욕구이다. 즉, 동기는 어떤 일을 성공적으로 수행하게 한다. 학습 동기는 크게 두 가지로 나누어 생각하는데, 그 하나는 학생 스스로가 자발적으로 학습하려는 의욕을 갖게 하는 내적 동기이고, 다른 하나는 학습자의 외부로부터 학습 활동을 일으키도록 유인하는 외적 동기이다. 영어 수업에서 학생들의 동기는 내적 동기와 외적 동기의 연속선상에서 확인할 수 있으며 그 위치에 따라 영어 수업의 양상은 달라지게 된다.

5) 자신감과 모험심

정의적 요인으로서 자신감과 모험심은 영어 학습을 성공적으로 이끄는 변인 중의 하나이다. 학생들이 오류를 범할까 걱정하지 않고 대범하게 한 번 시도해 보는 학습 태도를 모험심이라 한다. 모험심을 가진 학생들은 자신감이 있으며 실수하는 것에 비교적 신경을 쓰지 않고, 모험적으로 영어를 배우기를 좋아한다. 또 학생의 자신감은 영어 수업에서 느끼는 수줍음과 실수에 대한 강박감 및 두려움, 불안감에 대비되는 개념으로서 모험적인 연습에 참여하고 대화의 기회를 포착하는데 적극성을 부여하는 수업 변인이다.

다. 교재

영어 교재는 영어 수업에 사용되는 언어자료를 의미한다. 이는 언어 입력이 되는 듣기, 말하기, 읽기, 쓰기의 자료로서 흔히 수업에 사용되는 교과서, CD-ROM, 멀티미디어 자료, 인터넷 등을 지칭한다. 영어 수업에서 교사의 영어 발화가 학생들의 언어 입력 수단이 되기도 하지만, 주요 언어입력의 수단은 학생들이 실질적으로 받아들이는 교재의 언어자료이다. 즉, 학생들이 영어 학습에 관한 정보를 얻을 수 있는 다양한 듣기와 말하기, 읽기, 쓰기 자료를 언어 입력이라고 말할 수 있고, 영어 학습자의 언어 입력이 되는 교재의 내용과 질은 영어 수업의 성패를 좌우하는 관건이 된다.

1) 영어 교과서

영어 교과서는 영어 수업의 방향과 내용을 선도하는 변인으로 영어 수업에서 중요한 위치를 차지한다. 우리나라에서 교과서는 교육의 목표를 구체적으로 제시해 주고, 내용의 범위를 한정해 주며, 어떤 교육 자료보다도 수업 현장에서 중요하게 사용되고 있다. 영어 수업에서도 영어 학습을 위한 여러 가지 자료 중에서 교과서가 가장 널리 사용되고 있다.

영어 교과서는 교사가 수업을 진행하는데 핵심이 되는 내용을 제공해주고 수업 방법을 제시해주는 통일성 있고 체계적인 수업 자료로서 수업 활동에 필요한 구성 요소가 포함되어 있다. 구체적으로 예문, 듣기, 말하기 활동, 읽기, 쓰기 활동, 의사소통 기능과 문법에 대한 설명, 연습 문제, 그 외에 부수되는 학습 자료가 제시되어 있다.

2) 자료 및 교구

영어 수업에서는 교과서 외에 다양한 시청각 자료와 보조 교구를 사용한다. 영어 수업에 활용되는 자료는 여러 가지 방법에 따라 분류될 수 있는데, 일반적인 분류 방법은 감각 기관에 따라 시각 자료, 청각 자료, 시청각 자료 등으로 구분되는 방법이다. 시각 자료는 상징적인 기호와 문자, 사진, 그림 등의 자료를 말한다. 청각 자료는 청각을 사용하는 자료로서 소리, 음성 자료를 말한다. 시청각 자료는 눈과 귀를 통하여 입력되는 다양한 자료를 지칭한다.

최근의 영어 수업 자료는 단순한 한 가지 유형의 자료 형태에서 탈피하여 복합적인 형태를 갖추고 있다. 즉, 소리 자료로 구성한 것이 아닌 소리와 그림을 동시에 활용하여 제작한다든지 혹은 텍스트만이 아닌 텍스트와 그림을 같이 제공하는 형태의 복합적인 유형이 영어 수업 자료를 구성하고 있다. 또 하나의 새로운 경향은 영어 수업 자료들이 종이, 비디오테잎 등 아날로그 형태에서 컴퓨터의 디지털 형태로 바뀌어가고 있다는 것이다(백영균, 정재엽, 윤성철, 2006). 즉, 과학 기술의 발달로 컴퓨터가 영어 교육에 도입되면서 컴퓨터를 이용한 멀티미디어 자료가 활용되고 있다. 멀티미디어 자료는 시각, 청각, 시청각 자료를 포함하는 개념으로서 인간이 살아가면서 감각적으로 보고, 듣고, 읽고, 느낄 수 있는 여러 가지 매체 및 자료들이 컴퓨터를 통해서 동시에 제공되는 것을 의미한다. 인간의 기억 속에는 직접 경험한 것은 90%, 보고 들은 것은 50%, 보기만 한 것은 30%, 듣기만 한 것은 20%, 읽기만 한 것은 10% 정도 저장된다고 한다(Heinich, Molenda & Russel, 1982). 이러한 측면에서 문자, 그림, 사진, 애니메이션, 음성, 동영상 등 시각, 청각, 시청각을 아우르는 멀티미디어 자료의 활용은 학생들에게 보다 생생하고 사실적인 학습 환경 제공해줄 수 있으며 학생들이 학습한 내용을 훨씬 오랫동안 파지할 수 있게 해준다. 영어 교과서와 함께 제공되는 CD-ROM이 대표적인 멀티미디어 자료라고 할 수 있으며, 요즈음은 인터넷을 통한 ICT 멀티미디어 자료가 보편화되어 사용되고 있다. 이와 같은 영어 수업에 활용되는 자료나 매체, 교구는 중요한 영어 수업 변인으로 작용한다.

1.3.2 외적 변인

영어를 의사소통 중심으로 가르치려면 영어 수업의 내용도 중요하지만 교실 환경, 학급의 학생 수, 영어 수업 시수와 같은 외적인 요소도 무시 못 할 것이다. 이런 외적 요소들을 우리는 영어 수업의 외적 변인이라고 한다. 이러한 영어 수업의 외적 변인들은 국가의 언어 정책과 재정적 지원에 직접적인 영향을 받으며 간접적으로 영어 수업에 영향을 끼친다. 영어 수업의 외적 변인들에 관해 구체적으로 살펴보기로 하자.

가. 교실 환경

교실의 크기, 시설, 설비 등 물리적 환경은 국가의 교육 정책과 재정적 지원에 의해 결정되며 영어 수업에 간접적으로 영향을 미친다. 현재 영어 수업은 일반 교실에서 이루어지거나 영어 수업 전용 교실인 영어 교과 교실에서 이루어지고 있다. 초·중등 영어교육 현황 분석(전병만, 2006)에 따르면 초·중·고등학교 중 영어 교과 교실을 1개 이상 갖춘 학교는 166곳(22.1%)에 불과한 것으로 봐서 80% 가량의 대부분의 학교에서는 영어 수업이 일반 교실에서 이루어진 다고 볼 수 있다. 교실은 학생들에게 중요한 언어 환경의 역할을 한다. 특히, 영어교육에서 교실 내의 교육 시설 및 환경은 영어 학습을 용이하게 이루어지도록 도와주는 역할을 한다. 그러므로 학생들에게 제공되는 언어 환경은 양질이어야 한다(Dulay et. al., 1982).

현재 영어 교과 교실과 일반 교실 모두 영어 수업에 필요한 컴퓨터, 프로젝션 TV 등 선진화 기자재를 갖추고 있다. 그러나 영어 교과 교실에서는 교사들이 영어 관련 서적 및 다양한 시청각 자료 등으로 영어 환경을 조성할 수 있고 언제든지 학생들이 영어로 이루어진 환경에 자연스럽게 몰입할 수 있는 환경을 제공할 수 있지만, 일반 교실에서는 이러한 환경 조성이 어렵다고 볼 수 있다.

나. 학급 규모

학급 규모는 학급 당 학생 수를 의미한다. 과밀 학급의 경우 정상적인 영어 수업을 하기 힘들고 교사 중심의 반복, 연습 위주로 수업이 진행되기 쉽다. 영어 수업에서 학급 당 적정한 학생 수에 대한 절대적인 기준은 없으나 학급 당 학생의 수는 영어 수업 방식과 학습 집단 조직 방식에 큰 영향을 미치는 주요한 수업 변인이다.

다. 수업 시수

수업 시수는 주당 또는 연간 영어를 학습하는 시간 수를 말한다. 영어 수업 시간을 주당 몇 시간으로 하느냐의 문제는 언어 정책으로 결정되며 된다. 현재, 10학년 체계의 국민공통기본교육과정에 따르면 영어수업은 초등학교 3학년 때부터 고등학교 1학년까지 받게 되고, 이후 고 2, 3 학년은 선택과목으로 배우게 된다. 초등 3, 4학년은 주당 2시간씩, 초등 5, 6학년은 3시간씩, 중 1, 2, 3학년은 3~4시간씩 영어를 학교에서 배우게 된다. 영어 수업 시수는 영어에 대한 노출 시간을 의미하므로 수업 시수에 따라 영어 수업의 효과는 달라진다.

1.4 성공적인 영어 수업

영어 수업에서 교사와 학생 그리고 영어는 역동적인 관계를 가지며 서로 상호작용을 한다. 교사와 학생, 학생과 학생, 학생과 교재, 교사와 교재 등 수업 변인들 간 활발한 상호작용이 일어날 때 우리는 그 수업을 성공적이라고 말한다. 다시 말하면, 성공적인 영어 수업은 상호작용이 활발한 수업이라 할 수 있다.

한편, 교사가 학생을 보는 관점에 따라, 교사의 영어 실력에 따라, 교사의 수업 기술에 따라 또는 교사가 학생과 인간관계를 어떻게 형성하고 유지, 발전시키느냐에 따라 영어 수업의 성취도와 분위기는 달라진다. 반대로, 학생의 입장에서 영어에 흥미가 없거나 학생들 간 수준 차이가 많이 나거나 영어에 대해 부정적인 태도를 갖는다면 영어 수업은 효과적으로 이루어 질 수가 없다. 그리고 아무리 학생들이 적극적이고 교사가 열정적으로 수업할 태세를 갖추었다고 해도 영어교재의 내용이 재미없으면 영어 수업은 지루하게 된다. 이상에서 알 수 있는 사실은 영어 수업의 성패는 상호작용, 교사, 학생, 교재 등의 요인들이 서로 맞물려 어떻게 작용하느냐에 달려있다. 또 교육환경 즉, 영어 수업이 일어나는 장소가 어디냐에 따라, 영어 수업 자료를 효율적으로 제시할 수 있는 기자재의 유무에 따라, 학급의 규모 및 영어 수업 시간 수에 따라 영어 수업의 효율성과 효과성은 달라진다.

여기서는 영어 수업을 성공적으로 이끄는 성공 요인들을 살펴보도록 하겠다. 영어수업을 성공적으로 이끄는 요인들에는 상호작용성, 교수 요인, 학습 요인, 교재 요인, 환경 요인이 있다.

1.4.1 상호작용성

영어 수업은 영어라는 언어를 매개로 학생들의 영어 의사소통 능력을 신장시키는 것을 목표로 한다. 다시 말하면, 영어 수업은 학생들이 영어를 정확히 이해하고 영어를 사용하여 자신의 생각을 분명히 전달할 수 있도록 영어라는 언어를 습득시키는데 그 초점을 둔다. 그런데 언어의 습득과 발달은 언어 상호작용이 활발할 때 촉진된다. Seliger(1977)는 그의 논문에서 상호작용에 적극 참여한 학생들이 언어사용에 있어서 실수를 적게 하며, 언어 습득을 빨리 하는 것으로 결론지었다. 이러한 Seliger의 연구는 교실 수업 중 상호작용이 언어습득 및 발달을 돕는다는 것을 지지해준다. 그 밖에도 학생들의 상호작용이 활발하게 일어날수록 외국어 습득에 도움이 된다는 많은 연구 결과들이 있다(Doughty & Pica, 1986; Gass & Varonis, 1985; 이재관, 2000). 여기서 알 수 있는 사실은 영어 수업에서는 타 교과 수업에 비해 교사와 학생 사이, 학생과 학생 사이의 언어 상호작용이 더욱더 강조된다는 것이다. Richard와 Lockhart(1994)도 제 2 언어 학습을 고도의 상호작용 과정이라고 정의한 바 있고, Ellis(1985)도 수업에서 사용된 발화를 연구한 결과, 성공적인 언어 학습은 수업에 적용한 교수법보다는 수업에서 일어나는 상호작용의 유형에 더 영향을 받는다고 하였다. 궁극적으로 영어 수업에서의 상호작용은 학생들의 영어 학습에 상당한 영향을 끼치게 되며 성공적인 영어 학습을 위해서는 활발한 상호작용이 일어나야 함을 알 수 있다.

1.4.2 교수 요인

교사라면 누구나 가르치는 일이 쉽지 않음을 안다. 교사는 교사 나름대로 열심히 가르치지만 실제 좌절과 회의를 겪는 경우도 많다. 지금 이 글을 읽고 있는 독자가 만약 교사라면 어떻게 가르칠 것인가? 어떻게 가르치는 것이 잘 가르치는 것일까? 잘 가르치는 방법이 무엇인가? 잘 가르칠 수 있는 기술이라도 있는 것일까? 라는 의문을 끊임없이 가져 보았을 것이다. 따라서 교사는 어떻게 하면 좀 더 능률적인 수업을 할 수 있을까, 효과적인 수업전략은 무엇일까, 학습이해를 극대화시키는 비법은 무엇일까 등을 연구하게 되고 그 방법을 터득하기 위해 노력을 하게 된다. 성공적인 영어 수업을 위해서 우선 교사는 전문가가 되어야 한다. 영어 교사라면 당연히 영어를 유창하게 구사할 수 있어야 하고, 영어 교과에 대한 지식과 효과적인 영어 수업 기술을 갖추어야 한다. 그리고 학생들에게 언제든 다가가고 학생들이 편하게 다가오는 친밀하고 돈독한 유대 관계를 형성해야 한다. 이는 영어 수업의 분위기를 좌우하는 중요한 요소이기 때문이다. 성공적인 영어 수업을 위해 갖추어야 할 교사의 전문성에 대해 구체적으로 살펴보기로 하자.

전문성이란 영어 교사의 자질과 지식, 기능 및 교수 기술 등의 전문성을 의미한다. 단순히 교사가 영어에 관한 지식을 가지고 있다고 해서 영어 수업이 가능한 것이 아니라는 말이다. 영어 교사의 전문성을 김덕기(1987)는 '자기가 가르치려는 기능의 보유, 자기가 가진 영어 사용 기술을 학생들에게 효율적으로 전수할 수 있는 교수 기술, 자기가 아는 영어의 질을 높이고, 자기가 사용하는 교수 기술에 대한 확신을 가지며 질적 향상을 기하기 위한 영어와 영어교육에 관한 이론적 지식의 보유' 등이라고 했다. 즉, 영어 교과의 지도는 영어에 관한 고도의 전문적 지식과 기능을 갖춘 교사에 의해서만 가능하다. 영어 교사는 언어를 잘 이해하고 구사하는 능력이 있어야 하며 교실 수업을 잘 이끌어 나가는 기술이 있고, 교수요목이나 교재, 시설에 관한 지식 및 활용 능력이 있어야 한다(이계순, 1983). 영어 교사는 영어의 효율적 교수를 위하여 교수 방법에 대한 지식과 이를 활용할 능력이 있어야 하므로 영어교수와 학습에 대한 전문적 지식과 기능을 보유하여야 한다. 이를 구체적으로 살펴보자.

가. 교사의 영어 실력

우리나라 영어교육이 안고 있는 문제점 중 하나는 유창한 영어를 구사하는 교사가 부족(김충배, 신명신, 1988; 이재희, 1999)하다는 것이다. 교실에서 교사가 영어로 유창하게 수업을 진행하면 학생들은 더 많은 영어를 듣는 효과를 얻을 수 있으므로 교사가 영어로 영어수업을 진행하는 것은 당연한 일이다. 그러나 영어를 담당하는 교사들의 영어 구사력은 영어로 수업을 진행하기에는 충분하지 못한 것이 현실이다. 김영태와 김수진(2003)의 초등교사의 영어 구사능력에 대한 설문조사 결과를 보면, 65%가 '중', 26%가 '하'인 것으로 나타났다. 즉 교사들의 영어 구사능력은 '중' 이하가 91%로 나타났다. 마찬가지로 영어 수업 시 영어와 우리말의 사용 정도를 묻는 설문 결과를 보면, 50% 정도 사용하는 교사가 44.8%, 가끔 영어를 사용하는 교사가 43.5%였으며, 우리말만 사용하는 교사도 5.8%로 나타났다. 연구 결과, 대부분의 교사들의 영어 구사능력이 부족하다는 것을 유추해볼 수 있다. 영어 교사는 일반적으로 영어를 어느 정도 유창하게 말할 수 있는 능력이 있어야 함(배두본, 1997)에도 불구하고 여전히 수업을 영어로 진행할 수 있을 정도의 구사력을 갖춘 영어 교사를 찾아보기 힘든 것이 현 실정이고 교사의 영어 숙달도 및 구사력은 성공적인 영어 수업의 전제조건으로서 현재 우리 영어교육계가 가장 시급히 풀어야 할 과제라 해도 과언이 아니다. 대부분의 사람들은 영어 교사 자격증을 취득하였다고 해서, 교사 임용고시에 합격하였다고 해서 영어 실력을 갖춘 영어 교사가 된 것으로 생각하지만, 엄밀한 의미에서 이들이 영어로 수업 진행이 가능한 유창한 구사력을 가진 영어 교사가 된 것이라고 보기는 힘들다. 여기서 영어의 유창성(proficiency)이란 영어 사용에 관한 지식, 영어에 관한 학문적, 인지적 지식도 포함한다. 교사 영어 능력의 유창도 수준은 기능별로 다르지만 기본적으로 학생들의 모범이 될 수 있는 정도여야 한다.

교사의 영어 구사 능력에 대해 Finocchiaro와 Bonomo(1973)는 다음과 같은 기준을 제시하고 있다.

① 정상 속도의 영어를 이해하는 능력
(understand the foreign language spoken at normal tempo)

② 알기 쉽고, 의미가 명료하게 영어를 말하는 능력
(speak the language intelligibly)

③ 영어를 즉각적으로 읽고 이해하는 능력
(read the language with immediate comprehension and without translation)

④ 명확하고 정확하게 영어를 쓰는 능력
(write the language clearly and correctly)

⑤ 영어에 관한 지식
(understand the nature of language)

영어 교사는 적어도 영어 원어민들의 대화를 이해할 수 있고, 표현하고자 하는 바를 정확하게 전달할 수 있으며, 영어로 된 글을 읽으면 즉각적으로 이해하고, 명확하고 정확하게 글을 쓰는 능력을 갖추어야 한다. 더불어 영어의 언어적 구조, 소리, 의미 등에 관한 지식과 사용에 관한 지식 등을 갖추어야 한다.

미국의 사례를 살펴보면, 미국의 FLES(Foreign Language in Elementary Schools) 프로그램에서는 외국어 교사의 능력 기준으로 높은 언어 기능, 특히 능통한 구술 능력을 중요하게 고려하고 있다. 반면, FLEX(Foreign Language Experience) 프로그램은 외국어 교사에게 고도의 유창성을 요구하지는 않으나 기본적인 유창성과 해당 외국어와 외국어 교수에 대한 적극적이며 열렬한 태도를 요구하고 있다. FLES와 FLEX 프로그램의 외국어 교사가 구비해야할 외국어 유창도 기준을 언어 기능별로 구분하면 다음 <표 1-1>과 같다. 여기서 우리는 우리나라 영어 교사의 영어 유창도 기준이 어느 정도가 되어야 하는가에 대한 기준을 시사 받을 수 있다.

표 1-1 영어 교사의 유창도 기준

언어기능	유창도
듣기 능력	영어 사용 원어민의 정상적인 대화를 듣고 이해할 수 있는 정도
말하기 능력	현저한 구문상의 오류를 범하지 않고 영어를 사용하는 원어민과 일상생활에 관한 대화를 할 수 있는 정도
읽기 능력	영어로 쓰인 신문이나 잡지 등에 수록된 일반적인 자료의 내용을 즉시 읽어 이해할 수 있는 정도
쓰기 능력	약간의 오류는 있지만 편지, 보고서, 요약문 등을 쓸 수 있고 문체에 관한 지식을 약간 가지고 있는 정도

우리나라에서도 조명원(1979)과 배두본(1997)이 초등학교와 중·고등학교 영어 교사의 언어 능력 기준을 다음 <표 1-2>와 같이 제시하고 있다. 표를 보면 그 기준이 PBT TOEFL(Paper Based Test TOEFL)로 제시되므로 그 정도를 쉽게 측정할 수 있다. 이는 절대적인 기준을 제시한 것이 아니라 교사가 가져야 할 최소한의 기준을 상대적으로 제시한 것임을 알아두자. 또 TOEFL 점수가 꼭 영어 교사의 구어 능력 유창도와 일치하지만은 않는다는 것을 염두 해두길 바란다. 참고로 PBT TOEFL을 CBT TOEFL(Computer Based Test TOEFL), IBT TOEFL(Internet Based Test TOEFL)로 환산한 점수도 제시해두었다.

표 1-2 **영어 교사의 기본 영어 능력 기준표**

TOEFL 점수			중등학교 영어 교사 능력 기준 (조명원)	초등학교 영어 교사 능력 기준 (배두본)
PBT	CBT	IBT		
600 이상	250 이상	100 이상	재직 중 교사	교사 지도자 과정
550~600	213~250	80~100	연수 또는 대학원 과정 사대 4학년 과정	연수 또는 대학원 과정
450~550	133~213	45~80	사대 3, 4 학년 과정	교대 4학년 과정
350~450	63~133	20~45	사대 1, 2학년 과정	교대 2, 3학년

영어 교사들의 영어 구사 능력을 향상시키기 위해서는 사실 영어 교사 양성기관에서부터 교실영어와 생활영어 정도는 부담 없이 구사할 수 있는 교사를 배출하도록 했어야했다. 따라서 영어 교사 양성기관에서 영어 구사 능력 향상을 위한 교육 여건을 강화하는 방안이 강구되어야 할 것이다. 그 외에도 현직 영어 연수 프로그램의 개선과 지속적인 교사 영어연수를 강화해야할 것이다. 그런데 영어 교사들이 영어로 수업을 할 수 있을 정도의 영어 구사능력을 갖추는 데에는 상당한 시간이 걸릴 것이기 때문에, 현행 방학 중에 이루어지는 영어연수 외에도 6개월 이상의 장기간 합숙 연수 같은 형태의 연수가 확대될 필요가 있다. 노정자(2002)의 연구에 따르면 교사들은 이론적인 것보다 현장에서 더 많은 실질적 도움을 얻을 수 있는 영어연수를 요구하였으며, 앞으로 다양한 영어연수 기회가 제공되면 적극 참여하겠다는 긍정적 반응을 보였는데, 이를 근거로 영어 원어민을 활용하여 교사의 영어 구사 능력을 기를 수 있는 기회 및 실제적인 개인별 회화 실습 기회 등을 학기 중에도 제공한다면 교사의 영어 구사 능력은 놀라울 정도로 향상되리라

생각되며 영어로 진행하는 수업이 가능할 것이다.

나. 교사의 영어 교과에 대한 지식과 수업 기술

교육의 질은 교사의 질을 넘어설 수 없고, 수업의 효과는 교사의 영어 교과에 대한 전문 지식과 수업기술에 달려 있다. 영어 교사가 영어 수업을 성공적으로 이끌기 위해서는 영어 교과에 대한 포괄적이고 체계적인 지식을 소유하고 있어야 하고, 학생들의 학습을 용이하게 하는 적합한 교수 방법과 기술을 도입, 적용, 변형해야 한다.

성공적인 영어 수업은 영어에 관한 고도의 전문적 지식을 갖춘 교사에 의해서 가능하기 때문에 영어 교사는 영어교육 이론이나 교육과정, 교수방법 및 교재에 관한 지식뿐만 아니라 영어 발음, 문법, 영어 표현의 의미와 기능 등에 대한 실질적인 지식 그리고 대조분석의 방법을 통하여 한국어와 영어의 유사점과 차이점을 등을 알아야 한다. 또한 영어 교사는 영어권 문화에 대한 지식을 갖추어야 한다. 배두본(1997)은 영어를 가르치는 교사가 구비해야 할 영어 교과에 대한 지식을 다음 <표 1-3>과 같이 기술하고 있다. <표 1-3>에서 영어 교과 지식 최저는 영어 교사로서 지녀야할 최저한의 지식을 의미하며 우수는 이러한 지식을 가지고 있으면 우수하다고 말할 수 있다는 정도를 의미한다.

표 1-3 영어 교사의 영어 교과에 대한 지식

영어 교과 지식	최저	의사소통 기능, 발음과 문법 유형, 국어와 영어의 차이점 이해에 관한 이론과 실제에 관련된 지식
	우수	의사소통 기능, 언어 습득과 학습 이론, 영어 문화권과의 차이점 등을 알아 이를 수업에 활용할 수 있는 능력

한편, 학생들의 입장에서 영어 교사의 모습을 진단한 이길영(2000)의 연구에 의하면, 학생들이 영어 교사의 수업 방식에 대한 불만과 교사의 수업 스타일에 대한 느낌을 지루하다 혹은 지겹다고 한 응답이 과반수가 넘으며, 가장 큰 원인으로는 교사의 수업 방법 및 기술이 적절하지 못한데 있다고 한다. 영어 교사들이 여러 종류의 방안을 가지고 그 중에서 가장 알맞은 방법을 선택하여 수업을 잘 할 수 있다면, 이러한 영어 교사를 수업기

술이 좋은 교사라고 말할 수 있으나, 여전히 많은 영어 교사들은 옛날 자신의 선생님들이 가르치던 방법을 모방하여 자신의 수업 기술로 활용하곤 한다. 또 교사양성기관에서 배운 대로 가르치는 교사도 있고, 교사가 되고 난 후 동료교사들의 수업을 참관하거나 그들의 지도조언에 따라 새로운 수업기술을 배우는 교사도 있다. 그러나 영어 수업의 효과는 영어 교사가 실제 영어 수업에서 수업 내용과 학생의 특성에 따라 적절한 수업 방법과 기술을 선택하여 사용할 때 높아진다. 따라서 영어교사는 여러 가지 자료나 책을 통해서 새로운 수업방법이나 수업기술을 스스로 학습하여 숙달시켜야 하고 영어 수업에 다양한 수업 방법과 기술들을 적용해보아야 한다.

미국의 Modern Language Association의 중등학교 외국어 교사 자격 요건을 살펴보면 언어 교사의 수업 기술과 관련하여, 교수 방법과 기술에 관한 지식을 교수 상황에 적용할 수 있는 교사는 양호한 교사이며 인정받고 있는 교수 방법에 정통하며, 새로운 방법을 실험하고 평가하는 교사는 우수한 교사라고 제시되어 있다. 배두본(1997)도 우리나라 영어교육 목표와 성격에 비추어 영어를 가르치는 교사가 구비해야 할 수업기술을 다음 <표 1-4>와 같이 요약하고 있다. 영어 수업 기술에는 듣기와 말하기의 지도 기술, 영어 교재를 평가하여 학생 수준과 능력에 맞게 적용하는 능력, 시청각 보조 교구의 제작과 활용 등이 포함된다.

표 1-4 **영어 교사의 수업 기술**

영어 수업 기술	최저	언어 기능별, 의사소통 기능, 노래, 게임, 시청각 자료 등을 이용하여 효과적으로 교수하는 방법의 이해와 적용
	우수	교수 방법과 기술에 관한 충분한 지식을 가지고 이를 교수 상황에 적용할 수 있는 능력

아무리 훌륭한 교수 방법이라도 천편일률적이면 학생들은 권태감을 쉽게 느낀다. 따라서 교사는 변화감을 줄 수 있는 다양한 교수 기법과 방법을 구사하여야 할 것이다. 계속해서 학습 의욕을 자극하고 다음에 일어날 것에 대한 기대감에 부응하여 적극적인 참여를 유도해야한다. 이런 변화감을 주기 위해서 교사는 시청각 자료 등 여러 가지 보조 자료를 활용할 수 있다. 그러나 이들은 어디까지나 보조 자료로서 교사의 교수 행위를 도와주는

데 그친다는 것을 잊어서는 안 된다. 또 교사 자신이 기존에 갖고 있던 영어 수업 방법과 기술만을 고집하지 않고 항상 변화에 대해 개방적인 태도를 갖고 다양한 교수법이나 수업 기술을 익히기 위해 영어 교사 간 동료장학이나 수업 정보 및 자료, 수업 기술의 공유를 위해 교과 협의회 및 영어 교사 모임의 참여 등 전문성 개발을 위한 노력을 아끼지 않아야 할 것이다.

참고로 미국의 North Carolina 주에서 제시한 초등학교와 중학교 외국어 교사가 갖추어야 할 자질 목록(Curtain & Pesola, 1994)을 우리 영어교육 현실에 맞게 수정하여 제시하여 본다. 이 글을 읽고 있는 독자는 각 항목별 10점씩 부여하여 총 항목 100점을 기준으로 몇 점이 나오는지 계산하여 스스로 영어 교사로서의 자질을 평가해 볼 수 있겠다.

① 한국어 발달과 영어 습득과의 관계에 대한 이해
② 영어 교육에 적합한 교육 방법에 대한 지식
③ 영어 교육에 적합한 교육 자료에 대한 지식
④ 영어 교육에 적합한 교육 평가에 대한 지식
⑤ 한국어 문어 기능(literacy skill)을 습득한 학습자에게 영어의 읽기와 쓰기를 가르칠 수 있는 능력
⑥ 성장기 학생의 욕구와 흥미에 적합한 영어 문화와의 친숙도 및 문화의 제 측면을 가르칠 수 있는 능력
⑦ 영어 교육과정, 내용 영역 간의 관계에 대한 지식과 영어로 교육 과정 내용을 가르치고 강화할 수 있는 능력
⑧ 영어 학습에 도움이 되는 정의적·물리적 환경을 만드는 능력
⑨ 영어에 대한 언어 능력
⑩ 학생 발달에 대한 지식

언제 어디에서 이 모든 특성을 완벽하게 갖춘 영어 교사는 많지 않을 것이다. 위에서 제시한 사항들을 구비한 영어 교사는 유능한 영어 교사가 될 수 있을 것이며 영어 수업을 성공적으로 이끌 것이다.

다. 수업 중 교사의 태도

교사의 태도는 교사의 교육철학과 관련이 된다. 교사가 학생을 바라보는 관점에 따라 수업 시 학생을 대하는 태도가 다르고 교사가 학생과 인간관계를 어떻게 형성하고 발전시키느냐에 따라 영어 수업의 성취도와 분위기는 달라진다.

성공적인 영어 수업을 위해서 영어 교사는 영어 수업에 대한 열정과 함께 학생에 대한 예민한 동정심과 융통성을 발휘해야 한다. 물론 뛰어난 유머 감각도 겸비하면 금상첨화라 할 수 있겠다. 영어 학습의 효율성은 교사가 학생들에게 인간적으로 접근하여 공감적으로 대해주면 그 효과가 높아진다고 한다. 특히 영어 교사는 학생들이 영어를 발화할 때 실수를 두려워하거나 말하기를 부끄러워하거나 소극적인 태도를 보일 때, 학생들이 안정감을 갖도록 해주면서 그들을 격려해 주고 허용해주며 언어 발화의 기회를 많이 제공해주어야 한다. 그런 측면에서 교사는 학생들에게 언제든 다가가고 학생들이 편하게 다가오는 친밀하고 돈독한 유대 관계를 형성해야 한다. 다른 한편으로 영어 교사는 수업 중 적재적소에 학생들에게 적합한 활동을 도입하는 융통성을 발휘하며, 학생들이 영어 학습과 활동에 흥미를 느끼지 못하거나, 비협조적일 때 유머를 사용하여 학습 분위기를 전환하고 학생들이 재미있게 협조적으로 활동할 수 있도록 유도할 수 있어야 한다. 성공적인 영어 수업을 위해 영어 교사는 학생들에 대한 기대감과 신뢰감을 가지고 학생들이 영어 학습에 대한 흥미와 적극성을 갖도록 도와주고, 격려해주어야 한다.

이상으로 성공적인 영어 수업을 위한 교수 요인을 살펴보았다. 대부분의 사람들은 영어 교사 자격증을 취득하였다고 해서 영어 교사가 된 것으로 생각하지만, 엄밀한 의미에서 자질 있는 영어교사가 된 것이라기보다는 자질 있는 영어 교사가 되어가는 과정이 시작되었다고 보아야 할 것이다. 성공적인 영어 수업을 이끄는 훌륭하고 이상적인 영어 교사가 되기 위해서는 영어가 유창하여야 한다는 점이 개인적으로 가져야 할 최소한의 자질이고, 영어교과에 대한 지식 및 수업 기술과 교재에 대한 창조적 적용 능력을 갖추어야 한다. 더불어 학습자에 대한 예민한 판단과 평가 능력, 긴밀하고 돈독한 유대 관계를 형성해야 한다. 이를 통해, 상호작용이 활발하게 일어나는 개방적이고 활발한 수업이 실현될 수 있기 때문이다. 또한 유능한 영어교사는 교수 상황에 따른 자신의 역할을 알고,

수업 관찰 및 분석을 통해 영어 수업의 경향과 발달을 인식하여 전문가적인 안목을 가져야 하며, 영어 수업의 효율성을 증진하는데 부단한 노력을 해야 한다.

1.4.3 학습 요인

Hofstede(1991)에 따르면 한국 학생들은 보편적으로 불확실성에 대한 회피(uncertainty avoidance), 집단주의적 성향(collectivism)을 가지고 있다고 한다. 불확실성에 대한 회피란 한 문화에 속한 구성원들이 불확실하고 알려지지 않은 상황에 대해 느끼는 위협으로 인해 그 문화를 알기 위한 자발적인 노력과 도전적인 자세를 회피하려는 것이다. 불확실성에 대한 강한 회피를 느끼는 학생들에게서 몇 가지 공통점을 발견할 수 있는데, 이 학생들은 첫째, 구조화·정형화된 수업을 기대하고 둘째, 교사를 전능한 전문가로 생각하며 셋째, 주관성이 아닌 사실에 근거를 두고 문제를 해결하려 하고 넷째, 교사의 의견을 필수적, 압도적인 것으로 생각하며 그 의견에 동의하지 않는 것은 무례한 것으로 여긴다. 이상의 네 가지 범주는 대체로 한국 학생들의 특성에 들어맞는다고 볼 수 있다.

이런 면에서 볼 때, 실제 강의식의 전통적 교실 수업 방식에 길들여진 수동적인 학생들에게 활발한 상호작용과 의사소통 활동이 많은 영어 수업을 전개해 나가는 것은 쉽지 않은 일이다. 성공적인 영어 수업을 창출하기 위해서는 불확실성에 대한 적당한 모험을 시도하고 영어에 대한 긍정적인 태도와 동기가 부여되고 자신감 있고 적극적으로 영어 수업에 참여하는 의욕적인 학생들이 요구된다. 또 한편으로 영어 수업이 성공하기 위해서는 학생들 간의 언어 능력 차이를 고려한 수준별 영어 수업이 이루어져야 한다.

이 절에서는 성공적인 영어 수업을 위한 학습 요인들을 살펴보기로 하겠다. 앞 절에서 살펴보았듯이 영어 수업에 영향을 미치는 학생의 학습 변인에는 지적 요인과 정의적 요인이 있다. 학생의 지능, 언어 적성, 선수 학습의 정도와 같은 지적 요인들은 영어 수업에서 학생들 간의 개인차와 능력별 수준차를 발생시킨다. 성공적인 영어 수업을 위해서는 학생의 지적 변인들 간의 차이로 발생하는 개인차를 고려한 수준별 영어 수업이 이루어져야 한다. 여기서는 우선 성공적인 영어 수업을 위한 수준별 영어 수업에 대해 살펴본 후, 학생들의 태도, 동기, 자신감, 모험심과 같은 정의적 측면에서 논의될 수 있는 성공적인 영어 수업의 측면 설명하도록 하겠다.

가. 학생의 개인차를 고려한 수준별 영어 수업

일반적인 수업에서 학생들의 성취도를 결정하는 중요한 요인으로 지능을 이야기한다. Jakobovists(1971)는 외국어 학습에 지능이 미치는 영향은 약 20% 정도라고 추정하였다. 이것은 지능이 언어 학습에 영향을 끼치는 요인이라는 것을 분명히 말해주는 근거가 되지만, 지능이 영어 학습에 어떻게 작용하는지는 아직 분명하게 밝혀지지 않고 있다. 또한 지능에 관계없이 인간은 누구나 최소한의 외국어 학습 능력을 가지고 있다. 따라서 성공적인 영어 수업에 지능이 끼치는 영향은 사실상 없다고 봐야한다. 반면에 영어 수업에 있어서 학생의 언어 적성은 무엇보다도 학생의 성취에 매우 중요한 영향을 끼친다. 언어 적성에 따라 학생들이 영어 학습 과제를 이해하고 처리하는 속도가 달라지고, 언어 적성에 따라 학생들은 영어 수업에서 개인차를 나타낸다. 이때 교사는 학생의 언어 적성 능력 범위와 개인차를 고려하여 다양한 활동들을 제공하고 학생 각자가 가장 적합하게 활동을 성취할 수 있도록 지도할 때 성공적인 영어 수업을 이끌 수 있다.

언어 적성 외에도 해외 영어권 국가에서의 영어 학습 경험이라든지 사교육을 통한 영어 학습을 해 온 학생들은 선수 학습에 있어서 각각 다른 수준의 영어 능력을 보인다. 영어 선수 학습 역시 학생들 간의 개인차를 발생시키는 요인이 되는데 여기에서 중요한 것은 영어 교사는 개별 학생이 지금 어느 정도의 수준인지를 확실하게 파악하고 그에 맞는 지도를 해야 한다는 것이다. 예를 들면, 영어 교사가 한 번도 영어를 들어보지 않은 학생에게 무리한 말하기를 기대한다거나 알파벳을 본 적 없는 학생에게 쓰기를 기대한다면 영어 수업의 효과를 기대하기 어렵다. 반대로 해외 영어권 국가나 사교육 등 영어 학습 경험이 있는 학생들에게 처음부터 다시 알파벳을 가르친다면 그 학생들 대부분은 영어 수업에 흥미를 잃거나 노력을 하지 않게 될 것이다. 학생들의 현재 수준을 모르고 수업이 진행되거나 선수 학습 경험이 같다고 전제한 후 획일적으로 수업을 진행한다면 그것은 비효율적인 영어 수업이 될 것이다. 따라서 실제 영어 수업에서 교사는 학생들의 언어 적성, 선수 학습 경험의 상태를 파악하고 이에 대한 개인차를 고려하여 수업을 수행하여야 보다 효율적인 영어 수업이 될 수 있다.

여기서 학생들의 개인차를 고려한 수준별 수업이란 학생의 개인차를 인정하고 언어 수준이나 학습 능력에 따라 학생들에게 알맞은 수업을 제공하는 것을 말한다. 현재 우리의 초·중·고등학교 영어 교육 현장은 학생 개개인의 능력에 따른 적절한 수준별 수업이 실시되지 못하고 있다. 특히 영어의 경우는 타 교과에 비해 학생들 간 개인차가 보다 심해서 개인의 능력 수준에 적합한 수업 방법과 내용을 학생들에게 적절하게 제공할 필요가 있는데 말이다. 성공적인 영어 수업을 위해 영어 교사들은 학생들의 개인차를 간과해서는 안 된다. 그리고 학생들의 영어 능력의 차이에 따라 입력의 양과 방법을 달리하고 전체 학생을 영어 성적에 따라 상반과 하반으로 나누어 편성하기도 하고 학급 내에서 개인별 능력을 고려하여 좌석을 배치하여 소집단으로 나누어 학습을 하기도 해야 한다. 과제나 과업제시에 있어서도 학생 개개의 수준별 능력을 고려하여 제시하여야 한다.

이러한 수준별 학습을 통해서 실제 수업 상황에서 영어 능력이 우수한 학생들은 학습에 대한 적극적인 의욕과 도전의식을 가지고, 보다 더 높은 성취동기를 가질 수 있을 것이다. 뿐만 아니라, 학습 능력이 다소 부족한 학생들은 획일적인 수업에서 경험하던 학습 활동에서의 소외감과 의욕 상실을 극복하고, 수준에 맞는 학습 내용과 방법으로 영어 학습에 대한 자신감을 회복할 수 있을 것이다. 비록 여전히 수준별 수업의 개념이 모호하고, 수준별 수업을 뒷받침할 수 있는 여건 마련이 충분치 못한 한계는 있지만, 학생들의 언어 능력과 수준에 적합한 영어 수업의 내용과 방법을 달리함으로써 적극적으로 학습활동에 참가할 수 있는 계기를 마련한다면 성공적인 영어 수업이 이루어 질 것이다.

나. 영어와 영어권 문화에 대한 긍정적인 태도를 가진 학생

정의적인 면에서 학생의 태도는 영어 수업과 상관관계가 있다. 학생이 가지고 있는 영어, 교사, 교수법, 영어사용 국민, 영어권 문화에 대한 태도는 영어 수업의 성공 여부에 영향을 준다. Oller(1981)는 학생의 태도와 언어 습득 성공 가능성 간의 관계에 대해 여러 차례 연구를 하였는데, 그 결과 언어와 그 언어권 문화 및 언어 사용 집단에 대한 긍정적인 태도가 언어 구사력을 향상시키는 것으로 나타났다. 만약 학생들이 영어나 영어권 문화 및 영어권 사람들에 대해 긍정적인 태도를 가지고 있다면 영어 수업에 흥미를 가지고 적극적으로 참여할 가능성이 높음을 유추해 볼 수 있다. 왜냐하면 영어 및 영어가 사용되는 문화에 대해 긍정적 태도를 갖고 있는 경우, 학생들은 높은 동기를 갖고 학습에 임하게 되고 수업에 적극적으로 참여하며 지속적으로 영어를 학습하게 되기 때문이다.

반면에 영어를 배우는 학생이 영어나 영어를 사용하는 민족 또는 그들의 문화에 대하여 부정적인 태도를 가지면 성공적인 영어 수업이 이루어질 수 없다. 즉, 영어를 배우기 위해서는 학생들이 우선 영어나 영어 사용자 및 그들의 문화에 대해 호의적이고 긍정적인 태도를 갖는 것이 중요하다. 따라서 영어를 가르칠 때는 긍정적인 태도를 심어 줄 수 있는 여러 방법이 모색 되어야 할 것이다. 특히, 초등학생과 같은 어린 학생들의 경우는 영어 및 영어 문화에 대한 태도를 확고하게 정립한 상태가 아니기 때문에 영어 수업 중 교사의 역할이 크다. 영어 교사는 태도라는 것이 고정된 것이 아니라 항상 변할 수 있다는 점을 인식하고 학생들이 긍정적 태도를 계속 유지할 수 있도록 노력해야 할 것이다.

다. 학생의 동기가 유발되는 영어 수업

영어 학습에 대한 동기가 강한 학생들은 영어를 성공적으로 습득한다. 영어 수업의 성패를 결정짓는 가장 중요한 요소는 학생들에게 영어에 대한 동기를 부여하는 것이라고 해도 지나치지 않다. 교사가 동기유발에 성공하기만 하면 그 수업은 거의 성공적으로 끝날 수 있다. 왜냐하면 학생들은 동기유발과 동시에 적극적, 능동적으로 수업 활동에 참여하게 되기 때문이다.

성공적인 영어 수업을 위해 교사들이 학생들의 동기를 유발시키는 방법은 크게 네 가지로 생각해 볼 수 있다. 첫째, 학생들과 직접 관련되는 내용을 제시함으로써 수업에 대한 관심을 불러일으키는 방법이다. 둘째, 학생들이 재미있어하는 수업 방법을 사용하는 경우이다. 셋째, 주어진 과제를 적절히 수행했을 때 보상을 줌으로써 동기를 유발하는 경우이다. 넷째, 학생들에게 수준에 맞는 내용을 제공하고 성취할 수 있는 기회를 제공함으로써 영어 학습에 대한 성취욕을 충족시켜 주는 방법, 즉 자발적인 학습에 대한 동기를 부여하는 방법이다. 이상에서 제시된 4가지의 동기 유발 방법에서도 알 수 있듯이 성공적인 영어 수업은 학생들의 내적, 외적 동기가 적절하게 자극되었을 때 일어난다. 그리고 학생들의 동기를 유발시키기 위해서는 학생으로 하여금 영어 학습에 강한 동기를 느낄 수 있는 환경 조건을 조성해 줄 필요가 있는데, 영어 교사는 수업이 시작되기 전에 거의 의무적으로 학생들에게 학습동기를 부여할 수 있는 방법을 꾸준히 개발하고 활용해야 한다. 또 수업의 시작에서부터 끝까지 학습자의 동기나 태도에 깊은 관심을 가지고 다양한 교수기술과 학습 활동으로 끊임없는 동기를 부여하도록 해야 한다. 보통 성공적인 영어 수업은 수업이 시작되자마자 5분 간 먼저 동기유발을 위한 활동부터 한다. 교사는 학생들에게 흥미 있을 만한 짧은 이야기, 토픽뉴스, 학급 학생에 관한 이야기, 노래, 게임, 그림 등으로 학생들에게 동기를 부여할 수 있다.

라. 모험을 시도하는 자신감

적절한 모험시도와 자신감은 영어 수업의 성공을 결정짓는다. 영어 수업에서 자신감을 가진 학생이 그렇지 않은 학생과 비교해서 성공할 수 있는 가능성이 훨씬 많은 것은 당연한 사실이다. 따라서 학생들이 영어에 대한 불안감을 낮추고 친숙감과 자신감을 갖도록 하는 것은 중요하다. 또 성공적인 영어 수업을 위해서 학생들은 다소 도전적인 면이 있어야 하고, 언어에 대한 감각을 가지고 자신감 있게 시도해 보고, 잘못에 대한 시도를 기꺼이 할 수 있어야 한다. 만약 영어 수업 시간에 불편함이나 불안함, 두려움을 느끼면 학생들은 모험을 덜 하게 되고, 소극적으로 활동하기 쉽다. 영어 수업 시간에 모험을 하지 않는 학생은 수업에서 자발적 참여가 부족하고 그 결과 영어의 정확성과 유창도에 부정적인 영향을 준다. 성공적인 영어 수업을 위해서 과감히 자신 있게 모험을 시도하는 학생상이 요구되며 영어 교사는 이를 적극 격려해주어야 한다.

이상으로 성공적인 영어 수업을 위한 학습 요인들을 살펴보았다. 요약하면, 학생들의 지적인 변인은 영어 능력의 개인차를 가져오고 성공적인 영어 학습을 위해 수준별 영어 수업의 필요성을 요구한다. 학생들의 정의적인 변인은 영어 학습에 참여하려는 의욕에 영향을 주며 영어 학습에의 참여도는 영어의 유창성에 영향을 준다(Ely, 1986). 마지막으로 Rubin(1975)이 제시한 훌륭한 영어 학습자의 조건을 참고로 제시하면 다음과 같다.

① 추측하려고 하는 의지가 높고 정확하게 추측하는 능력
(are willing to guess and guess accurately)

② 의사소통을 하려는 높은 동기
(want very much to communicate)

③ 자기 방어가 약하고 모험을 시도하려는 경향
(are uninhibited and risk making mistakes)

④ 언어 형식에의 초점
(pay attention to form)

⑤ 지속적인 연습
(practice)

⑥ 원어민의 표준 발화와 자신의 발화 비교 검토
(monitor their production and compare it to native standards)

⑦ 상황 속에서의 의미 파악
(pay attention to meaning in its social context)

1.4.4 교재 요인

언어 입력을 제공하는 영어 교재의 개발은 정책으로 결정된다. 학교에서 사용되는 영어 교재를 국정 도서로 제작하느냐, 검인정 도서로 제작하느냐, 교재의 종류는 몇 가지로 하느냐, 어떤 보조 교구를 포함해야 하느냐 등의 문제는 정책적으로 결정된다. 우리나라의 경우 현재 초등 영어 교과서는 모두 검·인정 도서로 각 영어 교과서마다 보조 교구로서 멀티미디어 CD-ROM 타이틀을 제공하고 있다. 그런데 만약 국가의 재정적 지원이 부족하여 교재가 학생들의 흥미와 동기를 유발하지 못하고, 소재와 내용 또한 전문가들로부터 질적 검증을 받지 않아 교육 목표와 유리된다면 영어 수업은 성과를 거둘 수 없을 것이다.

성공적인 영어 수업을 위해서는 학생의 발달과 수준에 적합한 교재를 사용해야 하며, 다양하고 흥미 있는 자료를 제시하여 학생들의 적극적인 참여와 활동을 유도해야 한다. 영어 수업의 궁극적인 목표가 의사소통 능력을 기르는 것인 만큼 교사와 학생들의 상호작용은 물론 교사, 학생, 교재의 상호작용을 극대화할 수 있는 교재가 활용되어야 한다. 여기서는 성공적인 영어 수업을 위해 교재가 갖추어야 할 요건 및 활용 측면을 살펴보도록 하겠다.

가. 교과서와 교재의 활용

영어 수업의 내용을 대표하는 것은 영어 교과서이다. 실제 많은 교사들은 영어 교과서의 모든 내용을 반드시 가르쳐야 한다는 강박관념을 가지고 있다. 이것은 영어 교과서가 영어 수업에 가지는 절대적인 영향력을 잘 보여주는 사례이다. 사실 성공적인 영어 수업을 위해서는 영어 교과서가 영어 수업의 목표와 수준을 결정하는 유일한 잣대라는 생각을 버리고 교과서는 최소한의 수업 내용과 목표라는 관점에서 접근해야 한다. 다시 말해서 진정 효율적인 영어 수업을 위해서는 교과서에 대한 관점의 변화가 필요하다. 실제 교과서를 바라보는 관점에 따라 교과서의 활용 방식은 달라질 수 있는데 교사들이 영어 교과서를 수업에서 절대적인 학습 자료로 인식하고 교과서에 제시된 내용과 방식으로만 수업을 이끌어 갈 수도 있지만, 이와는 반대로 교과서를 학습을 이끌어주는 여러 학습자료 중의 하나로 인식하여 다양한 학습 자료를 이용하는 영어 수업을 이끌어 갈 수도 있다. 성공적인 영어 수업을 하는 교사들은 주로 후자의 관점에서 교과서를 인식하고 각종 자료들을 활용하여 교과서를 독자적이면서도 창의적인 방식으로 제시하는 데 주력한다.

교과서에 대한 관점의 변화도 중요하지만 교재로서 교과서 내용이 학생들의 수준에 맞고 흥미로우며 상호작용이 활발히 일어나는 활동들이 제시될 때 성공적인 영어 수업을 할 수 있다. 그러나 일부 측면에서 교과서의 문제들이 지적되고 있으며 개선이 요구되고 있는 실정이다. 교과서의 문제 및 개선점으로 지적되는 사항은 첫째, 영어 교과서의 많은 경우가 학생들의 관심과 정서에는 동떨어진 주제와 소재를 다루고 있으며, 개작된 것이 많아 흥미 뿐 아니라 문화적인 이해를 증진시키는데 부족함이 많다. 따라서 교과서의 내용이 학생들의 흥미와 수준에 부합하는가의 문제를 생각해 볼 필요가 있다. 둘째, 교과서 내에 있는 문장이 실제 영미문화권에서 사용하고 있는 살아있는 표현과 거리가 있는 경우가 간혹 있다. 셋째, 교과서에 제시한 활동 중에 어떤 활동은 한 시간 동안 수행해도 완수하기 어려운 경우가 있다. 넷째, 각 단원마다 똑같은 틀로 구성된 활동을 제시하고 있어 교사나 학생 모두에게 내용에 대한 기대나 가치를 부여하기가 어렵다. 다섯째, 다양한 수준을 포함한 교과서의 필요성이 지적되고 있다. 현재 검정을 통과한 교과서들은 출판사별로 나누어진 선택의 범위일 뿐이며, 수준에 따른 교과서의 구분이 없다. 다시 말하면 중·고등학교 학생들의 경우 학생들의 영어 학습 능력이 우수한 학교와 부족한 학교의 학생들이 선택할 수 있는 교과서의 범위가 동일하다는 말이다. 지역이나 학교마다 학생들의 수준이 현재 교과서의 수준보다 낮거나 높은 수준을 요구하는 경우가 많기 때문에 학생들의 요구와 수준에 따라 선택할 수 있는 다양한 내용과 형태의 교과서가 필요하다.

성공적인 영어 수업을 하기 위해서는 이와 같은 교과서의 문제들이 개선되고 해결되어야 한다. 이를 위해서는 교과서의 개정이 필요하지만, 이는 국가의 정책적 사안이므로 시일이 걸리며 개정된다고 하더라고 역시 모든 학교와 학생들의 요구와 수준에 부응할 수 없다. 따라서 단위 영어 수업에서 교과서는 다음과 같이 활용될 필요가 있다. 첫째, 교과서 내용의 수준을 학생들의 수준에 맞게 난이도를 조정하거나 분량을 조정해서 사용한다. 둘째, 내용을 효과적으로 전달하기 위해 학생들이 선호하는 방식으로 제시 방법을 재구성한다. 셋째, 교과서에 제시된 주제에 관한 보다 확장된 내용과 활동을 제시한다. 교과서가 교사와 학생들의 요구에 적합하지 않다 하더라도 영어 교사의 재구성 능력으로 얼마든지 다양한 수업형태가 이루어질 수 있다는 사실을 염두에 두자. 영어 교사로서 교과서 내용을 학생들에게 적합한 수준과 양으로 독자적으로 가르치는 교재의 재구성 노력이 필요하다. 영어 교과서, 부교재, 보충 교재 등이 학생들의 수준과 관심에 맞고 상호작용을 일으키는 다양한 양질의 활동으로 구성되어 있다면 영어 수업에 효과적으로 활용되어 성공적인 영어 수업이 이루어질 것이다.

나. 다양한 활동 자료 및 교구의 활용

외국어로서의 영어 사용 능력은 단순히 영어 사용에 필요한 언어적 지식과 표현 학습을 통해 습득되는 것은 아니다. 상황에 맞는 적절하고 올바른 영어 사용을 위해서는 영어를 사용하는 영어권 국가의 문화에 대한 이해와 간접적인 경험이 필요하다. 그러므로 제한된 공간과 시간 내에 학생들에게 이러한 요구를 충족시켜주기 위해서는 교사가 효율적으로 다양한 자료를 제시해 줄 수 있어야한다. 이렇듯 영어 교과가 외국어라는 특성을 감안했을 때 영어 기능 자체와 영어 사용 국가의 문화까지도 학습 내용으로 포함하게 되므로 자료의 범위는 동영상에서부터 사진, 그림 등 방대하고 그 종류도 다양하다. 다양한 자료와 교구들을 활용함으로써 성공적인 영어 수업이 이루어진다고 볼 때, 영어 수업에서는 각종 실물, 그림, 사진 등의 자료들 뿐 아니라 다양한 멀티미디어 자료들이 모두 사용되어야 한다. 다양한 자료들은 학생들의 이해를 돕고 학생들에게 구체적인 다양한 경험을 제공하고 학습 동기 유발을 유도하기 때문이다. 그러나 현 실태는 학교에 구비된 자료가 시대에 뒤떨어지거나 부족한 경우가 많고, 자료 제작이나 구입에 대한 재정적 지원이 부족한 실정이다. 이러한 문제를 극복하기 위해서 우선 영어 수업에 필요한 자료 및 교구에 대한 재정적 지원이 있어야 한다. 동시에 인터넷이 발달한 우리나라의 상황을 잘 활용할 수 있어야 한다. IT 강국인 우리나라에서는 인터넷을 이용하여 각종 자료를 찾아낼 수 있다. 온라인에 넘쳐나는 각종 멀티미디어 자료들을 수업의 효과를 높이기 위한 자원으로 잘 활용할 수가 있어야 할 것이다. 교과서의 보조 교구인 CD-ROM을 사용하는 것에 그칠 것이 아니라 인터넷을 통하여 다양한 자료들을 추출하고 이 자료들을 영어 수업에서 재구성을 통하여 활용한다면 수업의 효과를 높일 수 있을 것이다. 참고로 김정렬(2000)은 학습자들이 활용할 자료와 교구는 어디까지나 학습의 질을 높이기 위한 보조 자료이지, 학습 그 자체의 목적은 아니라고 주장하였다. 영어 수업에서 다양한 자료와 교구를 활용하는 목적은 학생들의 관심과 흥미, 동기 유발을 시키기 위해서이며, 학생들의 학습 활동을 보다 촉진시키기 위해서라는 점을 유의하며 다양한 학습 자료와 교구를 효과적으로 활용하여 성공적인 영어 수업을 이끌어 가야할 것이다.

1.4.5 교육 환경 요인

가. 영어 교과 교실의 확보와 선진 기자재의 활용

EFL 상황에서 영어를 습득할 수 있는 환경은 가정이나 사회가 아닌 교실이 공식적으로는 유일한 환경이 된다. 그러나 우리의 교실 여건은 영어 사용 능력을 향상시키는데 필수적인 과업 중심, 활동 중심의 수업을 하기에는 어려움이 많다. 게다가 영어 수업 시간에 활발한 의사소통이 일어날 수 있는 활동을 할 경우 소음으로 인해 옆 반에 방해가 될 수도 있다. 교실의 책상 배열이나 형태 역시 의사소통을 위한 활동에 용이하지 않다. 또한 수업 자료의 효율적인 비치와 활용에도 일반 교실에서는 어려운 점이 많다. 영어 수업을 위해 교사들은 부족하고 열악한 교실 시설을 최대한 활용하려고 노력하고 있지만, 사실 우리의 교실 여건이나 교육 환경은 영어 교사들이 의도된 대로 영어 수업을 진행하기에는 시설이나 지원에 있어서 미흡한 점이 많다.

성공적인 영어 수업을 이끌기 위해서는 그에 맞는 교육시설이 필수라고 할 수 있다. 우선적으로 영어 교과 교실과 같은 영어 수업 전용 교실이 필요하다. 영어 교과 교실을 확보한 후에도, 확보된 영어 교과 교실이 제구실을 하기 위해서 필요한 기자재나 시설의 지원을 해 주어야 한다. 여기에 필요한 시설이나 자료는 여러 가지가 있겠지만 활동에 용이하도록 설계된 탁자와 프로젝션 TV, 컴퓨터, 터치스크린, 캠코더 등의 선진화 기자재 및 사전을 비롯한 영어 관련 서적, 다양한 시청각 자료 등을 들 수 있겠다. 더욱이 영어 교과 교실은 영어 수업 시간 외 점심시간이나 방과 후 English Zone으로 운영되어 학생들에게 영어 학습을 할 수 있는 공간으로 활용될 수 있을 것이다.

나. 학급당 인원 수 감축

효율적인 영어 수업을 위해서는 교사 1인당 지도하는 학생 수가 많지 않아야 한다. 학생들이 동료 학생들과 영어로 상호작용을 하며 직접 참여해보는 활동이 많은 영어 수업의 특성상 소그룹 활동, 짝 활동, 개별 활동이 많다. 학급 당 학생 수가 많으면 소그룹 및 개별 활동 조직이 어렵고, 수준별 개별화 학습 및 교사가 학생들의 활동을 도와주고 피드백 해 주기가 힘들다.

현재 우리나라의 학급당 학생 수는 대도시와 수도권 신도시 등 일부지역에서 아직도 40명이 넘는 등 지역에 따라 편차는 있으나 학급당 학생수를 35명으로 감축하는 정책이 교육부에 의해 진행 중이다. 그러나 2016년 OECD 교육 지표에 따르면 우리나라 학급당 학생 수는 초등학교 23.6명, 중학교 31.6명으로 OECD 평균 각각 21.1명, 23.1명 수준에 비해 여전히 높다. 따라서 성공적인 영어 수업을 위해서 학급 당 학생 수의 감축이 필요하다. 영어 수업의 특성 상 소수 인원의 학급이 적절하다고 할 수 있는데, 우선적으로 학급 당 학생 수가 현재보다 적은 20명 초반이 되어야 효율적인 영어 수업이 가능할 것이다.

다. 영어 수업 시간 수의 증대

영어는 국제어로 인정되어 각종 국제회의와 행사에서 사용되고 있으며, 통신망은 물론 정치, 경제, 사회, 문화, 과학, 기술, 학술 분야의 서적과 논문, 잡지들이 대부분 영어로 출판되고 있다. 우리나라에서도 이러한 실용성을 고려하여 영어를 가장 중요한 외국어로 가르치고 있다. 하지만 영어교육에서 당장 문제가 되는 것은 부족한 수업 시수라 할 수 있다. 언어라는 특성상 영어는 자주 접하고 반복적으로 학습해야 그 효과가 있음을 감안할 때 영어 수업 시수는 턱없이 부족함을 인정하지 않을 수 없다. 현재의 학년별 주당 2시간에서 4시간의 영어 시수로는 영어에 노출되는 시간이 너무 적고 기본적인 의사를 영어로 표현하는데 불충분하기 때문에 성공적인 영어 수업을 기대할 수 없다. 더욱이 모든 일상생활을 한국어로 하는 EFL 상황에서 영어 수업의 효과를 얻기 위해서는 영어 수업 시수가 충분히 확보되어야 한다. 전병만 외(2006)에 따르면 특히 우리나라 초등학교의 영어 수업 시수가 비영어권 국가에 비해 크게 부족하다고 한다. 국가별 영어 수업 시수를 보면, 중국은 초등 1~2학년 75~105시간, 3~6학년은 105시간에 달하고, 홍콩 초등학교 1~6학년은 연간 135~165시간이고, 말레이시아도 초등 1~3학년 116시간, 4~6학년 136시간으로 조사됐다. 우리나라 초등학교 3~4학년의 연간 68시간, 5~6학년의 102시간에 비하면 월등히 많은 영어 수업이 이루어지고 있음을 알 수 있다. 김정렬(2002)도 초등학교 3학년부터, 중학교, 고등학교까지 10년간에 걸쳐 이루어지고 있는 800시간 남짓한 영어교과의 시수를 적어도 영어의 기본적인 소양을 갖추는데 필요한 2,500시간까지 늘려야 영어에 대한 기본적인 소통 능력이 마련될 수 있다고 보고 있다. 성공적인 영어 교육을 위해서는 학생들이 충분한 언어입력 및 출력 기회를 가질 수 있도록 영어 수업 시수의 증대가 이루어져야 할 것이다.

성공적인 영어 수업이 이루어지려면 수업 내적 변인들의 상호작용도 중요하지만, 수업 외적으로 영어 교과 교실과 같은 물리적 학습 환경이 갖추어져야 하고 학급 당 학생 수 감축, 영어 수업 시수의 증대가 이루어져야 한다.

제2장

교수·학습 과정안

2.1 교수·학습 과정안의 정의

교수·학습 과정안은 영어 수업에서 최대한의 성과를 거두기 위해 교사가 중점을 둘 사항, 분량, 방법, 과제 등에 관해 미리 계획을 짜두는 계획안을 가리킨다(배두본, 1997). 교수·학습 과정안은 교수·학습의 목표를 효과적으로 달성하기 위하여 학습의 목표, 내용, 과정, 행동, 자료, 평가 등을 구체적이고 주도면밀하게 조직적으로 구안한 계획서라고 정의할 수 있다.

2.2 교수·학습 과정안 작성의 필요성

첫째, 계획적인 수업 운영이 가능하다. 좋은 수업은 학습자가 교수·학습 목표를 효과적으로 달성하기 위해서 학습자의 내적(학습 동기, 정의적 요인, 다중 지능 등), 외적(수업 시간, 학습 활동, 학습 자료 제작 등) 환경을 체계적으로 구성하는 일이다. 이를 위해서는 다양한 요소를 고려하여야 하는데 이러한 요소들을 머리 속으로만 구상하게 되면 빠뜨릴 수 있는 부분이 생길 수 있다. 여러 가지 요소를 하나 하나 글로 적으면서 정리하고 고쳐 나가면 좀 더 효과적인 수업이 가능하다. 또한 다른 교사와의 사전협의회를 통해 부족한 점을 메워나갈 수도 있으며 유의점에 혹시 일어날 수 있는 상황에 대한 일들에 대해 적어두면 교사가 이런 점들에 유의해 가며 수업을 진행해나갈 수 있다.

둘째, 수업에 일관성을 유지할 수 있다. 수업은 그 시간 그 단원에서 배워야할 학습 목표 달성을 위해 나아가야 한다. 만약 교사가 즉흥적으로 수업 활동과 내용을 바꾸게 되면 학생들은 그 시간에 배워야 할 내용이 무엇인지 헷갈리게 되고 학습 지도 요소가 누락될 수 있다. 교수·학습 과정안을 통해 교사는 학습 내용의 범위와 계열을 파악할 수 있고 유목적적인 학습 활동을 전개할 수 있다.

셋째, 수업을 할 때 자신감을 가질 수 있다. 교사의 자신감은 전문성에서부터 나온다고 할 수 있다. 수업의 도입, 전개, 정리의 체계적인 수업 지도안을 짜면서 좀 더 완성도 높은 수업이 가능해지고 완성도 높은 수업을 해가면서 교사 스스로에 대한 내적강화로 수업에 대한 자신감이 높아지게 된다. 또한 혹시 수업에 실수를 하더라도 수업 지도안을 보면 그 과정이 잘 나타나 있으므로 실수에 대한 두려움 없이 수업에 임할 수 있다.

마지막으로 시간 관리를 잘 할 수 있다. 수업을 하다보면 도입, 전개 부분에 시간을 지나치게 투입한 나머지 정리할 시간이 없어져 흐지부지 수업이 마무리 되는 경우가 있다. Ebbinghaus(1913)의 이론에 따르면 배운지 2시간이 지나면 배운 내용의 42%를 망각하게 된다고 한다. 그러므로 학습한 내용을 오래 기억하기 위해서는 배운 이후 즉각적으로 복습을 하는 것이 중요하다. 수업에서 정리 단계는 학생들에게 배운 내용을 복습하고 기억을 오래 보존시키기 위한 기회를 제공한다. 그런데 실제로 수업을 하다보면 이러한 정리 단계가 수업 시 시간 관리 잘못으로 인해 누락되는 경우가 많다. 수업 지도안에 각각의 활동 시간을 적어 놓으면 교사가 이를 보고 시간 관리를 효율적으로 하여 짜임새 있는 수업이 가능해진다.

2.3 교수· 학습 과정안과 비슷한 용어들

교수· 학습안과 유사하게 혼용되고 있는 용어로 <수업안>, <학습 지도안>, <학습보도안>, <교수· 학습안> 등이 있다. 이 용어들의 차이점을 살펴보면 다음과 같다. (부산교육대학교 부설초등학교, 2002)

1) 수업안 : 교사가 학생에게 가르칠 것을 계획한 것인데 가르치는 입장이 강조되어 있고 학생의 예상되는 반응을 무시한 안이므로 지금은 잘 사용하지 않는다.
2) 학습 지도안, 학습보도안 : 주는 입장의 '지도', '보도'와 받는 입장의 '학습'이라는 말이 병행되어 사용되고 있으므로 지금도 사용된다. 다만 '지도'는 '보도(輔導)'보다 주는 교사의 입장이 강렬하고 '보도'는 교사의 역할이 학생의 받는 입장 보다 약화되어 '이끌어 준다'는 뜻이 있다. 즉, 전자는 교사 중심, 후자는 학생 중심이라는 어감을 가지고 있다.
3) 교수 · 학습안 : 최근에 가장 많이 쓰는 것이 <교수-학습안>인데 이것은 교사의 주는 입장과 학생의 받는 입장이 대등한 관계로 유지된다는 의미의 합성어로 붙임표 '-'로 연결되어 있다. 종종 <교수-학습 지도안>이라고 쓰는 경우가 있는 데 이는 주는 입장의 '교수'와 '지도'가 두 번이나 들어가므로 잘못된 표기라 할 수 있다. 또한 비슷한 말로 <교수-학습 계획>이나 <교수-학습 활동> 등이 있는데 이는 맞는 표기로 볼 수 있다. 그런데 최근에는 붙임표(-)가 아닌 가운뎃점을 찍어 대등하고 밀접한 관계임을 나타내는 <교수 · 학습안>으로 표기하는 방향으로 바뀌고 있다. 그러므로 <교수-학습안>보다는 <교수 · 학습안> 이라고 쓰는 것이 바람직하다.

2.4 교수· 학습 과정안 양식

교수· 학습과정안 작성 양식에는 다양한 것들이 있다. 교사들이 나름대로 자신의 수업에 앞서 계획한 하나의 설계도이기 때문에 다양성이 보장된다. 그렇다고 해서 아무렇게나 쓸 수 있는 것은 아니다. 거기에는 학습목표가 있고, 단계별 교사활동과 학생활동이 있다. 학습 자료가 있고, 유의점도 있으며, 형성평가도 있다. 문제는 이러한 다양한 교수학습요소들을 어떻게 효과적으로 배열하느냐이다. 수업에서 기본적으로 갖추어야 할 것과 교수·학습활동의 효과를 고려하여 다음과 같은 양식을 제시해 본다.

영어과 교수학습 과정안(예시)

지도일시	2016. 5. 19.(화). 3교시	대상 및 장소	1-1 (교실)	지도교사	○○○

① 단원명		④ 차시	2 / 9
② 학습주제		⑤ 교수 · 학습 모형 ※	
③ 학습목표	○ ○		

⑥ Step (Time)	⑦ Contents	⑧ Teaching-Learning Activities		⑪Remarks(※) Aids(★)
		⑨ Teacher	⑩ Student	
Introduction (6')	○ 수업준비확인 ○ 전시학습상기 ○ 동기유발 ○ 학습목표제시			
Development (39')				
Closing (5')	○ 요약 정리 ○ 형성평가 ○ 차시학습예고			

2.5 교수학습 과정안 작성시 유의사항

가. 구체적이면서 명시적인 학습목표를 설정한다.

나. 학습과정과 학습내용을 선정한다.

다. 교사활동과 학생활동을 균형 있게 구상한다.

라. 교수·학습 자료의 사용시기와 방법을 계획한다.

마. 단계별 시간을 적절히 배당한다.

바. 수업중의 유의사항을 미리 예상한다.

사. 중점적인 강조사항을 미리 체크한다.

아. 확산적 발문과 실례 등을 준비한다.

자. 형성평가의 방법과 내용을 준비한다.

차. 판서계획과 판서 내용을 준비한다.

2.6 교수·학습 과정안 작성의 실제

가. [① **단원명**]과 [② **학습주제**]

단원명은 일반적으로 교과서의 중단원 정도의 단원명을 적고, 학습주제는 본시학습의 소단원이나 학습주제를 적는다. 학습주제는 교과서에 나와 있는 소단원명이 아닐 수도 있으며, 교사가 교육과정과 교과서의 내용을 토대로 별도의 주제를 만들 수도 있다.

【단원명과 학습주제의 예】

	단원명	학습주제
기록 내용	중단원 정도의 단원명	소단원명이나 별도의 주제
작성 예	Lesson 1. It's My Mom	가족에 대해 묻고 답하기
	Lesson 2. I Have a Headache	아픈 곳을 묻고 답하기
	Lesson 3. May I Help You?	물건을 사고 팔 때 하는 말하기
	Lesson 4. She Has Short Hair	인물의 생김새에 대한 글쓰기

나. [③ **학습목표**]

학습목표는 학습 후에 나타날 학생 행동이나 학습결과를 명시적 동사로 진술하는 것으로서 해당 수업 시간의 Key Word이며 핵심개념이다. 따라서 학습 과정에서 수행할 성취

행동 및 수행할 조건, 도달 기준의 3요소가 포함되는 것이 좋다.

1) 학습 목표를 진술 하는 이유

학습 목표를 진술 하는 이유는 다음과 같다.

가. 수업자: 무엇을 가르쳐야 하는지 명확하게 인지할 수 있어 지도 목표 도달에 효과적이다.

나. 학습자: 자신의 학습 계획을 세우게 되어 학습 효과를 높일 수 있다.

다. 평가시 타당도, 신뢰도를 높일 수 있고 평가의 결과를 재투입하는데 효과적이다.

라. 수업 목표가 세분화되면 길러야 할 행동이 무엇인지 분명해져서 수업 매체를 결정하는 데에도 효과적이다.

2) 학습목표 진술 방법

가. 학습 내용과 학습 행동을 동시에 진술한다.

* 가족에 대해 묻고 답하는 말을 할 수 있다.

(학습내용) (학습행동 · 결과)

나. 학습 후에 기대되는 학습결과를 진술한다.

* 인물의 생김새와 옷차림을 묘사하는 낱말을 읽을 수 있다.

(조건) (학습행동 · 결과)

다. 가능한 조건, 상황, 준거를 포함시킨다.

* 일과를 나타내는 5개의 그림을 보고 3개 이상 문장으로 표현하여 말할 수 있다.

(학습내용) (준거) (학습결과)

라. 구체적이고 행동적인 용어로 진술한다.

* '말할 수 있다/ 구분할 수 있다/ 설명할 수 있다/ 표현할 수 있다/ 구할 수 있다.'

마. 하나의 학습목표에 하나의 학습결과를 진술한다.

* 좋아하는 과목을 표현한 글을 읽을 수 있다.
* 출신지를 묻고 답하는 말을 할 수 있다.

3) 학습목표 제시 방법

가. 다양한 기법으로 제시한다.

- 그림, 모형, 실물 등과 문장을 섞어서 제시한다.
- 행동 문장으로 제시한다.
- 개인의 목표를 정할 수 있도록 제시한다.

나. 다양한 장소를 활용한다.

- 칠판, 학습지, 분단 등

다. 제시자를 적절히 활용한다.

- 교사의 제시
- 학생의 개인 또는 공동 제시
- 시청각 매체의 활용(TV, VTR, 녹음기 등)

라. 제시 효과를 높인다.

- 색분필을 사용한다.
- 입체감을 살린다.
- 동적으로 제시한다.(매달거나 바람에 의해 돌아가는 것 등 다양한 형식으로 표현할 수 있음)
- 가로, 세로, 원, 디자인 등을 활용한다.

마. 제시 시기

- 학습 전 제시: 과제나 차시 예고가 명확한 것
- 학습 중 제시: 과제나 차시 예고가 되어 있지 않는 것
- 학습 후반에 제시: 차시 예고, 조사, 가정 실천 학습 등

다. [④ 차시]

○ 해당 단원에 따른 본시학습의 차시를 기록한다.

라. [⑤ 교수·학습모형]

해당 수업시간에 활용할 교수·학습모형을 기록한다. 그런데 수업이 모형에 너무 고착되면 경직되어 수업의 역동적인 모습을 찾아볼 수 없게 되고, 수업이 모형에서 너무 벗어나게 되면 수업의 흐름이 방향을 잃고 학습 목표와 다르게 전개 될 수 있다. 기존의 수업모형을 바탕으로 적절하게 구성할 수 있는 수업자의 역량이 요구된다. 다음은 영어과에서 자주 사용되는 수업 모형이다(김정렬, 2014).

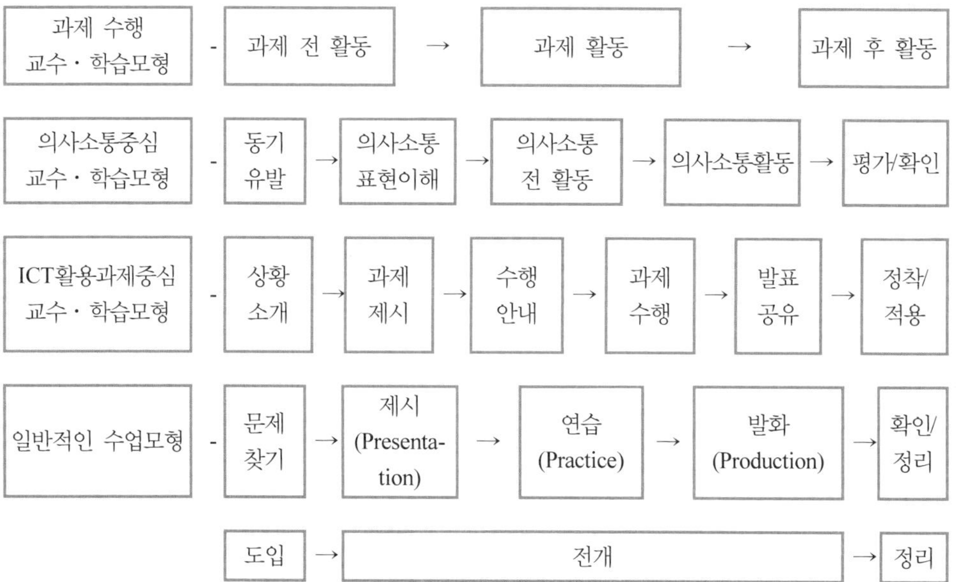

※ 이 부분은 교수·학습모형뿐이 아니라, 학교별 합의나 과목의 특성 또는 교사의 개별적인 목적에 따라 기본학습요소, 필수학습요소, 교수·학습자료 등의 내용들의 작성 공간으로 활용할 수 있다.

마. [⑥ 단계(시간)]

○ 수업시간을 3단계(도입 ⇒ 전개 ⇒ 정리 및 평가)로 구분하여 차례로 기록하고, 단계별 예정 시간을 기록한다. 기록의 작성 방법은 ( )안에 (15')과 같이 분 단위로 기록해 넣는다. 한 단계가 다음 페이지로 계속 될 경우 단계명은 다음 페이지에도 명시하지만 예상 시간은 중복되지 않게 앞 페이지에만 기록 한다.

※ '단계'와 '시간'을 함께 기록하는 것은 교수·학습과정안의 작성공간을 최적화하기 위함('시간'을 별도의 칸을 두어 작성할 경우, 전체적으로 작성공간이 줄어들기 때문임)

바. [⑦ 학습과정(학습내용)]

이 항목은 단계별 주요 학습 내용을 축약해서 명시하는 칸이다. 학습의 주된 경험을 확인할 수 있도록 학습 과제를 구체화하고 학습자의 생활 경험이 존중되는 방향으로 기술하여야 한다. 경험이 많은 교사는 학습 내용만 보고도 수업의 흐름을 짐작할 수 있다.

사. [⑧ 교수-학습 활동] - [⑨ 교사활동]

이 항목은 교사의 교수적 활동 즉, 교사 발문, 지시, 조언 등을 명시하는 칸이다. 교사 발문은 학생의 학습 의욕을 고취시키고 사고력을 촉진시키는 방향으로 제시되어야 하며 흔히 T_1, T_2,로 명시한다. 아래 첨자로 표시되는 숫자는 각 단계 내 한 학습 내용에서 연번으로 계속되다 학습 내용의 항목이 바뀌면 다시 1번부터 시작하여 적는다. 지시적 발문이나 교사의 조언은 발문과 같이 T로 명시할 수 있지만 ( )나 머리점 '·'을 찍어 기록할 수도 있다.

※ 발문과 질문의 차이는?

학습자는 교사가 던지는 발문을 통하여 교사의 중요한 내용에 관하여 교사와 언어적 상호작용을 하게 된다. 발문은 교수·학습 과정에서 지도 교사가 의도적으로 교육적인 효과를 얻기 위해 학습자에게 던지는 질문으로서, 이 발문에는 반드시 의도성과 계획성 그리고 가치 지향성이 내포되어 있어야 한다. 발문과 질문의 차이점을 살펴보면 다음과 같다.

- 질문: 어떤 정보나 해답을 얻기 위해 교수·학습 과정에서 학습자가 모르거나 의심나는 것을 교사에게 물어보는 것. 질문을 하는 사람이 답을 알고 있지 않음.
- 발문: 지도 교사가 알고 있는 내용을 학습자에게 가르치기 위해 의도적으로 던지는 물음. 발문을 하는 사람은 답을 알고 있음.

아. [⑩ 학생활동]

학생활동은 예상되는 학습자의 응답이나 활동을 명시하는 칸이다. 학습자의 예상되는 응답은 S_1, S_2와 같이 기록하며 교사 발문이 바뀌면 아래 첨자로 된 번호도 다시 시작되도록 한다. 응답이 많은 것으로 예상되면 S...로 기록하며, 지시에 따른 학습 활동은 (　　) 안에 또는 머리점 '·', 학습자 전체를 나타내는 C로 표시할 수도 있다.

자. [⑪ 유의점 및 학습자료]

유의점에는 수업 중 교사가 유념해야 할 사항을 기록한다. 구체적인 사례를 제시하면 다음과 같다.

* ask them to talk about their family freely
* get the students familiar with the key expressions through the conversation between teachers
* T and NT walk around to help students in need
* NT writes the words on the picture
* Verb should be circled to make them focus on the type of past tense

학습 자료에는 다음과 같이 수업 중 활용할 자료를 기록 한다.

* a picture of school event
* a picture of T's son

* voice recording
* survey worksheet
* a book
* video clip about food

차. 단계별 활동

1 도입단계 : 다음의 4가지를 모두 기술

① [수업준비 확인] : Greeting/daily routine - 상황에 어울리는 인사하기, 안부 묻기, 날짜/ 요일/ 날씨 묻기 등으로 이루어지는 일련의 절차를 거친다. 이러한 활동들을 집중적으로 가르치는 단원이 있긴 하지만 이러한 Greeting 과 daily routine의 시간을 매 수업 시작 전 반복함으로서 학생들에게 영어 시간임을 인식시키고 가벼운 대화를 통해 교사와의 래포를 형성하며 자연스럽게 관련 표현들을 익힐 수 있도록 한다.

② [전시학습 상기] : 발문 등을 통해 전시학습의 핵심내용에 대한 인지 정도를 확인한다.

③ [학습동기 유발] : 다양한 방법으로 학습동기를 유발한다. 흔히 학습할 내용에 대한 관심과 호기심을 불러일으키기 위해서 동영상 자료를 활용하는 경우가 많다.

④ [학습문제 제시] : 학습 문제를 제시한다.

【도입단계의 작성 예】

⑥ Step (Time)	⑦ Contents	⑧ Teaching-Learning Activities		⑪Remarks(※) Aids(★)
		⑨ Teacher	⑩ Student	
Intro duction (7')	Warm up	◎ Greeting T_1 Hello, everyone? T_2 How are you today? T_3 How's the weather? T_4 What day is it today? T_5 What date is it today?	 S. Good Morning, Mam. S. Good/ Fine/ Not bad S. It's sunny/raining.··· etc. S. It's Wednesday. S. It's May twenty third.	★ indian song ※ indian song을 통해서 1부터 12까지의

	Review	◎ Let's Review		숫자를 자신감 있게 말할 수 있도록 한다
		T_1 Let's count 1 to 12.	S. One, two, three......	
		T_2 Do you know "Ten little indians" song?" Let's sing together	S. Yes, I do (sing together)	
	Motivation	◎ Motivation		
		T_1 Let's play a 'dang dang game'.	S. (Play game)	
	Confirmation of objective	◎ Presenting the objective	S. Confirm today's objective	
		시각을 묻고 답하는 말을 할 수 있다.		

※ 도입단계에서는 학생들의 학습동기를 유발하고, 학습목표를 각인시키는 것이 가장 중요한 것이기 때문에 사전 준비가 필요하다. 특히 학습동기 유발은 참신한 발문이나 자료 제시 등을 통해 학습내용에 대한 호기심을 유발하는 내적 동기 유발과, 시험문제나 교과내용의 비중 등을 들어 관심을 갖도록 하는 외적 동기 유발 방법이 있다.

② 전개단계 : [학습내용] 또는 [학습방법]을 기록함

전개 단계에서의 수업 모형은 PPP 모델의 형식으로 진행되는 경우가 많다. PPP 수업 모형은 수업의 진행이 '제시 → 연습 → 발화'의 과정을 통해 이루어지는 것으로, Thornbury(1999)는 이 수업 모델을 전형적인 영어 교수 방법으로 언급하고 있다. 그에 따르면 외국어 학습은 반복적인 연습을 통해 기술을 익힘으로써 가능하게 된다. 언어적 지식은 연속적인 연습을 통해 기술이 될 수 있고 이러한 기술을 습득함으로써 언어는 학습된다. 이 모형에 따르면 수업은 교사의 주도하에 진행이 되며 유창성보다는 정확성에 초점을 맞추어 진행된다. 이러한 과정을 통해 학습이 진행되면 결과적으로 학습자들은 정확성뿐만 아니라 유창성 또한 학습하게 되어 결국 언어 능력이 향상되는 것이다.

① 제시(Presentation)

가. Look & Think - 그림 보고 상황 추측하기

나. Listen to the dialogue - 대화 듣고 상황 파악하기

다. Presentation of new expressions - 공부하게 될 새로운 낱말이나 표현 살펴보기, 표현의 정확한 의미 알아보기

② 연습(Practice)

가. Listen & Repeat - 주요 표현 듣고 따라 말하기

나. 노래 / 챈트

- 영어의 억양, 리듬, 발음을 자연스럽게 연습할 수 있도록 해준다.
- 노래/챈트 들려주기 → 부분적으로 따라하기 → 율동과 함께 해보기 →가사 바꾸어 보기

다. 놀이 / 게임

- 학습 과정에 흥미를 불어 넣어 인지적인 부담을 덜어준다.
- 놀이 속에 학습 내용과 목표가 포함되도록 하면서 재미와 경쟁, 협동이 잘 조화되도록 고안해야 한다.

라. 역할놀이

- 실제 언어 상황을 제공할 수 있는 좋은 기회를 제공한다. 자신의 역할뿐 아니라 전체적인 맥락과 상황을 파악할 수 있도록 충분한 연습 기회를 제공한다.
- 역할 놀이 상황 및 내용 파악하기(시범이나 동영상 자료) → 등장인물 별로 대사 연습하기 → 동작과 함께 연습하기 → 발표하기
- Good memory, Big action, Loud voice를 강조해 실감나는 역할 놀이가 되도록 한다.

③ 발화(Production)

가. Production/Performance - 각 활동에서 연습한 결과를 발표하는 단계이다.

나. Apply to real situation - 학습한 표현을 실제 상황에서 익힐 수 있는 기회를 제공한다.

다. Further & Supplement study - 수준별 활동을 제시해 개인의 학습 능력에 맞는 학습이 이루어질 수 있도록 한다.

【전개단계의 작성 예】

⑥ Step (Time)	⑦ Contents	⑧ Teaching-Learning Activities		⑪Remarks(※) Aids(★)
		⑨ Teacher	⑩ Student	
Presenta-tion (8')	Look & Say	□ Talk about other requirements	■ Find the items and say the key expressions.	★authentic materials (crayon, pencil, robot, ball watch)
		NT. Where's the crayon?	S. It's under the board.	
	Check today's key expressions	NT. Where's the pencil?	S. It's on the desk.	
		T. Let's make questions with these words.	■ Make sentences with key words.	★sentences cards
		< Key Expressions > • Where's the pencil? ☞ It's on the desk.		※get the low-leveled students familiar with the key expressions using sight words
		NT. Let's sing a song to practice the expressions.	■ Sing a preposition song with motion.	★video clip
Practice (14')	Do & Say	□ Present how to do a puzzle game in a group.	■ Play a puzzle game to practice key expressions.	★puzzle cards ※demonstrate
		T. Let's check your sentences.	■ Ask and answer about the positions using the puzzle.	
	Listen & Speak	□ Explain how to do the survey game.	■ Listen and get ready to do the survey game.	★computer materials (activity guidance, music) worksheet, picture cards
		T. Let's ask your friend where other requirements are.		

		< Survey Game > ① G 1 members have 8 pencil cards. ② They need to meet other group members. ③ Ask and answer using key expressions. ④ They exchange the cards. ⑤ If they have 8 different cards, come back to their seat.		※performance test 2 ※allow them meet friends as many as they can.
Production (8')	Think & Speak	□ Get students ready to make a big picture.	■ Listen and make a question using key expressions.	
		T. Where's the trowel?	S. It's under the tree.	※complete today's objective
		□ Ask them make questions using realia in the classroom.	■ Make questions to talk about the positions using realia in the classroom.	

③ 정리 및 평가단계 : 다음의 3가지를 모두 기술

① 학습내용 정리

가. 학습 정리를 하는 이유

단위 시간의 수업 과정은 도입 단계에서 본시의 학습 목표를 학습 문제나 과제 형태로 제시하고 전시 학습과 관련지어 동기를 유발시킨 다음 전개 단계에서 역동적인 교수·학습이 이루어지게 한 후 단위 시간의 최종 단계인 정리 단계를 거치게 된다.

한 시간의 학습량은 학습 과제의 특성이나 교과 진도에 따라 다를 수 있으나, 그 양에 관계없이 한 시간의 수업이 끝나는 정착 단계에서는 본시의 학습 내용을 종합, 학습 목표와 관련하여 지도함과 동시에 반드시 본시에서 알아야 하는 필수 요소를 지도해야 한다. 이때 본시의 학습 내용을 전부 반복하여 지도하는 것보다는 중요 필수 요소를 추출하여 이것은 반드시 알아야 한다는 것을 강조하는 것이 학습 효과를 높일 수 있다. 또한 이 단계에서는 필수 내용뿐만 아니라 전개 단계에서 학습한 학습 방법, 즉 학습 전략에 대한 확인도 이루어져야 한다.

학습 내용을 정리하는 까닭은 학습한 내용을 강화하여 파지를 돕고, 학습 전략을 확인하고 차시의 학습 문제 해결에 활용하기 위해서이다.

나. 학습 내용 정리 방법

본시의 중요 학습 요소를 반복 지도하는 방법으로는, 판서의 내용 중 중요 부분을 색분필 등으로 표시하면서 설명하는 방법과 중요 내용을 지우개로 지우면서 설명한 다음 개별 또는 전체 학습자에게 지워진 부분의 내용을 발문을 통하여 답하도록 하는 방법(이 경우 학습자에게 지운 내용을 발문을 통하여 물어 본다는 예고를 하고 그들에게 학습 기회를 준 다음, 의도적 지명이나 무작위 지명을 하여 답하게 함으로써 학습자의 학습력을 높일 수 있음)이 있다. 멀티미디어와 같은 각종 매체를 이용하여 본시의 학습 내용을 종합하여 정리해 주는 경우 외에도 다음과 같은 매우 다양한 방법이 있다.

- 학습의 경과, 학습 내용의 요점, 감상 등을 기술하고 이야기 한다.
- 요점을 묻고 응답한다.
- 문답하면서 요점을 칠판에 쓴다.
- 학습 중에 일어나는 의문에 대하여 의논한다.
- 인쇄를 해서 학습 내용을 정리한다.
- 학습의 인상을 서로 이야기하면서 정리한다.
- 메모, 작품, 공책 등을 이용하여 정리한다.
- 생활에 적용시킨다.

다. 학습 내용 정리시 유의해야 할 점

학습 정리가 부드럽게 잘 되지 않는 요인에는 여러 가지 요소가 얽혀 있기 때문에 한마디로 이렇다고 단정 지을 수는 없지만 대략 다음과 같은 경우가 있다.

- 학습 목표가 명확하지 않고 학습 내용이 학생의 능력에 맞지 않는 경우
- 학습 자료 등의 준비가 부족한 경우
- 학생들의 문제의식이 낮고 학습 의욕이 결여 되어 있는 경우
- 학생들이 직접 조사하거나 관찰·실험하는 등의 개개인의 작업 결과를 확인할 수 없는 경우
- 작업 능력(특히 독해력, 기록 방법 등)에 있어서 개인차가 크고 일정 시간 내에 정리

되지 않은 경우

이러한 여러 가지 장애 요인을 해소하고 바람직한 학습 정리를 통해 학습의 결손을 최소화 하고 학습 결과를 파지하기 위해서 다음과 같은 유의점에 조심하여야 한다.

- 학습 내용 정리를 개인이 하면 좌절감을 갖게 될 수 있으므로 집단으로 행하는 것이 바람직하다. 또한 끝맺음이 잘 되지 않을 때에도 초조해 하지 말고 시간을 넉넉하게 준다.
- 본시 학습 내용의 정착과 숙달을 고려하여 목표를 정착시킬 수 있는 과제를 부여한다. 수업은 하나의 목표를 토대로 학습 활동을 전개시키는 것이기 때문에 한 시간의 수업이 정리될 때에는 목표가 달성되지 않으면 안된다. 혹시 학습 정리를 위해 과제를 주려면 달성되어야 할 목표에 준해서 그 정착과 학습 숙달을 고려하여 제시해야 한다.
- 이해도를 확인 할 수 있는 평가나 작업 학습으로 정리를 한다. 보통 수업이 끝나면 '오늘 공부한 내용을 이해한 사람……' 등으로 단순히 질문해서 '예'라는 반응이 있으면 수업을 끝내려고 한다. 그러나 한 시간의 수업 목표가 달성되었는가를 확인하려면 간단한 평가를 함으로써 어느 정도 이해하고 있는지 정확히 파악할 필요가 있다. 그리고 그 실태 파악은 다음 수업의 기초가 된다.
- 시간이 부족할 때에는 남은 학습 내용을 명확히 하거나 융통성을 가지고 요령 있게 끝맺음을 한다.
- 결론에서 새로운 문제를 발견하게 하여 다음 시간으로 연결시키는 정리를 한다. 학습 내용을 어떻게 발전시켜야 할지에 대하여 연구하게 하면 학생에게는 호기심과 함께 다음 시간에 대한 기대가 생기기 때문이다. 그리고 학습의 방법도 정리하게 한다.

② 형성평가 : 형성평가 내용 및 방법

형성 평가는 학습 과정상에서 학습한 내용을 학습자가 얼마나 이해하고 있는지를 파악하기 위한 평가이다. 따라서 형성 평가는 교육과정 편성과 학습 지도 및 학습의 세 가지 과정에서 그것을 개선하기 위한 목적으로 실시되는 체계적인 활동이라고 할 수 있다.

가. 형성평가 방법

- 교수·학습의 각 단계마다 질문, 응답, 관찰을 통한 수행평가 형태의 형성평가를 실시

하여 오류 및 결손 현상을 발견하고 개별 교정 지도를 즉시 실시하여야 한다. 앞 단계에서 오류나 결손이 생기면 다음 단계의 학습을 진행 할 수 없기 때문에 교수·학습 중에 교정이 필요하다.

- 기본 과정을 중심으로 학습을 진행하고, 부진아를 중심으로 질문과 응답, 관찰을 통한 형성평가를 실시하여 학습의 오류 및 결손 현상을 발견하고 개별 교정 지도가 즉시 이루어지게 한다.
- 기본 과정이 끝난 단계에서 꼭 필요한 문항의 수로 적절한 시간(5분 이내) 내에 형성평가를 실시하고 결과에 따라 적용·발전 단계에서 부족한 학생에게는 보충학습을, 기본 과정을 성공적으로 마친 학생에게는 심화 과정을 수행하게 한다.

③ 차시 예고 및 과제 부여

차시예고는 다음 시간에 '무엇을 어떻게 공부할 것인가'에 대한 학습목표를 40분 단위 시간 중 끝날 무렵에 약 5분 이내로 설명해 주는 것이다. 학습목표는 본시의 도입단계에서 제시하는 것이 일반적이지만 밀도 있는 수업을 하기 위해서는 정리단계에서 다음 시간의 학습 목표를 구체적으로 설명해야하며, 이로써 다음 차시의 학습에 대한 동기를 유발시킨다.

가. 차시 예고의 필요성

- 학습의 도입을 보다 순조롭게 하기 위해서 차시예고가 필요하다.
- 차시예고는 학습자료를 구조화하여 제시하면 더욱 효과가 좋다.
- 차시예고를 구체적으로 제시하면 학생들이 그것을 해결하는 과정에서 자주적인 학습 태도가 형성되고, 학생의 불필요한 시간 낭비를 감소시킨다.
- 목적의식이나 지도계획에 의한 차시예고는 학생들에게 참여의식을 고취시킨다.
- 다음 시간의 학습안내가 되며 학습목표를 달성하는데 많은 도움을 준다.
- 차시예고는 다음 시간의 학습 방향을 이끌어 줌은 물론 학습 내용의 선정과 조직에 구체적인 시사를 제공한다.
- 다음 시간의 예고를 함으로써 학생들이 학습 준비를 미리 하기 때문에 학습에 관심이 많아지고 흥미를 느낀다.

나. 차시 예고 시 고려해야 할 점

교사는 단원에 대한 예상견해를 갖고 있지만 학생들은 그 단원이 어떻게 발전하는 것인지 모른다. 따라서 교사는 교재연구 중에 차시예고를 어디에서 어떤 방법으로 학습에 활용할 것인가를 충분히 검토하여 가장 정확하게 학습자에게 그 활동을 할 수 있도록 생각해 내야 한다.

다. 차시 예고 방법

다음 시간의 학습 목표에 대한 예고는 지도 계획의 정선, 계통 및 발전적인 파악방법을 잘 알아서 그 흐름 속에서 학생들이 보다 풍성하게 학습활동을 진행해 갈 수 있도록 도와준다. 따라서 교사는 차시예고를 어떠한 방법으로 할 것인지에 대해 사전에 충분히 고려해야 한다.

차시예고는 다음 시간의 수업을 어떻게 의욕적으로 해서 성과 있고 충실한 것으로 만드느냐가 우선 고려되어야 한다. 다음과 같이 다양한 방법으로 차시예고를 할 수 있다.

- 구두로 제시
- 도구를 이용하여 제시(차트, 실물화상기, 컴퓨터, 자료제시기, 판서, 홈페이지, 역할극 등)

【정리 및 평가단계의 작성 예】

⑥ Step (Time)	⑦ Contents	⑧ Teaching-Learning Activities		⑪Remarks(※) Aids(★)
		⑨ Teacher	⑩ Student	
Closing (5')	Check-up	□ Show how to do OX quiz to check today's lesson. NT. Let's do OX quiz.	■ Consolidate today's lesson through OX quiz	★notebook
	Introduction of the next lesson	□ Show pictures to find out the next lesson. T. What do you see in this picture? T. What are they doing? T. Next time we'll write about your birthday.	■ Check the next lesson. S_1 I see friends. S_1 They are writing.	★computer materials (birthday day's photos)

2.7 교수·학습 과정안 작성의 오류

가. 단계별 기본 요소가 누락된 경우

- 도입단계의 수업준비 확인, 전시학습 상기, 동기유발, 학습목표 제시나 정리 및 평가 단계의 요약 정리나 형성평가, 차시 예고 등이 누락되어 있다.

나. [학습과정]란이 생략된 경우

- 학습과정(학습내용)란이 아예 없이 교수·학습활동만 있어 단계별 교수·학습활동이 계획되어 있지 않다.

다. [교사활동]란에 학습내용을 기록한 경우

- [교사활동]란에 교사의 교수활동이 아닌 학습내용이나 판서내용을 기록하여 교사의 교수활동이 계획되어 있지 않다.

라. [교사활동]이 지극히 단조로운 경우

- 교사활동이 '설명한다', '지도한다' 등 단조로워 다양한 학습활동이 불가능하다.

마. [학생활동]이 정적이고 수동적인 경우

- 학생활동이 '듣는다', '이해한다' 등 지극히 정적이고 수동적인 내용일색이다.

바. [교사활동]과 [학생활동]을 함께 작성한 경우

- 교사활동란과 학생활동란의 구분이 없어 상호 유기적인 관계를 확인하기 어렵다.

사. 지나치게 간략화된 경우

- 구체적인 계획이 없이 간단한 제목만 나열되어 있거나 무성의하게 작성되었다.

제3장

영어과 수업 약안 (Sub Plan)

교수-학습의 과정안은 과목의 특성, 학교급, 또는 학습목표나 내용 등에 따라서 다양하게 작성될 수 있다. 여기서는 교수·학습 과정안을 <3장-수업 약안(sub plan), 4장-수업 세안(master plan), 5장-수업 대안안(alternative plan)>의 세 가지로 나누어 살펴보고자 한다. 수업 세안은 단원 개관, 단원 지도 계획, 단원 선수·후속 학습 계열, 학습자 실태 분석, 평가 계획, 판서 계획 등의 내용이 자세하게 서술되며 보통 15~20쪽 내외 구성된다. 수업 약안은 세안의 여러 내용 중 학습목표와 본시의 수업안을 짧게 요약하여 간략하게 구성된 것을 지칭한다고 할 수 있으며, 따라서 세안의 일부라고도 볼 수 있다. 현장에서는 경력이 짧아 임상 지도가 필요한 교사의 공개수업이나 특별한 경우(예: 수업연구대회, 발표수업 등)를 제외하고는 약안의 형식으로 작성하는 경우가 많다. 이는 현실적으로 모든 수업의 세안을 일일이 작성하기에는 시간적 제약이 따르기 때문이다. 그러나 지도안을 약안으로 작성하더라도, 세안을 작성할 때와 같은 사고와 탐색의 과정을 거치며 교재를 연구해야 보다 성공적인 수업을 위한 도움이 될 수 있다.

3.1 수업의 기본 절차

수업이 이루어지는 가장 자연스러운 흐름 또는 단계를 수업의 기본 절차라고 할 수 있으며, 대개 도입-전개-정리의 세 단계로 크게 나눌 수 있다.

〈도입 단계의 주요 활동〉

도입 부분에서는 인사하기, 전시학습 상기, 학습목표 확인, 동기유발 및 학습 순서 제시하기 등의 내용이 들어가게 된다. 주로 단위 수업시간의 목표와 관련 있는 밝은 분위기의 노래를 부르거나 일상생활 관련 교실영어로 인사를 하면서 수업 분위기를 조성한다. 플래쉬카드나 의도된 그림 등을 이용하여 전시학습 내용을 상기시키며 동영상이나 사진 등을 제시하여 단위 학습 시간의 동기를 유발한다. 이러한 과정을 통하여 학생 스스로 알아내거나 또는 교사가 제시하는 학습 목표를 함께 확인하며 단위 단계의 공부할 순서를 인지시킨다.

다음은 도입 부분에서 이루어지는 활동들의 예시이다.

■ 노래로 수업 열기

노래는 학습자의 특성을 고려할 때 주로 초등 영어교육에서 많이 사용되는 경향이 있다. 동영상 공유 사이트를 이용하여 노래 부르거나 교사가 직접 악기를 연주해 학생들과 함께 노래를 부를 수도 있다. 노래로 수업을 시작하면서 학생들은 영어 수업의 준비를 하게 되고 자연스럽게 영어 발음과 억양에 익숙해 질 수 있다. 또한 영어 노래는 학습자에게 영어에 대한 긍정적인 인식을 심어주어 흥미와 자신감을 가지고 수업에 참여할 수 있도록 동기부여를 해준다. 이때 노래는 수업 목표와 관련된 것을 선정할 수도 있고, 인사와 같은 일상생활과 관련된 노래를 선정할 수도 있다. 초등 영어교과서에서는 각 단원마다 노래를 제시하고 있어, 교사에 따라 노래를 단원의 매 첫 차시에 가르친 다음 그 단원이 끝날 때까지 수업 도입마다 단원 노래를 부르면서 시작하는 경우도 많다. 영어 노래를 통한 학습의 효과를 극대화하기 위해서는 학습자가 쉽게 부를 수 있는 음정과 적당한 속도, 그리고 학습자 수준에 알맞은 단어가 포함된 것을 선정하는 것이 중요하다. 중등 영어교육에서는 단원의 주요 의사소통 구문이 가사에 많이 포함되어 있는 팝송을 활용하는 것도 좋다.

■ 인사하기

교사 한명과 다수의 학생들이 같이 인사하는 방법도 있고, 보다 활동적인 인사 방법으로는 학생들끼리 공을 던져가면서 서로 인사를 주고받는 방법도 있다. 날씨나 안부를 묻는 표현에는 다양한 방법이 있는데 학습자가 일정 표현에 익숙해질 때까지는 한가지의 방법으로 묻다가, 나중에 여러 가지 방법으로 묻고 답하여 다양한 표현에 익숙해 질 수 있도록 한다. 인사에는 'What day is it today?'와 'What's the date today?' 등 학생들이 헷갈릴 수 있는 표현들이 많으므로 꾸준한 반복학습이 필요하다.

Classroom Talk – 인사하기

◈ Greetings & daily routines

T : Good morning, everyone!

Ss : Good morning, teacher!

T : How are you?

Ss : I'm fine. / I'm excited./ I'm happy.

T : How is the weather today?/ What is the date today?

Ss : It's sunny. / It's warm. / It's Monday, June 18th.

…………………

■ 전시 학습 상기·선수 학습 상기

새로운 학습 과제에 대한 학습자들의 사전 학습 능력을 출발점 행동이라고 부른다. 출발점 행동은 수업 시작 전에 파악되어야 하며, 출발점 행동 고르기를 통하여 새로운 과제 학습에 발생할 수 있는 장애 요인을 제거해 주어야 한다. 선수 학습은 학습의 계열성과 관련하여 이전 계열의 학습 요소와 관련 있기에 보통 단원의 첫 차시에 선수 학습 상기를 많이 하고, 전시 학습은 단원의 차시 계획과 관련하여 바로 전 차시에 학습한 내용을 가리키므로 보통 첫 차시가 진행된 이후의 학습에서 많이 이루어진다. 이러한 전시·선수 학습 상기를 통해 학습 분위기를 조성하고 학생들의 출발점 행동을 고르게 된다. 이는 학생과 교사의 문답 형태로 진행될 수도 있고 게임의 형태로 진행될 수도 있는데, 게임의 형태로 진행되면 학습자의 흥미를 유발할 수는 있으나 다소 시간이 오래 걸릴 수 있다. 따라서 도입 부분의 게임은 학습자가 게임 규칙을 잘 인지하고 있는 익숙한 게임으로 진행하는 것이 좋다.

Classroom Talk – 전시·선수 학습 상기

◈ Let's Review

T: Last time we read some words and sentences.
   Read one more time.

-Ss read the words and sentences they learned last time

T: Tell me what we learned last time. Do you remember?

S: I like pizza.

S: I don't like grape juice.

◈ Charades Game

· Ask about last lesson with 'Charades game'

-T explains key words acting without speaking.
(soccer, fishing, baseball ...)

-Ss should make key sentences using the words.
(I like soccer. / I like fishing. / I like baseball....)

■ 동기 유발

동기 유발이란 학습자가 정해진 목표를 성취하도록 하기 위해 어떤 행동을 유발시키고 그 행동을 지속시켜 주는 일련의 내용이나 과정이다. 이것을 교수학습과 관련지어 보면 학습자가 스스로 배우려고 하는 의욕을 가지고 적극적·능동적으로 학습활동을 전개해 나가는 것, 즉 자발적 학습의욕을 환기시켜 주체적으로 배우는 자발적 학습상태라고 말할 수 있다. 동기는 학생 개인으로 하여금 의도적으로 행동을 유발하게 하는 내적 상태로서 직접 관찰이 불가능하고 단지 외부로 표출된 행동을 통해 추론할 수 있을 뿐이다. 개인의 동기는 욕구와 밀접한 관련이 있으며, 학습자는 이를 충족시키고자 일정한 방향으로 표현하고 행동하게 된다. 동기유발의 기본적 요인으로 흥미, 욕구, 경험, 능력을 들 수 있는데, 이들은 상호 관련되어 함께 작동한다. 학습지도에 있어서는 어떤 경우든지 학생에게 새로운 흥미나 요구를 환기시키는 학습장면을 설정하는 학습 자료를 준비하는 것이 선결문제이다. 이와 관련된 최근의 난제는 학교에서 학습이 이루어지기 전 이미 학교 안팎에서 사전학습능력이 갖추어져 있는 학습자의 흥미나 요구를 환기시키는 것이 점점 어려워진다는 것이다.

도입단계에서 동기유발은 학습자의 학습동기를 강화하고 학습 흥미를 일으키며 학습 의욕을 증진시켜 학습의 능률을 올리는 긴요한 기능이 된다. 학습자 자신이 학습내용에 대해서 명확한 목표, 문제의식, 방향성, 학습 의욕을 가지고 자발적으로 학습을 진행시킬 수 있도록 준비하는 단계이므로 학습자에게 어떻게 학습 동기를 부여하여 수업 목표를 성공적으로 달성시키느냐 하는 것은 지도하는 교사가 갖춰야 할 매우 중요한 기술이다.

Classroom Talk - 동기유발

◈ Motivation - What's missing?

T: Do you remember the names of month?
Let's check it playing 'What's missing?'
There are 12 months in a year. But every page has one missing month.
Let's find out which month is missing.
What month is missing?

S_1: It's November.

T: You're right. What month is missing?

S_2: It's June.

T: Great. What month is missing?

S_3: It's August.

T: You know it very well.

◈ Motivation - Sharing feelings with a magic jar

T: I'll do magic now. It comes from India. It has a magic ball. What color is it?

Ss: It is red.

T: Good! I put it in my pocket. we need to make an incantation. Touch your nose, touch your hair, clap two times. ok! (Opening a magic jar)

Ss : WOW!

T : Yeah! How are you feeling now?

Ss : I'm ______.

■ 학습 목표 확인

학습목표는 학습자가 학습을 끝낸 후 그 도달도를 증거로서 보여 주어야 할 행동이며, 수업자 입장에서는 학습자들이 도달하도록 해야 할 명확한 지향점이다. 즉 한 시간의 수업을 성공적으로 마쳤을 때 학생이 성취해야 할 행동양식을 서술한 것이 학습목표이다. 학습자가 학습 목표를 명확히 인지해야 동기를 유발할 수 있으며 머릿속에 학습 내용의 계열화가 잘 이루어 질 수 있다.

Classroom Talk – 학습 목표 확인

◈ Confirmation of lesson objectives

T: Today what we're going to learn is making comparative sentences in the real situation.

There are 3 activities to do during this class.

Let's read this aloud.

1. Read a Storybook Aloud
2. Typhoon Game
3. Comparison Activity

Let's get started.

〈전개 단계의 주요 활동〉

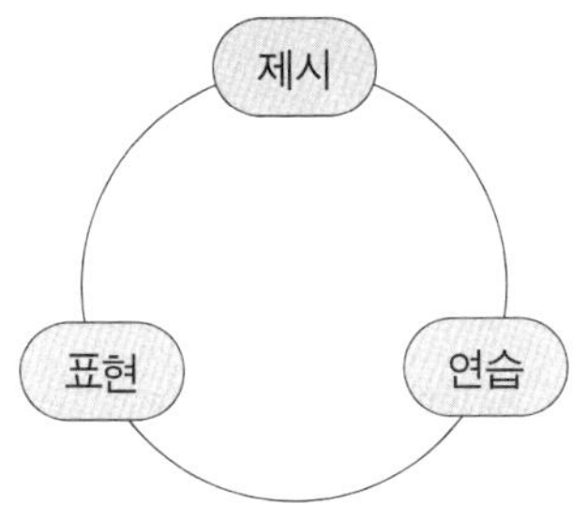

전개 단계에서는 주로 3P 모형: Presentation-Practice-Production의 세 단계에 따라 다양한 활동을 계획하여 운영한다. PPP체계는 새로운 언어항목을 가르치는데 유익한 수업체계로, '제시-연습-표현'의 절차로 이루어져 있다. 교사는 이 수업 체계에서 새로운 언어뿐만 아니라 기능에 초점을 둘 수도 있다. 언어 기능을 다루는 이 방법은 하나의 수업 속에 다양한 활동을 제공해 주며, 언어항목과 언어기능 활동이 서로 보강된다. 이는 우리나라 대부분의 영어 수업에서 따르는 가장 많이 사용되는 수업절차이다.

PPP 모형의 첫 번째 단계인 Presentation에서는 학습자가 익혀야 할 필수 어휘나 문장을 교사가 제시하는 과정으로, 교과서 CD-Rom을 활용하거나 교사가 재구성한 자료를 사용한다. 이 단계에서 중요한 것은 학습자가 가장 잘 이해할 수 있는 방법으로 언어자료를 제시해야 한다는 것이다. 또한 제시된 언어자료를 학습자가 잘 이해했는지 확인하는 과정을 거치게 된다. 다음 Practice 단계는 학습자가 실제 영어를 익히는 가장 의미 있는 단계로, 가장 많은 활동들이 준비된다. 챈트나 노래, 학습지, pair work, group work 등 다양한 활동을 통하여 학습자가 자연스럽게 영어 표현에 익숙해지도록 한다. 마지막으로 Production 단계는 학습자가 배웠거나 알고 있는 언어를 자기 힘으로 사용할 수 있는 기회를 제공하는 것이다. 학습자는 표현단계에서 언어 사용에 대한 자신감을 얻을 수 있으며, 학습하여 얻은 지식을 의사소통 과정을 통해 사용하는 기회를 가짐으로써 언어의 내재화를 기할 수 있다. 이를 각 단계별로 보다 자세하게 설명하면 다음과 같다.

PPP 수업체계의 단계별 운영

제시단계 (Presentation stage): 언어 자료 제시

이 단계에서 교사는 학습자가 가장 잘 이해할 수 있는 방법으로 언어자료를 제시하고, 제시된 언어자료를 잘 이해했는지 확인하는 과정을 거친다. 제시단계의 목적은 제시된 언어자료를 학습자가 정확하게 이해하고 모방할 수 있도록 하는데 있다.

가. 제시 전 활동 : 교사가 제시하는 언어자료에 학습자가 흥미를 가지고 주의를 집중할 수 있도록 언어자료의 제시 전에 이루어지는 활동을 말한다.

나. 언어자료 제시 : 교과서나 혹은 이를 수정 · 보충한 것을 학습자에게 제시하는 활동으로 교사는 언어자료가 의미하는 것, 사용되는 방법과 시기, 어떻게 발음되는지를 분명하게 안내해야 한다.

다. 이해의 확인 : 제시된 언어자료에 대한 학습자의 명확한 반응을 유도하여 어떤 것이 이해되었는지, 혹은 이해되지 않았는지를 점검한다. Lund(1990)는 학습자의 이해를 점검할 수 있는 방법으로 행해보기, 선택하기, 옮기기, 복사하기, 대화하기, 대답하기, 요약하기와 같은 활동을 제시했다.

연습단계 (Practice stage): 통제된 연습단계 → 유도된 연습단계

이 단계에서는 제시되었던 새로운 언어항목 혹은 언어형태를 학습자가 사용할 수 있도록 하기 위해 정확성에 중점을 둔 활동이 이루어진다.

가. 통제된 연습단계 : 대체로 반복기법에 의한 연습활동이 이루어지는데, 이 기법은 목표 어휘, 문법, 발음 등을 정확하게 연습할 수 있어서 새로운 언어를 연습하는 데 매우 중요한 기법이라고 할 수 있다. 반복기법에 의한 연습은 제창반복연습, 개별반복연습, 신호반응연습의 순서로 이루어져 학습자의 부담감을 덜어주고 자신감을 줄 수 있다.

나. 유도된 연습단계 : 통제된 연습 후에 학습자는 짝 활동과 같은 과제를 통해 유창성을 연습하고, 교사는 학습활동을 모니터한다. 이 활동의 유형으로는 학습지, 짝 활동, 그룹 활동, 게임, 역할놀이, 챈트, 노래 등이 있다.

표현단계 (Production stage): 분석 및 표현

이 단계에서는 영어실력이 어느 수준에 있든지 관계없이 모든 학생들이 언어를 자유롭게 사용할 수 있는 기회를 제공한다. 표현활동의 유형은 무수히 많을 수 있지만 영어 수업에서 적절히 이루어질 수 있는 것은 합의도출활동, 의사소통 게임, 과제해결, 시뮬레이션 등이 있다.

앞에서 제시한 PPP 모형에 따른 전개 단계에서 이루어질 수 있는 여러 활동과 그에 따른 간략한 수업 상황의 예는 다음과 같다.

전개 단계의 다양한 활동 예

★ Survival Speaking(수업 상황: 인물 묘사하기)

① 8명을 한 팀으로 구성하여 네 팀을 만든다.
② 각 팀별 4명의 모델을 선정한 후 미션 박스 속에 있는 물건들을 이용하여 모델을 꾸민다.
③ 모델 꾸미기를 마치면 팀 별로 한 팀씩 교실 중앙으로 나와 선다.
④ 주어진 시간 1분 동안 한 명씩 마이크를 돌려가며 모델을 묘사하는 문장을 릴레이형식으로 말하고 가장 많이 말하는 팀이 이기는 게임이다.
⑤ 교사는 타이머 관리 및 학생들이 말하는 문장의 개수를 세어준다.

★ Secret Code 활동 방법(수업 상황: 인물 묘사하기)

① 2명씩 혹은 4~5명씩 그룹을 만든다.
② 암호표를 복사하여 학생들에게 나누어 준다.
③ 교사는 내용이 다른 학습지를 그룹별로 나누어준다.
④ 학생들은 암호표와 학습지를 이용하여 철자를 배열하여 단어 및 문장을 만들고 학습지에서 제시하는 문장대로 그림을 그리거나 행동을 먼저 하는 팀이 게임에서 이긴다.

★ 암호문의 예시

a	b	c	d	e	f	g	h	i	j	k	l	m
☀	☁	☂	☃	⊙	☎	☏	☜	☝	☞	☟	☯	☠
n	**o**	**p**	**q**	**r**	**s**	**t**	**u**	**v**	**w**	**x**	**y**	**z**
♘	♛	♞	☢	♨	☬	☭	☽	☾	♉	♈	♒	☩

☆ 암호문을 해독하여 쓰세요. Class: Group:

1-1 ☬☜⊙ ☜☀☬ ☬☭♨☀☝☏☜☭ ☜☀☝♨. (She has straight hair.)
1-2 ☬☜⊙ ☜☀☬ ☁☝☏ ⊙♒⊙☬. (She has big eyes.)
1-3 ☬☜⊙ ☜☀☬ ☀ ☁☝☏ ♘♛☬⊙. (She has a big nose.)

1-4 ☬▭☉ ▭☀☬ ☀ ☬☠☀☯☯ ☠♜ ☽☭▭. (She has a small mouth.)

1-5 ☬▭☉ ☝☬ ☭☀☯☯. (She is tall.)

1-6 ☬▭☉ ☝☬ ♉☉☀♨☝✆☎ ☀ ♨☉☃ ☬▭☝♨☭.

(She is wearing a red shirt.)

★ Talking on the Phone :(수업상황: 전화통화로 주말에 할 일 묻고 답하기)

① 개인별로 worksheet를 한 장씩 받은 뒤, 자신의 weekend schedule 혹은 다른 사람(유명인이나 연예인)의 weekend schedule을 만화로 그린다.

② 만화를 그릴 때 말 주머니를 만들어 weekend schedule에 대한 문장을 적는다.

③ 발표 학생의 worksheet를 실물 화상기 위에 올려놓아 전체 학생들이 볼 수 있도록 한 후 자신의 weekend schedule에 대하여 발표하도록 한다.

④ 발표 학생과 교사는 모형 전화기를 통해 대화를 하면서 적어 놓은 weekend schedule에 관한 문장을 자연스럽게 말한다.

⑤ 2~3회 정도 학생-교사 간의 활동 후 pair work를 통해 모든 학생들이 자신의 weekend schedule을 짝과의 전화 대화를 통해 말하는 활동이다.

★ Speed Quiz(여러 수업 상황에 적용 가능)

① 메모장에 단원과 관련된 문장 및 단어를 적어 문제를 만든다.

② 각 팀의 1명은 TV 화면에 제시되는 문장이나 단어를 자신의 팀원들에게 설명한다(이때 팀원들은 TV 화면을 등지고 있어서 답을 볼 수 없으며, 설명하는 학생이 영어 사용에 부담을 느낀다면 모국어를 허용하여 진행할 수 있다).

③ 각 팀당 문제는 10문제로 제한하며 Pass를 활용하여 모르거나 어려운 문제를 넘길 수 있다.

④ 제한 시간 1분 동안 가장 많이 맞춘 팀이 우승팀이 된다.

★ Colors of Food Dictionary(수업상황: 음식 또는 색깔)

① 4인으로 구성된 팀별로 음식에 관련된 brainstorming을 한다.

② 각 팀의 팀장은 color가 다른 worksheet를 선택하여 팀원과 함께 해당하는 color의 음식을 그리고 음식들의 이름을 적어간다.

③ 잘 모르는 음식 이름의 철자는 준비된 영한사전을 보고 찾아 적는다.

④ 색칠하여 완성이 되면 팀별로 나와서 실물화상기로 발표한다.

⑤ 발표가 끝난 팀별 worksheet는 교실 벽에 게시하여 학생들 서로가 공유하도록 한다.

★ Word map(수업상황: 신체, 의복, 인물묘사 등)

① 교사가 인물의 얼굴 모습, 생김새, 입고 있는 옷이나 의상에 대하여 질문하면 학생들은 그에 알맞은 답을 하고, 교사는 해당하는 위치에 단어 카드를 붙인다.

② 주제에 따라 신체 부위를 학습하거나, 의복에 대하여, 혹은 인물 묘사와 관련된 수업 활동에 활용할 수 있다.

★ Word map의 예시 자료

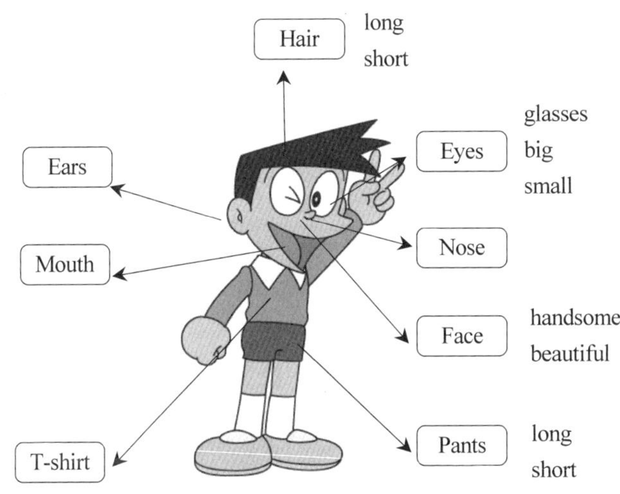

★ 쟁반 노래방(수업 상황: 노래나 챈트를 익힐 때)

① 단원과 관련된 노래를 배우는 활동을 익힌 후 팀별로 번호를 주어 팀별 부르기 활동을 한다.

② 노래는 소절별로 mp3파일을 만들어 준비하고 화면은 PPT로 만들어 제시한다.

③ 팀원 모두가 함께 부르거나 열심히 참여하는 팀이 점수를 받고, 가장 많은 점수를 받은 팀이 우승팀이 된다.

④ 처음에는 팀별 순서대로 부른 후, 부르는 순서를 달리하여 긴장감을 가지고 활동에 참여하도록 유도한다.

★ Bowling game(수업 상황: 날짜 묻기)

① 빈 페트 콜라병 6개에 다음과 같은 질문지를 꽂는다.

a) What's the date today?	b) What day is it today?
c) What day was it yesterday?	d) What month is it now?
e) When is your birthday?	f) Was yesterday a holiday?

② 간격을 두고 콜라병을 나란히 세운 후 학생들을 두 그룹으로 나눈다.
③ 각 팀에서 대표 1명을 뽑는다.
④ 그룹 대표가 콜라병에서 3m 정도 떨어진 곳에서 테니스공을 굴려 콜라병을 넘어뜨린다(못 넘어뜨리면 상대 팀과 차례를 바꾼다).
⑤ 상대 팀의 대표가 넘어진 콜라병의 질문지를 보고 질문하면 공을 굴린 학생이 대답한다(옳은 대답을 하면 1점, 틀리면 실격이 되어 그 팀의 다른 사람이 하게 된다).

◎ Bowling game에서 사용할 수 있는 교실 영어

· There are six empty bottles.
· In each bottle, there is a question inside.
· Divide into two groups.
· One student from each group comes forward.
· Roll the ball and knock down one pin.
· Pull out the question and ask the question.
· The student from the other team should answer the question.
· The team to answer the most question wins the game.

<출처: 초등영어 게임 101>

★ 오목놀이(수업 상황: 음식 요청하기)
① 두 명이서 짝을 이뤄 가위 바위 보를 하여 순서를 정한다.
② 이긴 사람이 먼저 오목놀이판에 있는 음식 중에서 한 개를 골라 Can I have some (음식이름)?으로 묻는다.
③ 상대방은 'Sure, here you are.'라고 대답하고 물어본 사람은 해당되는 음식그림(1개만)에 자신의 색연필로 표시한다.
④ 하지만 물어보는 사람이 바르게 묻지 못했을 경우엔 'Sorry, I don't have it.'하며 응답해주고 물어본 사람은 음식에 표시를 하지 못한다.
⑤ 서로 번갈아가며 묻고 대답한다.
⑥ 가로, 세로, 대각선으로 연속하여 5칸을 자기 영역으로 먼저 만들면 이긴다.

★ Information Gap Activity(여러 수업 상황에 적용 가능)

① 두 명씩 한 모둠을 이루어 서로 다른 위치에 빈칸이 있는 학습활동지를 가지고 묻고 답하면서 빈칸을 완성한다.

② 또 다른 응용방법으로는 빈칸의 위치가 다른 내용의 학습활동지를 4장 준비한 뒤 각각을 다른 벽에 붙인다. 학생들은 교실을 돌아다니며 답을 찾아 자신의 학습 활동지를 완성한다.

〈정리 단계의 주요 활동〉

마지막 정리단계에는 복습하기, 과제 제시, 차시 예고, 인사 등의 순서로 단위 학습의 마무리를 하는 단계이다. 필수 어휘나 문장을 함께 또는 개인적으로 복습함으로써 학습한 내용을 내면화할 수 있게 한다. 이번 차시와 관련되고 다음 차시의 학습에 도움이 되는 과제를 제시하고 다음 차시 내용을 예고함으로써 학습이 단위 수업에서 뿐만 아니라 학생의 가정에서 연계되어 이루어지도록 하는 것이 바람직하다. 수업의 마지막으로 즐겁게 교실 영어를 사용하여 인사함으로써 단위 수업을 마무리하게 된다.

Classroom Talk – 정리 단계

◈ Review (또는 Wrap Up)

T: Good job. Now it's time for a review on page 87. On question number 1, you'll listen to the each dialogue 2 times. Please circle the pictures if they match with the dialogue and if not, write an X.

Ss: (대화를 듣고 그림과 내용이 일치하면 ○, 다르면 × 표시를 한다.)

T: Everyone, did you get the correct answers?
S_1, will you tell me your answer?

S_1: (자신이 기록한 답을 보고 답한다.)

T: Great! Let's check the answers.

Ss: (화면을 보며 답을 확인한다.)

◈ Homework

T: I am handing out your homework. Write the words and find the words in the puzzle.

Ss: Okay.

◈ Guiding Next Lesson

T: Review today's lesson with the CD-ROM title. Next time we're going to practice reading and play a game.

◈ Closing

T: Good, that's all for today. When you go out of this classroom, I will stand by the doors. Please give us your worksheets and say only one sentence from yours. You did a good job today. See you.

기본형의 3단계의 큰 틀을 작성하였으면 다음으로 교사-학생 활동을 중심으로 단계별 발문과 예상 대답을 기술한다. 교사-학생 부분을 나누어 기술하기도 하고 활동 중심 수업인 경우에는 이 두 가지를 병합하여 활동 중심으로만 기술하기도 한다. 이때 최대한 상세히 발문과 예상 답안을 기술한다. 원어민 협력 수업일 경우에는 KT(Korean Teacher)와 NT(Native Speaking Teacher)를 구분하는 것도 좋은 방법이다. 학생들의 예상 행동은 괄호( )로 표시한다.

마지막으로 시간, 자료, 유의점을 기술하는데, 각 활동의 예상 소요시간을 활동별로 나누어서 제시한다. 활동별로 필요한 자료와 각 활동 진행시 예상되는 문제점 및 주의사항 등을 함께 기록한다.

다음 절에서는 위의 사항을 참고하여 꼭 제시되어야 할 필수 요소들을 중심으로 작성한 교수·학습 과정 약안의 실례를 살펴보도록 하겠다. 초등 영어과의 경우, 학습자의 학년별 특성에 따라 교과서 단원의 차시별 학습 내용의 구성이 크게 다르기 때문에 3·4학년과 5·6학년으로, 중등 영어과는 중학교와 고등학교로 나누어 설명하도록 하겠다. 각각의 영어 수업의 흐름을 살펴본 후에 초등과 중등 영어교육 현장에서 사용되어진 교수·학습 과정안을 1가지씩 제시할 것이다.

3.2 영어과 차시별 학습 내용

3.2.1 초등영어 수업의 흐름

초등 영어교과 수업은 3·4학년과 5·6학년의 흐름이 조금 다른데, 우선 수업 시수가 다르다. 처음 초등학교에서 영어교육이 시작될 당시에는 3~6학년 모두 단원별 4차시로 교과서가 구성되어졌고, 수업 시수는 각각 주 1시간과 주 2시간이었다. 그러나 지난 2007 개정 교육과정 이후 국정이었던 영어 교과서가 검인정으로 바뀌면서 실질적인 영어회화 학습 시간 증가를 위해 주당 수업 시수가 각각 1시간씩 늘어났고, 이에 따라 교과서의 단원별 차시 구성과 수업 시간도 달라졌다.

가. 3·4학년 영어 수업의 흐름

학교에서 이뤄지는 정규영어교과 시간은 각 출판사의 교과서별로 조금씩 다르지만, 3·4학년의 경우에는 매 단원이 4차시 내지 5차시 분량으로 구성되어 있다. 의사소통의 상황과 소재를 중심으로 음성언어 위주의 학습이 되도록 교과서가 개발되었으며, 2009 개정교육과정에서는 3학년 때 문자언어를 도입해 그 동안 음성언어인 듣기·말하기 교육에만 편중되던 불균형을 해소하고자 한 것이 특징이다.

4차시로 구성된 단원의 경우, 한 단위 분량의 수업 흐름을 살펴보면 다음과 같다. 이는 하나의 예시로, 학습 내용과 목표, 학생의 능력에 따라 재구성이 가능하며 탄력적으로 계획을 세울 수 있다. 전개 활동에 제시된 각각의 활동 명 또한 각 교과서 별로 상이할 수 있으나, 보통 한 단원의 1·2차시에서 듣기와 말하기 기능을 많이 다루고, 3차시에서 역할극 등의 활동을 통해 이를 내면화 및 간단한 단어 수준의 읽기·쓰기 활동을 거치며, 마지막 차시에서는 한 단원의 배운 내용을 전체적으로 복습하며 마무리한다.

초등학교 교사용 지도서의 차시별 구성 예시

2009 개정 3학년 1학기(천재교육 – 함순애 외)

차시	학습내용	특징
1	**Let's Learn**	단원에서 배울 내용 알기
	Look & Listen	그림을 보면서 단원에서 배울 내용 듣기 ▸ 대화문: 새로운 어휘+문법+의사소통기능을 포함 - 장면을 관찰, 상황을 유추하여 이야기 예상하기 :흥미+상상력+추리력→학습요점에 자연스럽게 접근 - 의사소통기능과 문법사항을 부담 없이 듣고 지나가게 함: 모든 대화표현을 이해, 해석하려는 것은 학생들에게 부담으로 작용하기 때문
	Listen & Do	짧은 대화를 듣고 활동하기
	Chant	리듬에 맞춰 표현 익히기 ▸ Chant - 리듬을 넣어 읽는 것(강약, 휴지, 연음 등) ① 듣고 보며 말하기 ② 보면서 따라하기 ③ 리듬과 박자를 넣어서 따라하기 ④ 신체적인 표현을 넣어서 따라하기
	Listen & Play	놀이를 하며 표현 익히기 ▸ 놀이와 게임을 하는 단계 + 주 활동(main activity) - 이러한 활동들은 실제 목표한 의사소통표현을 사용할 수밖에 없는 상황을 제공하여야 함 - 게임을 하면서 사용될 의사소통 기능을 고려하여 간단한 규칙을 적용하는 게임 선정이 필요 - 학습과 게임의 관계가 주객전도되는 것을 지양 - 학생들의 지나친 경쟁보다 협동을 지향할 수 있도록 고안(pair or group)
2	**Look & Say**	표현이 실제 상황에서 어떻게 쓰이는지 알아보기 ▸ 의사소통 언어가 사용될 만한 그림 · 사진 자료 제시 - pair work를 통하여 집중적으로 활용 연습 - 유의미한 연습이 되도록 활동 구성
	Listen & Repeat	동영상을 보며 표현 듣고 따라 말하기 ▸ 대화문의 내용 중 Key Expressions를 듣고 따라함 - 짝과 역할을 나눠 맡은 역할 따라하기 - 등장인물의 역할에 따른 목소리연기하며 따라하기 - 특정 중요 단어만 크게/작게 따라하기 → 학습자의 흥미 유지를 위해 다양한 방법 활용

	Talk Together	배운 표현을 짝과 연습하기
	Song	노래 부르며 표현 익히기 ▸ Song - 의사소통기능이 포함된 대화체 문장 가사로 가벼운 몸동작과 함께 연습
	Speak & Play	놀이를 하면서 배운 표현 말하기
3	ABC Time	다양한 활동을 통해 알파벳 익히기
	Read & Write	다양한 활동을 통해 낱말 익히기 ▸ 저학년 읽기 · 쓰기 지도: 알파벳 및 간단한 단어 수준의 단어 읽기와 쓰기 과정 - 알파벳 대 · 소문자 식별 → 간단한 낱말
	Sounds	영어의 소리 익히기
	Act & Play	놀이를 하면서 표현 능숙하게 말하기
4	Show Time	친숙한 이야기로 역할놀이 해보기 ▸ 학습자의 배경지식에 알맞은 전래동화, 세계명작 등의 이야기를 의사소통 목표언어를 포함하도록 짧게 각색하여 소개 ▸ 이야기 속 등장인물의 대사를 활용한 역할극 - 오류를 범하는 것을 두려워하지 않는 저학년 학습자의 특성을 가장 잘 활용할 수 있는 활동 - 학습자에게 정해진 스크립트를 제공하는 것보다 친구들과 협동해서 스스로 스크립트를 구성하도록 함 → 창의 · 인성 발달에 도움
	Check-Up	단원의 학습내용 정리하기
	Yes, I Can!	단원의 성취도 스스로 평가하기 ▸ 단원의 학습 내용 복습 및 성취도 점검 - 듣기/말하기/읽기/쓰기의 4 기능 별로 성취도를 점검하는 평가 문항 제시
	We Are the World	단원의 내용과 관련된 세계 문화 알아보기
	Mission!	배운 표현을 실생활에서 사용하기

나. 5·6학년 영어 수업의 흐름

초등학교 고학년 학생의 행동 특성을 살펴보면 신체적 변화로 인한 심리적 불안함과 이를 해소하기 위해서 또래 집단과의 상호교류를 강화하고 교사와 거리를 두려는 경향성이 나타난다. 안정적인 자의식을 가진 학생의 경우는 수업 활동에 진지한 자세를 가지고 인지적 발달 과업을 성실하게 추구할 수 있으나, 그렇지 않은 경우 게임에 몰입하여 생활

리듬을 잃거나 교우 관계에 지나치게 집착하게 되어 반항·폭력 등의 잘못된 방법으로 자신의 욕구를 충족시키고자 하는 경우도 생긴다. 초등 영어 교과는 주로 전담 교사가 가르치는 경우가 많아 학생들과의 관계 형성이 무엇보다 중요하다. 학생들의 모습을 그대로 인정하고 수업의 중요성을 생활 주변에서 그들의 미래와 연관 지어 인식하게 하고 공감대를 통한 래포를 형성하는 것이 필요하다 하겠다. 일단 교사에 대한 학생들의 긍정적인 인식이 있어야 교과도 좋아하고 학습 동기도 유발되기 때문이다. 영어 교사는 교과 내용에 대해 지적으로 탁월하고 교수 방법에 있어 전문성을 지녀야함은 물론, 학생들의 신체적·정서적 특징을 잘 파악하고 이해하며 바른 방향으로 학생들을 이끌어 줄 수 있는 능력을 지녀야 한다.

일반적으로 5·6학년 교사용 지도서에 제시되어 있는 한 단원의 주요학습내용은 아래 표와 같으나, 학습의 효과를 높이기 위해 학습 순서와 내용을 교사가 임의적으로 재구성하여 지도할 수도 있다. 한 단원의 차시는 교과서에 따라 보통 6 내지 7차시로 구성되어 있다.

초등학교 교사용 지도서의 차시별 구성 예시

2009 개정 5학년 1학기(YBM - 최희경 외)

<table>
<tr><th>차시</th><th colspan="3">학습내용</th><th>특징</th></tr>
<tr><td rowspan="7">1</td><td colspan="3">단원 도입</td><td>단원의 핵심이 되는 그림 활용하여 주제, 주요 의사소통 목표 구문, 주요 낱말 확인</td></tr>
<tr><td colspan="3">Story 1</td><td>장면을 보면서 대화문을 듣고 따라말하기와 역할놀이 등의 연습을 통해 반복 연습</td></tr>
<tr><td colspan="3">Mini Talk</td><td>대화문에서 주요 의사소통 구문만 말하기 연습</td></tr>
<tr><td colspan="3">Listen and Do</td><td>대화문 관련 듣기 문제를 통해 주요 의사소통 구문 이해도 점검</td></tr>
<tr><td colspan="3">Play Zone 1</td><td>놀이를 하며 주요 의사소통 표현 익힘</td></tr>
<tr><td rowspan="2">수준별 활동</td><td>Catch Up</td><td>보충</td><td>놀이 후 수준별 활동을 통해 학습한 내용 복습</td></tr>
<tr><td>Level Up</td><td>심화</td><td>▸학습자의 개별 능력과 요구 등을 고려하여 학습량과 수준을 조절하여 적절한 자료 및 활동 제시
- 보충과정: 학습자에게 요구하는 학습 능력을 낮춘 과정
→ 기본 학습 내용을 단순화하고 더욱 기본적인 내용만 추출하여 반복 지도
- 심화과정: 학습자에게 요구하는 학습 능력을 높인 과정
→ 기본 학습 내용보다 깊이 있는 내용 또는 새로운 내용을 첨가하여 학습자의 고차원적 사고능력 배양</td></tr>
</table>

<table>
<tr><td rowspan="6">2</td><td colspan="3">My Active Words</td><td>주요 낱말과 어구 학습
▸ 초등 영어 어휘 지도: 초등 영어에서 다루는 어휘는 대부분 구체적 · 일상적이므로 실물, 그림, 행동 등 다양한 방법을 사용한 의미 제시가 바람직함
- 실물 제시
- 그림/사진을 이용한 제시
- 몸짓/동작/무언극을 활용한 제시
- 의미의 관계(대조어, 유사어 등)를 이용한 제시
- 설명/번역을 이용한 제시</td></tr>
<tr><td colspan="3">Chant, Chant</td><td>챈트를 듣고 따라하며 반복 학습</td></tr>
<tr><td colspan="3">Speak Aloud</td><td>각 단원의 기본 표현을 듣고 이해한 후 다른 낱말로 대체하며 주요 의사소통 구문 응용 학습</td></tr>
<tr><td colspan="3">Play Zone 2</td><td>놀이를 하며 주요 의사소통 표현 익힘</td></tr>
<tr><td rowspan="2">수준별 활동</td><td>Catch Up</td><td>보충</td><td rowspan="2">놀이 후 수준별 활동을 통해 학습한 내용 복습</td></tr>
<tr><td>Level Up</td><td>심화</td></tr>
<tr><td rowspan="7">3</td><td colspan="3">Story 2</td><td>장면을 보면서 대화문을 듣고 따라말하기와 역할놀이 등의 연습을 통해 반복 연습</td></tr>
<tr><td colspan="3">Read Aloud</td><td>주요 표현을 큰 소리로 읽기 연습
▸ Read Aloud(소리내어 읽기)
- 읽기 활동의 초보 단계로 영어의 발음, 억양, 리듬을 익히면서 소리와 문자의 관계를 익히기에 적합
- 교사 또는 CD 자료의 시범독(model reading)을 먼저 제시하고 의미군(thought group)별로 알맞게 끊어 읽는 습관을 기르도록 해야 함</td></tr>
<tr><td colspan="3">Read and Talk</td><td>다양한 활동을 통해 읽기와 말하기를 짝과 함께 연습</td></tr>
<tr><td colspan="3">Read and Write</td><td>다양한 활동을 통해 읽기와 쓰기 연습</td></tr>
<tr><td colspan="3">Play Zone 3</td><td>놀이를 하며 주요 의사소통 표현 익힘</td></tr>
<tr><td rowspan="2">수준별 활동</td><td>Catch Up</td><td>심화</td><td rowspan="2">놀이 후 수준별 활동을 통해 학습한 내용 복습</td></tr>
<tr><td>Level Up</td><td>보충</td></tr>
<tr><td>4</td><td colspan="3">Discovery Fun</td><td>간단한 문법 규칙이 제시된 문제를 풀며 이해
▸ 초등 영어 문법 지도
- 명시적 지도법보다 암시적 지도가 바람직
- 1~4차시를 통해 학습자가 목표 언어 모델을 충분히 접하여 내재화하였으므로 규칙을 스스로 발견하게 함
- 영어 문장 속에서 스스로 규칙을 발견하면 더 오래 기억할 수 있음
- 경험을 통해 학습자 스스로 원리를 파악하는 것에 너무 오</td></tr>
</table>

				랜 시간이 걸린다면 적정한 시점에 교사의 조언이 필요 - 제시된 언어모델을 통해 과잉일반화(overgeneralization)의 오류를 범하지 않도록 예외규칙은 명시적으로 제시할 필요가 있음
	Bridge to Writing			그림에 알맞은 주요 문장 쓰기 연습하기
	Writing Space			예시문을 보며 단계별 쓰기 활동 실시 ▶ 쓰기 지도의 단계 : 통제된 쓰기→안내된 쓰기→자유 쓰기 - 통제된 쓰기: 알파벳 쓰기, 베껴 쓰기, 받아쓰기 등 - 안내된 쓰기: 대화쓰기, 문자 완성하여 쓰기, 편지쓰기 등 - 자유 쓰기: 주제에 대한 자신의 생각을 자유롭게 쓰기 → 3 · 4학년: 초보학습자일수록 정확성에 초점을 둔 통제된 쓰기가 적합 → 5 · 6학년: 통제된 쓰기와 함께 학습 내용 안에서 이미 배운 문자 정보를 활용하여 다양한 표현을 시도해 보는 안내된 쓰기 지도를 병행해야 함
	수준별 활동	Catch Up	심화	쓰기 활동 후 수준별 활동을 통해 학습한 내용 복습
		Level Up	보충	
5	Story Pot			언어의 4기능을 통합하는 내용의 단원 복습 → 애니메이션으로 제작된 이야기를 듣고, 따라 말하고, 읽고, 쓰는 활동 실시
	수준별 활동	Catch Up	심화	언어의 4기능 통합적 복습 후 수준별 활동을 통해 학습한 내용 복습
		Level Up	보충	
6	Check and Jump			단원의 학습 내용 이해도 및 성취도 점검
	Culture Capsule			과학, 사회 등 교과 간 통합적 내용 탐구
	Project			통합 과제 수행 후 발표
	수준별 활동	Catch Up	심화	수준별 언어의 4기능 단계별 문제 풀이
		Level Up	보충	
	수준별 게임	Final Games		복습 위주의 수준별 게임 → 학습자 스스로 자신의 수준에 맞는 게임 선택

3.2.2 중등 영어 수업의 흐름

영어를 처음 접하기 때문에 학습자의 영어에 대한 흥미를 강조하는 초등 영어교육의 특징과 달리, 중등학교에서는 점점 입시 위주의 영어교육이 이루어지며 이에 따라 영어 수업의 비중 또한 초등학교에 비해 높은 편이다. 초등 영어교육과 가장 큰 차이점이 있다면 학습자의 개별적인 영어 능력에 따라 수준별 영어 수업을 실시하고 있다는 것이며, 문자언어의 비중 또한 급격히 늘어나 학년이 올라갈수록 교과서에 제시되는 문장 및 글의 길이와 수준이 함께 높아지는 양상을 보인다. 중학교 영어 교과서가 비교적 의사소통 기능 향상에 초점이 맞추어져 있다면, 고등학교는 독해 능력을 향상하는 데 주안점을 두었는데, 이는 현실적으로 대학 진학과 밀접한 관련이 있는 고등학교 교육의 성격을 반영한 것으로 보인다. 선택 교육과정인 고등학교의 영어 수업은 학교의 특성 및 학습자의 선택에 따라 실용영어 과목군, 영어 과목군 및 심화 과목으로 이루어짐에 따라 그 다양한 흐름을 제시하기 어렵기 때문에, 이 절에서는 초등학교 영어와 함께 공통교육과정에 해당하는 중학교 영어 수업의 흐름만 살펴볼 것이다.

가. 중학교 영어 수업

중학교 영어는 초등학교에서 형성된 영어 학습에 대한 흥미와 관심을 지속시킬 수 있도록 하는 것이 중요한 목표 중 한 가지이지만, 초등 영어에 비해 문자 언어의 양과 수준 차가 늘어날 수밖에 없다. 영어과 교육과정을 살펴보면, 초등학교에서의 4년 동안 학습하는 어휘 수는 500 낱말 내외이지만, 중학교에서 3년 동안 새롭게 학습하는 어휘 수는 750 낱말 내외로 규정되어 있다. 한 단원의 차시 구성 또한 초등에서는 5~7차시였던 것이, 중학교에서는 학습량의 증가로 인해 보통 10차시 내외로 늘어난다는 것을 발견할 수 있다.

중학교 교사용 지도서의 차시별 구성 예시

2009 개정 1학년 1학기 1단원 "A New Start" (천재교과서 – 정사열 외)

Periods	Sections	Activities	Features
1	◦ **Before You Begin** ◦ **Listen**	Listen & Choose	▶ 단원의 주제와 관련된 그림 및 간단한 듣기 활동이 제시되어 학습자의 배경 지식 활성화
		Listen & Write the Expressions	▶ 기본 표현들로 구성된 문장 및 대화를 듣고 여러 듣기 활동을 함
		Listen & Number	- 듣고 연결하기, 듣고 체크하기, 듣고 배열하기 등의 기초적인 듣기 활동을 통해 기본 표현을 익힘 - 주로 듣기 기능 위주의 차시이지만, 듣기 기능에만 한정된 수업이 아니라, 학습자가 들은 내용을

		Listen & Speak Listen & Match Listen & Act	파악하여 유의미한 과업 활동 수행하는 기능 통합적 활동 구안이 필요
2	◦ **Speak**	Role Play Ask about Feeling & Answer Greet & Introduce	▶ 대화문의 형식으로 제시된 단원의 주요 표현을 대체 단어를 활용한 어구와 역할극을 통한 말하기 연습 실시
3	◦ **Real-life Scene**	Role Play Make a Dialogue	▶ 주요 표현을 활용하여 실제 생활에서 사용할 가능성이 높은 의사소통 구문을 학습자가 스스로 구성할 수 있도록 하는 활동을 계획하고 안내해야 함
4	◦ **Fun with Speaking** ◦ **Step Up**	Practice the Expressions & Dialogue Play the Game Introduce Oneself Introduce a Friend	▶ 전 차시의 학습을 통해 익힌 주요 표현을 말하기 위주의 게임을 하며 흥미롭게 익히고 내면화하도록 함
5-6	◦ **Think In**	Think of Ideal Friends & Teachers Brainstorm New Vocabulary	▶ 읽기 위주의 차시로, 읽기 지문이 길다면 학습자의 이해를 돕기 위해서 연차시나 블록 수업 등으로 구성 가능 ▶ 읽기 전-중-후 활동을 충분히 구안하여 학습자의 읽기 능력을 발달시켜야 함 - 읽기 전(Think In): 학습자의 배경지식 활성화 및 주요 어휘 학습 등을 수행 - 읽기 중(Read): 주어진 과제에 따라 음독, 묵독, skimming(훑어읽기), scanning(특정 정보 찾아내기) 등과 같은 여러 가지 독해 전략을 수행하도록 지도 - 읽기 후(Think Back): 지문 관련 내용으로 문화 교육 자료를 활용하여 새로운 의사소통 활동 구안
	◦ **Read**	Read "A New Start" Fill in the Blanks Check T or F	
	◦ **Think Back**	Complete the Table (Summary) Complete a Dialogue Talk about Culture	
7	◦ **Language Focus**	Build Up Vocabulary Work with the Form of the Verb "Be" Work with the Negative & Interrogative Form of the Verb "Be"	▶ 초등 영어에서 통문장 위주의 암시적으로 다루던 언어 형식과 문법요소를 명시적으로 지도 ▶ 기계적인 암기 위주의 학습이 아닌, 유의미한 활동이나 과제 수행을 통해 실제 사용 능력을 키우도록 해야 함
8	◦ **Fun with Writing**	Fill in the Blanks	▶ 초등 영어 쓰기 활동에서 통제된 쓰기와 안내된 쓰기가 주를 이루었다면, 중학교에서는 자유 쓰기를 위한 학습이 시작되어야 함

		Write the Answers	- 처음부터 자유 쓰기를 하는 것이 아니라, '빈 칸 채우기→대화 완성하기→짧은 이야기 쓰기'와 같은 단계별 쓰기 지도 필요
		Write a Short Self-introduction	- 학습자의 수준에 따른 수준별 과제 제시와 교사 또는 동료 학습자의 적절한 도움 제공
9	◦ **Project**	Make an Avatar	▶ 단원별로 주제 및 목표어에 알맞은 구체적인 결과물을 만들어 제출하는 과업 중심 활동 구안 - 수행평가에 활용 가능 - 미술, 기술 · 가정, 과학 등의 타 교과와 통합적 요소를 발견하여 교과 통합학습으로 발전 가능하며, 이때 해당 교과 교사와의 협력이 요구됨
10	◦ **Learning Diary**	Review the Lesson	▶ 학습 일지 형식으로 단원의 주요 내용을 복습하고 학습자의 학습 목표 달성 여부와 학습 역량을 스스로 점검하는 자기주도적 활동
	◦ **Let's Sing Along**	Sing Together	▶ 단원과 연관 있는 팝송을 활용한 단원 마무리 학습 - 마지막 차시에만 해당 팝송 자료를 제공하는 것보다 단원의 각 차시마다 동기유발 또는 정리 학습 단계에서의 반복 학습을 통해 익히는 것이 보다 효과적임

이상 앞에서 살펴본 내용과 차시별 구성의 내용은 국가 교육과정에 근거하여 교과서 집필진과 연구진들에 의해 만들어진 것이며, 절대적으로 따라야 하는 개념이 아닌, 일종의 참고자료 정도로 생각해야 한다. 검인정 교과서 회사에서 제공하는 교사용 지도서를 보면, 각 단원별/차시별로 지도안이 모두 작성되어 있지만 이 역시 참고자료에 불과하다. 따라서 개별 교사의 관심과 능력 및 학습자의 다양한 특성에 따라 얼마든지 내용을 새롭게 재구성하여 지도안을 작성할 수 있다. 내용 뿐 아니라 새로운 교수·학습 방법과 자료 등도 지도안에 반영할 수 있는데, 이에 대해서는 <5장-수업 대안안>에서 보다 상세하게 다룰 것이다. 경우에 따라 연간 교육과정 전체를 재구성할 수도 있고, 작게는 차시별 구성 내용의 일부분만 새로운 활동으로 대체할 수도 있다. 그러나 수업을 통해 학생들이 학습 목표에 효율적으로 도달하도록 돕기 위한 재구성이 되어야지, 재구성 자체가 목표가 되어 버리는 오류를 범해서는 안 될 것이다.

3.3 스토리텔링(이야기 기반 수업)

3.3.1 스토리텔링의 개요

스토리텔링은 교사가 이야기 또는 동화의 내용을 기억하여 교재 없이 들려주는, 우리말로 구연동화를 해 주듯이 영어로 이야기를 하는 방법으로, 초등 영어교육에서 활발히 쓰이고 있다. 교사의 입장에서는 영어로 이야기를 들려주다가 실수할 염려와 그에 따른 심리적 부담이 있을 수 있으나, 학습자가 얻는 스토리텔링의 효과는 대단히 크다고 알려져 있다. 이야기를 읽어 주는 것이 아니고 해 주는 것이기 때문에 등장인물들에게 맞는 다양한 목소리와 자연스럽고 풍부한 몸동작, 손동작이 필요하다. 이 부분에 있어서 교사에게 상당한 재능이 필요한데, 스토리텔러로서의 선천적 재능이 부족하다고 하더라도 연습과 훈련을 통해서 대부분의 교사들을 해낼 수 있다.

스토리텔링을 할 때에는 이야기의 맥락과 주인공에 대해 먼저 소개하여 학습자가 이야기에 대하여 대강의 사전지식을 가지고 듣도록 하는 것이 좋다. 또 아무런 자료 없이 말로만 하는 것보다는 이야기책을 직접 넘겨가면서 하거나, 혹은 이야기의 줄거리를 몇 조각의 그림으로 나타낸 시각자료를 사용하면 훨씬 더 효과적이다. 그런 시각자료들이 내용에 대한 이해와 기억을 돕기 때문이다. 이야기를 하는 도중에 학습자가 잘 알아듣지 못한다고 판단되는 부분이 있으면 맥락과 중요 단어를 우리말로 제시하거나 설명해도 된다. 또, 필요하다고 판단되면 동화책의 내용을 어느 정도 변형하여 이야기해도 된다. 스토리텔링은 학습자의 수준에 맞게 표현을 단순화하여 자주 반복하며, 리듬 및 억양 속도를 조절하고, 시각 자료를 적절히 활용하여 이해 가능한 입력을 풍부하게 하는 방법이다.

스토리텔링 수업은 주로 이야기를 듣거나 읽고 이해하는 활동으로 진행된다. 이러한 활동은 말하기와 쓰기 같은 생산적인 언어 기능(productive language skill)이 많이 요구되지 않으며, 쉽고 간단한 대화형 구문의 반복이 자주 등장하기 때문에 중학교보다는 초등학교 학습자를 대상으로 한 교수·학습 과정안이 많다. 또한 스토리텔링을 수업에 활용한 기존의 교수·학습 과정안을 살펴보면, 단원의 첫 차시 또는 마지막 차시를 위한 수업 과정안이 유난히 많은데 이는 이야기를 통하여 학생들로 하여금 한 단원의 시작을 열고 정리할 수 있는 기회를 주려는 교사의 의도로 해석할 수 있다. 보통 해당 단원의 주요 학습 표현이 이야기책의 주요 구문으로 등장하거나 일정한 운율을 가지고 반복되어 들어 있는 이야기책이 주로 선정된다. 교사에 따라 교과서에 나온 짧은 이야기를 선택하여 사용한 경우도 있으나, 널리 알려진 유명한 그림책을 교과서와 연계하여 교수·학습 과정안을 계획하는 것이 대부분이다. 후자의 경우, 동화책의 전체 본문을 활용하기보다 수업 상황에 맞게 필요한 구문 또는 장면만 발췌하여 사용하는 것이 보다 효율적이다.

가. 초등 영어교육에 있어서 이야기 활용의 필요성

이야기가 초등 영어교육에 긍정적인 영향을 미칠 수 있는 이유는 학생들이 이미 모국어를 통해 상당한 문학적 경험을 갖고 있기 때문이다. 강문희, 이혜상(1997)은 학생들은 이 세상에 태어난 직후부터 자장가, 동시, 동요, 동화, 인형극, 만화영화 등을 접하면서 문학적 경험을 하며, 나이가 들면서부터는 자발적인 선택에 의해 혼자 노래를 부르거나, 부모에게 이야기를 들려달라고 하거나, 또는 텔레비전 채널을 선택함으로써 다양한 문학적 경험을 하게 된다고 하였다. 학생들에게 이미 익숙한 문학적 체험을 사용하여 영어를 소개하면 학습과 지식의 전이효과가 높아지기 때문에 영어 학습을 비롯한 여러 발달 과정에도 훨씬 효과적이다.

1) 이야기와 언어발달

첫째, 이야기는 어휘습득에 영향을 미친다.

둘째, 이야기는 문법구조를 인식하는 데 영향을 미친다.

셋째, 이야기는 언어학적 차원의 어휘·문장구조 습득에 영향을 미칠 뿐만 아니라 심리언어학적, 혹은 사회언어학적 입장에서 볼 때 필수적인 언어의 심리적 측면, 즉 담화적 특성들의 인식에도 영향을 미친다. 학생들은 이야기의 줄거리 및 등장인물들의 특징을 통해 그들이 사용하는 언어가 포함하는 심리적인 측면까지도 읽을 수 있기 때문이다.

2) 이야기와 정서·사회성·사고력 발달

첫째, 이야기는 학생에게 희로애락의 간접경험을 통해서 학생의 감성지능을 발달시킨다.

둘째, 이야기는 실제 세계, 환상의 세계 등 다양한 세계를 소개하고 있기 때문에 학생들은 이야기를 들으면서 폭넓은 세계를 간접적으로 경험할 수 있게 되고, 그러한 과정 속에서 사회성을 발달시킬 수 있다.

셋째, 학생의 정서·언어·사회성·도덕성 발달은 학생의 사고력 발달에 직접적인 영향을 주므로 이야기는 학생의 상상력과 창의력을 향상시키는 동시에 이해력과 논리력을 상당히 강화시킨다.

나. 스토리텔링 수업 과정

스토리텔링을 활용한 수업 과정은 동화를 활용한 읽기 수업 과정(읽기 전-중-후)과 크게 다르지 않다.

1) 스토리텔링 전 활동(Pre-Activity)

학생들에게 영어로 쓰인 이야기가 어렵지 않다는 것을 확신시켜 주고, 이야기의 내용에 대한 적절한 배경지식을 제공해 주어야 한다.

- 읽기 전 학습활동 - 의미적 지도 그리기, 그림 활용하여 토의하기, 판토마임하기, 글 없이 그림만 보여주기, 영어를 한글로 말하기 등

2) 스토리텔링 중 활동(While-Activity)

책을 읽어가는 목적이 설정되어 있을 때 학습자는 이야기 듣기와 읽기에 더욱 더 집중하게 된다.

- 읽기 중 학습활동 - 이야기 중 질의 응답, 이야기 잇기, 배경그림 상상하기, 감정곡선 그리기, 꼬리표 붙이기, 추측하기 등

3) 스토리텔링 후 학습활동(Post-Activity)

과연 학생들이 얼마나 이해했는지 체크해 보고 한 가지 이야기에 대하여 다양한 의견을 경험하게 한다.

• 읽기 후 학습활동 - 요약하기, 역할극, 챈트/판토마임을 활용한 스토리텔링, 주사위 놀이, 손가락인형 놀이, Pop-up Book 만들기, 그림 직소 퍼즐, 참/거짓 게임, 빈칸 채우기, 정보찾기, 이야기 지도 그리기, 이야기 분석하기, 섞여있는 두 가지 이야기를 분리하기, 소연극 및 뮤지컬로 녹음하기, 만일 내가 주인공이라면, 스토리북 만들기, 발표하기 등

이와 같은 스토리텔링 전-중-후 과정을 도식화하여 나타내면 <그림 1>과 같으며, 단계별 활동의 예는 고정된 것이 아니라 목적에 따라 임의적으로 바꾸어 활용할 수 있다.

그림 1 **스토리텔링을 활용한 일반적인 수업 과정**

단계	활동
도입	인사, 전시학습상기, 본시학습 내용 소개
전개	**스토리텔링 전 활동(Pre-activity)** ▸ 의미적 지도 그리기(Meaning Map Activity) ▸ 그림 활용하기(Pictures) ▸ 판토마임(Pantomime) ▸ 그림카드와 단어카드 연결하기 ▸ 빙고게임(Bingo Game) ▸ 집중게임(Concentration Game) ▸ 진실게임(True / False Game) **스토리텔링 중 활동(While-activity)** ▸ 이야기 중 질의응답 ▸ 배경그림 상상하기 ▸ 추측하기(Guessing) ▸ 감정곡선 그리기 ▸ 꼬리표 붙이기 **스토리텔링 후 활동(Post-activity)** ▸ 주사위 놀이 (Dice Game) ▸ 손가락인형 놀이(Finger Puppet Play) ▸ 빈칸 채우기(Filling in a blanket) ▸ 만일 내가 주인공이라면 ▸ 스토리북 만들기(Making a storybook)
정리	본시학습 내용 점검(주요 학습 내용 확인)

스토리텔링을 활용한 일반적인 영어 수업은 수업의 한 시간 동안 이야기책 1권을 가지고 스토리텔링 전-중-후 활동을 실시하는 것이지만, 실제 교육 현장에서는 해당 차시의 목표 구문 학습을 위해 이야기를 동기유발이나 반복 학습, 또는 학습 정리를 위한 자료로서만 잠시 활용하는 경우도 많다.

다. 초등 영어 내용별 스토리텔링 연계 이야기책

앞에서 언급한 바와 같이, 스토리텔링 기법을 활용한 수업 지도안의 예는 중등학교에서보다 초등학교 영어교육 현장에서 압도적으로 많은데, 이는 이야기를 좋아하는 초등학생의 학습자적 특징 때문이다. 이현지(2009)는 영어권 국가에서 가장 많이 사용하고 있는 어휘 목록을 난이도에 따라 분류한 GSL(General Service List)에서 제시한 기준에 따라 학년별로 도입하기에 적합한 이야기책을 선정하여 제시한 바 있다. 이에 초등 영어교육에서 유용하게 적용될 수 있는 여러 이야기책을 주요 의사소통 기능과 연계하여 소개하고자 한다. 각 의사소통 활동 및 주요 문형 등에 따라 중복으로 활용될 수 있는 이야기책도 있으며, 시간의 흐름에 따라 여기에서 소개되지 않은 새로운 이야기책을 찾아 수업에 활용할 수도 있을 것이다.

3·4학년 내용별 관련 이야기책

의사소통 활동	주요 목표 구문	관련동화책
안부 묻고 답하기 자기 소개하기	How are you? I'm fine, thank you. What's your name? My name's Joon.	· **Yo! Yes!**
요일과 시간표 알아보기(과목)	What day is it today? It's Monday. We have(don't have) English today.	· **The very hungry caterpillar.** · **Inside Mary Elizabeth's house** · **Today is Monday**
사물의 위치 알아보기 감탄하기	Where's my pencil case? It's under the table. What a nice day!	· **Spot series** · **Rosie's walk** · **We're going on a bear hunt**
사물 묘사하기	It's very tall.	· **Coco can't wait!** · **Titch** · **Go away big green monster!**
길 안내하기 (장소, 건물 이름) 되묻기	Where is Namdaemun? Go straight and turn right. I'm sorry?	· **Spot series** · **Rosie's walk** · **Bear about town**

습관 활동시각 알아보기(숫자)	I get up at seven every day. What time do you go to bed?	· **Mac and Mog** · **What time is it, Peter Rabbit?** · **What's the time Mr. Wolf?**
인물묘사(옷차림, 생김새) 되묻기	She's tall. You have nice glasses. What?	· **My dad** · **Go away big green monster!** · **I'm as Quick as a Cricket**
제안하기 응답하기	Let's go swimming. How about this afternoon? Sorry, I can't./ Sounds good.	· **I went walking** · **We're going on a bear hunt** · **Bear on a bike** · **We're going on a picnic** · **Let's go visiting!**
물건의 소유	Whose boat is this? Is this yours? That's mine.	· **What a tale!** · **Whose mouse are you?** · **Whose Shoes?**
음식 권하기 승낙, 거절하기	Go ahead. Help yourself. Do you want some more? Yes, please./No, thanks.	· **The Elephant and the Bad Baby** · **More More More said the baby**
현재 활동 표현/묘사하기	What are you doing? I'm washing my hands.	· **The big hungry caterpillar** · **The big hungry bear**
집안 구조 묘사(방 이름)	This is a bed room. Where's the bathroom?	· **Spot series** · **Maisy's house** · **My book(by Ron Maris)** · **Finding Jack** · **Dark Dark Tale** · **Napping House**
경험 묻고 말하기(과거표현)	What did you do yesterday? I went to the science museum. Did you have a nice vacation? I visited my grandparents. I went fishing.	· **I went walking** · **Sally's Amazing Counting Book** · **Spot Visits His Grandparents**
전화하기	Hello, this is Inho. Is Peter there? Speaking.	· **Five little monkeys jumping on the bed**
제의하기 수락, 거절 의무	Can you join us? Sure./Sorry, I can't. I must go home.	· **From head to toe**
국적에 대해 묻고 답하기 (나라 이름)	Where are you from? I'm from -.	· **My cat likes to hide in boxes**
길 묻고 답하기 도움 요청하기	Where is the -? Go straight and -.	· **Spot series**
좋아하는 계절 말하기	I like - I don't like -	· **I like me.** · **Spring is here.** · **Around the year** · **The tiny seed**
생일 묻고 대답하기(월 이름)	When is your Birthday?	· **It's my birthday!** · **Hello, Red Fox**
물건사기에 대한 표현	May I help you?	· **Caps for sale.** · **Henny Penny**

음식주문하기	Can I have some hamburger?	· **The Elephant and the Bad Baby** · **If you give a moose a muffin**
직업에 대해 묻고 답하기	My father is-. My grandfather is-.	· **My dad** · **Don't do that** · **Willy the Dreamer**
여름방학에 하고 싶은 일 묻고 답하기	What will you do? I will-	· **Spot Goes on Holiday**
과거 경험에 대해 묻고 대답하는 표현	How was your vacation? It was great.	· **Spot Goes on Holiday**
비교하는 표현	I'm taller than you.	· **Titch** · **Grouchy Ladybug**
원하는 것에 대한 표현	What do you want to do? I want to sing.	· **One fine day (내용면에서)**
요청하고 대답하기	Will you help me with -?	· **The little red hen** · **See you later, Alligator**
전화 표현 아픈 증상 관련 표현	Mrs. Brown speaking. Why? Because he's sick.	· **Five little monkeys jumping on the bed** · **I am sick!**
초대하고 응답하기	Would you like to come to my house? Yes, I'd love to.	· **The Elephant and the Bad Baby** · **One of Each**
일상생활에 관한 표현	Don't go that way. It's time to go home.	· **What time is it, Peter Rabbit?** · **Dinnertime!**

5·6학년 내용별 관련 이야기책

의사소통 활동	주요 목표 구문	관련동화책
인사하기 소개하기	Hi, Hello, Bye. I'm ( ). My name is ( ).	· **Whose baby am I?** · **I am the music man.** · **Hooray for Fish!** · **Monster, Monster.** · **Yo! Yes!**
사물의 이름 묻고 답하기 사과하고 응답하기	What's this? It's a/an ( ). I'm sorry.	· **Seven Blind Mice** · **Go away, big green moster!** · **I'm Sorry**
생일 축하하기 감사하기	Happy birthday! Thank you.	· **It's my birthday!** · **Lots of Feelings** · **Hello, Red Fox** · **Ask Mr. Bear** · **Happy birthday, Sam**
명령하기(신체 명칭) 응답하기	Wash your hands. Ok, Mom.	· **Here are my hands** · **Go away, big green monster!** · **From head to toe** · **Piggies**
좋고 싫음 표현하기	Do you like apples?	· **Today is Monday**

동의하기	Yes, I do. / No, I don't. Me, too.	· **Things I like** · **My cat likes to hide in boxes** · **I like me**
동물의 수 알아보기 제안/권유하기	How many cows? I have two cows. Let's go.	· **The very hungry caterpillar** · **Ten is the Den** · **Five little monkeys** · **Five little ducks** · **I hunter** · **Old MacDonald Had a Farm**
가능/불가능 묻고 답하기 도움 요청하기	Can you swim? Yes, I can. / No, I can't. Help!	· **From head to toe** · **I can't fly**
지시하기(옷) 제안하기	Put on your gloves. Let's make a snowman.	· **Crazy weather (Info-active)** · **It's Raining, It's Pouring** · **Mr Wolf's week** · **Snow** · **The mitten** · **The snow man - Video** · **Snowballs** · **Spring is here** · **Silly Sally**
금지하기 요청하기 주의 주기	Don't do that. Help me, please. Watch out!	· **Don't do that!** · **No David! (David Series)** · **The little red hen** · **See you later, Alligator**
요청하기 인사하기 나이 묻고 답하기	Can you help me? Good morning. How old are you? I'm ( ) years old.	· **Titch** · **When I was five** · **The little red hen** · **The gigantic turnip** · **Love you forever**
시각 묻고 답하기 (숫자)	What time is it? It's ( ) o'clock. It's time for lunch.	· **What's the time, Mr. Wolf?** · **What time is it, Peter Rabbit?**
누구인지 알아보기	Who is she/he? She/He is ( ).	· **Mary wore her red dress** · **My Dad** · **The little red riding hood** · **CoCo can't wait!** · **Knock Knock Who's there?**
누구의 물건인지 묻고 답하기 물건 묘사하기	Is this your cap? Yes, it is. / No, it isn't.	· **Marry wore her red dress** · **It's Mine**
놀이 제안하고 답하기 유감 표현하기	Let's play soccer. Sorry, I can't. That's too bad.	· **Farmer duck** · **Lots of Feelings** · **Do you ever feel like this? (Info-active)**
원하는 것 묻고 답하기 물건 사기	What do you want? How much is it?	· **Caps for sale** · **To market, To market** · **ow much is a million?**

3.3.2 스토리텔링 활용 영어 교수학습과정 약안의 실제(초등)

스토리텔링을 활용한 실제 영어 교수·학습 과정안 약안의 예시 자료를 살펴보고자 한다. 다음에 제시된 초등 영어 과정안은 이야기책 1권을 선정하여 읽는 것을 목표로 하는 것이며, 따라서 교과서를 기반으로 작성된 것은 아니지만, 방과후 영어교육, 영어학습 동아리와 같은 교과 외 영어 시간에 활용될 수 있다. 전체 3차시에 걸쳐 읽는 것으로 계획된 활동 중 첫 차시에 해당하며, 스토리텔링 수업 모형에 따라 읽기 전-중-후 과정의 전형적인 절차로 이루어진 것이다.

Papa, please get the moon for me (3~4학년)

Written & Illustrated by Eric Carle

작가 Eric Carle은 1929년 미국에서 태어나서 유년 시절을 독일에서 보냈고 미술과 디자인을 공부한 후 수많은 독창적이고 혁신적인 책들을 통해 어린이 문학에 확실한 자리매김을 한 작가이다. 그의 작품, 'Papa, please get the moon for me'에서 밤하늘에 떠있는 달과 함께 놀고 싶어 하는 딸을 위하여 높은 산에 올라 사다리를 타고 달을 따오는 아빠의 모습이 그려진다. 기나긴 사다리와 높다란 산을 통해 딸에 대한 아빠의 사랑을 형상화하였으며, 책의 화면을 위아래로 펼칠 수 있도록 입체적으로 구성함으로써 책을 읽는 어린이의 시선을 집중시키고 어휘의 개념을 감각적으로 익힐 수 있도록 배려하고 있다.

1. Concept	size, direction, movement
2. Story structure	solving problem(모니카의 소원을 들어주기 위해 아빠가 어떻게 하는지를 보여주는 이야기의 구조를 가지고 있다.)
3. Linguistic features	① 그림과 입체적 화면 구성을 통한 의미 전달 ② 크기를 나타내는 형용사 및 비교급(-er), 부사(up, down) ③ 과거시제로 진술됨.
4. Vocabulary	① Size: big, small, smaller, thin, ② Direction: down, up ③ Movement: climb, stretch, hug, dance, jump, throw, reach, carry
5. Sentences	The moon got smaller and smaller and smaller. Please get the moon for me.
6. High frequency words	before, to, bed, she, the, so, near, it, for, but, her, me, long, top, very, high, much, too, with, play, like, take, just, here, air, then, of, thin
7. Pronunciation	r-controlled vowel: -er, -ir

1차시 (읽기 전 활동)	2차시 (읽기 중 활동)	3차시 (읽기 후 활동)
① 책표지 살피기 작가 및 이야기 주제 짐작하기 ② 삽화 보며 이야기 나누기 이야기 짐작하며 등장하는 어휘들 살펴보기 ③ 단어 모빌 만들기 옷걸이 이용하여 모빌 만들기	① Read Aloud ② Echo Reading ③ Shared Reading ④ Close Reading 문맥 추측하며 어휘 넣어 읽기 ⑤ Phonics 학습하기 ⑥ Broken sentence 완성하기	① Reader's theater 준비하기 배역과 대사 나누기 ② Rehearsal하기 ③ 촬영하며 시연하기 ④ 촬영한 것 다시 보기

Title	Papa, please get the moon for me		Period	1/3	Grade	3rd~4th
Objectives	의미 목표	이야기의 내용을 추측하며 낱말의 의미를 이해할 수 있다.				
	기능 목표	강세와 발음에 유의하며 낱말을 정확하게 읽을 수 있다.				
Materials & Aids	Story book, Flash cards, Materials for making a mobile (hangers, colored paper, colored markers, colored pencils, scotch tape, scissors)					

Step (Minute)	Contents	Teaching & Learning Activities		■ Aids ◇ Notes
		Teacher	Student	
Pre-Activity (5)	Greeting	T: Hello, everyone. S: Hello, Ms/Mr ○○.		■ story book
	작가 소개	T: Today, I brought a very interesting book for you. S: What is it? T: (책을 보여주며) "Papa, please get the moon for me" by Eric Carle.		
	책 표지 살펴보기	T: (표지 그림을 가리키며) Can you guess what this is? S: Hmm..... the Earth? The moon? T: Let's see and find it out. (페이지를 넘긴다)		
While-Activity (15)	이야기 예측하기	T: (달의 모양 변화 그림을 가리키며) Now, I'm sure you can tell what this is! S: It's the moon. T: Yes, you're right. (달의 모양에 따른 이름을 가르쳐 주며 따라하도록 한다: 초승달 Crescent, 반달 Half -moon, 보름달 Full-moon, 그믐달 Decrescent)		◇ 어휘 학습이란 느낌보다 자연

	새 어휘 소개하기	T: What can you see in this page? S: a girl, a man, the moon, a cat, a house..... T: (학생들이 찾아내지 못하거나 영어로 말할 수 없는 사물이나 상황에 대하여 자연스럽게 안내해주며 새 어휘 소개가 전개되도록 한다.) T: (그림을 통해 이야기를 이해하는 방법을 시범보이고, 책을 넘기며 학생들과 자연스런 생각의 교류를 도모한다. 입체적으로 이뤄진 페이지는 이 단계에서는 보여주지 않고 다음 페이지로 넘겨 이야기의 전개가 어떻게 된 것인지 학생이 추리하도록 한다.) S: (자유롭게 자신의 생각을 발표한다.)	스럽게 그림을 보며 이야기를 나누는 활동으로 느껴지도록 한다.
Post -Activity (20)	단어 모빌 만들기 TPR 하기 차시예고 및 정리하기	T: Lets' make a mobile for the new words. S: (주어진 준비물로 모둠별 모빌 만들기 활동) T: Please do as I say. (교수계획에서 명시한 동사들) S: O.K! T: Next time, we will read the book. That's all for today. See you.	■ flash cards & others

How to make a word mobile

Materials

- wire coat hanger
- thread(string or fishline)
- scissors
- scotch tape
- colored markers
- colored pencils
- colored paper (B4 sized)

Steps to Follow

1. Decide what words the individual wants to make:

<참고> 모둠에서 주제를 가지고 주제별 모빌을 만들 수도 있음

Group 1: Crescent, Half-moon, Full-moon, Decrescent, star

Group 2: ladder, window, mountain, silver, night

Group 3: jump, dance, hug, throw

Group 4: getting bigger and bigger and bigger/getting smaller and smaller and smaller

2. Draw a picture on the colored paper and cut it out.

3. Write English words on it and decorate it.

4. Punch a hole on the top of the picture.

5. Tie the ends of the string through a hole so that you can hang the picture.

6. Put other members' pictures by tying to a wire coat hanger.
   *You can fix all the strings on the wire coat hanger using a scotch tape.

7. Hang up the mobile.

Something Else to Try!

Instead of using colored paper, teacher can offer templates on the white paper.
Then, students use colorful crayons or markers and cut them off.
Finally, students hang all the items on a wire coat hanger to make a mobile.

앞의 과정안에서 보이는 것과 같이, 스토리텔링을 활용한 수업은 단지 책을 읽고 끝내는 것이 아니라, 이야기를 활용하여 학습자에게 어떤 언어 기능과 형식 및 표현을 가르쳐야 할지 교사가 사전에 면밀하게 계획하는 절차가 필요하다. 이 지도안은 전체 3차시로 구성된 과정안 중 첫 차시에 해당하여 학습자에게 책을 처음 소개하고 도입하기 때문에, 읽기 전 활동으로 구성되어 주로 새로 등장하는 어휘 위주로 활동이 계획되었다. 후속 학습을 통해 학습자는 echo / shared / close reading과 같은 다양한 읽기 및 reader's theater 활동에 참여하게 된다.

3.3.3 스토리텔링 활용 영어 교수·학습과정 약안의 실제(중등)

똑같이 이야기를 활용하는 영어 수업이라 하더라도, 초등과 중등 영어교육에서는 학습자의 수준과 배경지식이 다르기 때문에 같은 방법을 활용하기에는 무리가 있다. 나이가 어린 학습자일수록 그림책과 이야기를 활용한 스토리텔링 기법이 적합하지만, 중등학교 학습자는 다른 유형의 교수법이 필요하다. 그러나 이야기를 활용한 영어 교육이 학습자에게 주는 이점은 동일하다 하겠다. 중등학교 영어 교과서에는 이미 충분한 종류와 양의 읽기 자료가 내재되어 있으므로 이를 활용한 이야기 구조 기반 영어교육이 얼마든지 가능한데, 이 책에서는 이와 관련하여 이해중심 모형이 적용된 과정안을 제시하도록 하겠다.

가. 이야기 교수학습 모형

영어 교과서의 이야기 글(narrative text)을 지도할 때 이야기 문법[1]에 기반하여 활용할 수 있는 수업 모형은 다음과 같이 제시될 수 있다.

Stage	Element	Activity
도입	이야기 문법 이해	- 교과서 단원 중 이야기 양식의 글을 읽고, 이야기 문법의 구성 요소 학습
적용	이야기 구조 분석	- 이야기의 6가지 문법 요소 분석 - 분석한 문법 구조를 토대로 이야기 다시 말하기(Retell)
강화 및 평가	이야기 생성	- 이야기 문법 구조를 활용하여 개별 또는 모둠 이야기 창작

이야기 만들기 모형으로서 중학교 영어 교과서의 이야기 글(narrative text) 양식을 지도할 때 3단계에 걸쳐 이야기 문법(story grammar)의 개념을 익히고, 이를 바탕으로 학생들 스스로 이야기를 직접 만들어 보며, 최종 산출물로 모둠별 이야기를 제출하는 모형이다. 한 차시 수업에서 이 세 단계를 다 거치는 것보다는, 한 단원 안에서 각각의 단계가 유기

1) 이야기 문법이란 '배경(setting), 등장인물(character), 주제(theme), 갈등(conflict), 결말(resolution)'과 같이 모든 이야기가 동일하게 가지고 있는 구조적인 틀을 일컫는 것으로, 이야기 구조(story structure)라고도 한다(Ruddell & Unrau, 2004). 김경한(2014)은 이야기 문법에 대한 이해를 통해 학습자는 이야기 양식의 글에 익숙해지고 이는 영어 능력 향상에 기여할 것이라고 하였다. 그러나 이야기를 수업 시간에 활용할 때마다 이야기 문법의 모든 구조를 탐색하는 것은 어렵기 때문에 학습 목표와 주요 의사소통 기능 등에 따라 필요한 것만 선별적으로 택할 수 있다.

적으로 조직될 수 있도록 재구성하는 수업자의 노력이 필요하다.

이 교수·학습 모형을 바탕으로 하여 작성된 중학교 3학년 대상 과정안 중 2단계인 '적용'에 해당하는 약안을 다음 절에서 제시하겠다. 이 과정안의 수업에서 학생들은 동물을 주제로 한 이야기 자료를 읽고 이를 이야기 문법 차트를 활용하여 6가지 구조로 분석하는 활동을 하게 된다. 그러나 한 시간 동안 모든 요소를 다 분석하기에는 시간이 충분치 않기 때문에, 교사는 그룹별로 학습자끼리 협동하여 이야기 문법을 찾아본 후에 모둠별로 다시 말하기(retell) 기법을 활용하여 정리한 내용을 발표하도록 계획하였다. 이러한 활동이 잘 이루어지기 위해서는 이전 차시의 학습 시간에 학습자가 이야기 문법 구조가 무엇인지 충분히 이해한 뒤에 후속 학습으로 진행될 필요가 있다.

나. 이야기 교수학습 모형 활용 영어 교수학습과정 약안의 실제

Unit	11. The Largest, longest, Tallest... (Published by Doosan)	Grade	1st	Period	4/9
				Time	45min
Objec- tives	Students will be able to 1. read and understand the text about animals. 2. analyze the story based on story grammar				
Mater- ials	PPT, CD-ROM, Newsclip				
Step	Procedure	Class Activities		Time & Material	
		Teacher	Students		
INTRO- DUC- TION	Greeting Review & Motivation Objectives presentation	● Greets students and give some questions related to daily life. ● Reviews the last lesson about story and story-telling and shows a CNN newsclip about the book, "Fantastic Mr Fox" by Roald Dahl and draws students' response to the news. ● Introduces the objectives of the today's lesson.	● Greet teacher and answer the teacher's questions freely. ● Express their feelings about the newsclip and predict how the story develops. ● Read the objectives.	5'	

DEVEL-OPMENT	**Understanding the story**	● Makes students read a written version of a text about animals and discuss its main idea in the whole class.	● Read the story and discuss the main idea of the story.	30'
	Analyzing the story grammar elements	● Makes students fill the story grammar chart matching each grammar elements with the story in groups.	● Make groups and match element that are structured in the story using the story grammar chart.	
CONSOL IDA-TION	**Retelling the story according to the story grammar** **Wrapping UP**	● Asks students to retell the analyzed story in the order of story grammar to their group members. ● Helps students who need help and provides some feedback. ● Tells what students will do next lesson.	● Give a storytelling presentation using their own chart in each group. ● Provide some feed-back to each other.	15'

〈Story grammar chart〉

Story Grammar Chart

학년 반 번 이름 ______________

◎ 읽은 내용을 바탕으로 다음 차트를 완성해 봅시다.

Setting **- Time:** **- Place:**
Characters
Theme
Conflict
Resolution

3.3.4 스토리텔링 수업의 문제점

가. 교수·학습자료 준비

대부분의 이야기 기반 교수·학습 과정안을 살펴보면 한 차시 수업을 위해 필요한 수업 자료의 양이 상당히 방대한데, 이에 대하여 효율성의 문제를 생각해보지 않을 수 없다. 중등 영어 교사 또는 초등 영어 교과 전담 교사라면 한 번 제작한 자료를 여러 반 수업에 투입함으로써 수업의 효과성과 효율성을 동시에 잡을 수 있겠으나, 이야기 활용 수업이 많이 쓰이는 초등 현장에서 담임으로써 여러 과목 중 하나로 영어를 가르쳐야하는 실정에 놓여있는 교사라면 한 차시를 위한 방대한 교수·학습자료 준비에 열의를 쏟을 수 없는 것이 현실이기 때문이다. 또한 해당 수업에 꼭 들어맞는 영어 이야기 자료를 매번 찾기 어렵다는 문제점도 있다.

나. 수업 목표의 설정

이야기 기반 수업을 실시할 때에는 교사의 수업 목표 설정이 제일 중요하다. 이 수업이 이야기를 기반으로 하여 영어를 학습하는 것이 목표인지, 아니면 영어로 이야기를 읽고 그 이야기를 이해하는 것이 수업 목표인지를 결정하여 수업이 이루어지는 동안 그 목표에 무게를 두는 것이 중요하다. 즉, 'Learning language patterns'와 'Understanding story plot'을 두고 어느 쪽에 더 초점을 두어야 하는가에 관한 문제이다. 수업 목표는 교사와 학생이 공동으로 추구하고 도달해야할 도착점이기 때문에 이에 대한 명확한 제시가 필요한 것은 당연하다.

다. 수준별 수업

학생들의 수준차는 다인수 학급을 가르치는 교사라면 누구나 고민하는 부분일 것이다. 특히 이야기 기반 수업은 듣기와 읽기 능력이 어느 정도 갖추어져야 가능한 것인데, 이 점에 있어 학생들의 수준 차이에 맞도록 이야기 자료와 수업을 어떻게 구성하느냐의 문제를 고려해야 할 것이다. 한 교실에는 유창하게 영어를 구사하는 학생과 단어나 문장의 인지조차 어려워하는 학생이 공존하기 때문에 이들 모두를 포용할 수 있는 이야기 기반 수업 방법에 대해 고민해보아야 한다.

3.3.5 해결 방법

가. 교수·학습자료 준비 - 교과간 통합교육 실시

다른 과목과의 연계를 통하여 학습자와 함께 이야기 기반 수업에 필요한 교수·학습자료를 제작하는 방법을 제안할 수 있겠다. 미술과 연계하여 필요한 그림을 제작할 수 있고, 다른 수업 시간에 활용하였던 게임 자료를 변형하여 영어 시간에 활용할 수도 있을 것이다. 수업에 필요한 기존의 이야기 자료를 찾기 어렵다면, 교사의 역량을 발휘하여 비슷한 자료를 학습자의 수준에 맞추어 재구성하여 사용할 수도 있다. 요즈음에는 서책 기반 이야기 뿐 아니라 인터넷과 디지털 기반의 애니메이션 및 동영상으로 구성된 이야기 자료도 많이 있으므로 이러한 자원을 교실 상황과 맞게 활용하는 것이 요구된다.

나. 수업 목표의 설정 - 두 가지 목표의 균형

'Learning language patterns'와 'Understanding story plot'을 두고 어느 쪽에 더 초점을 두어야 하는지에 대한 문제를 앞서 제기하였는데, 이것은 이야기 자료를 선정할 때 해결할 수 있겠다. 목표가 되는 언어구문이 반복적으로 들어있는 이야기 자료를 선택하거나 교사가 임의적으로 재구성하여 제시하는 것이다. 이를 통하여 학습자는 이야기를 듣거나 읽으며 해당 차시의 목표 구문도 익히고, 이야기의 내용을 이해하는 데에 느끼는 어려움을 어느 정도 해소할 수 있을 것이다.

다. 수준별 수업 - 읽어주기와 안내된 읽기(Guided reading)를 통한 수준차 극복

이야기를 제시할 때 학습자가 읽기 전에 교사가 이야기를 들려주는 방식으로 계획하면 바로 읽기를 실시했을 때보다 학생들이 느끼는 부담을 줄일 수 있고 이야기에 대한 이해도 또한 높일 수 있다. 이를 통해 통제된 읽기에서 안내된 읽기의 단계로 자연스레 넘어갈 수 있어 효과적이기도 하다. 이야기 기반 수업에서는 각 활동별 교사와 학생의 역할이 적절히 분배되어야 하며, 특히나 시각적인 자료가 또 하나의 텍스트라고 불릴 만큼 중요하다. 시각적인 자료를 적절히 활용한다면 학습자의 텍스트에 대한 이해도를 높이고 책에 대한 동기도 유발할 수 있을 것이다.

이를 위해 교사는 이야기와 관련된 그림이나 동영상과 같은 자료를 제시하고 학습자로 하여금 생각할 수 있는 기회를 제공함으로써 학습 동기를 유발하며, 학생들이 이야기와 관련된 자신의 경험을 상기할 수 있는 질문을 던져 자연스러운 브레인스토밍이 이루어질 수 있도록 한다. 안내된 읽기는 모둠별로 이루어질 수 있도록 하는데, 학급을 네 개의 이질 집단으로 나눈 후 교사는 정거장의 역할을, 학생은 그 정거장을 지나가는 기차의 역할을 하도록 한다. 한 모둠은 교사와 함께 소그룹 읽기 활동을 하고 나머지 세 모둠을 각각의 주어진 과제를 협력하여 해결하며, 일정 시간이 지나면 순환(rotation)하는 방식을 따르는 것이다. 소그룹 읽기 활동을 할 때 학교급에 따라 초등 교사는 필요시 시범적으로 한 번 더 읽어주기를 시행할 수도 있고, 중등 교사는 학습자가 잘 이해하지 못하는 부분에 대하여 도움을 제공할 수 있다. 이를 통해 수준이 높은 학습자에게는 개별적인 읽기의 기회를, 도움이 필요한 학습자에게는 함께 읽는 과정 속에서 읽기 기술과 전략을 익힐 수 있는 기회를 제공한다. 나머지 세 모둠은 이야기 속에 나오는 어휘를 복습하고(word recognition), 이야기의 전체적인 의미를 파악하며(comprehension), 이야기를 읽고 난 소감을 간단히 쓰거나, 이것이 어렵게 느껴지는 학생들은 이야기를 따라 써 보는 활동(writing)을 할 수 있다.

3.4 팀 티칭(원어민 교사 협력 수업)

3.4.1 팀 티칭의 개요

우리나라에 처음 영어 협력 수업이 학교 현장에 도입되던 시기에는 2명 이상의 교사가 함께 수업에 참여한다는 의미에서 'Team Teaching'이라는 용어가 주로 사용되었다. 일반적으로 'Team Teaching'은 공동의 교육적 목표를 달성하고 수업과 관련된 활동을 수행하기 위해서 합의에 의해 한 명 이상의 교사들이 같이 협력하여 수업을 진행하는 것을 뜻한다. 최근에는 다른 지식 배경을 가진 두 명의 교사가 동등하게 수업에 대한 책임을 진다는 역할 분담이 강조되면서, 원어민 교사와 한국인 교사가 함께 수업을 운영하는 의미의 'Co-teaching'이라는 용어가 'Team Teaching'이라는 용어와 같은 의미로 사용되고 있다.

팀 티칭 모형을 활용한 교수·학습 과정안의 특징으로는 학생들의 듣기 활동에 있어서 적극적으로 원어민 교사의 역할이 강조된다는 것이다. 즉, Listen and Repeat 활동이나 Look and Speak와 같은 활동에서 주로 원어민 교사가 발화를 진행함으로써 듣기 활동이 이루어진다. 교수·학습 활동과 각 활동을 이끌어가는 주체를 살펴보면, 학생들이 목표 구문을 듣고, 말하는 활동과 관련해서는 원어민 교사의 역할이 한국인 교사보다 크며, 수업의 진행 또는 세부적인 게임규칙이나 활동방법을 설명하는 부분에서는 한국인 교사의 역할이 상대적으로 부각된다.

가. 팀 티칭 접근방법

팀 티칭의 접근 방법에는 크게 6가지로 분류할 수 있으며, 각각의 내용은 다음과 같다(김정렬, 2009).

◎ 팀 티칭의 6가지 접근법(Six Approaches to Team Teaching)

1) One Teach, One Observe

One teach, One observe 형태는 한명의 교사가 수업을 하는 동안 다른 교사는 수업을 관찰하면서 즉각적인 피드백을 제공하는 형태의 교수법을 의미한다. 이러한 교수법의 장점은 학습자가 학습 과정에서 얼마나 참여하고 있는지에 대한 보다 자세한 관찰이 가능하다는 것이다. 예를 들면 교사가 발표 횟수나 참여빈도와 같이 특정한 영역에 대해 관찰하기로 미리 정해 두고 실제 수업에서 면밀한 관찰을 한 뒤 수업이 끝난 후 이에 대해 논의하여 수업을 개선해 나갈 수 있다.

2) One Teach, One Assist

One Teach, One Assist의 수업형태는 원어민 교사가 전반적인 교수활동을 주도하고, 한국인 교사는 교실 주변을 순환하며 개별적으로 학생에게 지원을 제공하는 교수법이다.

원어민 교사가 전반적인 교수 활동을 주도 하므로 학습의 심화단계에서 부분적으로 적용될 수 있다. 이때 중요한 것은 한국인 교사가 원어민 교사의 통역자가 되어서는 안 된다는 점이다. 이는 원어민 교사의 말투, 표정, 몸짓, 제시되는 자료 등 다양한 비언어적 힌트를 활용하여 의미를 이해하는 것도 학습자의 전략적 능력(Strategic competence)을 향상시키는데 도움이 되기 때문이다. 따라서 한국인 교사는 통역이 아닌 천천히 다시 얘기해 주기(repetition)나 쉽게 고쳐서 말해주기(paraphrasing), 혹은 직접 보여주기(modeling) 등의 방법을 통해 학습자가 이해 할 수 있도록 해야 한다.

3) Parallel Teaching

Parallel Teaching에서는 학습자 집단을 크게 두 그룹으로 나누어 동시에 지도한다. 전체 학습에서는 학습자의 개별적 피드백이 이루어지기 어려우나 이 교수 방법에서는 좀 더 소규모로 수업이 진행되기 때문에 학습자가 교사에게 보다 많은 기회의 피드백과 개별 지도를 받을 수 있다는 장점이 있다.

흔히 학습자 집단이 나누어진다는 공통점 때문에 station teaching 기법과 헷갈리기 쉬운데, 이 둘 사이의 가장 큰 차이점은 station teaching은 그룹 간 학습 과제나 수업 내용이 다르지만 parallel teaching은 수업 내용과 교수 방법이 같다는 것이다. 다만 원어민 교사가 그 내용을 영어로 설명한다면 한국인 교사는 한국어로 그 내용을 설명하기에, 학습자 수준이 높으면 원어민 교사가, 다소 낮은 수준의 학습자는 한국인 교사가 수업을 진행한다면 좀 더 효과적으로 진행 될 수 있을 것이다.

4) Station Teaching

Station Teaching에서 각각의 교사는 장소를 달리하여 서로 다른 학습활동을 맡아 지도하며, 학습자 집단은 그룹으로 나뉘어져 코너를 돌아가며 학습한다. 각각의 다른 내용을 원어민 교사와 한국인 영어교사가 학습시킨 후 한 학습이 끝나면 학습위치를 교대하는 방식을 취한다. 이 역시 소규모로 이루어지기 때문에 학습자와 학습자, 학습자와 교사간의 상호작용이 늘어나 언어 습득에 효과적이라는 장점을 가지고 있다. 한국의 EFL 상황에서는 보통 전체 학습 후 전개 단계에서 활동을 적용할 때 이러한 교수법을 많이 활용한다.

Station Teaching의 그룹별 활동 예 - 초등 저학년용

Phonics Pair Work	
Task	Students try to guess a word from the phonetic sounds of that word. The phonetic sounds are isolated; that means spoken letter by letter.
Language Focus	Speaking
Useful Expressions	Sounds of the alphabet (not the alphabet itself, sounds of the alphabet)
Type of Work	Pair work
Materials	Worksheet
Direction	
1. Set up pairs. 2. One student says the sounds for the word from their worksheet list. (note: not the actual word, just the spelling) 3. The other student guesses what the word is. Familiar vocabulary is used to ensure focus on the objectives.	

Ping Pong Alphabet Game	
Task	Students take turns and go through the alphabet letter by letter. On their turn they have to give a vocabulary word for their assigned letter. If someone fails to give letter, do not start at the beginning again. Instead, start with the next letter.
Language Focus	Speaking
Useful Expressions	No expressions. This game's focus is vocabulary.
Type of Work	Pair work
Materials	Alphabet cards
Direction	
1. First student starts with the letter "A" 2. Next student must give word for the letter "B" 3. Continue until someone cannot give a word for their letter.	
Notice	This game can be played with more than two people.

Station Teaching의 그룹별 활동 예 - 초등 고학년~중등

Battle Ship	
Task	Try to destroy your partner's ship. One set of vocabulary is aligned horizontally, the other set is aligned vertically. You locate the ships by crossing the horizontal row with the vertical column.
Language Focus	Speaking. Writing focus is optional.
Useful Expressions	Question expression, and answering expression. Answering expression should have two interchangeable vocabulary slots.
Type of Work	Pair work or Group work
Materials	Two worksheets per pair. The worksheets are arranged exactly the same.
Direction	
1. First student, asks a question. 2. The other student answers, which locates a certain area on the worksheet. 3. You put an x in that area. 4. First person to destroy opponent's ship is the winner.	
Notice	This can be played with three people or even four. It works best with 2.

Group Listening and Dictation	
Task	Play a dialogue using a CD-Rom, tape, video clip, etc. Groups are each given a sheet of paper. Each person's job in the group is to write down any words or sentences they hear. Later they check each others' work to see they have any words in common.
Language Focus	Listening and Writing
Useful Expressions	It is possible to write down expressions. The focus is to write down the word or sentence you hear.
Type of Work	Group work. Suitable for many occasions
Materials	Listening material(dialogue from the textbook), paper
Direction	
1. Play the dialogue (Students just listen.) 2. Play dialogue again, and tell students to write what they hear. 3. Students share.	
Notice	This game can have a checking/competitive element to it. You can check to see who has the most correct words and sentences.

Corner game	
Task	Students try to get other students out by guessing where they are (the corner or the base they are located).
Language Focus	Speaking
Useful Expressions	Question expression, reply expression with vocabulary changes. (For example: "How's the weather today? It's sunny/rainy/cloudy.)
Type of Work	Whole class work
Materials	Flash cards
Direction	
1. Students walk around while music is playing. 2. When teacher stops the music, students should go to a base or corner. (ex. Sunny, rainy, cloudy) 3. Class asks the student (There is one person who tries to get the students out- the "monkey") a question. 4. The "monkey" replies. Depending on what vocabulary he/she uses in their answer, that base/corner is out.	
Notice	The "monkey" can be a group of students.

5) Alternative Teaching

한 명의 교사가 전체학생을 대상으로 가르치는 동안 다른 교사는 특별한 주의 및 지도가 필요한 학생을 대상으로 보충· 심화 수업을 실시한다. 보통 한국인 교사는 대부분의 학생 교수에 책임을 지고, 원어민 교사는 교육과정 수정을 요구하는 학생들의 집단을 가르치는데, 반대로 진행할 수도 있다. 즉 원어민 교사가 전체 수업을 진행해 나가고 성취기준 도달이 어려운 학생을 한국인 교사가 개별적으로 지도해 주는 것이다. 원어민 교사의 언어 입력을 가장 많이 하는 것이 학생들의 언어 성취에 도움이 되지만, 성취기준 도달이 어려운 학생들은 수업 내용을 이해하기 힘들어 하기 때문에 학습 동기가 저하될 수 있다. 그러므로 이런 학생들에게 도달할 수 있는 쉬운 과제부터 제시한다면 학생들이 영어에 자신감과 흥미를 가지게 될 것이다.

Alternative Teaching의 그룹별 활동 예

◉ **Low Consensus Group Work(한국인교사) : Group work**

- Making story
  1) Make groups of four.
  2) Each group has one story frame worksheet and two cups. Yellow cup has activity cards. Blue cup has time cards.
  3) Choose one writer and one reporter of each group.
  4) Each group member in turns choose one cup and then pick one card. He/she make a sentence with a card adding more words as he/she wants.
  5) Writers write what their members say.
  6) Add as many sentences as they want. The aim is to complete a funny story.
  7) Reporters present the story to the class.

◉ **High consensus group work(원어민교사) : Individual/Group/Pair work**

- Listen and Answer
  1) Number each group member from one to four.
  2) Read through the comprehension questions.
  3) Assign what question each number in groups should concentrate on and answer while listening.
  4) Share answers in groups and check the right answers while listening once again.
  5) Practice questions and answers in pairs.
  6) If called a number by a teacher, the numbers should stand up and answer together.

6) Co-Teaching

가장 유기적인 단계의 협력 수업이라 할 수 있으며 한국인 교사와 원어민 교사가 한 교실 안에서 공유된 교수 지도력을 보인다. 두 교사는 교수 활동에 동등하게 참여하게 되어 계획 세우기, 교육하기, 교육내용을 수행하고 평가하는데 동등한 책임을 진다. Tag Teaching이라고도 할 수 있는데, 이는 마치 서로의 꼬리를 잡듯이 수업의 단계별/활동별로 번갈아가면서 빈 틈 없이 수업이 이어져가기 때문이다. 즉, 수업 진행 교사와 보조교사

의 역할이 고정된 것이 아니라 수업을 진행하며 두 역할이 계속 바뀌면서 상호 보조와 협력이 유기적으로 이루어지는 것이다. 성공적인 코티칭을 위해서는 철저한 사전 수업 협의가 관건이라 하겠다.

Co-Teaching의 teacher's talk 예

K Korean Teacher N Native Teacher

▸ Activity 1 - Line Bingo Game

K : We'll give all of you two bingo bands. Look at the board first. There're some animals. Do you know the name of these animals?

- Ss: Yes, I do./No, I don't.

N : Let's check these animals. Please repeat after me.

- Ss : Tiger, pig, kangaroo, monkey, panda, snake.

N : Draw or write the names of these animals. English or Korean, both are okay. One of you will say a sentence, 'I like ( ).' or 'I don't like ( ).' If you have the animal on the outside, not inside, you can mark '×' like this. If you have only one animal, you'll be the winner. Do you understand?

- Ss : Yes!

K : When you have only one picture, shout 'Bingo'

N : Number 7?

- S_1 : I like pandas.

K : Number 21?

- S_2 : I don't like snakes.
- Ss : (띠 빙고의 가장자리에 있는 그림에 관한 문장이 나오면 '×' 표 하고, 한 장이 남으면 빙고를 외친다.)

▸ Activity 2 - Whispering Game

N : Each group makes a line. We're going to whisper something to the first person. Can you guess what we're going to say?

- S_1: 'I like ( ).'

• S_2: 'I don't like (   ).'

K : Good guessing.

N : When I say "Go!", pass it on to the next person. Everybody whispers what you heard to the next person. The last person comes to the board and picks the right picture and make an '○' or an '×' with your arms. If the sentence is 'I like (   ).', make an '○'. If the sentence is 'I don't like (   ).', make an '×'. The group which passes the sentence and acts correctly first gets a point.

• Ss : Okay.

K : Now, are you ready?

• Ss : Yes!

▸ **Activity 3 - Making My Plate**

K : Now, we'll do 'Making My Plate'. Did you prepare some pictures you like or you don't like?

• Ss : Yes!

N : You'll paste the pictures on your plate and decorate it a little. Then you should ask and answer with your partner. After that, let's share it in the class.

K : S_1, Can you explain how to do this in Korean?

• S_1 : (우리말로 활동 방법을 설명한다.)

K : (학습자가 활동 방법을 바르게 이해하지 못할 경우, 한국어로 설명하여 이해를 돕는다.)

N : Great. Number 1 student from each group takes a glue box and number 2 gets the colored pencils.

N : Time to share it. Who wants to share it first?

• Ss :(짝과 함께 앞으로 나와 발표한다.)

나. 다양한 원어민 협력 수업 모형

1) 일본의 원어민 협력수업 모형

현재 우리나라에서의 일반적인 영어수업은 보통 Introduction-Development-Consolidation

의 절차로 진행되고 있다. 그러나 다음 표에서 보듯이 일본의 원어민 협력수업 지도절차는 우리나라와는 많은 부분이 다르다. 우리나라에서는 인사, 전시학습상기, 동기유발 등의 도입(Introduction)이 있는 반면, 일본에서는 전개(Development)의 첫 부분인 제시(Presentation)로 수업을 시작하고 있다.

일본의 원어민 협력수업 지도절차

Procedure	Activities	Reference	T(min)
Presentation	· to explain	JET	5
Words & Phrases	· to explain about the words short dialog · to give some example sentences	ELI	12
Pronunciation	· to repeat each one two times	ELI	2
Recording	· to speak in natural speed · to record students' pronunciation	ELI, Students	2
Listening	· to listen students' pronunciation · to dictate · to ask questions to ELI or JET	Students	10
Q & A	· to ask some questions to the students	ELI	15
Consolidation	· to expand the questions · to confirm the difficult parts	JET	4

(주 : JET = Japanese English Teacher, ELI = English Language Instructor)

우리나라와 일본 모두 간단한 대화를 제시하고 중요 단어와 문장을 배우고 있으며 듣고 따라하기의 단계를 거치고 있는 점은 비슷하다. 일본의 영어수업에는 Recording 과정이 있어서 자신의 발음을 녹음하고 들어보며 그 후 받아쓰기, 교사에게 질문하기 등의 활동을 한다. 학생들이 교사에게 질문을 하고 난 후 반대로 교사가 학생에게 질문을 하며 배운 내용을 확인하는 과정을 거치는데, 이러한 과정의 수업은 Speaking과 Listening기술의 향상에 중점을 두어 다소 정적인 수업이며 game, sing, role-play등 활동적인 수업을 지향하는 한국의 영어수업과는 많은 차이가 있다.

JET와 ELI의 수업분담을 보면 JET가 수업의 첫 부분과 끝부분만 참여하며 대부분의 과정에서 ELI가 주가 되고 있어 원어민교사가 모국어교사보다 많은 부분을 담당하고 있다. 즉, 역할분담이 고르지 않고 어느 한 교사에게 치우쳐 있음을 알 수 있다.

2) 정길정·연준흠(1997)의 원어민 협력수업 모형

정길정· 연준흠의 원어민 협력수업은 말하기· 듣기가 중심이며 수업 내용이 주로 기능 중심으로 구성되는 것이 특징이며, 지도 절차는 다음과 같다.

정길정·연준흠(1997)의 원어민 협력수업 지도절차

Procedures	Classroom Activities		T(min)	Reference
	Teachers' Activities	Students' Activities		
Introduction	Informal talk - KET & ELI Presenting Topic	Listening	5	
Development	Modeling - KET & ELI Asking Questions Helping Students Retelling - ELI Explaining - KET	Listening Answering the Questions Discussion Presentation	40	
Consolidation	Useful Expression	Listening Note-taking	5	

(주 : KET = Korean English Teacher, ELI = English Language Instructor)

도입단계에서 KET와 ELI가 함께 일상적인 대화로 수업을 시작하며 문제를 제시하고 학생들은 주로 듣기 활동을 한다. 위의 모형에서는 두 교사들이 일상적인 대화를 하며, 학생들은 듣기만 하고 있는데 Listening에 Speaking을 추가하여 학생들의 발화기회를 제공하는 것이 바람직하다고 본다.

전개단계에서는 두 교사가 시범 보이기, ELI가 질문하기, KET가 학생 돕기, ELI가 다시 말하기, KET가 설명하기의 활동을 하고 있다. 학생들은 교사의 시범을 보고 질문에 대답하며 서로 논의하고 발표하는 활동을 한다. Discussion활동은 수준이 높기 때문에 초등보다 중등 영어 학습에 더 적합하다.

정리단계에서는 주제와 관련된 유용한 표현을 다시 학습할 수 있는 기회를 가지며 학생들은 듣고 필기를 하며 학습을 마무리한다.

3) 이남숙(1998)의 Team Teaching 수업 모형

이남숙(1998)은 한국인 교사와 원어민 교사가 수업 전반에 걸쳐 골고루 역할분담을 할 수 있는 모델을 다음과 같이 제시하였다.

이남숙(1998)의 Team Teaching 수업 모형 지도절차

Step	Procedures	Activities
Introduction	Greetings	· small talk (KET - ELI, ELI - students)
	Reviewing	· to check last contents · to ask and answer (KET - students, ELI - students)
Development	Presenting the aims - Modeling 1 - Modeling 2	· to present the learning aims naturally · KET and ELI talk about the topic · KET and leaders talk about the topic · ELI and leaders talk one another again · to listen and understand the dialog
	Group activities	· each leader - to ask members - to answer · KET and ELI going around and helping the groups or individuals
	Interaction	· KET - to show the interaction with students · ELI - to interact with students
	Communication	· to make the similar dialog in each group · to present the dialog in each group · to correct the errors naturally
Consolidation	Further study	· to repeat the new words and expressions · KET - to explain the structure with ease · to practice reading in each group
	Giving assignment	· to give assignment according to their activities

(주 : KET=Korean English Teacher , ELI=English Language Instructor)

위의 수업 모형을 보면 KET와 ELI, 그리고 학생이 상호 유기적인 인사를 나누며 수업을 시작하고 대화의 모델을 제시한다. 두 교사가 자연스러운 대화를 통해 주제를 이끌어 내고 세분화된 단계의 순으로 모델링을 한다. 세분화되어 체계적이며 학생들도 리더(leader)와 일반 학생으로 나뉘어 학생들 간에 서로 돕도록 하는 점이 인상적이다. KET와

ELI가 함께 그룹을 지도하며 ELI는 발음 및 억양 연습을 시키고 KET는 좀 더 쉽게 설명해 주는 것으로 역할분담이 되어 있다. 정리단계에서 심화학습을 언급한 점이 흥미로운데 보충학습이 추가된다면 수준별 학습에 보다 알맞을 것으로 기대된다.

4) 권영란(2002)의 원어민 협력수업 모형

최근의 대다수의 협력수업 과정안에서 한국인교사와 원어민교사의 약칭을 권영란(2002)이 제시한 수업 모형과 같이 KT, NT라고 하는 경향이 있다. 이 수업 모형은 앞서 제시한 세 가지 수업 모형보다 가장 최근의 원어민협력수업의 경향을 반영하고 있는데 NT, KT, S가 수업시간 내내 의사소통하고 있고 다양한 활동(TPR, Songs and games, Role play 등)을 모형 안에 넣어 활동 중심의 영어수업에 적합하다.

권영란(2002)의 원어민 협력수업 모형 지도절차

Procedures	Teacher's activities	Reference	Students' Activities
Introduction	· Greetings · Informal talk · Review previous lesson · Present new aims	NT↔KT NT↔S NT↔S NT↔KT	· Listen and speak · Listen and speak · Listen and answer · Listen
Warm-up	· TPR · Songs and games	NT↔S NT, KT↔S KT↔S NT↔S	· Do actions · Do games or learn songs
Development	· Modeling · Explanation · Checking · Communicative activity · Role play · Pair work	NT↔KT NT↔S NT↔S KT↔S S S↔S	· Watch and listen · Listen and repeat · Listen and answer · Do actions or speak out · Do the role play · Act out (Try to make sentences and memorize some vocabulary)
Extension	· Games · Songs · Q and A drills · Comprehension check	S S NT, KT↔S NT↔S	· Play games · Sing songs · Listen and answer · Listen and answer

(주 : NT=Native Teacher, KT=Korean Teacher)

모형의 절차를 살펴보면 확장 단계가 있어 전개 단계의 학습 활동 내용을 강화하고 수업 내용 정리, 이해도 점검 등의 활동으로 수업 목표 도달을 확인하는 것이 특징이며, 각 단계와 활동별로 교사-학생, 학생-학생 등 서로간의 상호관계가 표기되어 있어 원어민 협력수업 과정안 작성에 좋은 참고 자료라고 평가된다.

다. 학교 현장에서의 원어민 협력 수업

1) 원어민 협력 수업 전개 과정

의사소통중심 교수법이 영어과 교수요목에 반영되어 실용영어가 강조됨에 따라 전국적으로 고용되었던 원어민 교사가 최근 각 시·도 교육청의 재정적 상황에 따라 도서 지역을 제외한 대부분의 학교에서 차츰 줄어들고 있는 실정이다. 그러나 아직도 여러 학교에서 우수한 원어민 교사가 한국인 교사와 함께 협력 수업을 하고 있으며, 실제 교실 현장에서의 팀 티칭 절차를 일반화하면 다음과 같다.

원어민 협력 수업 전개 과정의 예시

단계		교수-학습 활동	
		원어민 교사	한국인 교사
도입	첫인사	- Daily routine	- 학습자가 수업할 준비가 되어있는지 확인
	동기유발	- 학습 동기 부여 (quiz , TPR , story 등)	- 자료준비 - 학습자 활동 참여 협조
	학습목표 제시	- 학습 내용 소개 (역할극이나 간단한 상황 혹은 그림카드로 학습목표 제시)	- 학습할 내용을 원어민교사에게 질문 - 원어민 교사가 영어로 제시한 학습목표를 우리말로 확인
전개	학습내용 제시	- 그 날 학습할 내용을 제시 (Look and Listen, Look and Speak, 노래나 챈트 제시, 역할극 소개 등) - 들은 내용 문답하기	- 컴퓨터 활용 협조 - Look and Listen 지도 - pre-listening 지도
	연습활동	- 학습목표와 관련된 표현 지도 (카드 및 기타 학습자료를 통해 목표 언어 지도)	- 자료 준비 - 학습에 적극 참여할 수 있도록 분위기 조성

	발화활동	- 배운 내용을 활용하는 활동하기 Game, 노래 발표 /챈트 발표 ,역할극발표)	- 그룹별 활동 협조 - 수준별 학습지도 - monitering - 자료지원
	문화, 발음지도	- 관련된 주제의 문화소개 - 발음지도	- 우리나라와의 문화 차이 소개 - 발음 연습
정리	평가	- 배운 내용 확인하기	- 학생 평가하기 - 수업목표 도달도 확인하기
	과제제시 차시예고	- 과제 제시	- 다음 시간예고
	끝인사	- 인사	- 교실 정리 / 공책 정리

2) 원어민 영어 보조교사와의 협력 수업

가) 바람직한 수업 사례

- ▸ 협력 수업 전: 충분한 사전 협의회를 실시하여 교수학습 내용 및 방법, 자료 개발 및 활용에 대해 협의하고 결정
- ▸ 협력 수업 중: 원어민 영어보조교사 수업의 부족한 부분 보충 및 심화 내용 설명, 활동에 따른 역할 분담 및 보조, 학생들의 적극적이고 능동적인 수업 참여 분위기 조성, 수업 방해 학생지도 등 수업 내용 및 상황에 따른 적절한 역할 수행
- ▸ 협력 수업 후: 차기 수업 및 평가 방안 등 협의

나) 바람직하지 않은 수업 사례

- ▸ 원어민 영어보조교사가 대부분의 수업 과정을 혼자 주도하고, 한국인 교사가 보조의 역할로 해석만 하는 경우
- ▸ 한국인 교사가 거의 수업을 주도하고 원어민 영어보조교사는 문장을 읽어주거나 단어를 발음하는 수동적인 역할만 하는 경우
- ▸ 원어민 영어 보조교사가 수업시 한국인 교사는 교실 뒤편에서 참관자의 역할만 하고, 수업을 방해하는 학생들을 방치하는 경우

다) 원어민 영어보조교사와 수업 설계에 있어서 고려해야 할 점

① 원어민 영어 보조교사에 대한 일방적인 통보가 아니라 늘 협의를 통해 서로의 의견

이 조율되어야 한다.

② 원어민 영어 보조교사가 수업에 필요한 하나의 소품, 하나의 도구가 아니라 주체이고 또한 자신의 의견이 존중되고 그를 근거로 하여 수업이 구성된다는 것을 인식할 수 있도록 해주어야 한다.

③ 원어민 영어 보조교사가 가장 싫어하는 것이 바로 자신들과의 협의 없이 이루어지는 일방적인 통보임을 협력 교사들은 늘 생각해야 한다.

라) 팀 티칭의 성공을 위한 교사의 역할

성공적인 팀티칭 수업을 위해 교사들이 갖추어야 할 8가지 요소는 다음과 같다.

① 원활한 상호간의 의사소통 ② 물리적 환경 공유

③ 교육과정에 대한 이해 ④ 수업계획

⑤ 수업과정 ⑥ 교실운영

⑦ 평가 ⑧ 교육철학

3.4.2 팀 티칭 활용 영어 교수·학습과정 약안의 실제(초등)

다음에 제시된 원어민 협력수업 교수·학습 과정안은 2006년 인천시 교육청의 제7회 교실수업개선 수업연구발표대회에 입상한 유지나 교사가 작성한 것으로, 특히 주목할 점은 원어민 교사를 활용하여 수준별 활동을 구성하였다는 것이다. 학습자들은 전체 학습과 짝 활동을 통해 주요 표현을 익힌 후에 수준에 따라 심화 활동으로 원어민 교사와 인형극을 하거나 보충 활동으로 한국인 교사와 TPR 활동을 하며 기본 학습을 다시 진행할 수 있다.

이 과정안에서 기본 과정의 학습 활동을 살펴보면, 한국인 교사와 외국인 교사의 역할 배분이 거의 50:50으로 이루어졌으나 주로 한국인 교사가 수업을 주도하고 있는 것으로 관찰된다. 심화·보충 과정 활동에서는 팀 티칭의 방법 중 Station Teaching의 방법을 활용하여 한국인 교사는 교실에서 보충 과정의 학생들을 지도하고, 외국인 교사는 심화 수준의 학생들을 데리고 복도에서 서로 다른 활동을 구안하여 진행하였다.

<table>
<tr><td rowspan="2">수 업 자</td><td>Korean Teacher</td><td>유 지 나</td><td>일 시</td><td>○○○○년 ○○월 ○○일
○요일 ○교시</td></tr>
<tr><td>Native Teacher</td><td>N. S.</td><td>대 상</td><td>5-○
남 18, 여 16 (계 34)</td></tr>
<tr><td>단 원</td><td colspan="4">9. Where Is Mirae Library? (대교, 이재근 외)</td></tr>
<tr><td>학습 목표</td><td colspan="4">· 길 안내하기 놀이를 하면서 길 안내하는 말을 할 수 있다.</td></tr>
<tr><td rowspan="2">수 준 별 도 달 점</td><td>기본학습</td><td colspan="2">보충과정</td><td>심화과정</td></tr>
<tr><td>· 장소와 길 물어보기
· 길 안내하는 말하기</td><td colspan="2">· 길 안내 말 알아듣고 움직이기</td><td>구체적으로 길 안내하는 말하기</td></tr>
<tr><td>교수 활동 전개 방안</td><td>수준별, 내용별 협력 교수·학습</td><td colspan="2">협력 교수 형태</td><td>교수·보조 형태</td></tr>
</table>

<table>
<tr><th rowspan="2">Step</th><th rowspan="2">Procedure</th><th colspan="3">Teaching-Learning Activity</th><th rowspan="2">Time</th><th rowspan="2">Aids(▶)
Remark(※)</th></tr>
<tr><th>KT</th><th>NT</th><th>Student</th></tr>
<tr><td>Introduction</td><td></td><td>· Let's sing 'Hello song'</td><td>(NT is out of classroom)</td><td>· Singing together.</td><td></td><td>※ 수업의 시작을 알리는 'Hello song'</td></tr>
<tr><td></td><td>Greeting</td><td>· Hello, everyone! How are you?
· Ask how are you to your friend.</td><td></td><td>· Hello!
· Very well, thank you.
(Ask and answer 'How are you?' each other)</td><td>2'</td><td>※ 교사가 일방적으로 오늘의 기분을 물어보는 것이 아니라 모둠원들과 서로 묻고 답한다.</td></tr>
<tr><td></td><td>Daily routine</td><td>. Let's see today's day, date and weather.
. Check out this board.</td><td></td><td>· What day is it?
· What's the date?
· How's the weather?
(Answer)</td><td></td><td>※본시 수업의 내용을 흐리지 않도록 Daily routine은 짧고 명확하게 한다.</td></tr>
</table>

Step	Procedure	Teaching-Learning Activity			Time	Aids(▶) Remark(※)
		KT	NT	Student		
	Motivation	· Where's Ms S? (Phone is ringing)	(She's shown in the video)	. We don't know. (Listen to their dialog watching the video)	3'	※KT는 학생들에게 NT의 행방을 물으며 궁금증을 유발한다.
		· Hello, Ms S. Where are you?	· Here's in front of nursing room.			※KT는 화면상의 NT와 전화로 대화하며 교실로 오는 길을 알려준다.
		· Oh, Ms S. The Lesson is already started.	· Oh. really? I lost my way. Where is the English town?			
		· Go upstairs on to 5th floor and go straight along the hallway.	· Ok. I'll be there.			▶NT와 제작한 비디오 자료 (약 2분)
			(She's coming into classroom) · Hello, everyone.	Hello, Ms S!		
		· Tell us the way you came.	(showing the PPT) · OK, I go upstairs. and turn right, and go straight.		2'	※NT는 사진상에서 영어교실을 찾아온 길을 오늘 배울 표현을 사용하여 이야기 한다. ▶PPT 자료 (학교사진)
			· That's right.			
		· Your welcome. It's my pleasure. S 선생님이 길을 알려주어서 고맙다고 인사를 하네요.	· So, Thank you for telling me the direction.			

Step	Procedure	Teaching-Learning Activity			Time	Aids(▶) Remark(※)
		KT	NT	Student		
	The aim of learning	· So, can you guess what we'll learn today?	· Learning directions & Guiding the way	· 길 안내하기 표현을 배울 것 같습니다.	5'	※ 학생들에게 무엇을 배울 것인지 물어 스스로 학습 목표를 생각해 보도록 한다. ※ 학습목표는 알기 쉽도록 영어와 한국어로 제시한다. ▶Learning announce board
	Guide of learning	**Learning Point** **I can say the direction & I can guide the way.** **길 안내하기 놀이를 하면서 길을 안내하는 말을 할 수 있다.** **Learning Guide** 1. Let's Play 2. Role-play 3. Let's speak 4. Level Activity				
	Review	· Now, let's review what we learned last class	What's this? ↑ (그림표지판) ↰ Turn left. ↱ Turn right. ∟ At the corner. (At the bus stop) (At the bank)	· Go straight. · Turn left. · Turn right. · At the corner.		※ 원어민선생님의 발음을 충분히 따라 할 수 있도록 한다. ※At the ____ 다양한 장소를 넣어 표현을 말하여 본다. (substitution drill)
Devel-opment	Basic Activities	◎ Let's Play · Let's play a simple game. It's shouting direction game. · Deliverer take this Direction cards. Now, Ms S will explain how to play this game.	· Deliverers are having twenty cards. shuffle the card well. And pot the cards in the middle if the desk. The rule is, pick up one and speak the direction loudly. When you pick up all cards. put your hand on the head.	· Deliverer는 방향 카드를 가져가서 모둠원에게 5장씩 나누어 준다. · 방향카드를 한 장씩 내놓으며 움직임을 크게 말한다. -Go straight. -Turn right. -Turn left. -at the bank. 정확하고 빨리 말하는 조는 점수를 받는다.	3'	▶화살, 그림 ▶방향카드 (조별 20장) ※말하기 게임을 위한 간단한 Worm up 활동 ※ 학생들이 NT의 설명을 잘 못알아 들을 경우 KT가 시범을 보이며 다시 한 번 설명한다.

Step	Procedure	Teaching-Learning Activity			Time	Aids(▶) Remark(※)
		KT	NT	Student		
			If you speak it loud and fast. Your group will get the point.			
		· Everyone speaks English so well. Very good.	· Right. Your English is wonderful.			※ 학생들에게 칭찬을 많이 하도록 한다.
	Basic Activities	◎ Let's play · 'Where is the bus stop?' game.	· Now, look at this map. Where is the bus stop? (attach arrows) Go straight. Turn left at the book store. Good job.	· Go straight. Turn left at the book store.	5'	※ 학생들을 원어민의 발음에 많이 노출시키기 위해 게임설명은 가능한 NT가 한다. NT는 학생들이 알아들을 수 있도록 쉽고 천천히 설명 한다.
		· Each group come to the stage. Others ask 'where is the bus stop?' and you answer together. Then, one of you move the bus stop.	· Each group has the bus stop picture? Choose any place and attach the bus stop there. And attach the direction, too.	(한 장소를 정해 버스정류장을 붙인 후 가는 길을 화살표를 붙인다.) Where is the bus stop? - Go straight. Go straight. turn right at the school. (나와서 버스정류장을 옮긴다.)		▶마이크 ※ 학생들이 발표할 때는 마이크를 사용하여 자신감 있게 발표하도록 한다.

Step	Procedure	Teaching-Learning Activity			Time	Aids(▶) Remark(※)
		KT	NT	Student		
	Experience Activity	◎ Role-play · Ms S will ask you questions. It's about place. If you have the answer you can take the place. · YOU are wonderful. · Now, we become a village. Welcome to DM Town. You have to find the kitchen, the zoo, the post office, the supermarket, the garden. · One of you become an angel and guide the direction. I need the demonstration man.	No 1. We go here every weekday. and we study here. NO 2. We can deposit money here. so they deal with money. No 3. When I'm sick, I go there to see a doctor. No 4. We can buy many things here like foods & commodities. No 5. Do you believe in God? We pray to God here. · YOU are so smart! Welcome to DM Town.	- School - Bank - Hospital - Supermarket -Church 스크린을 본다. (두 학생이 나와 시범을 보인다.)	5' 5'	▶세울 수 있는 다양한 장소의 그림 ※NT와 퀴즈를 풀면서 교실을 역할 놀이를 위한 하나의 마을로 만드는 과정이다. ※그림을 그냥 나누어 주기 보다는 NT의 언어를 들으며 보상으로 건물을 받을 수 있도록 한다. ▶영어교실 PPT 자료

Step	Procedure	Teaching-Learning Activity			Time	Aids(▶) Remark(※)
		KT	NT	Student		
		· Which group want to do role play? · Your role-play is fantastic.	(help students' role-play) · Yes, you are the best.	(행인이 전체 학생에게 질문하면 노래에 맞추어 대답한다.)		▶마이크, 역할놀이소품, 장소카드 ※ 영어교실을 다양한 장소로 적극 활용한다. ※ 친구들을 보며 놀리거나 한국말로 떠들지 않도록 주의시킨다.
Consoli -dation	Level Activity	◎ Deepening & Supplementary · How's today's lesson? Is it easy or hard ? · If you want to review today's lesson again, stay here, Wonderful Juniors!	· Is it too easy for you? Then, let's do another activity. Fallow me.	심화 학습으로 NT와 함께 복도에 게시된 외국 지도를 가지고 인형극을 한다. 보충 학습으로 교실에서 KT와 함께 'Where is my house?' TPR 활동을 한다.	4'	※발표력, 자신감 등을 심화, 보충 기준으로 삼고 본인의 선택에 맡긴다. ※ 보충학습을 선택한 학생들이 자신감을 잃지 않도록 활동 중 계속 격려한다. ▶외국 거리 사진, 쪽지
	Preview Closing	◎ Compliment · Did you have fun today? Ms S, how are the students today? ◎ Home work ◎ Preview · Next time, we'll do Information Gap Activity. ◎ Say Good-bye · Good-bye everyone.	· You are very good. · Just say the direction wherever you walk. · Time's up. You did a good job.	· Thank you · OK. · Yes. · Good-bye, teacher.	2'	※수업에 잘 참여한 모둠을 칭찬한다. ※학교에서 복도를 걸을 때도 길을 영어로 말해보도록 권장한다.

3.4.3 팀 티칭 활용 영어 교수학습과정 약안의 실제(중등)

다음의 원어민 협력수업 교수·학습 과정안은 경기도 교육청에서 2011년 제작한 EIP 원어민 영어보조교사 초청·활용 우수 작품집에서 대상 수상작에 해당한다.

이 과정안에서는 원어민 교사와 한국인 교사의 역할 분배가 뚜렷하게 제시되어 있지 않은데, 이는 두 교사가 서로 turn-taking 형태로 적절하게 교수 차례를 주고받았기 때문이다. 이 수업의 원어민 보조교사였던 James D. Robertson은 이에 대해 다음과 같이 설명하였다(경기도 교육청, 2011, p.5).

> "Let's take a look at the steps of the class. Throughout, we took turns to give instruction, and when one was in the spotlight, the other gave support. During activities, both teachers moved among the groups, monitoring, and helping. Having two teachers in the class is useful, especially during group and activities, where a single teacher can easily miss important events."

즉, 한 명의 교사가 학생들에게 활동에 대해 설명을 할 때, 다른 한 명이 이에 대해 보조하는 형식으로 함께 수업을 진행하고, 학습자가 활동을 하고 있을 때에는 두 교사가 여러 모둠을 돌아다니며 모둠 활동을 관찰하고 도와주는 방식의 팀 티칭을 한 것이다.

School	Uijeongbu High School	**Teacher**	Mi-Kyoung Noh James D. Robertson	**Unit**	Lesson 11. Across the World
Grade	2nd	**Place**	Language Lab	**Topic**	World Service
Rationale	1) To foster a sense of connection to people of other cultures, by emphasizing universal human qualities, such as sharing values through story, and storytelling for bonding and entertainment 2) To practise at four language skills: reading, writing, listening and speaking				
Aims of this Lesson	1) Ss can build speaking confidence through practice, using a method that doesn't rely on rate memorization, but on essential meaning by telling their world story. 2) Ss can develop reading and listening comprehension by focusing on the gist of the stories as well as understand universal values from the world stories. 3) Ss can share Korean culture and values through storytelling in English.				

Step	Activities			Material	Time
	KT	NT	Students		
Pre-introduction	Grouping -Group students using cards that match a picture on each table. The pictures are drawn from the tables they will learn.		- Pick up their name card and a picture card they like	Name cards / Grouping cards	During the break time
Introduction	-Greetings -Roll-calling -Introduce the topic using Dingbats, followed by a Powerpoint display	-Greetings -Roll-calling	-Greetings -Guess the expression related to the picture	PPT	5'
	Warm-up Activity : Running Dictation with a Korean fairy tale				
	-Give out the worksheet -Reward the winning team (Give an alphabet sticker)	-Explain how to do running dictation -After finishing it, talk about the story briefly	-Running Dictation (Team Competition)	The Story Worksheet	10'
	Jigsaw Activity				
Development	**Step 1. Read the Stories in their own group** 1) NT gives Ss an instruction. 2) The teachers give each team a unique story, and several minutes to understand the gist (Ss can help other in their group and use dictionaries for understanding). **Step 2. Practice the presentation in their own group** 3) Students in their own group discuss the main points of their story and rehearse the presentation they are going to make to their new group(jigsaw group). **Step 3. Tell the story in the new group** 4) Students move to the new table(jigsaw group) and present their story to the group and also listen to other's story. 5) The teachers tell them they will be quizzed on the stories they have heard. 6) Students come back to their own group.			7 stories Dictionaries Story Checklist	5' 5' 10'

	Quiz			
	-Check the Ss' comprehension about the story with PPT quiz -Reward the winning team	-Answers the questions	PPT White board	10'
Closing	-Wrap up today's lesson -Draw Lottery (It depends on how fast each class finishes the activities, so it's optional) -Announce the next lesson and say goodbye	-Ask questions about today's lesson -Say goodbye		5'

3.4.4 팀 티칭 수업의 문제점

팀 티칭과 관련된 교수·학습 과정안 분석에서 주안점을 두고 살펴본 영역은 학습의 단계 및 구조, 학습 형태, 학습 활동 및 학습 활동의 주체, 교수·학습 자료 등이다. 물론, 하나의 고정된 원리나 틀에 의해서 과정안을 작성하는 것은 있을 수 없다. 학생의 상태나 학교, 지역사회의 실정, 교사의 의도와 목적 등에 따라 수업은 그 모습이 매우 다르게 나타날 수 있기 때문이다. 그럼에도 불구하고 위에서 언급했던 분석의 준거를 통해 팀 티칭 수업이 가질 수 있는 문제점들을 비판적으로 재고찰하였다.

가. 학습 단계(구조)

대부분의 수업과 마찬가지로, 팀 티칭 수업의 도입단계는 주로 학습 동기 유발, 전시학습 상기, 목표 및 활동 제시 등의 활동을 위주로 하며, 수업의 정리 단계에서는 배운 내용 복습 및 차시 예고 또는 과제 부여 등의 활동이 이루어짐으로써 단계적으로 매우 유사한 특징을 보인다. 물론, 수업의 전개 단계 또한 과정안별로 구체적인 활동의 속성은 차이가 있지만 주로 3～4개의 활동을 진행하고 있다. 과정안 상에 나타나는 학습의 단계는 영어 교과 뿐만 아니라 대부분의 교과에서 비슷하다. 즉, 도입, 전개, 정리의 순서를 마치 의무인 것처럼 지키고 있는 것이다. 이러한 단계가 가장 안정적이기 때문에 이를 차용한다고 볼 수 있겠으나 다른 측면에서 바라보면, 이러한 경직된 순서나 단계로 인해서 다양한 시도가 이루어지지 않을 수도 있다. 팀 티칭은 교사가 2명이라는 점에서 일반적인 다른 교과의 수업과 구별되는 큰 특징을 지닌다. 그렇기 때문에 다른 수업과는 차별화되는 수업을 시도해볼 수 있다는 장점을 가지고 있지만 실제로 그러한 장면을 많이 볼 수 없다는 게 아쉽다. 수업의 시작 부분에서는 과연 전개 단계에 등장할 법한 활동을 실시하면 안 된다는 법은 어디에도 없다. 수업의 시작 단계에서 보통 전개 단계에서 지켜지고 있는 활동을 생략하고 곧바로 매우 흥미로운 활동 중 쉬운 난이도의 활동을 실시하는 등의 교사의 창의성이 발휘되는 창의적인 수업 과정안을 작성할 수도 있을 것이며, 어떤 경우에는 이러한 창의적인 단계 설정이 보다 유익한 경우도 있을 수 있다.

나. 학습 형태

팀 티칭 교수·학습 과정안의 대부분은 도입과 정리 활동을 전체 활동으로 진행하고, 전개부분의 경우 전체 활동과 모둠 활동, 개인 활동으로 진행되고 있으며, 이때 대부분 Station teaching과 Co-Teaching 유형이 많이 활용되고 있다.

한 시간의 수업에서 어떤 순서의 개별 활동을 전체나 개인, 짝, 모둠활동 중 어느 형태로 진행할 것인지를 결정하는 것은 온전히 그 활동의 성격과 그 활동을 통해서 이루고자 하는 목적에 따라서 달라질 것이다. 예컨대 두 사람이 대화를 주고받으며 익혀야하는 짧은 대화문을 연습하는 활동을 함에 있어서 전체 활동은 어울리지 않는다. 이렇듯, 단계에 따른 학습의 형태가 다양한 양상으로 나타난 것은 매우 정상적인 것으로 볼 수 있다. 다만 주의 깊게 살펴야 하는 것 중 한 가지는 한 시간 수업을 전체적으로 조망해볼 때, 학습 활동의 형태가 일관되게 동일한 것으로 유지되는 것은 수업의 역동성을 떨어트릴 수 있으므로 변화를 주어 진행해야 한다. 물론 너무 잦은 형태의 변화를 추구하는 것도 수업의 안정성 측면에서 산만해질 우려가 있기 때문에 한 차시의 수업시간 동안 적당한 형태의 변화를 추구해야 할 것이다.

다. 교수·학습 활동 및 활동주체

팀 티칭의 교수·학습 과정안을 살펴보면, 학습자가 목표 구문을 듣거나 말하는 활동과 관련해서는 원어민 교사의 역할이 한국인 교사보다 크며, 수업의 진행 또는 세부적인 게임규칙이나 활동방법을 설명하는 부분에서는 한국인 교사의 역할이 대부분 크다. 또한 대부분의 전개 단계에서의 교수·학습 활동의 주체는 학생들임을 알 수 있다. 여기에서 주의해야 할 점은 원어민 교사의 역할을 단지 본토의 발음을 들려주기 위한 장치의 수준으로 한정하거나, 한국인 교사의 역할이 번역가 내지는 수업의 통제관에 머물러서는 안 된다는 것이다. 팀 티칭의 궁극적인 목적을 달성하기 위해 실제 수업 이전에 역할을 나누고 수업을 계획하는 과정에서 위에서 언급했던 고정된 역할 분담의 틀에서 벗어나 다양한 역할을 소화해낼 때 팀 티칭의 효과는 극대화될 수 있을 것이다. 또한 수업이 끝난 후에도 두 교사가 함께 수업에 대해 협의하고 수정할 점을 찾아 다음 수업에 반영하는 반성적인 자세도 필요하다.

라. 교수·학습 자료

팀 티칭 영어수업을 위한 교수·학습 자료를 고려할 때 무엇보다 우선적으로 고민해야 할 것은 원어민 교사를 어떻게 활용할 것인가이다. 자료는 흔히 플래시 카드, 이야기 자료, PPT 등으로 한정지어 생각하기 쉬운데 교사 자체도 훌륭한 자료가 될 수 있다. 국고를 사용하여 원어민 교사를 학교 현장에 데려왔는데도 제대로 활용하지도 못하고 수업 시간만 채우게 하는 것은 경제적으로도 매우 큰 손실이 아닐 수 없다. 때문에 팀 티칭의 다양한 유형 중 개별 학습 주제에 따라 가장 적합한 유형을 선택하여 교수·학습이 잘 조직화될 수 있도록 두 교사의 협력적인 연구 자세가 필요하다.

3.4.5 해결 방법

하나의 수업에 두 명의 교사가 존재한다는 것은 매우 매력적인 조건이며, 이는 영어 공교육의 가장 큰 어려움 중의 하나인 학습자의 수준차 문제를 해결하는데 중요한 열쇠가 될 수 있다. 기본활동은 전체 학습자가 함께 참여한 후에 학습자의 수준에 따라 학생을 두 집단으로 나누어 한국인 교사와 원어민 교사가 개별적인 수준에 따라 지도하는 Parallel Teaching과 Station Teaching을 결합한 방법의 수업이 이를 가능하게 할 수 있을 것이다. 이를 수업 모형으로 구조화하면 다음과 같이 나타낼 수 있다.

팀 티칭 수준별 수업 모형

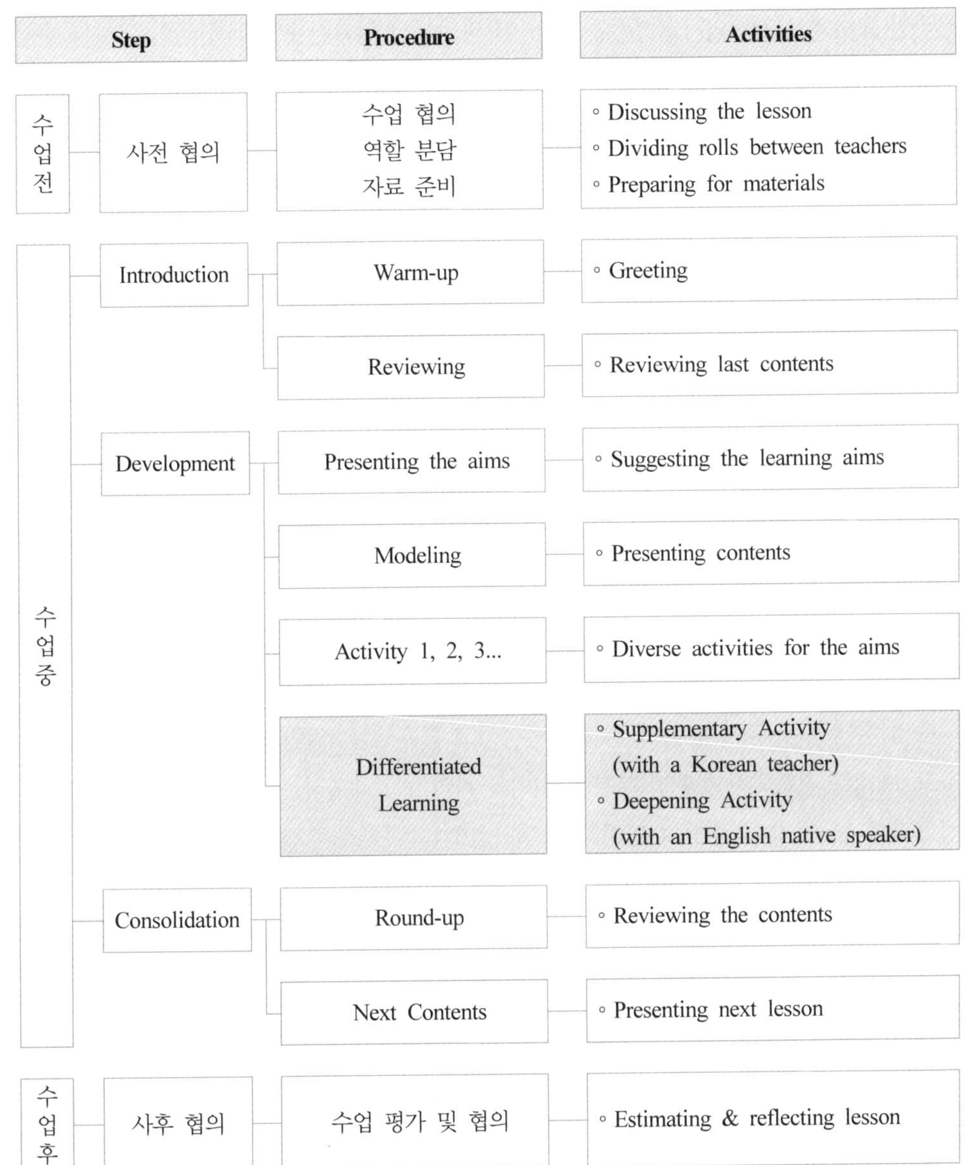

Step		Procedure	Activities
수업 전	사전 협의	수업 협의 역할 분담 자료 준비	◦ Discussing the lesson ◦ Dividing rolls between teachers ◦ Preparing for materials
수업 중	Introduction	Warm-up	◦ Greeting
		Reviewing	◦ Reviewing last contents
	Development	Presenting the aims	◦ Suggesting the learning aims
		Modeling	◦ Presenting contents
		Activity 1, 2, 3...	◦ Diverse activities for the aims
		Differentiated Learning	◦ Supplementary Activity (with a Korean teacher) ◦ Deepening Activity (with an English native speaker)
	Consolidation	Round-up	◦ Reviewing the contents
		Next Contents	◦ Presenting next lesson
수업 후	사후 협의	수업 평가 및 협의	◦ Estimating & reflecting lesson

팀 티칭 영어수업에서 가장 중요시되어야 하는 부분은 수업 자체보다 원어민 교사와 한국인 교사의 사전협의라고 할 수 있다. 이 과정에서 원어민 교사와 한국인 교사는 수업 대상 학생들의 상태 및 교실 분위기에 대한 파악에서부터 이를 토대로 수업의 절차 및 활동의 전반적인 내용에 대한 협의가 이루어져야 한다. 원어민 교사와 한국인 교사의 강점과 약점을 파악하고 서로의 역할을 명확하게 나누어 조화로운 수업이 진행될 수 있도록 철저한 계획을 세우는 것이 무엇보다 중요하며, 수업에 필요한 자료 역시 함께 개발해야 한다. 이렇게 사전협의를 통하여 의견을 조율하면서 수업을 준비한다면 학습자의 배움 확장은 물론, 교사의 수업 능력도 함께 성장할 것이다. 수준별 수업에 있어서, 위의 수업 모형도에서는 심화과정은 원어민 교사가, 보충 과정은 한국인 교사가 하도록 제시되어 있지만 이는 상황에 따라 융통성 있게 조절할 수 있다. 일반적으로는 수준이 높은 학습자는 한국인 교사의 도움 없이도 원어민 교사의 영어를 이해하기 때문에 원어민 교사가 심화 과정을 담당하는 것이 보통이나, 이 경우 보충 과정의 학습자는 상대적으로 원어민 교사와의 접촉 시간이 줄어들고 이는 다시 영어 학습의 자신감의 하락을 가져오는 악순환이 되풀이될 수 있다. 따라서 이 부분은 학생변인, 교사변인, 자료변인 등의 상황에 따라 조정해야 할 필요가 있다.

수업 후에는 두 교사가 함께 수업을 반성하고 좋은 점은 일반화하여 다른 수업에 반영하고, 제대로 진행되지 못했던 부분은 원인을 파악하여 해결하는 등의 협의를 진행한다면 성공적인 팀 티칭 수준별 수업이 정착될 것이다.

제4장

영어과 수업 세안 (Master Plan)

교수-학습의 지도안은 과목의 특성, 학교급별, 또는 학습목표나 내용에 따라서 다양하다. 제 3장에서는 약안에 대해 알아보았고 이번 4장에서는 세안에 대해 알아보고자 한다. 보통 현장에서는 약안이 많이 쓰이나 초임교사나 특별한 경우(예: 수업연구나 연구발표 등)에는 세안이 사용되기도 한다. 세안은 단원 전체에 대한 분석을 포함한다. 세안에는 본시 수업안 뿐만 아니라 단원명, 단원의 개관, 단원 목표, 과제 분석, 교재 연구, 학생 실태 조사, 단원지도계획, 본시 학습 전개 계획, 참고 문헌, 학습자료 등의 내용이 들어가게 된다.

4.1 세안의 개요

수업의 세안은 수업을 진행하는 교사나 수업을 참관하는 사람들에게 해당 수업의 내용과 수업활동에 대한 이론적 맥락을 제공한다. 이를 위해서 수업의 교수법적 맥락, 학생들의 영어 실태와 같은 학생에 관한 정보 그리고 수업할 단원의 내용의 목표, 내용, 추가 학습자료, 관련 참고문헌 등이 포함된다.

4.1.1 단원의 지도 계획

단원 지도에 관련된 내용은 교사용 지도서에 상세하게 진술되어 있으나 지역이나 학교의 특성, 그리고 학생의 능력 등에 따라 차이가 있으므로 교사가 교과서, 교사용 지도서, 기타 관련 전문 서적을 토대로 단원 지도 계획을 재구성하는 것이 바람직하다. 교과나 단원의 특성에 따라 차이는 있겠지만 모든 교과의 공통적인 단원 지도의 구성 요소로 ① 단원명, ② 단원의 개관(단원의 구성 또는 학습 문제, 단원의 설정 이유), ③ 단원목표, ④ 지도상의 유의점, ⑤ 학습과제 분석(학습 내용의 구조), ⑥ 출발점 행동의 진단과 처치(진단평가, 보충수업, 심화학습), ⑦ 단원의 전개 등이 있다.

가. 단원명

단원명은 교과서나 교사용 지도서에 있으나 학교나 학생의 특성에 맞게 재구성 될 수 있다. 단원명을 정하는데 있어 제목의 예로는 ① 일반적이고 대표적인 주요한 제목 ② 중요한 원리, 개념, 사실을 대표하는 문구 ③ 학생의 중요한 문제를 표시하는 의문문 ④ 중요한 사회 문제를 표시하는 의문문으로 나타낼 수 있다. 그러나 일반적으로 교과서에 제시된 단원명을 그대로 옮겨 쓰는 경우가 많다.

단원명의 예

1. 단원 : (신명조 14포인트, 진하게)
1. 단원 : 6. I'm in the kitchen.

나. 단원 개관

단원 개관에는 첫째, 단원이 학생의 어떠한 필요나 흥미에 의한 것인지 둘째, 단원이 사회적으로 어떠한 의의와 가치가 있는지 셋째, 단원이 교육과정의 내용상의 범위(scope)

와 계열(sequence)에서 어떠한 위치에 있는지를 기술하여야 한다. 단원의 개관에는 그 단원을 학생들에게 왜 가르쳐야 하는지의 필요성을 근거로 그 정당성을 논리적으로 기술하여야 한다. 즉 학습자 측면, 사회적 요구 측면, 그리고 교과의 특성 측면에서 그 정당성을 찾아야 할 것이다.

단원 개관의 예

2. 단원 개관

가. 교재관

오늘날 영어는 특정인의 전유물이 아니라 전 세계적으로 각 나라의 생존 수단이 되어 있는 엄연한 현실을 부정할 수 없게 되었다. 이렇듯 영어가 일상화 되는 환경에서 적절한 영어 의사소통 능력의 신장은 필수 과제가 되었다. 이 단원은 일상생활 중 많은 시간을 보내는 가정에서의 여러 장소에 관한 말을 익히고, 상대방의 위치를 묻고 답하는 말과 지금 하고 있는 일을 묘사하는 말을 배우도록 한다. 초등 영어는 실제 사용하는 쉽고 간단한 실용영어를 활용한 의사소통 능력을 기르는 데 중점을 두고 있으므로, 본 단원에서는 교과서에 나오는 활동을 좀 더 다양한 활동으로 확장하여 학생들이 실제적인 상황에서 목표 구문을 구사할 수 있도록 하여 실용영어 활용 능력을 기르도록 한다.

나. 학생관

앞으로 우리 사회는 세계화 · 개방화의 정도가 더욱 심화될 것이다. 우리 아이들이 사회의 주인공이 될 2030년대에는 실용영어 구사 능력이 지금보다 더 중요시 될 것이다. 이러한 시대적 흐름에 발맞춰 영어교육을 강화하는 것은 필수적이다. 그러나 우리의 교육 현실은 이러한 시대적 흐름을 뒷받침하기에 아직 역부족이다. 미국의 한 연구 결과에 따르면, 외국어로 모든 일을 처리할 수 있는 외국어 전문가를 양성하기 위해서는 적어도 4,300시간 정도가 소요된다고 한다. 하지만 우리의 경우, 초등학교에서 대학의 교양영어 교육시간까지 다 합쳐도 1,100시간 정도이다. 그러므로 일상생활 속에서 영어노출기회를 늘이고 좀 더 효과적으로 교육하기 위한 방안을 찾아야 할 것이다. 그러기 위해서는 수업 중에 학생들이 적극적으로 참여하여 말하기를 연습하고 배운 내용을 완전학습이 되도록 하여 지속적인 학습을 위해 일상생활에서 활용할 수 있도록 도와주는 것이 필요할 것이다.

다. 지도관

본 학급 학생들의 특성과 선호도 조사 결과를 고려하여 학생들이 즐겁게 참여할 수 있는 활동 중심, 상황 중심으로 수업을 전개하고자 한다. 영어를 좋아하는 학생들이나 좋아하지 않는 학생들이나 공통적으로 싫어하는 것은 제자리에 앉아서 인터넷 사이트의 내용을 보고 듣는 것이고, 좋아하는 것은 노래나 게임, 동화 등이다. 또한 선호하는 교수 · 학습 자료는 멀티미디어 기자재나 놀이, 활동 자료이다. 그래서 이 시간에는 상황 중심의 과업을 제시하고 교과서에서 배운 내용을 점검하고 수준별 과제수행활동을 통해 목표 언어를 연습할 수 있는 기회를 제공하고자 한다. 학생들이 사용하는 표현을 단순히 교과서 내 표현만으로 제한시키는 것이 아니라 실제적인 대화를 구사할 수 있도록 재구성하여 지도한다. 영어에 어려움을 느끼는 학생을 고려하여 개별지도를 통하여 목표 구문을 연습하고, 나아가 자신이 원하는 표현을 구성하고 실제적인 발화를 통해 유창성 및 정확성을 기를 수 있는 단계로 나아갈 수 있도록 지도한다.

다. 단원 목표

단원 목표는 학습자가 성취해야 할 행동이어야 하는데, 단원의 주요 내용과 그 내용에 대하여 학생들이 어떤 행동으로 성취되기를 바라는지가 분명하게 진술되는 것이 바람직하다. 즉 단원목표는 '주요한 내용의 영역'과 '그 내용을 다룸으로써 달성될 것으로 기대되는 행동'의 양자를 포함하여 진술되어야 한다.

다음 그림은 단원 목표의 예시를 나타내고 있다. 이 예시의 단원 목표는 '어디에 있는지 묻고 답하며 무엇을 하고 있는지 묘사하는 말을 실제 상황에서 의사소통하기 '이다. 이러한 단원 목표는 영어의 4대 영역인 듣기, 말하기, 읽기, 쓰기를 모두 다룰 수 있도록 설정되었으며 최근에는 인지적 영역의 목표뿐만 아니라 정의적 영역의 목표도 중시되기 때문에 태도 면의 목표도 세우는 경우가 많다. 특히 영어를 배우는 것이 의사소통 능력을 키워주는 것뿐만 아니라 영어 교육을 통해 인성을 함양하고, 공동체 의식을 제고하며, 남을 배려하는 모범적인 시민 의식과 창의적 사고력을 배양시킬 수 있도록 하는 것이라고 교육과정에 제시하고 있기 때문에 태도에 대한 목표 역시 간과해서는 안 된다.

단원 목표의 예

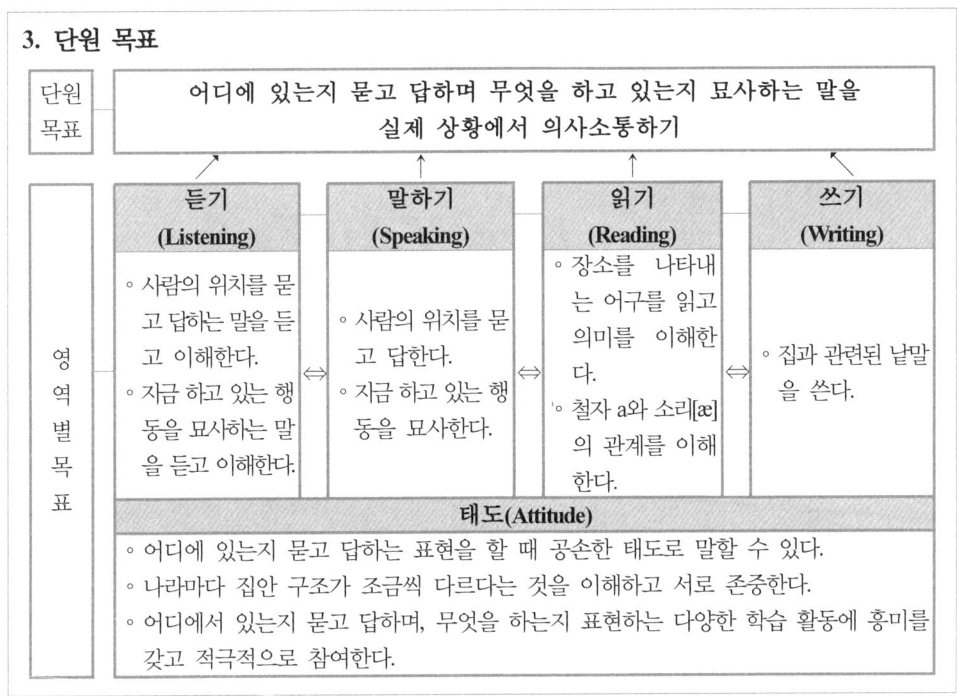

3. 단원 목표

단원 목표	어디에 있는지 묻고 답하며 무엇을 하고 있는지 묘사하는 말을 실제 상황에서 의사소통하기			
영역별 목표	**듣기 (Listening)**	**말하기 (Speaking)**	**읽기 (Reading)**	**쓰기 (Writing)**
	◦ 사람의 위치를 묻고 답하는 말을 듣고 이해한다. ◦ 지금 하고 있는 행동을 묘사하는 말을 듣고 이해한다.	◦ 사람의 위치를 묻고 답한다. ◦ 지금 하고 있는 행동을 묘사한다.	◦ 장소를 나타내는 어구를 읽고 의미를 이해한다. ◦ 철자 a와 소리[æ]의 관계를 이해한다.	◦ 집과 관련된 낱말을 쓴다.
	태도(Attitude)			
	◦ 어디에 있는지 묻고 답하는 표현을 할 때 공손한 태도로 말할 수 있다. ◦ 나라마다 집안 구조가 조금씩 다르다는 것을 이해하고 서로 존중한다. ◦ 어디에서 있는지 묻고 답하며, 무엇을 하는지 표현하는 다양한 학습 활동에 흥미를 갖고 적극적으로 참여한다.			

일반적으로 단원 목표는 아래 화살표로 표시한 부분에서 볼 수 있듯이 영어과 지도서에 제시되어 있다. 이를 그대로 사용할 수도 있지만 교사가 교육과정을 보고 가르치는 학생들에 맞게 재구성 할 수 있다.

지도서에 나타난 단원 목표

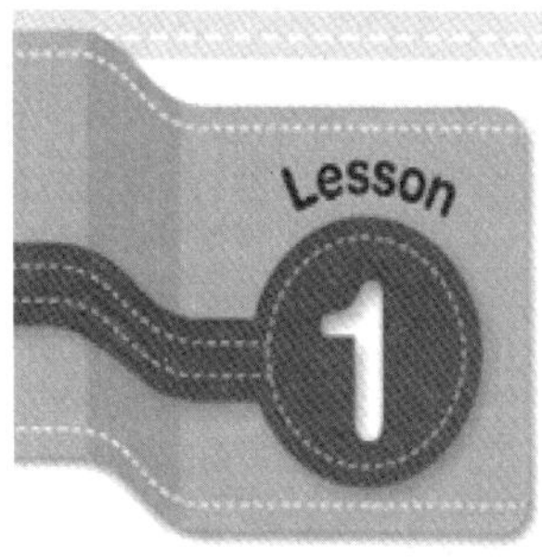

What Grade Are You In?

01 단[illegible]취지

새[illegible]을 묻거나 이름의 철자를 묻고 답하는 일이 빈번해진다. 이 단원에서는 학년을 묻고 답하는 표현을 통해 서수를 자연스럽게 익히고 이[illegible]을 묻고 답하는 표현을 익혀 일상생활에서 활용할 수 있도록 한다. 또한, 학년과 좋아하는 것 등 자기를 소개하는 글을 읽고 내용을 파악하여 자기[illegible] 소개하는 글을 쓰게 함으로써 자기 자신을 좀 더 탐색하며 타인과의 사회생활 능력도 기르도록 한다.

02 단원 목표

- **듣기**
  - 학년을 묻고 답하는 말을 듣고 이해할 수 있다.
  - 이름의 철자를 묻고 답하는 말을 듣고 이해할 수 있다.
- **말하기**
  - 학년을 묻고 답하는 말을 할 수 있다.
  - 이름의 철자를 묻고 답하는 말을 할 수 있다.
- **읽기**
  - 학년을 묻고 답하는 문장과 이름의 철자를 묻고 답하는 문장을 읽고 이해할 수 있다.
  - 자기를 소개하는 글을 읽고 이해할 수 있다.
- **쓰기**
  - 학년을 묻고 답하는 문장과 이름의 철자를 묻고 답하는 문장을 쓸 수 있다.
  - 예시문을 참고하여 자신을 소개하는 글을 쓸 수 있다.

03 학습 내용

- **의사소통 기능**

  학년 묻고 답하기 : What grade are you in?
  – I'm in the sixth grade.

  이름의 철자 묻고 답하기 : How do you spell your name?
  – J-A-S-O-N.
- **언어 형식**

  I'm in the **sixth** grade.

  I **like playing** baseball **with my friends**.
- **신출 어휘**

  beautiful, by, city, first, grade, nickname, say, second, spell, third
- **문화**

  영미 문화권의 재미있는 성(姓)의 유래 알아보기

04 지도 및 평가상의 유의점

- 서수를 처음 도입하는 단원이므로, 다양한 방법으로 서수를 연습할 기회를 제공한다.
- 학년과 이름의 철자를 묻고 답하는 표현을 충분히 연습하기 위해 가상의 인물을 만들어 활용할 수 있다.
- 같은 나이라도 나라에 따라 학년이 다를 수 있음을 알려 준다.

라. 지도상의 유의점

해당 단원을 지도하기 위해서는 교사용 지도서에 기록되어 있는 지도상의 유의점을 살펴보고, 각 학습 과제별 지도상의 유의점에 관심을 두어 지도 계획을 세우고 또 실제 수업에 임해야 한다. 특히 발견학습, 탐구학습, 토의식이 강조되는 단원에서는 그 단원을 처음부터 어떻게 이끌어 나갈지에 관하여 이들 수업이론이나 모형을 참조하여 그 지도 방법을 탐색하고 구체적 지도 방법을 선택해서 진술한다.

지도상의 유의점의 예

4. 지도상의 유의점

가. 새로운 단어를 읽을 때에는 시각적이고, 청각적인 자료를 동시에 제공하도록 한다.
나. 쓰기 활동을 할 때에는 글씨체를 너무 강조하지 않으며, 구체적이고, 눈에 보이는 자료를 활용하여 지도한다.
다. 수준별 활동 시 보충수준 학생들은 학습목표에 도달하도록 하는데 중점을 두어 지도하되, 주요 표현을 재미있는 활동을 통해 자연스럽게 익힐 수 있도록 한다.
라. 발음 지도에는 정확한 발음 자료를 사용하되 발화의 정확성을 지나치게 강조하지 않도록 하고, 발음 기관의 어느 부분에서 소리가 나는 지 정도를 주지시켜 몸으로 느끼며 발화하도록 한다.
마. 활동 중에는 모든 학생이 참여할 수 있도록 배려하고, 소외되거나 다른 행동을 하는 학생이 없도록 유의한다.
바. 이미 배운 표현을 다양한 상황에서 연습해 보도록 말할 기회를 많이 제공한다.

지도상의 유의점 역시 영어과 지도서 안에 보면 다양한 형태의 제목으로 제시되고 있다.

지도서에 나타난 지도상의 유의점

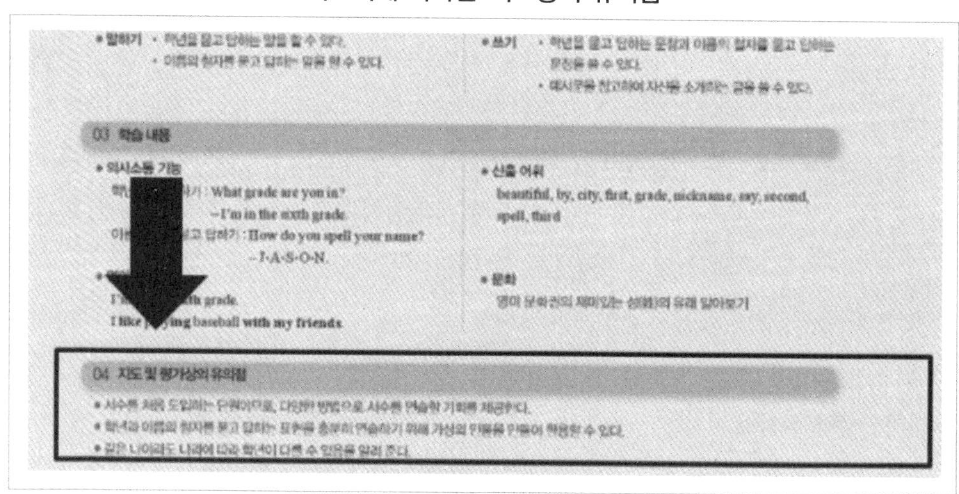
03 학습 내용

• 의사소통 기능

What grade are you in?

– I'm in the sixth grade.

How do you spell your name?

– J-A-S-O-N.

I like playing baseball with my friends.

• 신출 어휘

beautiful, by, city, first, grade, nickname, say, second, spell, third

• 문화

04 지도 및 평가상의 유의점

마. 학습과제 분석

단원목표를 지도함으로써 학습자의 학습력을 높이며, 가르칠 학습내용을 객관적이고 타당하게 평가하기 위해서 맨 먼저 해야 할 일이 학습과제를 분석하는 일이다. 어떤 내용들을 가르쳐야 하는가에 대한 학습과제(학습내용)가 구체적으로 분석되어야 그것을 근거로 해서 학습목표가 상세화되고 가르칠 학습요소, 학습요소 간의 관련성, 학습순서 등을 밝혀 낼 수가 있다.

학습 과제 분석의 예

5. 학습 과제 분석

의사소통 기능 및 언어규칙	의사소통 기능	1. 직업 묻고 답하기 Who is she (he)? / She's a nurse. He is a doctor. 2. 안부 묻고 답하기 How are you? / I'm fine.
	언어 규칙	Who is she (he)? / She's a nurse. He is a doctor.
어 휘	she, he, cook, doctor, nurse, singer, dancer, police, post man, actor, writer, afternoon, fine, cool, lucky	

학습 과제를 분석할 때에는 학생들이 배워야 할 의사소통 기능, 언어 규칙, 어휘 등으로 나누어서 분석할 수 있다. 위의 표의 의사소통 기능은 직업 묻고 답하기, 안부 묻고 답하기 이며 언어 규칙은 Who is she? She's a nurse.로 그가 누구인지, 그녀가 누구인지 그 패턴을 익히는 것이다. 어휘는 주로 새로 나온 단어를 가리키며 이것 역시 영어과 지도서에 제시되어 있다.

바. 단원의 전개 계획

1) 수업계열의 결정

단원목표에 따라 학습과제를 분석하고 그 요소를 추출한 후에는 이를 토대로 단원의 목표를 달성하기 위하여 몇 시간이 필요한 지와, 어떤 순서로 단원을 전개할 것인가를 결정해야 한다. 수업계열을 결정하기 위해서 먼저 생각해야 할 일은 한 수업목표의 학습이 차시 수업목표의 학습에 최대한의 전이를 줄 수 있도록 배열하는 일이다.

2) 수업전략의 수립과 수업방법 선정

수업계열의 결정에 따라 한 단원을 몇 시간 동안 가르치도록 할 것인가 결정되고, 가르치게 될 수업목표(수업내용)가 결정되었다면, 단원의 첫째 시간부터 그 단원이 끝나는 마지막 시간까지 어떠한 전략에 따라 어떤 방법으로 가르쳐야 할 것인가를 결정해야 한다.

그리고 주요 수업방법을 매 수업시간별로 결정하여야 한다. 매 수업시간의 수업목표가 어떠한 학습활동을 제공했을 경우에 가장 잘 달성될 수 있는가를 고려하여 최적의 방법을 선정해야 할 것이다. 수업방법으로는 강의법, 시범수업법, 토의법, 자율학습법, 학생상호학습법, 탐구수업, 발견학습 등 다양한 방법이 있다. 이러한 방법의 선택은 해당 단원이나 학습 내용의 특성에 따라 선택되어야 한다.

다음 그림은 단원의 차시별 계획을 나타내고 있는데 단원 내의 일관적인 수업을 위해 사용된다. 또한 이러한 차시별 계획을 통해서 교사는 영역별로 소홀히 다룬 내용이 없는지 확인할 수 있다.

단원의 차시별 계획

차시	교과서 범위(쪽)	학습 단계	학습 활동
1	50-51	· Story A · Listen & Say · Chant & Dance · Listen & Play	· 동영상 보며 간단한 대화 듣기 · 듣고 따라 말하기 및 상상하여 말하기 · 'I'm in the living room' 챈트하기 · 수준별 활동하기 - 듣고 카드 올려놓기(보충) - 카드 빨리 놓은 뒤 사람의 위치 말하기(심화)
2	52-53	· Story B · Listen & Say · Song & Dance · Talk & Play	· 동영상 보며 대화 듣기 · 듣고 따라 말하기 및 상상하여 말하기 · 'I'm reading a book' 노래하기 · 수준별 활동하기 - '땅따먹기' 놀이하기(보충) - '자기 옆 친구 말 더하기' 놀이하기(심화)
3 (본시)	54-55	· Read & Do · Look & Wtite · Have Fun · Sounds	· 장소를 나타내는 어구를 듣고 찾아 읽기 · 집과 관련된 낱말 완성하기 · '사다리 오르기' 놀이하기 · 철자 a와 모음[æ]의 관계 익히기
4	56-57	· Role play · The World & Me · Check Yourself	· '늑대와 아기염소' 역할놀이 하기 · 세계 여러 나라의 집의 특징 알아보기 · 학습내용 확인하고 정리하기

3) 학생 실태 분석

학생 실태 분석을 하는 이유는 학생들의 출발점 행동을 진단하고 좋아하는 교수 학습 방법을 알아보기 위해서이다. 출발점 행동 진단을 통해 학생들이 수업 시작 전 단원에서 필요한 지식, 기능을 진단하고 부족한 부분이 있으면 보완해 주고 또 학생들이 이미 알고 있는 내용에 대해서는 가르치지 않고 다음 단계로 넘어 가는 등의 수업 전략을 세우게 된다. 또 경우에 따라 좋아하는 과목이나 선호하는 수업 방법에 대해 묻기도 하는데 이를 통해 해당 과목의 내용과 통합 지도하거나 좋아하는 학습 방법의 형태로 수업을 진행해 나갈 수도 있다. 학생 실태 분석을 할 때 어떤 내용에 대해 얼마큼 알고 있느냐에 대해 학생들에게 물을 수 있지만 학생들 스스로 자신이 얼마만큼 알고 있는지 진단이 어려운 경우가 있으므로 실제 문제 형태로 주어지는 것이 더 좋다.

다음은 학생의 실태를 분석한 예시이다. 보통 학생의 실태를 분석할 때에는 분석 결과와 지도대책을 함께 제시하는데 이를 통해 교사는 어떻게 수업을 해야 할지 감을 잡을 수 있게 된다.

학생 실태 분석의 예

5. 학생의 실태

가. 어디에 있는지를 묻고 답하는 표현에 대한 듣기 이해도

N: 24

질문	"Where are you/Where is he/she?" "I'm in the kitchen/bedroom/bathroon/living room." 표현에 대한 듣기 이해도	학생 수(비율)
항목	① 무슨 말인지 알아듣기 쉽다.	13(54%)
	② 무슨 말인지 대충 알아듣는다.	10(42%)
	③ 무슨 말인지 잘 못 알아듣겠다.	1(4%)
	④ 알아듣기에 관심이 없고 들리지도 않는다	0(0%)

분석결과▶ 어떤 사람이 어디에 있는지를 묻고 답하는 영어 표현에 대해 13명(54%)의 학생들이 잘 알아듣고 반응하였다. 대충이라도 알아듣고 그 의미를 파악할 수 있는 학생은 10명(42%)으로, 전체 23명(96%)의 학생들이 높은 듣기 이해도를 보였다.

지도대책▶ 이 단원의 주요 학습목표는 어디에 있는지 묻고 답하는 표현을 배우는 것이다. 따라서 이 단원에서 처음으로 제시된 집안의 여러 장소를 나타내는 말을 완전 학습이 될 수 있도록 하는 것이 중요하다. 학생들 중 어디에 있는지를 묻고 답하는 표현을 알아듣거나, 대충 알아듣는 학생이 23명(96%) 이상으로 나타났다. 듣기 이해도는 상당히 높은 편이어서 이러한 듣기 능력을 바탕으로 자연스럽게 대화하는 말하기와 문장을 구성하여 읽기와 같은 표현 활동에 좀 더 집중하여 지도한다.

나. 어디에서 무엇을 하고 있는지를 묻고 답하는 표현에 대한 말하기 정도

N: 24

질문	"Where are you?" "I'm in the ~. I'm ~ing ~" 표현에 대한 말하기 정도	학생 수(비율)
항목	① 어디에서 무엇을 하고 있는지 답하는 표현을 유창하게 말할 수 있다.	10(42%)
	② 어디에서 무엇을 하고 있는지 답하는 표현을 끊어서 말할 수 있다.	11(46%)
	③ 1~2가지 단어를 기억하여 표현하나 문장을 완성하여 말하지 못한다.	2(8%)
	④ 표현을 기억하여 말하지 못한다.	1(4%)

분석결과▶ 어디에 있는지를 묻고 답하는 영어 표현을 말할 수 있는 평가에서 10명(42%)의 학생들이 유창하게 말할 수 있었다. 나머지 14명(58%)의 학생들은 해당하는 영어 표현을 끊어서 말하거나 완성하여 말하지 못하였다.

지도대책▶ 어디에 있는지를 묻고 답하는 표현에 대해 유창하게 말할 수 있는 학생이 10명(42%)으로 문장을 기억하여 자신 있게 표현할 수 있는 학생이 적은 편이다. 대신 끊어서 표현하거나 한두 가지 단어만 기억하는 학생이 14명(58%)로, 각각의 단어가 아니라 전체 언어 형식으로 기억하여 표현할 수 있도록 지도하는 것이 필요하다. 특히 답변이 두 문장으로 이루어져서 다소 길기 때문에 2차시 학습 중 충분한 연습을 통하여 전체 언어 형식으로 자연스럽게 함께 말할 수 있는 기회를 많이 제공해야 하겠다.

다. 사전 학습을 통한 주요 표현에 대한 학생 수준

N: 24

질문	수 준		
	학생 수(비율)		
◦ 어디에 있는지 묻고 답하는 표현을 듣고 알맞은 그림을 찾으세요.	4~5가지를 찾는다	2~3가지를 찾는다	0~1가지를 찾는다
	7명(29%)	10명(42%)	7명(29%)
◦ 그림을 보며, 어디에 있는지 묻는 말과 대답하는 말을 찾아 연결하고 말해 보세요.	4~5가지를 말한다	2~3가지를 말한다	0~1가지를 말한다
	5명(21%)	12명(50%)	7명(29%)

분석결과▶ 본시 학습에 앞서 학생들의 사전 학습 및 수준차이를 조사해 본 결과, 어디에 있는지를 묻고 답하는 표현을 이미 잘 이해하는 학생이 7명(29%)이다. 중위그룹은 10명(42%), 하위그룹은 7명(29%)으로 각 수준별 차이를 고려한 지도가 필요하다.

지도대책▶ 표현을 말해보는 말하기 수준에서 어디에서 무엇을 하는 지까지 자신 있게 설명할 수 있는 학생이 5명(21%)이고, 단순히 듣기와 읽기로 높은 이해도를 보인 학생이 12명(50%)이다. 사전에 학습한 학생이라도 구체적인 대화 상황에서는 발음이나 억양, 내용의 깊이 면에서 부족한 점이 있으므로, 수업 시 자연스러운 대화 상황을 만들어 내고, 학생들이 다양하게 발화할 수 있는 기회를 제공하는 것이 필요하겠다.

4.2 초중등 기본형(4 skills)

4.2.1 초중등 기본형(4 skills)의 개요

영어의 4가지 기능은 이해 기능(Receptive skills)으로 듣기, 읽기가 표현 기능(Productive skills)으로 말하기, 쓰기가 있다. 이 전의 영어교육은 이 독립된 영어 기능의 개별적 훈련을 강조하였는데 최근의 영어교육의 동향은 4가지 영어기능의 통합(integration)을 지향한다. 2015 개정 영어과 교육과정의 내용 체계를 보면 기본적으로 학생들로 하여금 4기능을 통합적으로 사용할 수 있는 능력을 키우도록 하고 있다. 일반적인 언어 사용 모습을 살펴보면 언어의 네 기능에서 각 기능들이 독립적으로 사용되기보다는 2가지 이상의 기능들이 통합되어 사용되는 경우가 많다. 예를 들어 전화를 받으면서 필요한 정보를 메모하거나(듣기, 말하기, 쓰기), 친구와 대화를 주고 받을 때도(듣기, 말하기) 그러하다. 일반적인 언어 사용모습이 여러 가지 기능이 통합되어 사용된다면 영어 수업 모습에서도 여러 가지 기능들을 통합하여 지도하는 것이 필요하다는 것이다. 또한 Rigg과 nright(1986)에에 따르면 초기 학습자들도 읽고 쓰는 것을 학습의 초기 단계부터 배울 수 있다고 한다. 언어를 배우는 초기 단계부터 읽고 쓰는 것을 통합적으로 배우는 것은 학생들의 학업을 위한 언어 능력을 향상시키는 데에도 도움이 된다.

4 skills 통합 수업에서는 수업 전 계획 단계에서 수업 중 활동 단계, 평가 단계에 이르기까지 어느 한 기능을 훈련시키는 활동에 집중하는 것이 아니라 모든 단계에서 네 가지 기능이 골고루 훈련됨을 목표로 하고 있다. 대체적으로 교수·학습 활동에서 주로 4개의 활동이 이루어지는데 그렇지 않을 경우에는 보통 입력에 해당되는 듣기 말하기가 첫 번째 활동이 되고 언어 입력을 바탕으로 한 산출의 결과에 해당되는 것이 쓰기나 말하기 활동이 되는 것을 알 수 있다. 학생들에게 명시적 또는 암묵적 제시의 방법으로 목표 언어에 노출시킨 후 학생 자신이 사용할 수 있도록 내재화 시키는 방법으로 목표 언어의 형식을 인식하고 집중하도록 하는 과정이 활동을 통해 나타나 있음을 알 수 있다. 이러한 '통합'의 장점은 학습자의 기억(retention)을 향상 및 연장시키는 동기를 부여함과 동시에 학습자가 어느 한 가지 기술의 훈련에 집중하면서 발생할 수 있는 특정 기술만을 강화하게 되는 불균형을 막을 수 있다고 한다.

수업 내용에서는 언어적 목적을 가지고 있지만 학생들의 흥미와 학습 욕구를 만족시킬 수 있는 다양한 내용을 도입하는 것이 좋다. 학생들이 자신의 언어적, 문법적 목적만을 위해 수업에 참여하고 있다는 생각을 하기 보다는 흥미로운 내용을 접하고 그 내용에 집중하게 되면 언어에 대한 의문과 관심이 생기고 언어를 자연스럽게 습득할 수 있게 된다. 예를 들면, 고등학교 영어 수업에서 문화에 대한 소개, 여행이나 고등학생들이 관심을 가질 수 있는 사회적 이슈에 대해서 토론을 하게 하는 것, 자아정체성에 대해 생각해 보는 것, 나아가 자신의 진로나 인생관에 관한 다양한 인식을 심어주는 내용을 다루게 된다면 학생들에게 더욱 의미 있는 수업이 될 수 있을 것이다. 그러나 고등학생들은 자칫 초등학교 중학교의 활동 중심 수업에서 재미를 느꼈지만 뚜렷이 무언가를 배웠다고 느끼지 않는 경향이 있다. 수업은 강의형식으로 이루어져서 집중적으로 암기하고 읽고 문제 푸는 형식으로 이루어져야 한다고 인식하는 학생들이 상당 수 존재한다. 또한 수준이 높은 학생들은 그룹 활동이 시간 낭비라고 인식하는 경향이 있다. 따라서 다른 학생들에게 자신이 아는 부분을 설명하고 주체가 되어 활동에 참여하는 것이 학습에 중요한 부분이 된 다는 것을 인식시켜 주는 과정이 반드시 필요하다.

교수학습 지도안은 보통 도입, 전개, 정리에 따라 구성되어진다. 도입부분에서는 보통 지난 수업시간의 복습(Review)과 함께 이번 수업시간의 주요 표현 익히기(key expressions)를 통해서 시작한다. 주의력을 집중시키기 위해 전시 학습 상기, 매체 활용 동기 유발 등을 하게 된다. 깜짝 퀴즈(Pop quiz), 녹음기(tape recorder)로 다시 들어보기, 질문을 통해 경험과 연결시켜보기 등 간단하고 단순한 활동을 진행해 나갈 수도 있다. 전개부분에서는 보통 전체 활동(whole teaching), 짝 활동(pair work), 모둠 활동(group work), 개별 활동(individual work)을 기본적으로 사용하고 있는데 교사의 지도아래, 읽기와 듣기는 전체 활동으로 이끌어지는 편이 크며, 말하기와 쓰기는 짝 활동, 모둠 활동, 개별 활동 등 학생들의 참여로 이끌어지는 편이 크다. 학생들은 매 수업의 본문(Main text)을 전체 활동으로서 다함께 듣고 읽는 방법이 대부분이다. 이때, 관련된 문법과 어휘 표현 등을 익히는 시간을 갖는다. 이를 바탕으로 개인별로 혹은 다른 친구들과 함께(pair work, group work, individual work) 말하고 쓰는 시간을 가지며 4 skills 통합 모형을 따르게 된다. 정리 단계에서는 선생님의 지도아래 이번 수업의 전반적인 내용을 복습하고 형성평가를 가진 뒤 숙제와 함께 마무리된다. 형성평가는 학생들 스스로가 오늘 배운 수업에 대해서 학습 정도를 확인할 수 있으며 성취감과 함께 부족함을 느낄 수 있는 방법이다. 또한, 각자의 부족한 부분들을 시간을 두고 혼자 해결해 나갈 수 있도록 과제가 부여된다. 각 단계별 수업 내용을 요약하면 다음과 같다.

각 단계별 수업 내용

단계	구성요소	
도입 (Introduction)	· Warm up · Greeting · Review	· Call the role · Presenting objectives · Context building
전개 (Development)	· Reading the textbook · Quiz · Presentation/Practice · Game	· Watching video clip · Discussion · Intensive listening
정리 (Consolidation)	· Wrap up (Review) · Summary · Homework	· (Peer) evaluation · Preview the next class

수업 전개 순서가 꼭 제시하는 표기 순서에 따라야 하는 것은 아니고 또한 모든 요소가 다 들어가 있어야 하는 것도 아니다. 하지만 구성의 대략적인 순서와 어느 부분에 어떤 요소가 들어가는 지에 대한 명확한 인식은 매우 중요하다고 생각한다. 기본 언어 기능(skill)의 어떤 요소에 중점을 주더라도 다른 기능과 유기적으로 연계해서 시너지 효과를 볼 수 있다. 또한 다인수 학급의 어려움을 해결하기 위해서 개인, 그룹 그리고 전체 활동을 다양하게 구성해서 수업의 역동성을 살리는 것 역시 매우 중요하다. 가장 중요한 것은 주제 또는 수업의 내용이라고 할 수 있다. 인지능력이 발달하고 사회와 문화에 대한 관심과 자아인식이나 진로에 대한 관심이 매우 높은 시기인 만큼 학생들에게 언어적 측면뿐 아니라 내용면에서도 흥미를 충분히 유발하고 적극적으로 참여할 수 있는 주제와 내용을 조사, 개발하는 것이 무엇보다도 중요하다고 본다.

교수 학습 자료는 전통적인 자료 방식인 worksheet, 그림카드와 realia 뿐만 아니라, 전자칠판, 실물화상기, 빔프로젝터 등과 비디오 영상, PPT을 사용할 수 있다. 다양한 자료 제시 방법을 통해 언어습득에 있어서 학생들의 수준과 흥미를 반영하고 학습의 효율성을 높일 수 있다.

다음은 4기능 통합 수업 시 생각해보아야 할 사항들이다(Freeman & Freeman, 1998).

(1) 수업이 보편적인 것에서 세부적인 것으로 진행되고 있는가? 세부적인 내용들이 전체적인 개념 틀 안에 제시되어 있는가?
(2) 학생들의 배경 지식이나 동기를 유발하고 있는가? 학생들에게 선택권이 주어지고 있는가?
(3) 내용의 유의미한가?
(4) 수업이 학생들이 협력적으로 활동할 수 있는 내용들로 구성되어 있는가? 학생과 교사간의 상호 작용이 이루어지고 있는가? 학생들 간에 상호작용이 많이 이루어지는가?
(5) 학생들이 듣고 말하는 만큼 읽고 쓰는 활동을 하고 있는가?
(6) 교사가 학생들에게 해낼 수 있다는 신념을 표현하고 있는가?

4.2.2 기본형(4 skills) 활용 영어 교수학습과정 세안의 실제(초등)

다음은 에듀넷 2010 우수 수업 동영상 중 균형 있는 의사소통 향상을 위한 언어 기능 통합 방안이라는 주제로 최와니 선생님이 수업한 교수·학습 과정안 내용이다. 세안을 작성할 때 단원의 개관, 학생 실태 분석이라는 용어를 사용하기도 하지만 초등에서는 말을 부드럽게 하기 위하여 '수업에 들어가며(수업의 주안점), 우리 아이들 모습이예요(학생 실태 분석)' 등으로 표현하기도 한다. 세안에 들어가는 내용은 어느 정도 정해져 있지만 이를 표현하는 방식이나 순서 등은 교사에 따라 달라질 수 있다.

Ⅰ. 수업에 들어가며

"○○야, 내일 우리 무슨 과목 든 거야?"
"응. 내일은 영어만 네 번 들었어."

올해 맡은 4학년 아이들과의 첫 영어 시간, 단원 제목을 척척 읽어내며 원어민의 말을 잘 이해하는 아이들이 있는가 하면, 사진과 함께 제시되는 시간표 과목의 철자가 서로 다름을 아직 인식하지 못하는 아이도 있다. 100점과 47점(2010.3.9. 국가수준 진단평가 결과)이 한 교실에 있다. 영어는 학생간 수준차가 그 어느 과목보다 심하고 문자 언어가 도입되면 그 차이는 더 벌어진다. 읽기가 시작되면서 학생들이 자신의 영어 실력에 대한 평가를 하게 되고 그로 인해 영어에 대한 자신감을 잃기 쉬우므로 이 부분에 대한 새로운 관심과 효과적인 지도 방안이 필요하다. 특히, 올해 4학년은 개정 교육과정이 반영되는 첫 해의 변화 틈새에 끼어 지난 한 해 동안 듣기·말하기 위주의 음성 언어 수업만 받다가 알파벳 한 번 제대로 짚어볼 시간도 없이 영어 첫 수업시간부터 낱말 수준의 읽기를 해내야 한다. 사교육을 경험하지 못한 아이들은 첫 시간부터 부진아가 될 판이다. 하지만 그렇다고 수업시간 내내 받아쓰기와 학습지 등을 통한 문자 수업은 학생들의 흥미와 자신감을 크게 저해할 것이다.

어떻게 하면 문자 언어 도입기의 아이들이 영어 학습에 대한 흥미와 자신감을 갖고 균형있는 언어 능력을 키울 수 있을까?

많은 고민 끝에 언어 기능을 통합하여 지도하는 의사소통중심 언어 접근법에서 그 해답을 찾게 되었다. 실제 의사소통 상황과 연관있는 유의미한 학습자 맞춤형 과업 수행 활동을 매차시 다양하게 경험한다면, 학생들은 자신의 흥미와 적성에 맞추어 보다 효과적으로 학습할 수 있을 것이다. 이를 위해 이제 막 영어 읽기를 시작하는 4학년 학습자들에게 각 단원마다 4가지 언어 기능을 통합한 다양한 학습 활동들을 구안, 적용함으로써 균형있는 의사소통 능력의 향상을 꾀할 수 있는 수업을 제안하고자 한다.

Ⅱ. 우리 아이들의 모습이예요

설문 응답자 : ○○초등학교 4학년 5반 26명 (남: 13명 여:13명)

본 수업 및 1년간의 영어 수업을 준비하면서 학생들의 현재 수준과 문제점을 진단하고 나아가야 할 방향을 잡기 위하여 위해 다음과 같은 내용의 설문과 간단한 면접을 실시하였다(2010.3.19 실시).

1. 영어 학습 여건 및 실태

구 분	결과 및 분석	앞으로의 대책
영어 듣기 기능	• 영어 CD 내용에 대한 이해도는 Look and Listen의 Main dialogue를 3번 들려주었을 경우, 77% 학생(20명)이 거의 다 이해한다고 하였다. • 수업 시간에 교사가 사용하는 교실영어에 대한 이해도는 69%(18명) 학생이 절반 이상을 이해한다고 하였고, 그 중 12%(3명)의 학생은 교사의 교실영어를 거의 다 이해한다고 하였다. 약간 이해하나 학습 활동을 하는데 다소의 지장이 있는 학생이 46%(12명)였다.	▶ 매일 영어 CD듣기를 습관화하여 듣기 능력을 향상시켜야겠음 ▶ 쉽고 간단한 교실영어를 반복적으로 사용하고, 다양한 시청각 보조자료 및 동작, 시연 등을 통해 심리적인 부담을 줄이면서 교실 영어 이해도가 낮은 학생들의 이해도를 높이기 위한 노력이 필요함
영어 말하기 기능	• 3학년에서 배운 기본 표현들을 모두 말할 수 있는 학생은 23%(6명), 인사나 감사하기 정도의 표현과 낱말 수준으로 말할 수 있는 학생은 65%(17명), 간단한 인사말과 낱말도 말하기 어려운 학생은 12%(3명)를 차지하였다.	▶ 'Word of the Day'와 'Classroom English'를 매일 아침 꾸준히 익혀 학생들이 말하고 싶은 내용을 익힐 수 있도록 해야겠음 ▶ 영어 수업시간에 영어로 말하려고 노력하는 학생들을 칭찬과 격려로 지원해야겠음
영어 읽기 기능	• 간단한 영어 낱말을 소리내어 읽고 의미 파악까지 가능한 학생이 38%(10명), 알파벳을 소리내어 읽고 음가를 알고 있는 학생은 23%(6명), 알파벳은 읽을 수 있지만 음가를 모르는 학생이 23%(10명), 알파벳을 전혀 못 읽는 학생이 15%(4명)이었다.	▶ 개정 교육과정 4학년의 낱말 읽기, 쓰기 학습이 본격적으로 시작되기 전에 '알파벳 읽고 쓰기' 보정 지도를 해야겠음. ▶ 시교육청 보조교재를 적극 활용해야겠음 ▶ 교실 환경 구성을 통해 문자에 자연스

영어 쓰기 기능	• 간단한 영어 낱말을 외워서 쓸 수 있는 학생은 31%(8명), 알파벳을 외워서 쓸 수 있는 학생은 46%(12명), 알파벳을 보고 따라 쓸 수 있는 학생이 15%(4명), 알파벳의 모양을 전혀 인지하지 못하는 학생이 7%(2명)이었다.	럽게 노출될 수 있도록 해야겠음 ▸ 정기적인 확인과 즉각적인 피드백을 통해 문자 교육 초기 단계에서의 부진아 발생을 막아야겠음 ▸ 실생활과 관련된 활동을 제공하여 흥미를 잃지 않으면서 문자 익히기를 효과적으로 할 수 있도록 해야겠음
좋아하는 영어 학습 활동	• 69%(18명)의 학생들이 게임 활동을 가장 좋아하는 것으로 나타났다. 그 외 듣고 따라 말하기 활동 4%(1명), 노래와 챈트 15%(4명), 역할놀이 7%(2명), 동화책 읽기 4%(1명)이었다. • 다중 지능을 활용한 다양한 활동에 대한 설명을 듣고, 많은 흥미를 보였음	▸ 흥미와 활동 후 성취감을 동시에 만족시킬 수 있는 다양한 활동들을 구상해야겠음 ▸ 특히, 부진아의 수업 집중과 학력 향상을 위한 맞춤형 활동 개발에 신경써야겠음
보충 · 심화 활동	• 수준별 보충 · 심화로 나누어 하는 활동이 자신의 영어 학습에 도움이 된다고 대답한 학생은 69%(18명)였고, 보통이다는 의견은 27%(7명), 보충 · 심화 활동이 도움이 안 된다는 학생이 4%(1명) 있었다. 긍정적인 답변의 이유로 '활동 참여 기회가 늘어나고', '모르는 것을 물어보기 쉽다'가 있었고, 부정적인 답변의 이유로는 활동을 선택하는 것이 쉽지 않다를 꼽았다.	▸ 보충심화 활동을 위한 다양한 활동과 자료를 개발하되, 특히 보충 학생들의 선호도와 발달지능을 반영할 수 있는 보충 활동 개발에 신경써야겠음 ▸ 학생들이 보충 · 심화 활동의 취지를 이해하고, 자신의 주관에 따라 활동 선택을 할 수 있도록 안내해야겠음 ▸ 각 수준에 맞게 충분한 보정이 가능하거나 도전감을 줄 수 있는 활동 자료를 개발해야겠음
수업 시간 외 영어 사용	• 배운 내용을 수업 시간 외에 사용할 기회가 자주 있다고 대답한 학생이 23%(6명), 조금 있거나 전혀 없다고 대답한 학생이 77%(20명)이었다.	▸ 담임으로서 영어 지도하는 장점을 십분 살려 타 교과 시간 및 여타 시간에 간단한 교실 영어를 지속적으로 사용하고, 학생들이 배운 표현들을 자연스럽게 반복 발화할 수 있도록 해야겠음 ▸ 수업 시간에 활용한 자료 및 학생들이 관심있게 학습할 수 있는 기타 자료들을 교사 블로그에 탑재함으로써 방과 후에도 영어 환경에 접촉할 수 있도록 유도해야겠음
선수학습 실태	• Q. 다음 낱말들을 소리내어 바르게 읽을 수 있나요? time, seven, eight, nine, ten, dinner, school, bed, lunch, great, eleven, twelve	▸ 해당 단원은 앞 단원의 복습 단원으로 내용은 겹치므로, 비슷한 내용을 다루지만 지루해지지 않을 활동으로 구상해야겠음

	- 27%(7명)의 학생이 10~12개 낱말을 소리내어 바르게 읽을 수 있었으며, 38% (10명)이 6~9개, 23%(6명)이 1~5개, 12%(3명)이 전혀 읽지 못했다.	▸ 다양한 활동을 통해 각각의 낱말들이 실제적인 맥락 속에서 능동적 어휘로 적극 사용할 수 있게끔 지도해야겠음
	• Q. 위에서 제시된 낱말들의 의미를 알고 있나요? - 31%(8명)의 학생이 10~12개 낱말의 의미를 정확하게 알고 있었으며, 42%(11명)이 6~9개, 19%(5명)이 1~5개, 7%(2명)이 전혀 알지 못했다.	

Ⅲ. 수업을 시작해볼까요?

1. 의사소통 중심 교수법(Communicative Language Teaching; CLT)의 이론적 배경

의사소통 교수 이론(communicative approach)을 적용한 교수법으로 구조주의 언어학적 접근과는 다른 관점에서 언어의 의사소통 기능(communicative function)에 중점을 둔다. 영어의 구조에 대한 정확한 지식보다는 의사소통을 위한 유창성(fluency)을 강조하며, 언어를 의미 전달의 수단으로 보고 언어 사용에서 상호 작용과 의사소통을 위한 목적이 가장 중요하며 언어 구조는 의사소통을 위한 사용과 관련이 있으므로 의사소통 기능에 역점을 두어 영어를 가르치는 것을 강조한다.

2. 의사소통 중심 접근법의 설계

의사소통 중심 교수법은 학생들의 수준과 요구에 따라 목적이 다르지만 의사소통 능력을 개발하는 것은 공통된 목적이다. 그리하여 통합적으로 교과 내용을 배우는 경우에는 영어를 표현 수단(a means of expression)으로 배우도록 하며 영어를 학문 연구 대상으로 하는 경우에는 언어적, 도구적 수준에 역점을 둔다. 또한 자기 자신과 다른 사람에 관한 판단과 가치를 표현하는 수단으로 배우는 경우에는 대인 관계의 설정과 유지에 목적을 두어 영어를 학습한다.

의미-기능적 교수요목(notional-functional syllabus)으로 구성되며 이 경우의 의미(notion)는 전통적 교수법에서의 문법적 항목만이 아니라 전달하려는 의미를, 기능(function)은 주제와 상황과 화자-청자 간에 따라 달리 의사소통을 하는 목적을 의미한다. 의미-기능적 교수요목은 학습자의 필요에 따라 언어적, 문화적 내용을 선정하고 구분하여 학습자들이 표현하고자 하는 기능을 가르치도록 구성된다.

교수·학습 활동은 기능적 의사소통 활동(functional communication activities)과 사회적 상호 작용 활동(social interaction activities)이 포함된다. 과업 중심으로 진행되고, 대화와 토론 등을 포함하게 된다.

3. 수업 적용 시 유의점

의사소통 중심 교수법의 수업 절차는 전통적 교수법과 유사하지만 절차에 내재한 방법론이 구조적 활동으로부터 유사 의사소통 활동, 사회적 상호작용 활동으로 이루어진다는 점이 다르다.

실제 수업에 적용할 때 다음과 같은 절차를 따를 수 있다.

- 학생들에게 실생활과 관련된 그림, 읽기 자료 등을 보고 상황과 느낌을 말하게 한다.
- 그림과 자료를 중심으로 학생들이 해야 할 활동을 교사가 말해준다.
- 전개될 상황과 이야기를 생각하여 의미 전달에 역점을 두어 말하게 한다.
- 담화 단위로 글을 훑어 읽어 가면서 이야기의 전개를 이해하게 한다.
- 이야기를 중심으로 간단한 놀이를 하게 한다.
- 관련되는 그림 자료나 이야기, 과업 등을 주고 역할 놀이를 하게 한다.
- 학생들이 역할 놀이를 하면서 자기가 한 말을 상기하게 한다.
- 역할 놀이가 끝나면 사용한 적절한 어휘와 문장, 구문을 말하게 한다.
- 학습자들이 말하는 동안에 오류가 있어도 교사가 학습자의 오류를 수정하지 않는다. 다만, 교사는 학습자들이 활동을 하는데 어려움이 있으면 도와주고 질문에 답한다.
- 학습자들에게 상대방이 무슨 말을 할 것인지, 다음에 어떤 이야기가 전개될 것인가를 자기가 알고 있는 영어 구문과 어휘를 사용하여 이야기하면서 의미 협상을 하게 한다.
- 학습자들에게 시청각 보조 자료를 보고 듣는 연습을 하도록 숙제를 부과할 수 있다.

4. 교수·학습 수업 절차

단계(Step)	과정(Procedure)	활동(Activities)
도입 Introduction	학습 동기 유발 Warm-up	• 인사하기 • 전시 학습 상기 • 동영상과 실물 제시 • 학습활동 및 목표 확인
전개 Development	상황 제시 및 의사소통 표현 이해 Showing the Situation	• 시각자료를 통한 의사소통 상황 이해 • 언어 표현과 상황의 개략적 이해
	의사소통 전 활동 Controlled Speaking	• 어휘, 주요 구문 연습(Exercise) • 의사소통 기능의 이해 및 표현
	의사소통 활동 Communicative Activities	• 놀이를 통한 의사소통 활동 • 활동을 통한 의사소통 활동 • 역할극을 통한 의사소통 활동
정리 Wrap-up	평가 및 확인 Evaluation and Final Comments	• 의사소통 기능 정리, 차시 예고, 인사

Ⅳ. 수업 운영 모습입니다

1. 본 수업에서의 의사소통중심 접근법

의사소통중심 접근법을 바탕으로 한 본 수업은 해당 단원의 영어의사소통표현을 말하고 읽는 충분한 연습이 이루어지기보다 단원의 주요 표현과 관련있는 낱말 쓰기 활동 위주로 이루어지는 3차시 수업이기 때문에 자칫하면 유의미한 맥락이 주어지지 않은 채 단순히 쓰기 연습만을 위한 활동을 하기 쉽다. 최대한 '실제적이고 의미 있는 자연스러운 맥락에서의 언어학습'이 되도록 고민한 결과, 학생들이 서로 시각을 묻고 해당 시각대에 관련된 낱말들을 읽고 써 볼 수 있도록 TV 프로그램 편성표를 활용하여 이와 관련된 주요 표현을 연습하도록 하였으며, 활동을 구상할 때에는 정보차를 활용한 활동 등을 통해 학생들에게 듣고 말하고 읽고 써야 하는 목적을 분명히 부여하고자 노력하였다.

2. 영어 학력 향상과 효과적인 TEE 수업을 위한 기본 학습 훈련

아이들의 영어 학력 향상과 효과적인 TEE 수업을 위해서는 교사와 호흡이 잘 맞는 기본적인 학습 태도와 방법이 필수적이므로 학년 초에 원어민 보조교사, 학생들과의 협의를 거쳐 다음과 같은 기본 학습 태도와 방법을 정하고 연중 수업 내내 꾸준히 실천하고 있다.

구 분	기본 학습 태도 및 학습 방법	
Student of the Day	▪ 수업 시작시 Daily Routine을 학생들이 주도적으로 한다. ▪ 번호순으로 돌아가서 미리 준비할 수 있게 하고, 학생들이 익숙해지면 랜덤으로 뽑는다. ▪ 영어가 든 날 뿐 아니라 매일 아침 규칙적으로 한다.	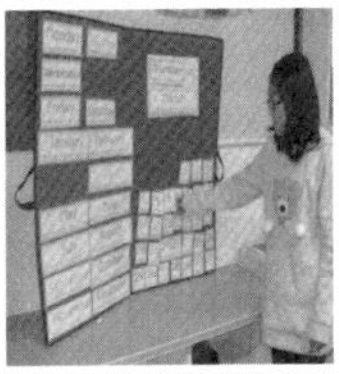
교실 영어 익히기	▪ 교사의 교실영어와 학생의 교실영어 표현을 매일 1개씩 익힌다. ▪ 학생의 교실영어 표현을 교실벽에 게시한다. ▪ 영어 외 다른 수업 시간에도 교실영어를 꾸준히 사용한다.	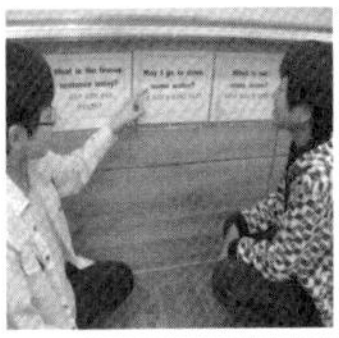
Word of the Day	▪ 매일 아침 활동 시간을 정리하고 본 수업이 시작하기 전에 한 낱말씩 익힌다.	
영어 교과서 외우기 인증제	▪ 영어 교과서의 Main Dialogue와 Role-play script를 외운다. ▪ 단원마다 확인하여 학기말에 담임이 시상한다.	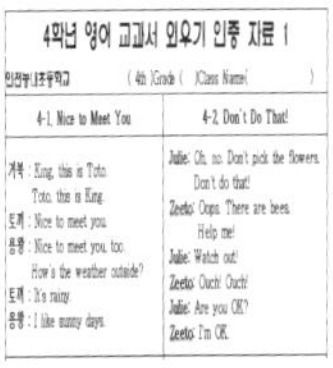 4학년 영어 교과서 외우기 인증 자료 1 (4th)Grade ( )Class Name( ) 4-1. Nice to Meet You 거북 : King, this is Toto. Toto, this is King. 토끼 : Nice to meet you. 용왕 : Nice to meet you, too. How's the weather outside? 토끼 : It's rainy. 용왕 : I like sunny days. 4-2. Don't Do That! Julie: Oh, no. Don't pick the flowers. Don't do that! Zeeto: Oops. There are bees. Help me! Julie: Watch out! Zeeto: Ouch! Ouch! Julie: Are you OK? Zeeto: I'm OK.
EBSe 영어 방송 시청	▪ 매주 2회, 아침활동 시간을 이용한다. ▪ 개정 교육과정의 교과서 내용을 그대로 반영한 '교과서 영어-4학년 Here We Go!'를 시청한다.	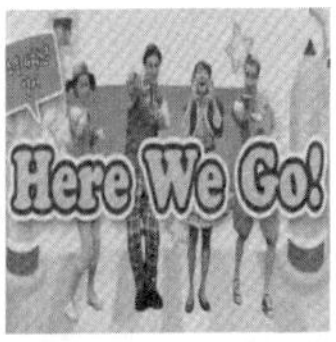
역할 분담	▪ 각 모둠 내 개인 역할을 분담하여 수업 참여도를 높이고, 모둠 활동이 원활하게 이루어지게 한다. - S1: Group leader S2: Supply manager S3: Recorder S4: Desk monitor	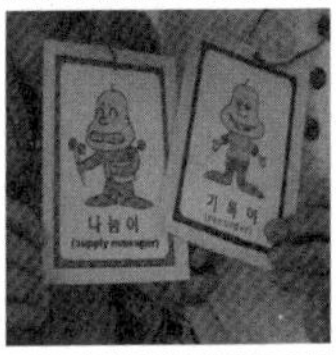

CD 듣기 기록표	▪ 학생용 CD를 규칙적으로 듣는 습관을 기르기 위해 1주일에 20분씩 5회 이상 들었을 경우, 개인 보상판에 교사 사인 5개를 준다.
영어 동화책 읽기	▪ 선생님 블로그에 들어와서 온라인 영어 동화를 읽는다. ▪ 영어 동화책을 읽고, 새로 알게 된 표현을 자기 블로그에 올린다.
Line-Up Assessment	▪ 본 차시 수업의 핵심 문장을 반드시 익힐 수 있도록 한다. ▪ 본 차시 수업 자신의 수행 정도를 스스로 판단하여, 원어민 교사와 한국인 교사가 제시하는 두 가지 수준의 줄을 선택한다.

본차시 교수·학습 과정안

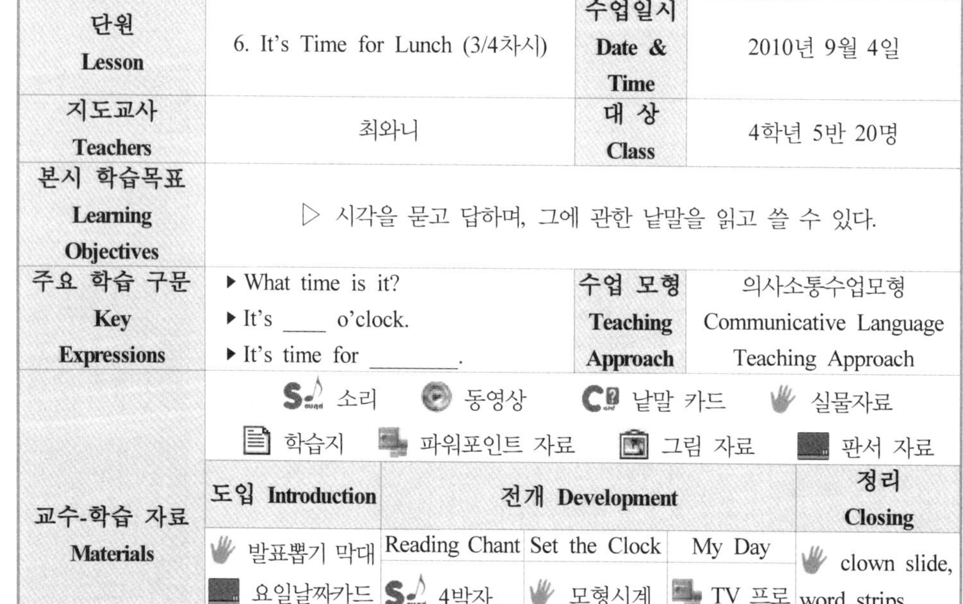

<table>
<tr><td>단원
Lesson</td><td colspan="3">6. It's Time for Lunch (3/4차시)</td><td>수업일시
Date & Time</td><td colspan="2">2010년 9월 4일</td></tr>
<tr><td>지도교사
Teachers</td><td colspan="3">최와니</td><td>대 상
Class</td><td colspan="2">4학년 5반 20명</td></tr>
<tr><td>본시 학습목표
Learning Objectives</td><td colspan="6">▷ 시각을 묻고 답하며, 그에 관한 낱말을 읽고 쓸 수 있다.</td></tr>
<tr><td>주요 학습 구문
Key Expressions</td><td colspan="3">▸ What time is it?
▸ It's ____ o'clock.
▸ It's time for ________.</td><td>수업 모형
Teaching Approach</td><td colspan="2">의사소통수업모형
Communicative Language Teaching Approach</td></tr>
<tr><td rowspan="4">교수-학습 자료
Materials</td><td colspan="6">소리   동영상   낱말 카드   실물자료
학습지   파워포인트 자료   그림 자료   판서 자료</td></tr>
<tr><td rowspan="2">도입 Introduction</td><td colspan="3">전개 Development</td><td colspan="2" rowspan="2">정리 Closing</td></tr>
<tr><td>Reading Chant</td><td>Set the Clock</td><td>My Day</td></tr>
<tr><td>발표뽑기 막대
요일날짜카드
하루일과 PPT
Secret letter</td><td>4박자 재즈챈트 mp3
folded</td><td>모형시계
낱말 카드</td><td>TV 프로그램 편성표
정보차학</td><td colspan="2">clown slide, word strips
바나나 스티커</td></tr>
</table>

	학습목표 및 학습활동 제시자료	word cards		습지 A,B Number chant	
기호 표시 Symbols	언어 기능 Communicative Functions	Ⓛ 듣기 Ⓢ 말하기 Ⓡ 읽기 Ⓦ 쓰기			
	활동 유형 Activity Types	교사 주도 활동 학생 주도 활동			
전시학습 Previous Class	Kinetic Phonics - R, Look and Listen, Let's Read, Let's Play				

학습 단계 Step	학습과정 및 학습형태 Procedure & Grouping	교수 - 학습 내용 Teachers' - Students' Actions & Words **KT** 한국인 교사 **NT** 원어민 교사 **Ss** 학생	시 간 Time (mins)	유의점 및 자료 Remarks & Aids
Intro-duct-ion	Warm-up Whole Class Activity	◉ Greeting 인사하기 **KT** Hello, everyone. **Ss** Hello, teacher ○○ . **KT** How are you today? **Ss** Great(find/ not so good/ good.)	1	⇨ 학생들이 기계적으로 대답하지 않고, 실제 기분에 따라 대답할 수 있도록 다양한 대답을 유도한다.
	Check the Date Whole Class Activity	◉ Check the Date - Student of the Day 날짜 확인하기 **KT** Who wants to be the student of today? Let me choose you. (발표 뽑기 막대를 뽑는다) ○○. **S1** (날짜 판 앞으로 간다) What day is it today? **Ss** It's Wednesday. **S1** (해당 요일 카드를 날짜 판에 옮겨 붙인다.) What's the date today? **Ss** It's September 4th. **S1** (해당 날짜 카드를 날짜 판에 옮겨 붙인다.) **Ss** (다 같이 읽는다.) Today is Saturday, September 4th. **S1** (완성된 날짜 판을 칠판에 붙인다.) **KT** Good job, ○○.	1	발표뽑기막대 요일날짜카드 ⇨ 매시간 반복함으로써, 자신감 있게 수업을 시작하게 한다.
	Review Ⓢ	◉ Review 전시 학습 내용 복습 **KT** What did we learn last class?	3	하루 일과 PPT

Whole Class Activity	**Ss** We did Look and Listen and Let's Read and a Let's play activity. **KT** Yes, we did three activities to learn how to ask and answer about time. Let's review. **KT** What can you say about this picture? **Ss** (학급 친구들의 하루 일과를 표현한 사진을 보고, 시각을 묻고 답하는 표현을 복습한다) What time is it? It's__o'clock. It's time for___. 1. What time is it? It's **7:00**. It's time for **breakfast**. 2. What time is it? It's **8:30**. It's time for **school**. 3. What time is it? It's **11:00**. It's time for **math**. 4. What time is it? It's **12:10**. It's time for **lunch**. 5. What time is it? It's **2:00**. It's time for **home**. 6. What time is it? It's **6:30**. It's time for **dinner**. 7. What time is it? It's **10:00**. It's time for **bed**. **KT** (교실 벽 시계를 가리키며) What time is it? **Ss** It's 12 o'clock. **KT** (의문형 억양과 교실에 게시된 시간표를 이용하여 표현을 유도한다) It's time for? **Ss** It's time for English.		What time is it? AM 7:30 It's time for breakfast.
Motivation Ⓛ Ⓢ Whole Class Activity	◉ **Motivation 동기유발** **NT** (교실 문을 열고 들어오며) Excuse me, Wani. I need your help. May I come in? **KT** Sure. **NT** I've got this letter this morning. But there's nothing on it. What is it? **KT** Let me see. This is a secret letter. (수산화나트륨 용액을 묻힌 붓으로 편지를 칠하며) Look at this. **NT** Oops. This is in Korean. I can't read this. (학생들에게) Can you help me?	3	secret letter, 수산화나트륨용액 ⇨ 원어민 팀티칭 수업은 아니지만, 동기유발에서 한국어를 모르는 인물의 역할을 담당하게 하여 학생들의 발화를 적극적으로 끌어내도록 한다.

	드니스에게 아름다운 드니스, 저 C-드래곤예요. 당신을 사랑한다고 말해야 할 시간이예요. 당신도 나를 사랑한다면, ■시에 도서관으로 와 줘요. 저 C-드래곤으로부터 **Ss** Of course. (편지에 쓰여진 내용을 읽고 한국인 교사의 도움을 받아 원어민 교사에게 영어로 바꾸어 말해준다) Dear Denise, Beautiful Denise, I'm C-Dragon. It's time to say I love you. If you love me, come and see me at the library at twelve thirty. **NT** Thank you so much. By the way, what time is it now? **Ss** It's 12:10 **NT** Is it 12:10? Oh, no. I must leave now. Bye! **Ss** Bye, Denise!		
Presentation of Today's Objectives Whole Class Activity	◉ **학습 목표 확인 Check the Learning Objective** **KT** So, what do you think we'll learn today? **Ss** (나누었던 내용을 되새기며 이번 시간에 배울 내용을 이야기한다.) (　)을 묻고 답하며, 그에 관한 낱말을 읽고 쓸 수 있다 **Ss** 시각을 묻고 답하는 표현을 말하고 읽어볼 것 같습니다. **KT** Very good.(학습목표 가리개를 떼어내며 학습목표를 제시한다.) 시각을 묻고 답하며, 그에 관한 낱말을 읽고 쓸 수 있다	1	➡ 학생들이 목표를 찾아내도록 유도하되, 학습 목표는 영어와 우리말로 동시에 제시하여 학습 목표를 정확히 이해하게 한다.

		KT You're right. We'll be able to speak and read the expressions about asking time and responding to them.		
	Presenta -tion of Today's Objectives Whole Class Activity	◉ **학습활동 확인 Check the Learning Activities** **KT** (학습활동 제시판을 하나씩 제시하면서) We have three activities for today. Let's look at today's activities. **<Activity 1>** Reading Chant ⓁⓈⓇ **<Activity 2>** Set the Clock ⓁⓈ **<Activity 3>** My Day ⓁⓈⓇⓌ	1	➪ 활동 안내 후, 각 활동단계마다 학생들의 위치를 명시적으로 표시한다. 활동안내퍼핏
Deve -lop -ment	**Activity 1 <Presen -tation>** ⓁⓈⓇ Whole Class Activity	◉ **Activity 1 <Reading Chant>** ▪ Reading chanting으로 낱말 읽기를 자연스럽게 익힌다. **KT** Let's start the first activity. Do you remember phonics? Let's do it! (전차시까지 배운 범위 : A-R) **Ss** (A-R까지 율동과 함께 익힌 Kinetic phonics를 한다.) **KT** All right. What's next? **Ss** S **KT** Do you know what sounds it makes? **Ss** /s/. **KT** Make /s/ sound 10 times. What word starts with 's'? **Ss** snake, sun. **KT** 학생들이 대답한 어휘 중 하나를 골라 율동과 함께 익힌다. **KT** (folded word card를 사용하여 각 낱말을 음절별로 읽는다) Look at the cards and repeat after me. eg. time : /t/ ⇒ /i/⇒ /me/ ⇒ /t/ ⇒ /ti/⇒ /time/ [**time, seven, eleven, twelve, thirty, breakfast, dinner, bed**] **KT** (연습한 낱말들을 칠판에 붙이면서) Can you read this? **Ss** Time.	10	hand pointer, folded word cards Jazz chant mp3 ➪ 각 낱말을 음소-음절-낱말 순으로 반복적으로 따라 읽음으로써 phonics 체계를 낱말 안에서 확인하여 낱말 읽기에 도움이 되도록 한다.

	KT (칠판에 붙인 낱말을 가리키며) Make a sentence with 'time'. **Ss** What time is it? / It's time for lunch. **KT** Great. ▪ 플래시 낱말 카드를 칠판에 모두 붙인 후 목표 문장을 4박자 리듬에 맞추어 따라 읽게 한다. **KT** Can you tap the rhythm? Let's listen to the Jazz and repeat after me. One, two, three, four. What **time** is it? It's **seven** **thirty**. It's time for **breakfast**. What **time** is it? It's **twelve** o'clock. It's time for **lunch**. What **time** is it? It's **eleven** o'clock. It's time for **bed**.		
Activity 1 <Presentation> ⓁⓈⓇ Whole Class Activity	**Ss** (음악에 맞추어 리듬 챈트를 하며 각 표현을 익힌다.) **KT** (익숙해지면 학생들을 두 그룹으로 나누어 학생들끼리 묻고 답하게 한다) I'm going to divide you into 2 groups. You're team A, and the others are team B. Team A will ask and team B will answer. Ready, go! **Ss** (두 팀으로 나누어 각 낱말과 관련된 문장을 묻고 답한다.) **KT** Switch the roles. **Ss** (팀을 바꾸어가며 리듬에 맞추어 묻고 답한다.) **KT** Great!		⇨ 리듬을 통해 학생들이 문장에서의 강세와 억양을 자연스럽게 익힐 수 있도록 한다.
Activity 2 Practice ⓁⓈ Group Work	◉ **Activity 2 < Set the Clock >** **KT** Let's move on to the second activity. We'll ask and answer time with a clock each. Take out the clock and the word cards. **Ss** (모둠용 모형 시계와 낱말 카드를 꺼낸다.) **KT** It's group work. Make groups of 4. 1. Do rock - paper - scissors and decide who will go first. 2. The winner(No.1) will set the clock first and ask "What time is it?" 3. No.2 student sitting on the winner's right will answer to the question, "It's ~ ." 4. No.3 student will make a sentence with "It's	6	모형시계 낱말 카드

	time for~.", 5. And No. 4, the next student on the right will pick up the right word card for it. 6. If all 4 are right, say, "Olleh~." This will make your group earn 1 point. eg. No. 1 - What time is it? No. 2 - It's eight thirty. No. 3 - It's time for school. No. 4 - school **KT** (순회하면서 활동이 원활하지 않은 모둠 위주로 돕는다.) How many points did your group get? **Ss** ~ points. Yeah! **KT** Excellent!		
Activity 3 Production ⓁⓈⓇⓌ **Pair work**	◉ **Activity 3 < My Day >** **KT** It's time for Information gap activity. Let me explain how to play this game. (MBC 9시 news 로고송을 들려주고, 어떤 프로그램인지, 몇 시에 하는 건지 맞춰보게 한다. TV 프로그램 편성표에 대한 간단한 설명을 한다.) 1. You need a partner. This is pair work. 2. I'll give each of you different sheet. The student on the right will have work sheet A, and the student on the left will have work sheet B. And decide your worksheet according to your level. **<Worksheet A>** Time / TV Program am Six — 뽀롱뽀롱 뽀로로 (blank) — 능내 칭찬 방송 Ten thirty — 방귀대장 뿡뿡이 (blank) — 지구촌 뉴스 Eleven thirty — 있다! 없다! A: **Sponge Bob** is on TV now. What time is it? B: It's **Seven** o'clock. It's time for **Sponge Bob**. 3. There are blanks for the missing information. Don't be afraid, your partner has the answers for them. 4. You'll ask and answer questions to fill the missing information for each other. Your mission is to fill	10	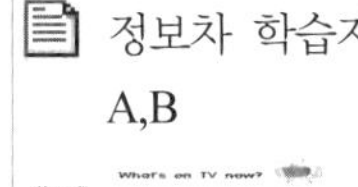 TV 프로그램 편성표 정보차 학습지 A,B 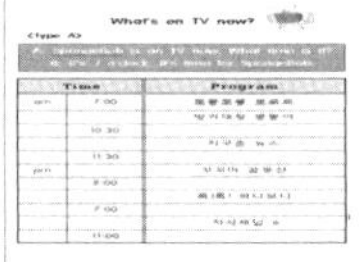 ⇨ 정보차 활동시, 짝이 잘못하여 활동이 원활하게 잘 이루어지지 않는 경우가 없는지를 유심히 살펴 그런 경우 3인 이상이 함께 활동할 수 있도록 한다.

		in the all blanks and complete the table. 5. When you finish, please tell me your name. This will make you the winner. 6. Okay, everybody finished? Let's check out the answers together. **KT** Are you finished? Wrap up your activity before this song stops. **Ss** (노래를 부르면서 활동을 정리한다.) **KT** Did you have fun? **Ss** Yes.		Number chant-one, two! ⇨ 정리노래가 끝나기 전에 활동을 마무리하기로 미리 약속을 한다.
Clos-ing	**Evaluation and Final Comments** Whole Class Activity	◉ **평가 Evaluation < Clown Slids >** **KT** Now, it's time to check your reading with Mr. Clown. 1. It's pair work. Get a partner. 2. Do rock-scissors-paper. 3. Put the word strip in the slits and pull it down in 3 beats. 4. The first player will read each word which comes up on clown's mouth. 5. You need to count how many words your partner can read. 6. Take turns. **KT** Who wants to be my partner? (학생 중 한 명을 지목하여 활동 시범을 보인다) **Ss** (짝과 함께 번갈아가면서 낱말 띠의 낱말들을 읽는다.) **KT** How many words did you read right? **Ss** I read _____ words. **KT** You did a great job today.	3	clown mask, word strips
		◉ **차시 예고 Next Class Notice** **KT** You did a great job today. Next time, you'll do a role-play with Pinocchio and review the whole lesson. What time is it now? **Ss** It's 12:30. **KT** It's time for~. **Ss** It's time for lunch!	1	바나나 스티커

		◉ 보상 및 인사 Marking Scores & Good-bye		
		KT Today's best group is ___.		
		KT (모둠별 학습태도와 참여도에 따라 바나나스티커로 보상한다.)		
		KT Bye, everyone. See you later.		
		Ss See you. Bye!		

8. 본시 평가 계획

영역	평가 관점	척도	평가 기준	평가방법
말하기 듣기	시각을 묻고 답하는 표현을 이해하고 말하는가?	상	시각을 묻고 답하는 표현을 이해하고 바르게 말할 수 있다.	관찰평가
		중	시각을 묻고 답하는 표현을 이해하고 말할 때 가끔 이해하지 못해 틀린다.	
		하	시각을 묻고 답하는 표현을 잘 이해하지 못하거나 바르게 말하지 못한다.	
읽기	숫자와 하루의 때를 나타내는 낱말의 의미를 이해하며 읽는가?	상	제시된 15개 낱말 중 12~15개 낱말을 읽을 수 있다.	지필평가
		중	제시된 15개 낱말 중 7~11개 낱말을 읽을 수 있다.	
		하	제시된 15개 낱말 중 0~6개 낱말을 읽을 수 있다.	
쓰기	숫자와 하루의 때를 나타내는 낱말을 쓸 수 있는가?	상	제시된 6개 낱말 중 4~6개 낱말을 쓸 수 있다.	체크 리스트
		중	제시된 6개 낱말 중 2~3개 낱말을 쓸 수 있다.	
		하	제시된 6개 낱말 중 0~1개 낱말을 쓸 수 있다.	
태도	활동에 열심히 참여하며 협조적인가?	상	활동에 적극 참여하며 협조하는 자세가 바람직하다.	수업 중 관찰평가
		중	활동에 참여하나 적극적이지 않으며 가끔 비협조적이다.	
		하	활동에 거의 참여하지 않으며 주로 비협조적인 편이다.	

4.2.3 기본형(4 skills) 활용 영어 교수·학습과정 세안의 실제(중등)

다음은 중등 수업 예시 수업안이다. 중등 교수·학습 지도안은 초등과 달리 대부분 영어로 작성한다는 차이가 있다. 교사의 영어 실력 차이도 일정 부분 영향력을 미치지만 수업 지도안이 주로 사용되는 곳을 살펴보더라도 이러한 현상을 이해할 수 있다. 현장에서 교수·학습 세안은 주로 수업 대회나 교내 수업 장학을 위해 사용된다. 교내 수업 장학을 할 때 초등에서는 전공과목이 따로 없기 때문에 교장, 교감, 수석 교사가 하는데 중등에서는 경력 많은 전공 과목 교사가 하는 경우가 있기 때문에 이러한 문제 역시 수업 지도안을 작성하는 언어 차이에 다소간 영향을 미치는 것 같다. 수업 활동 면에 있어서도 초등과 중등에 차이가 있는데 학습자들의 인지 능력 차이로 초등학교 영어 수업에서는 주로 듣고 따라 말하기, 즉 언어 기능의 단순한 습득에 초점을 맞추고 있다면 중등학교 영어 수업은 코퍼스를 통해 언어 규칙을 발견하는 등 학생들의 창의력과 사고력을 요하는 활동들이 많다.

다음은 4단원 My self-esteem 이라는 주제로 말하기 영역에 초점을 맞춘 김지순 교사의 수업 지도안이다. I wish I were ~ 라는 가정법을 익히기 위해 실생활에서 학생들이 관심을 가지는 외모에 대한 주제를 가져왔다. 이를 통해 인지적인 측면과 외모 뿐만 아니라 마음가짐도 중요하다는 정의적 요소들도 함양할 수 있다.

■ **UNIT:** Lesson 4 〈My Self-esteem>

■ **PERIOD:** The 8th lesson of 10 (Speaking Activities)

■ **OBJECTIVES:** By the end of this lesson, students will be able to

1. understand the visual materials given, and think about the 'true' beauty in oneself.
2. get used to the previously learned key expressions through group activity.
3. be prepared to write a letter to oneself for an assignment.

■ **Key Expressions:**

1. I wish I were ________.
2. You seem to be ________.
3. No matter how hard it may be ________.
4. I think you should ________.
5. A as ________ as B.

■ **MOTIVE:**

As the concept of "beauty" in the 21st century seems to have been standardized with influence from all sorts of media—TV commercials, magazines, billboards, and movies, teenagers have become more likely to 'evaluate' themselves on an outward level, not on their inward values based on 'inner beauty' or 'real personality': that is to say, a unique being. In this sense, this lesson aims to help teenagers switch their beauty 'criteria' to more constructive and optimistic criteria so that they may feel proud of themselves, and respect one another.

■ **TEXT :** HIGH SCHOOL ENGLISH (Lee, Neung-yule Publisher)

■ **FUNCTIONS**

To encourage students to practice expressions as following:

- guessing: You seem to be sociable.
- assuming: I wish I were prettier.
- advising: I think you should get up earlier.
- expressing emotions: I can't believe it's the same person!

■ **FOUR SKILLS**

- **LISTENING**: Understanding several movie clips from YouTube Broadcast Yourself
- **SPEAKING**: Practicing several patterns of expressions
- **READING**: Comprehending the text & vocabulary
- **WRITING**: Writing a letter to oneself

■ **TEACHING AIDS:** PowerPoint slides, electronic board, web browser, jumping rope, food trays, spoons & chopsticks, microphone, and mirror

■ **TIME ALLOTMENT:**

Period	Section	Page
1st	Listen In & Speak Out: Topic 1	p. 74 ~ p. 75
2nd	Listen In & Speak Out: Topic 2	p. 76 ~ p. 77
3rd	Real-life Listening, Before You Read - Activating Schemata	p. 78 ~ p. 79
4th	Reading 1	p. 80 ~ p. 81
5th	Reading 2	p. 82 ~ p. 83
6th	Reading 3 & After You Read	p. 84 ~ p. 85
7th	Discovering Grammar	p. 86
8th	**Speaking Activities**	**p. 74 ~ 77, p. 88**
9th	Writing Activities	p. 87
10th	Language Focus (Exercises)	p. 88 ~p. 90

Stage	Contents	Activities	Aids	Min
Introd- uction	**Greetings** **Review & Warm-up**	▪ The teacher (hereafter "T") exchanges greetings. ▪ T checks attendance. ▪ T reviews the previous lesson. ▪ T states goals for today's lesson. 1. to understand the video clips, and think about 'true beauty' inside oneself 2. to get used to the previously learned key expressions. 3. to be prepared to write a letter to oneself. ▪ T presents a PPT slide that shows some of the results of a survey conducted last class. - 'Three words that describe yourself' ▪ T lets one student do some matching with pictures displayed on a PPT slide. **"I wish I were different."** ▶ Describe yourself in 3 words. 자기 자신을 세 단어로 표현하자면? (예) funny, outgoing, cute) 1. 통뚱 몸매 2. 풍만한 볼살 () 3. 판다(?) vs. **"I am happy just the way I am."** ▶ Describe yourself in 3 words. 자기 자신을 세 단어로 표현하자면? (예) funny, outgoing, cute) 1. ordinary 2. happy 3. nice	Computer, Electronic Board, Power Point Slide	'6

Develop-ment	Pre-Activity	▪ T shows a short movie clip from YouTube - 『Airbrushing』 (appx 1 min/ 10 sec) ▪ T asks students (hereafter "Ss") what they think about the film. - Sharing ideas on 'What is being beautiful?' (http://www.youtube.com/watch?v=tbb8D-u8ues) ▪ T shows another PPT slide with pictures of 'beauties over time.' ☆ Renaissance Age → 20C → 21C (now) ▪ T asks Ss whether they think being skinny equals being beautiful. ▪ T shows a movie clip from - 『Tyra Show- Girls Want to be Skinny.』 (appx. 1 min/ 40 sec) - Sharing ideas on 'What little girls think about their looks.' 'Is being skinny the same as being happy?'  (http://www.youtube.com/watch?v=Ol2lLdKipqo) ▪ T shows a movie clip 『Reality』 (46 sec.)  - talking about extreme case of having a negative image about oneself (eating problems...) - "Let's try to have a positive image!" (http://www.youtube.com/watch?v=94c43AlwLKo)	Computer, Electronic Board, Power Point slides computer, Power Point slides, micro-phone	'14

Develop-ment	While-activity	(Now the class takes the format of a talk show.) ▪ T becomes the MC for the show and four Ss become the four guests for the day. ▪ Four guests and their friends (three for each guest) do a role play at the center of the stage. ※ *The number of groups performing can vary, depending* ***upon schedule.*** **1) the one who skips lunch** - *"I'm too fat. I wish I were skinny."* **2) the one who's worried about her legs** - *"I wish my legs were thinner."* **3) the one who's worried about her problem skin** - *"I wish I had a clearer complexion."* **4) the one who's worried about her small eyes** - *"I wish my eyes were bigger."*	computer, Power Point slides, jumping rope, water bottle spoons & chopsticks chairs, mirror	'25
Consoli-dation	**Wrap-up**	▪ T asks the four of them to introduce themselves. - 'I used to think I _________________. Now I can say I am ________, _________, and ________.' I am happy just the way I am! ▪ T distributes homework worksheet for the next class. ▪ T calls it a day.	micro-phone, worksheet	'5

4.2.4 기본형(4 skills)의 문제점

첫째로, 한 차시 안에 4 skills를 다 이끌어 낼 수 있는 가하는 문제가 제기된다. 사실 중·고등학생의 한 차시 수업은 45분, 50분이다. 이때 도입과 정리를 빼고 전개단계에서는 더 더욱 부족한 시간이다. 그렇기에 교사의 관리능력이 중요시 되는 것 또한 당연한 것으로 보인다.

둘째로는, 학생들의 말하기능력을 어떻게 지도해야 하는 가이다. 한 반의 인원수는 정해져 있고, 특히나 다른 읽기, 듣기, 쓰기와는 다르게 말하기능력은 진행되어 가고 있는 상황에서의 교정이 필요한 부분이기 때문이다. 특히나 입시위주의 고등학생 수업에서는 시간소모가 큰 말하기 지도가 어떻게 제대로 효율적으로 이루어져야 하는지 의문점을 제기할 수 있다.

셋째, 교수 활동과 교수 학습 자료에서 학생들과의 소통을 말할 수 있다. 청소년인 중·고등학생들이 스스로 왜 영어를 공부하는지에 대해서 자각하게 하는 것이 중요하다. 단순히 교사만의 열정으로 지도하는 것이 아닌 학생들 스스로도 인지하여 공부를 하여야 제대로 수업이 이끌어진다고 볼 수 있다. 이 또한 교사의 관리능력의 한 부분인 것이다. 어리지 않고 다 성장했다고 생각하는 중고등학생들에게 직접 스스로 수업준비 및 과제 이행에 있어서 좀 더 자율적으로 수행하게끔 만드는 것이다. 이때 교사와의 소통을 통해 생각해보고, 의견을 나누며 학생들에게 활동의 주체를 주는 방안으로 학습자료 등에 대해서 정해진다면 더 좋은 효과가 나올 수 있다.

넷째, 중고등학생의 수업분위기는 사실 단기 집중력을 계속적으로 상기 시켜주기 보다는 입시목적의 분위기를 좀 더 자연스럽게 풀어주는 분위기로 이끌어져야 한다. 학생들은 당장 입시에서는 말하기 능력과 쓰기 능력보다는 EBS 수능모의고사 문제집 푸는 것이 더 효율적이라고 생각하기 때문이다.

4.2.5 해결방법

앞서 들었던 의문점에 대해서 이야기 해 보자. 첫째, EFL상황인 우리나라에서, 또한 한 차시가 45분, 50분 수업시간인 현재 상황에서 4 skills 통합 모형을 매 차시에 제대로 이행시킬 수 있을까이다. 이를 해결하기 위해 4 skills 통합 모형을 꼭 한 차시 안에서 행하는 것보다 듣고 말하기, 읽고 쓰기 등 두 가지 식으로 나누어 범위를 한 단원으로 보아, 4 skills를 제대로 익힐 수 있도록 하는 방법이 있을 수 있다. 목표기간을 한 차시가 아닌 한 단원으로 보아 배분하여 수업을 진행 할 수도 있고, 수업시간이 아닌 수업이후의 시간에서 활용해 볼 수도 있다. 또한 숙제를 나눠주는 과정에서 조금 더 체계적으로 쓰기 능력을 향상 시킬 수 있는 학습지(Worksheet)을 사용하는 방법을 활용할 수도 있다.

둘째, 혼자의 힘으로서 배우기 힘들고 바로바로 교정이 필요한 말하기 능력을 어떻게 지도하는 가이다. 쉐도우(Shadow)기법으로 학생들 스스로가 듣고 읽으면서 읽기 능력을 따라 배울 수 있는 방안도 있지만 역시나 교정, 피드백(Feedback)이 필요한 부분에서 어떻게 효율적으로 한 명의 교사가 다수의 학생들을 이끌어 나갈 것인가 하는 의문점이

남아있다. 이 또한 한 차시의 수업시간 내에서가 아닌 아침 자습 시간 등을 활용하여, 말하기 능력을 교정하는 시간을 가질 수 있다고 생각한다. 이는 숙제를 이용하는 방법으로, 수업시간의 본문내용을 집에 돌아와 학생들 스스로가 직접 말해보고 녹음해 보아 기존의 CD-Rom 자료 등과 비교해 보는 시간을 가져보게 하는 방안도 있다. 시간 소모를 줄이기 위해 학생들의 듣고서 바로바로 따라 말해보는 쉐도우(Shadow)기법을 이와 같이 활용해볼 수 있다.

셋째, 학생들과 교사의 소통으로서 학생들 스스로가 왜 영어 공부해야하는지, 일깨워 주어야 한다는 점이다. 사실 수업시간의 전개 부분에서 이전 수업의 복습과 오늘 배울 주요 표현을 배우는 것보다 오늘 하루의 짤막한 명언 등을 통해서 학생들의 무의식적인 자신들의 모습을 깨우는 것이 더 효율적일 수 있다. 물론, 기본의 전개 과정에서 학생들은 이전 자신의 배운 내용을 상기하는 과정 또한 효율적인 방법이지만, 조금 더 장기전으로 보고, 깊게 본다면 요즘같이 변화무쌍한 세상살이에서 학생들의 스스로에 대한 고찰이 필요하고, 이를 도와주는 것 또한 교사로서의 역할이다. 이는 학생들의 참여를 적극적으로 자연스럽게 이끌어 낼 수 있는 원동력이 될 수 있다.

4.3 내용 통합(CBI)

4.3.1 내용 통합의 개요

내용 중심 영어교수법(Content-based instruction)은 목표언어를 습득하는 동시에 교과의 내용도 동시에 학습하는 통합적 교수법이다. 즉, 학생이 관심을 가지고 있는 분야(과학, 지리, 수학, 역사, 미술 등)의 내용을 목표 외국어로 가르침으로써 목표 언어와 내용에 대한 지식 둘 다를 익히고자 하는 목표를 가지고 있다. 이 교수법의 특징 중 하나는 '유의미 학습 원리'를 잘 따르고 있다는 것이다. 유의미 학습에서는 학생들이 배우는 내용은 실제성과 맥락성이 있어야 한다고 주장한다. 내용 중심 영어교수법에서의 다루고 있는 내용은 실제적인 지식으로 학생들에게 유의미하며 이를 통해 학생들에게 흥미를 유발할 수 있다. 예를 들어 과학을 영어로 가르친다고 한다면, 학습자의 주의집중은 영어자체

보다는 과학적 지식을 얻으려는데 있다. 영어는 과학을 가르치는 수단일 뿐이며 중심은 과학적 지식 내용에 있다. 이를 통해 학생의 내적 동기가 잘 고양될 수 있다.

내용 중심 영어교수법의 장점을 요약하면 다음과 같다. 첫째, 영어 외 다른 교과와 영어를 통합하여 학습함으로써 영어 시간이 아니어도 자연스럽게 영어로 말할 기회를 가질 수 있게 된다. 또한 다른 교과의 내용을 영어로 공부함으로써 다양한 분야의 어휘들을 폭넓게 공부할 수 있다. 둘째, 다른 교과의 내용을 가지고 영어를 수업하면 학습자들의 필요와 수준에 적합하고 다양한 형식의 생생한 자료를 수업 자료로 이용할 수 있다. 예를 들어 사회과와 영어과를 통합한다면 교통 시설을 주제로 하는 사회과를 통해서 각 나라 이름이나 교통 등을 영어로 말하게 함으로써 학습자들은 자연스럽게 교통과 관련된 용어를 영어로 연습하여 익히게 된다. 셋째, 내용 중심 영어교수법은 영어 학습에서 가장 중요한 진정한 의미의 의사소통을 가능하게 해준다. 기계적이고 반복적으로 흐르기 쉬운 영어 수업을 교과목의 지식을 습득하는 과정에서 의식적이고 의미 있는 의사소통이 가능하게 된다. 넷째, 학습 부담이 많은 학생들에게 내용을 통합하여 지도함으로써 학습 부담을 덜어줄 수 있다. 이러한 여러 장점 덕분에 현장에서는 CBI를 활용한 지도를 많이 실시하고 있다.

모든 교수법은 독립적으로 사용될 때 보다 교사가 그 수업에 알맞도록 필요한 교수법을 적당히 통합해서 사용할 때 높은 효과를 얻을 때가 많다. 효과적인 수업을 계획할 때는 학습자들의 현재 학습 수준에 유념하고, 특히 내용 통합 교수법에서 교사들은 수업 계획을 할 때 다음과 같은 부분에 유념해야 한다(김정렬, 2003).

1) 어휘 교수: 제 2언어 학습자들은 전문적이고 학문적인 문맥을 설명하는 어휘가 부족하기 때문에, 어휘 교수를 위한 체계적인 활동들이 계획되어야 한다. 교사는 교수 자료를 작성할 때, 학습자들이 학문적인 어휘가 부족한 점을 감안하여 어휘를 효과적으로 학습 할 수 있는 학습 과제를 고안해야 하고 중요한 개념은 강조하여 설명하여야 한다.
2) 목적 우선순위 매기기: 교사는 학습자들이 이해해야 하는 핵심 단어들이 무엇인지 결정해야 한다. 모든 소재를 포함하는 것이 항상 가능한 것은 아니기에 가장 유념해야 하는 것, 필수적으로 도달해야 하는 목적의 우선순위를 정하여야 한다.

3) 배경 지식을 줄 수 있는 활동들 제공: 수업 전 배경 지식을 활성화하여 학생들의 내용에 대한 이해를 높이고 동기를 유발시킨다. 배경 지식을 활성화 할 수 있는 방법에는 전 시간 수업 자료들을 다시 본다든지 그와 관련된 이야기를 흥미 있게 들려주는 등의 방법들이 있다. 학습자들은 자신의 경험과 관련된 브레인스토밍(brainstorming) 혹은 군집화(clustering) 활동 들을 통해 자신의 인지 구조를 발전시킬 수 있다.
4) 그룹 활동 이용: 그룹 활동은 소그룹, 짝활동 등 여러 활동으로 변화시킬 수 있으며 학습 과제에 맞게 진행되어야 한다. 학습자들은 이러한 구조화된 협동 학습을 통해 상호작용과 의사소통 능력을 발전시킬 수 있고 사회성을 기를 수 있다. 특히 오류 수정을 할 때에도 서로 상대방의 발음이나 표현을 듣게 하면서 정확한 표현을 익힐 수 있다.
5) 수업 속도의 조절: 효과적인 교수를 위하여 교사는 적절한 속도로 수업을 진행하고 항상 학습자의 발달 단계에 주의하면서 다양한 학습 과제 등을 활용해야 한다.
6) 구체적 조작활동: CBI에서의 활동은 주로 교사의 일방적인 강의식보다는 학생들이 참여하여 노작활동을 해보거나 구체물을 가지고 참여 할 수 있는 활동이 좋다. 왜냐하면 구체적 조작 활동을 통해 아직 언어적 한계가 있는 한국 학생들에게 수업에 지루함을 주지 않으면서도 그 언어가 실제로 사용되는 모습을 보여주는 장을 만들어 줄 수 있기 때문이다. 구체적 조작활동에는 공룡에 대해 그룹별로 다양한 주제를 정해 발표물을 만들어 프레젠테이션을 하거나 제기를 직접 만들어 보고 게임을 해보거나, 포장지를 만들고 감상하기, 5대양 6대주를 지도와 지구본에서 찾아보기, 원뿔을 직접 보고 원뿔의 특징 찾기, 태양계의 행성 특징 알기, 다양한 그래프 직접 만들어 보기 등 학생들이 직접 참여하는 활동 등이 있다.
7) 흥미로운 제재 선택: CBI 교수법은 영어를 익히기 위한 수단으로써 교과를 가르치는 것이다. 이에 교과의 내용을 학생들에게 전달해야할 필요성이 있기에 교사는 학생들에게 지식 위주의 어려운 말 대신 쉽고 재미있게 영어의 사용을 경험할 수 있게 하려고 한다. 따라서 제재 자체가 학생의 흥미를 자극하고 가시적이거나 학생참여가 가능한 활동이 구성될 수 있는 제재를 택하는 것이 좋다. 예컨대 수학에서도 수리나 계산보다는 도형 알아보기 같이 학생들이 구체물을 보고 조작할 수 있는 영역,

또는 그래프와 같이 가시적인 자료를 활용할 수 있는 영역, 과학에서도 학생들이 흥미로워하는 공룡이나, 다양한 계층이 가시적으로 나타날 수 있는 먹이 사슬, 학생들의 호기심을 자극하는 태양계와 같은 제재를 선택하는 것이다.

지도안을 짜는 것은 좋은 수업을 하기 위한 시작이자 모든 것이다. 물론 좋은 수업안이 있다고 해서 누구나 수업을 잘 할 수 있게 되는 것은 아니다. 똑같은 수업 지도안을 보고 교사의 해석에 따라, 그 수업을 실제로 진행하는 방식에 따라, 그 수업을 실제로 받게 되는 학생에 따라 수업의 결과는 다르게 나온다. 하지만 수업안에는 교사가 어떤 의도를 가지고 수업하고자 하는지가 대부분 다 담겨있다. 내용 중심 수업을 할 때는 다음에 유의하여야 한다.

첫째, 내용 중심 수업을 구성함에 있어서 언어 위주보다는 내용에 초점을 둔 이해 위주의 활동을 구성해야한다. 예를 들어 도형을 가르치기로 했다면 도형과 관계된 단어를 억지로 가르치고 이를 확인하는 활동을 계획하는 것보다는 도형의 특징을 모둠별로 말해보거나 찾아보는 활동, 특징에 나타나는 도형의 구성 요소를 찾아보고 재어보는 활동, 도형을 만들어 보는 활동 등을 통해서 학생이 자연스럽게 도형과 관계된 단어와 표현들을 학습할 수 있도록 하는 활동을 구성해야한다.

둘째, 교사는 실제 원어민들이 각 교과에서 사용하는 단어들의 쓰임을 잘 알고 그것을 학생들에게 전달 및 언어의 사용자로서 모델로 다가가야할 임무가 있다. 그러므로 책이나 다른 여러 정보 매체를 통해서 가르치고자 하는 교과의 언어 쓰임을 잘 알고자 노력하고 언어 사용의 모델이 되기 위해서 노력해야한다.

셋째, 언어 수준이 낮은 학습자에게 내용중심 접근법은 흥미롭고 효과적인 영어 교수법이 될 수 있으므로 학생의 교과적 인지 수준을 고려하여 차별없이 수업을 할 수 있어야 한다.

넷째, CBI접근법에서 학생들에게 발화할 기회를 주는 것은 좋지만 보이기 위한 수업을 너무 고려하여 매 시간, 매 차시 마다 학생들에게 오늘 새로 듣거나 배우게 된 단어를 사용하여 발화를 강요하는 것은 바람직하지 못한 것 같다. 이에 학생들에게 침묵기나 기다려주는 시간을 허용하고, 대신에 충분히 교사의 발화를 통해, 활동의 계획이나 자료의 투입을 통해 새로운 어휘가 어떻게 사용되는지를 학생들에게 전달할 수 있는 다양한 경로를 고민하여야 한다. 그렇게 된다면 학생들이 충분히 인지하게 되었을 때 스스로 새로운 단어를 사용하여 발화할 수 있게 될 것이다.

※ 수업안 작성시 유의점

1) 중요 단어 명시: 내용 중심 영어수업의 수업안을 작성할 때에는 교과와 관련된 중요 단어를 명시하여야 한다. 이는 교사가 가르칠 단어들 즉 본시에 학생들이 배우면 좋겠다는 분명한 언어적 목표를 인지하기 위한 것이다. CBI가 교과를 가르치는 것이다보니 일상생활에서는 잘 쓰지 않는 교과와 관련된 특수한 용어, 예컨대 수학 도형의 경우 꼭지점, 변, 모선, 과학의 경우 광합성, 수분, 화분, 암술, 수술 등이 사용되어 학생들이 어려움을 겪을 수 있다. 따라서 교사는 교과와 관련한 새로운 어휘나 문장을 유념해 두고 지도안을 구성하여야 한다.
2) 재미있는 제재 선택: 내용 중심은 영어를 익히기 위한 수단으로써 교과를 가르치는 것이다. 이에 교과의 내용을 학생들에게 전달해야 할 필요성이 있기에 교사는 학생들에게 지식 위주의 어려운 제재 대신 쉽고 재미있게 영어의 사용을 경험할 수 있게 하는 제재를 선택하는 것이 좋다. 예컨대 수학에서도 수리나 계산보다는 도형과 같이 학생들이 구체물을 보고 조작할 수 있는 영역, 또는 그래프를 보고 해석할 수 있는 주제가 좋다.
3) 다양한 교수·학습 자료: 교수 학습 자료면에서 교사는 학생의 참여를 이끌어내고 수업의 흥미와 동기를 높이기 위해 다양한 자료를 사용하여야 한다. 이를 위해서는 PPT 또는 학생들이 직접 손으로 만질 수 있는 구체물 등이 활용될 수 있다.
4) 지도안의 활동 구성: 지도안의 활동 구성은 교사의 일방적인 설명이나 전달 위주의 활동보다는 학생들의 노작 활동을 바탕으로 한 활동이 주로 구성되는 것이 좋다. 이는 EFL 상황의 한국에서 교사에 의한 많은 양의 영어 입력은 학생들의 이해에 어려움을 주기 때문이며, 학생들의 참여에 의해 이끌어가는 활동을 구성함으로써 언어에 대한 부담을 자연스럽게 낮추어주고 대신 즐겁게 수업에 참여할 수 있게 하기 위함이다. 활동의 예를 보면 달력 읽기에서 스피드 게임하기, 공룡 알아보기에서 공룡에 대한 발표자료 만들기, 고장의 전통 문화 알아보기에서 제기차기 게임

직접 해보기, 포장지 만들기, 원뿔 알아보기에서 직접 원뿔의 구성 요소 재어보고 찾아보기, 그래프 알아보기에서 직접 주제를 정해 조사한 결과를 바탕으로 그래프 만들어 보기 등을 활동 등이 있다.

5) 복합적 평가: 언어 목표뿐만 아니라 교과의 내용적 목표를 설정하고 이를 평가하여야 한다. 이는 CBI가 내용을 가르침으로써 언어를 가르치는 접근법이므로 달성하고자 하는 언어 목표 뿐만 아니라 차시 내의 교과 목표를 설정하고 이를 평가하여 학생들의 교과 내용 이해도를 확인하여 다음 수업에 반영하고 하기 위함이다.

다음은 내용 중심 통합 프로그램의 예시이다(이선아, 2004). 그저 주제를 목표 언어로 설명한다고 해서 CBI가 잘 이루어 질 수 없다. 계획 없는 CBI 수업을 하였을때 학생들은 무엇을 배웠는지에 대해 인식하지 못하고 멍하니 시간만 보낼 수 있다. 언어 뿐만 아니라 내용에 대한 교수도 이루어 지지 않을 가능성이 있다. 따라서 내용 중심 수업 프로그램을 실시 하기 위해서는 체계적인 과제 분석이 필요하다. 내용 중심 통합 수업을 위해 교사와 학생이 해야 할 일을 과제 중심으로 정리해보면 다음과 같다.

〈내용중심 통합 수업 프로그램 실행과정, 이선아, 2004〉

준 비			
교 사	학 생		
♧ 학생의 선행 지식 및 준비도 점검 ♧ 수업 단원 선정 및 교수 요목 구성 ♧ 적절한 과학과 수업 모형 선정 ♧ 학습 단원 어휘 분석 및 선정, 어휘 지도 방법 구안, 학습 지도안 작성	♣ 선행학습 떠올리기 ♣ 단원 예습 과제 점검 ♣ 수준별 집단으로 이동 (지정 차시)	→	수준 A
		→	수준 B
		→	수준 C

↓

제 시	
교 사	학 생
♧ 학습 목표 제시 ♧ 수준별 집단에 따른 교과내용어휘 사전지도 ♧ 교과내용 수업 내용 제시(교사의 시범 등)	♣ 수준별 내용 어휘 학습(지정 차시) ♣ 수업 내용 이해하기

↓

연 습	
교 사	학 생
♧ 개인별, 소집단별 학습 내용 안내 ♧ 학습 자료의 효과적 활용	♣ 개인별, 소집단별 활동

↓

<table>
<tr><th colspan="4">평 가</th></tr>
<tr><th>교 사</th><th colspan="3">학 생</th></tr>
<tr><td rowspan="3">♧ 교과 내용 평가
♧ 언어 영역 평가(듣기, 어휘)
♧ 교과 내용 어휘 평가
♧ 정의적 영역 평가
♧ 교사의 수업내용 평가(목표 달성도, 학생의 반응 등)</td><td rowspan="3">♣ 학습 결과 평가
♣ 평가 결과에 따른 수준별 심화 · 보충학습 실시</td><td>→</td><td>수준 A</td></tr>
<tr><td>→</td><td>수준 B</td></tr>
<tr><td>→</td><td>수준 C</td></tr>
</table>

↓

적 용	
교 사	학 생
♧ 수준별 과제 제시 ♧ 학생의 평가 결과를 통한 추후 수업 개선안 모색	♣ 자신에게 맞는 과제 선택 후 개별 과제 수행

내용 중심 통합 프로그램을 실행할 때 가장 큰 문제점은 학습자들의 언어 수준이 다르다는 것이다. 영어는 사교육의 영향으로 학습자간 수준 차가 매우 크다. 특히나 어려운 어휘가 많이 나오는 CBI에서 학습자들의 수준을 무시한 채 교수를 하면 저수준의 학습자들은 오히려 영어에 대한 흥미가 저하될 수 있다. 따라서 먼저 진단 평가를 통해 학습자들의 수준을 파악한 다음 저수준의 학습자들에게는 어휘 수준부터 시작한다면 고능력의 학습자들에게는 읽기 자료를 주고 전반적인 내용을 파악하게 한 다음 어려운 어휘들은 문맥을 통해 추론하게 하는 방법을 사용할 수 있다.

내용 중심 통합프로그램은 크게 준비, 제시, 연습, 평가, 적용의 다섯 단계로 이루어진다. 준비 단계에서는 학생의 선행 지식 및 준비도를 점검하고 수업 단원 선정 및 교수 요목을 구성한다. 또한 언어지도를 위해 학습 단원 어휘 분석 및 어휘 지도 방법을 구안한다. 제시 단계에서는 본격적으로 교과 수업 내용을 제시하는데 학습자들의 수준에 따라서 교과 내용 어휘를 사전 지도 한다. 연습 단계에서는 개인별, 소집단별 활동을 통해 배운 내용을 연습하고 평가 단계에서는 배운 내용을 토대로 평가를 통해 학습자들은 배운 내용의 인식 정도를 알게 된다. 마지막으로 적용 단계에서 학생은 자신에게 맞는 과제를 선택한 후 개별 과제를 수행하게 되며 교사는 수업 방법에 대한 반성 및 새로운 설계를 하게 된다.

물론 이러한 프로그램 실행 과정은 주제 종류, 학습자의 학습 스타일, 수준, 흥미에 따라 변형 가능하다.

4.3.2 내용 중심 영어 교수·학습과정 세안의 실제(초등)

다음은 수학과 영어를 접목시킨 초등학교 영어 수업지도안이다. 통합 수업 지도안에서는 한 가지의 교과목만을 중시하는 것이 아니기 때문에 목표를 제시할 때에도 언어 목표뿐만 아니라 교과 목표도 제시한다. CBI를 실행할 때 흔히 저지르기 쉬운 오류가 학생들의 인지 수준을 무시하고 주제만 가지고 통합하는 것이다. 학생들의 언어 수준과 인지 수준에 차이가 있기 때문에 발생하는 오류인데 학생들의 언어 이해를 위해 너무 쉬운 교과목의 내용을 가지고 오면 학생들이 흥미를 떨어뜨릴 수 있다. 물론 교과목의 내용 마저 이해하기 어려우면 그것 역시 문제가 될 수 있으므로 언어 목표와 내용 목표 사이의 균형을 잘 맞추는 것이 중요하다. 어려운 언어 요소를 가르치게 되면 다소 쉬운 내용을 가져오고 쉬운 언어 요소를 가르치면 어려운 내용을 가져오는 등의 방법을 사용할 수 있다.

1. Lesson Plan

가. Lesson : Solid figures.

나. Overview of the Lesson

이 단원에서는 생활 주변에 있는 물건들을 관찰하여 원기둥과 원뿔의 구체물에서 추상하여 이해하고, 그 구성 요소들을 알아본다. 또한 구체물을 펼치는 활동을 통하여 전개도와 회전체를 이해하고, 회전체를 회전시키기 전의 평면도형을 알아보게 한다. 또, 회전체를 여러 방향으로 자른 단면을 살펴보고 그 회전체의 특징을 학습하게 된다.

본 차시의 지도를 위해 6-가 단계까지의 내용 중 도형의 기본개념과 어휘를 사전 학습하였다. 또 본시에서는 비교하기 활동을 통해 원뿔의 특징을 생각하게 함으로써 학생들로 하여금 원뿔의 개념과 구성요소를 자연스럽게 발견할 수 있도록 유도하였다. 아울러 교실 영어 및 본시 관련 기본 어휘들을 활용하여 학생들이 자연스럽게 영어로 발화할 수 있는 기회를 최대한 제공하고자 한다.

다. Objectives of the Lesson

교과 측면 Comprehension objective	1. 원뿔의 개념을 이해할 수 있다. 2. 원뿔의 구성 요소를 알 수 있다.
언어 측면 Language objective	1. 원뿔의 특징을 이해하며 영어로 말할 수 있다. 2. 원뿔의 구성 요소를 영어로 말할 수 있다.

2. Evaluation of Students' Performance

가. 수학 관련

N=30

영역	내용	f1(수학 학습 직후)			f2(내용 중심 영어 교육 직전)		
		상 (3가지)	중 (2가지)	하 (0-1 가지)	상 (3가지)	중 (2가지)	하 (0-1 가지)
문제해결을 위한 전략의 이해도	다른 입체도형과의 비교활동을 통하여 원뿔의 개념과 구성요소를 찾을 수 있는가?	14 (46.6)	12 (40.0)	4 (13.3)	13 (43.3)	11 (36.7)	6 (20.0)
문제 해결 능력	다양한 활동을 통하여 원뿔과 원기둥 및 입체도형의 개념을 이해하고, 구성요소를 말할 수 있는가?	4 (13.3)	23 (76.7)	3 (10.0)	3 (10.0)	24 (80.0)	3 (10.0)

1차 조사일 : 2009.09.17 2차 조사일 : 2009.09.25

【분석 및 지도 대책】

수학교과 학습과 관련하여 대부분의 학생들이 1학기의 학습 내용인 기둥과 각뿔, 2학기에 학습한 원기둥, 원뿔에 대한 기초적인 지식을 가지고 있으며(90%), 비교활동을 통해 2-3가지의 원뿔의 특징을 찾아낼 수 있는 학생의 비율도 높게 나타났다(86.6%).

1, 2차 실태조사 결과 문제 해결을 위한 전략의 이해도 및 문제 해결 능력에서의 변화는

수학 학습이 종료됨에 다른 자연스러운 망각의 결과로 보인다. 따라서 본시에서는 원기둥과 원뿔을 비교하여 원뿔의 특징 및 구성 요소 찾기 등을 전개함으로써 내용 이해도는 높이고, 본시 목표인 원뿔의 개념과 구성요소를 영어로 이해하는 데 주안점을 두고자 한다.

나. 영어 관련

N=30

영역	내용	f		
		상 (5개 이상)	중 (2~4개)	하 (1개 이하)
도형의 영어 이름 인식 및 표현 수준	평면도형과 입체도형의 이름을 영어로 말할 수 있는가?	6 (20.0)	15 (50.0)	9 (30.0)
관련 어휘 및 문장 이해 정도	간단한 문장으로 도형(사각형, 원, 사각기둥)의 특징에 대해 각각 영어로 말할 수 있는가?	6 (20.0)	17 (56.7)	7 (23.3)

조사일 : 2009.09.17

【분석 및 지도 대책】

다수의 학생들이 평면도형과 입체도형의 영어 이름을 말할 수 있다고 응답하였다(70%). 그러나 삼각형, 사각형, 원과 같은 기초적인 도형의 영어 이름을 알지만 쓰지 못하는 학생들(30%)과 입체도형의 모서리, 면, 변 등의 본시 관련 영어 어휘를 알지 못하는 학생들(23.3%)이 있어 이에 대한 사전 지도가 병행되어야겠다.

3. Methodology Applied

차시	Topic	Contents	Vocabularies
1	Cylinders	· Identifying a cylinder · Understanding the elements of a cylinder	circular base, curved lateral surface
2 (본시)	**Cones**	**· Identifying cones** **· Understanding the elements of cones**	**vertex of a cone, slant height**
3	Surfaces of rotation	· Identifying the surface of rotation and the axis of rotation · Understanding spheres	rotation figure, axis, sphere
4	Cutting surfaces of rotation	· Identifying the cross sections of surfaces of rotations · Identifying the cross sections of a sphere	cross section, cross sections of a sphere

4. Teaching·Learning Strategies

가. 제재 선정 이유

CBI 수업에 있어서 수학 내용을 영어라는 도구로 가르침에 따라 많은 부담이 있는데, 이는 내용이 어려워서라기보다는 학생들의 흥미 유발 및 학습 동기 부여, 그리고 실제 언어생활로 구현하는 문제가 어렵기 때문이다. 6학년의 수학 교육과정 중에서 특히 원뿔의 개념과 구성요소 알기를 차시 제재로 선정한 이유는 이 단원이 다른 단원에 비해 학생의 흥미도가 높은 단원이며, 또한 학생들이 말할 수 있는 핵심 문장을 유의미하게 뽑아낼 수 있기 때문이다. 이에 수업자는 학생들이 원뿔에 대해서 설명할 수 있거나, 설명된 말을 듣고 원뿔의 구성 요소를 인지할 수 있기를 바라며 본 차시를 제재로 선정하였다.

나. 개념 형성 수업 모형의 적용

단계	도입단계		전개단계		정리단계
학습 내용	· 상황극(Skit)을 통한 동기 유발 · 학습문제 도출	▶	· 원기둥과 원뿔 비교하기 · 원뿔의 구성요소 찾기 · 게임을 통한 원뿔의 개념과 구성요소 확인하기	▶	· 생활 속에서의 원뿔 모습 찾기
교수·학습 전략	· 일상적인 대화의 이해 · 이어질 내용 예상하기		· 비교·대조하기 · 추상화하기		· 유추하여 찾아내기

다. 교사의 영어 구사 및 학생의 영어 활용

수업자는 학생들의 이해 수준과 실태 조사를 바탕으로 내용 전달 시 본시 주요 어휘를 구사함에 있어 좀 더 천천히, 분명한 발음을 강조하여 말하고, 비언어적인 요소(몸짓, 표정, 제스처 등)와 우리말로 부연 설명함으로써 언어 전달을 용이하게 하고자 한다.

교사의 발문에 대해 학생들은 기본적인 목표어 외에 우리말로 반응하는 것을 허용하여 자연스럽게 목표어에 익숙해질 수 있게 하고, 영어로 진행하는 수학공부 경험을 통해 자신의 생활에서 영어가 어떻게 활용되는지를 체험하여 영어에 대한 흥미와 자신감을 높일 수 있게 한다.

또한 학생의 발화 기회 확대를 위해 1학기에 배웠던 도형내용을 본시에 더하여 학생들이 도형을 설명할 수 있는 문장을 읽고, 듣고, 인지할 수 있도록 카드 게임을 계획하였다.

이 활동을 통해 학생들의 영어 사용 기회를 최대화하고자 한다.

라. CBI(Content based instruction)의 수업의 구성

CBI의 일반적인 교수·학습 전개는 동기 유발→새로운 어휘 제시→수업 목표 달성을 위한 활동→정리의 순이나, 본시에서는 새로운 어휘는 전시에서 학습하였으므로 생략하였고 원뿔의 구성요소 학습 시 어휘 활용 면에 비중을 두고 수업을 전개하고자 한다.

5. Teaching-Learning Plan

가. Teaching·Learning Procedure

Lesson	**Solid figures**	Grade	6th
Topic	Cones	Period & Pages	2/4
Main Objective	* **Students will be able to understand the concept of cones.** * **Students will be able to say the parts of cones.**		
Vocabulary	a vertex of a cone, slant height		
Key-expressions	* **Compare a cone with a cylinder.** * **Label the parts of a cone.**		
Materials	Power Point, word cards, cylinder, cone, chart.		

Steps (Time)	**Contents**	**Teaching - Learning Activities**		**Aids(•) & Notes(※)**
		Teacher	**Students**	
Introduction (6')	Greeting	T. Hello, everyone.	Ss. Hello, teacher.	
		T. How do you feel, today?	Ss. I'm fine, thank you. (Great, Happy, Not bad, etc.)	
		T. Very well, thank you.	Ss. How about you?	
	Review	T. O.K. What are we learning about, these days?	S. We are learning about solid figures.	
		T. Let's remind ourselves of figures we have learned.		
		T. What's this?	Ss. It's a Rectangular prism, triangular pyramid, cylinder, etc.	• PPT
		T. Good job. You remember what we learned.		

	Motivation	T. Oh, wait! what's the date today? T. Oh, today is Andrew teacher's birthday! T. Why don't we hold a birthday party for him? (Andrew is passing by the class) T. Hey! Andrew~! come on in.	S. It is september 30th. (Having a birthday party altogether.)	
		(Taking off the birthday hat) T. What is this? (Holding the fire crackers) T. What is this? T. Do you know what solid figure they are? T. Let's learn about cones.	 S. It's a birthday hat. S. This is a fire cracker. S. They are cones.	• cake • birthday hat • cracker
	presenting today's objective	Today, what we are going to do is identify cones.		※ 판서
		Identify the cone.		
Develop -ment (29')	presenting today's activities	<activity 1> What is a cone? <activity 2> Exploring a cone. <activity 3> What is the question?		
	<activity 1>	< Comparing a cone with a cylinder > ① Compare objects carefully and divide the words into the right group. ② Practice to present the results.		• cylinder shaped objects
		If there is one circular base and a curved lateral surface. It is called a "cone".		
		(Showing cylinder shaped objects) T. What is this?	 S_1. It is a baton. S_2. It is a Pringles container.	• cone shaped objects
		T. What solid figures are they? T. Tell me anything you know about a cylinder.	S. They are cylinders. S_1. It is a solid figure. S_2. It has two congruent bases. S_3. It has two circular bases.	

		S_4. It has a curved lateral surface.	
	(Showing cone shaped objects) T. What is this?	S_1. It is an ice-cream cone. S_2. It is a birthday hat.	
	T. What solid figures are they?	S. They are cones.	• Venn diagram • words for each group • cone objects and cylinder objects for each group • music stand
comparing the cone with cylinder	T. Why don't we talk about the similarities and differences between a cylinder and a cone. (putting the venn diagram on) T. Now, we are going to compare a cone with a cylinder.		
Identifying the cone	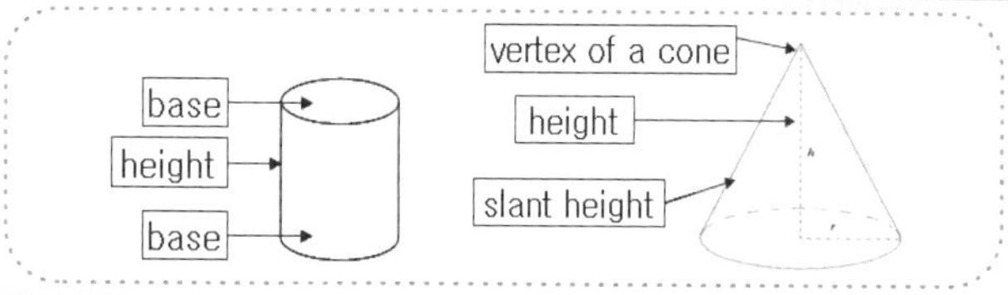 base height base vertex of a cone height slant height		
	T. Which group will present first?		
	T. Let's ask about the similarities between two solid figures.	Ss. How are they the same?	
	T. Let's ask about the differences between two solid figures.	Ss. How are they different?	
	T. What is a cone?	S. A cone is a solid figure that has a circular base and a curved lateral surface.	• chart
	T. Good, so let's define what a cone is, based on what you presented.		
<activity 2>	T. This is the cylinder we learned about last time. What is this part?	S_1. It's height. S_2. It's base.	• part name card • Big cone
	T. Like a cylinder, a cone also has each part. I especially want you to know these parts.		
	T. Do you know what slant means?	S. 기울었다는 뜻입니다.	
	T. It means diagonal.		
	T. Let's label the parts of a cone.	(Labeling the parts)	

Marking name of the each part on a cone	T. Which group will present the parts of a cone?	(presenting the parts of a cone)	※ 원뿔의 수직 단면 자료 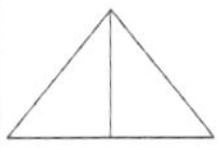
	T. Let's summarize what you said. What is this part?	Ss. Vertex of a cone	
Learning each part of the cone	T. Where is the vertex of a cone located?	S. It is the top of an object.	
	T. What is this?	Ss. Slant height	
	T. What is the slant height ?	S. Slant height is the distance from the vertex to the circumference.	
	T. How many slant heights can we find on a cone?	S. We can find many slant heights on a cone.	• ruler
	T. Let's find the height of a cone. Can you find the height of a cone from the outside?	Ss. No.	
	(Showing the middle part of the cone)		
	T. Which line is the height?	Ss. Number 3 is the height of a cone.	
	T. Who can tell me the characteristic of the height line compared to other lines?	S. Height is the distance from the top to the bottom vertical from the point of the cone.	
Measuring the height and slant height	T. Let's measure the slant height and height of your cone by using rulers.	(Measuring the height and the slant height)	
	T. How many centimeters is the height of a cone?	S. It's ○ centimeters long.	
	T. How about the slant height?	S. It's ○ centimeters long.	
<activity 3> What is the question?	T. Now, It's time for a game. You know how to play the "what's the question game", right?	(Participating in the game.)	• Cards
	T. Today's extra point answer a is cone related question. If you get an answer about the cone, you can get 2 points.		

		① The host reads the answer on a card to group members. ② If a player gives the correct question, then he or she gets a point. ③ If none of the players give the correct question, the host announces the question and reads the next card to every group member.		
	Finding objects in real life	T. Who are the winners? T. Could you tell me what objects look like a cone in our life?	(Answer the question) S_1. Snacks S_2. Birthday hats S_3. Pylons S_4. Ice cream cones S_5. Fire crackers	• PPT
Arrange-ment (5')	Closing the class Previewing the next class	T. It's time to wrap up the class. T. What did you learn today? T. If we cut the cone at the middle of it, what shape will it be? T. I fold the triangle up. What shape is it? T. If I rotate this, what solid figure can I get? T. We will learn about rotation figures next time. T. Did you enjoy the class? Have a good day.	S_1. I learned about cones. S_2. I learned cones have a circular base. S_3. I learned cones have a slant height S. It will be a triangle. S. It is a right triangle. S. You can get a cone. Ss. Yes Have a good day.	• a cone • chart

나. Writing Plan

2. Solid figures.(2/4)

♣ Identify the cone.

Activity 1 : What is a cone?

Activity 2 : Exploring a cone.

Activity 3 : What is the question?

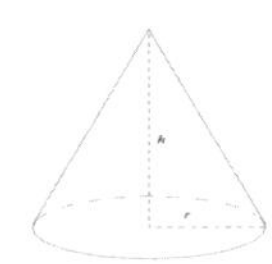

If there is one circular base and a curved lateral surface.

It is called a **"cone"**.

다. Evaluation

구분	평가영역	평 가 내 용	평가방법
학생	수학교과	* 원뿔의 개념을 이해하여 표현할 수 있는가? * 원뿔의 구성요소를 알고 말할 수 있는가?	교사의 관찰 평가 학생의 자기 평가 및 또래집단 상호평가
	언어(영어)	* 원뿔의 특징에 대한 표현을 듣고 적절한 반응을 할 수 있는가? * 원뿔의 구성요소를 영어로 말할 수 있는가?	
	참여도	* 수업 활동에 적극적으로 참여하였는가?	
교사		* 수업이 계획대로 잘 진행되었는가? * 수업 자료 및 발문이 적절하였는가? * 학생과의 상호 작용이 활발히 이루어졌는가? * 학생의 영어 사용기회를 확대하기 위하여 노력하였는가?	자기평가, 동료평가, 학생평가

4.3.3 내용 중심 영어 교수·학습과정 세안의 실제(중등)

다음은 조미선(2011) 교사의 2011 중학교 교사 수업연구발표대회 본선 영어 교수학습 과정안이다. 이는 중등 학교에서 CBI를 적용한 교수·학습 지도안 예시로서 수업자는 먼저 교과서 분석을 통해 내용 중심 영어 교육이 가능한 콘텐츠를 추출하고 다른 과목과의 연계성을 조사하였다. 그 결과 학생들이 관심이 갈만한 직업에 관한 내용을 발견하였고 이를 Holland의 직업 성격 유형과 관련한 영어 수업을 계획하였다. 상위 학습자들을 대상으로 수업하였기 때문에 수업의 언어적 교수 내용은 다소 어려운 편이며 학생들의 창의적 사고력을 계발할 수 있도록 여러 가지 활동들을 구안하였으며 과제 중심 접근법(Task Based Approach) 방법으로 수업을 진행하였다.

I. 수업 연구의 개요

1. 수업연구의 필요성과 목적

현대 사회는 개인생활에서 국가 정책에 이르기까지 사회의 모든 분야에 걸쳐 지식과 정보를 이해하는 능력과 함께 지식과 정보를 생산하고 전달하는 능력을 요구하는 지식 기반의 사회이다. 이러한 환경에서 영어는 국제적으로 가장 널리 쓰이고 있는 언어로서, 각기 다른 모국어를 가진 사람들을 이해하고 이들과의 의사소통과 유대를 가능하게 하는 국제어임이 분명하다. 또한 빠르게 변화하는 최첨단 사회에 현명하게 대처하고, 비인간화되어 가고 있는 사회에서 바르게 살아가기 위해서는 언어사용 기능 신장과 그에 따른 창의적 사고력의 계발이 절실히 요구되고 있다. 창의적 사고력 계발은 우리의 일상생활뿐만 아니라 첨예화된 국제 경쟁 시대와 예측할 수 없는 미래의 문제에 능동적으로 대처하는 길이며 개인적으로나 국가적으로 생존할 수 있는 확실하고도 유일한 방편이다. 이러한 상황가운데 최근 영어교육계에서는 내용 중심 영어교수법(Content-Based Instruction)이 관심을 받고 있다.

우리나라와 같은 EFL상황에서는 영어로 특정과목의 수업을 하는 교과 통합방식이 의사소통 확대를 유도할 수 있다고 보는 견해들이 많다. 이는 학습자의 관심분야와 관련된 내용을 영어와 함께 학습하게 함으로써 궁극적인 영어교육의 목표인 의사소통능력을 신장시킨다는 것이다. 이미 초등학교를 중심으로 수학, 과학, 미술 등의 교과목에서 영어로 진행하는 통합수업이 시도되어 효과가 검증되고 있고 일부 특수목적중학교에서는 내용 중심 영어교육을 학교 현장에서 보다 쉽게 적용할 수 있는 방안을 탐색하고 일반화하기위해 노력해 오고 있다. 이에 본 수업 연구에서는 창의적 재량활동의 한 주제인 적성 및 진로 교육을 영어교육과 통합하여 내용 중심의 영어수업을 실시함으로써 학생들이 자신의 적성을 알고 미래의 직업을 설계하며 궁극적으로는 창의적 사고력을 신장시킬 수 있는 방안을 모색하고자 한다.

2. 수업 연구의 방향

본교는 영어, 수학 과목에 한하여 전학년 수준별 이동수업을 시행하고 있다. 이에 본 교사는 3학년 1반, 2반의 심화반 학생 28명을 대상으로 두산영어(이병민 외 7명) 3학년 교과서와 활동책의 8과 'A Hero Among Us'의 내용을 '창의적 사고력 신장을 위한 내용 중심 영어교육의 Post-Reading Activities'라는 주제로 교과서를 재구성하여 내용 중심의 영어수업 모형 중의 하나인 주제 중심형 모형(theme-based model)을 도입하고, 3학년 전체 학생을 대상으로 한 Holland 진로적성 검사를 토대로 학생들이 적성과 직업을 탐구하고 자신의 미래의 꿈을 이루기 위해 해야 할 노력과 준비에 대해 쓰고 발표함으로써 학생들의 창의적 사고력을 신장시키고자 한다.

Ⅱ. 이론적 배경

1. 내용 중심 교수법 (Content-Based Learning Instruction)의 정의

Snow에 의하면 영어교육에서 '내용(content)' 이라는 말은 전통적 문법 번역식 교수법에서는 목표어의 문법적 구조를 의미하였으나 최근에는 제2언어 혹은 외국어 교육 목적을 위한 과목 사용의 문제로 본다. 이는 학습자의 요구나 흥미를 고려하여 선정한 주제나 타 교과 과정에서 배우는 내용을 영어 학습에 이용하는 것을 의미한다. 이에 대해 Brinton, Snow와 Wesche(1989)는 내용중심 교육의 의미를 언어의 형태나 구조보다 주제에 초점을 맞추고, 언어는 학습자의 흥미를 끄는 정보를 전달하는 매개체로 사용하는 것이라고 하였다. 즉, 어떤 교과의 교육이 영어로 행하여진다면 학생들은 교과 내용을 이해하고 질문하기 위해 절실한 의사소통의 필요성을 느끼게 되어 교실에서 더욱 적극적으로 상호작용, 의미교섭, 비언어적 표현 등을 동원해서 의사소통 활동을 하게 된다는 것이다.

2. 내용 중심 교수법의 주제 중심 모형

주제중심 모형은 구문론적인 언어학습에 중심을 두지 않고 일반 과목의 내용이나 특정 주제를 가지고 진행하는 수업방식이다. 이러한 수업을 통해 학습자는 일반 지식과 목표언어를 자연스럽게 습득하게 된다. 이 모형에서 사용되는 주제들은 학습자들의 관심분야를 고려하여 결정하며 교사는 학습내용의 주제를 하나의 언어능력 개발 수단으로 보고 수업

에서는 다양한 주제들을 이용하거나 한 가지의 주제를 보다 심층적으로 다루어야 한다. 이러한 주제들을 통해 언어 습득의 4가지 영역인 듣기, 말하기, 읽기, 쓰기의 향상을 위한 활동을 구성한다. 이를 통해 학습자는 내용에 대한 범위와 깊이를 더욱 실용적이고 실제적으로 이해하고 습득할 수 있다. 이에 본 수업 연구에서 학생들이 '적성과 직업' 이라는 주제를 가지고 자신의 미래를 설계하는 내용 중심의 영어수업을 하고자 한다.

Ⅲ. 학생 실태 조사 및 분석

1. 학생실태 조사 및 분석

본 수업연구의 방법 구상 및 효과적인 실행을 위하여 3학년 심화반 학생 114명을 대상으로 다음과 같이 설문조사를 실시하였다. 설문지의 구성은 영어 흥미도 및 창의성 인식과 내용 중심 영어교육에 관한 학생들의 인식을 조사하였다. 진로 적성 검사 및 유형 분류는 올해 3월 본교 3학년 전체 학생을 대상으로 한 Holland 진로적성 검사를 바탕으로 하였다.

가. 영어 흥미도에 관한 학생 인식

문항	설문내용	응답내용	응답수	비율(%)
1	영어과목에 대한 흥미도	높음	23	20.2
		보통	46	40.4
		조금 흥미있음	31	27.2
		흥미없음	14	12.2
2	가장 약하다고 생각하는 영어영역	듣기	22	19.3
		말하기	32	28.1
		쓰기	54	47.4
		읽기	6	5.2
3	영어 학습에서 가장 중요하다고 생각하는 영어영역	듣기	15	13.2
		말하기	79	69.3
		쓰기	12	10.5
		읽기	8	7

영어 과목에 대한 흥미도에 있어서 보통 이상의 학생들이 60.6%로 나타났다. 심화반의 학생들의 경우 이미 교과서의 내용을 미리 예습하거나 숙지하고 있어 흥미를 잃은 학생들의 응답도 다소 있었다. 영어 학습에 있어서 가장 어려움을 느끼는 영역은 역시 쓰기 영역이었고 중요하게 여기는 영역은 말하기로 나타났다. 이것으로 볼 때 학생들은 말하기와 쓰기 영역에 대해 많은 학습의 부담을 가지고 있고 이에 따라 수업도 말하기, 쓰기중심으로 진행되어야함을 시사하고 있다. 본 수업 연구를 통해 학생들이 읽기 활동 후 말하고 쓰는 활동을 보다 효과적으로 할 수 있는 방법을 모색하고 또한, 심화반의 경우 교과서 수업 자체를 매우 쉽다고 생각하고 수업에 집중하지 않는 경우가 있으며 이를 보완하기 위해 교과서를 재구성하거나 교과서 내용을 기반으로 한 보다 수준 높은 콘텐츠의 학습이 필요함에 따라, 내용 중심의 영어수업을 통해 새로운 영어수업의 시도가 오히려 학생들에게 흥미를 유발시켜주고 수업에 대한 기대감을 높일 것으로 생각한다.

나. 창의성에 관한 학생인식

문항	설문내용	응답내용	응답수	비율(%)
1	자신의 창의적 사고력 정도	높음	26	22.8
		보통	70	61.4
		조금 낮음	16	14
		없음	2	1.4
2	창의적 사고력과 영어학습과의 관계정도	높음	13	11.4
		보통	63	55.3
		조금 낮음	31	27.2
		없음	7	6.1
3	창의적 사고력을 위해 계발해야한다고 생각하는 영어영역	듣기	22	19.3
		말하기	43	37.7
		쓰기	33	30
		읽기	16	14

창의성에 관한 설문에 있어서는 학생들의 약 61% 정도가 보통의 창의성을 지니고 있다고 응답하였고 창의적 사고력이 영어 학습과 보통 이상의 관계가 있다고 생각하는 응답이 66%이상 나왔다. 또한 창의적 사고력을 계발하기 위해서 필요한 영어 영역은 말하기라고 생각하는 응답이 37.7%, 쓰기는 30%의 응답이 나왔다. 이것으로 보아 수업시간에

교사는 학생들에게 단편적인 문법이나 구문을 외우게 하기보다 자신의 생각을 표현하게 하는 말하기와 쓰기 중심의 수업모형을 통하여 학생들의 창의적 사고력을 신장시키도록 노력해야 할 것으로 본다.

다. 내용 중심의 영어교육에 관한 인식

문항	설문내용	응답내용	응답수	비율(%)
1	내용 중심의 영어교육이 영어실력에 주는 효과	높음	22	19.3
		보통	67	58.8
		조금 낮음	13	11.4
		없음	12	10.5
2	일반 교과의 내용중심 영어수업에 대한 인식	찬성	22	19.2
		중립	50	43.9
		반대	29	25.4
		모르겠음	12	10.5
3	내용 중심 영어 수업의 효율성 정도	영어만사용	14	12.3
		한글영어같이 사용	83	72.8
		학습지만 영어로 제시	22	19.3
		한글수업후 영어정리	3	2.6

일반 학생들에겐 다소 생소한 내용 중심의 영어교육에 관한 학생들의 인식에 있어서 내용 중심의 영어교육이 영어실력에 주는 효과에 대해서 보통 이상의 응답을 한 학생들의 비율이 78%였다. 또한 일반교과의 내용 중심 영어 수업에 대한 인식에 있어서 찬성이 19.2%, 중립의 입장을 취한 학생들이 50%였다. 본교의 학생들은 내용 중심 영어수업에 대한 기초지식이 전혀 없는 상태여서 중립적인 입장을 많이 차지하고 있으나 심화반의 경우 보다 수준 높은 영어 수업에 대한 기대감이 있음으로 거부감 없이 수업이 진행되어 왔고, 본 수업 연구를 통하여 적성 및 직업 탐색과 영어 수업을 병행한 내용 중심의 수업을 시도함으로써 학생들의 유의미한 영어 사용능력을 극대화하고자 한다.

라. Holland 진로적성유형 분포도(3학년 1, 2심화반)

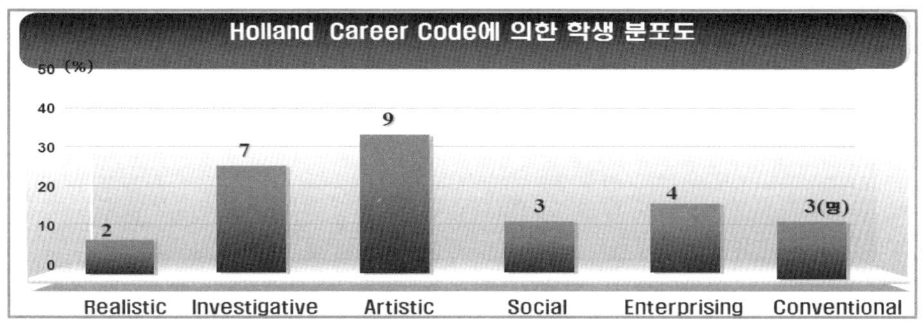

위 분포도에 따르면 수업반의 구성에서 탐구형과 예술형의 학생이 많고 나머지 유형은 2-4명 정도로 나타났다. 탐구심이 높고 상상력이 풍부하며 예술적 끼가 많은 학생들이 분포되어 있었는데 본 수업에서는 조별 활동의 원활함을 위해 제 1 적성 외에 제 2 적성코드까지 연계하여 7개의 그룹 4명의 학생이 한 조가 되도록 구성하였다.

2. 기대효과

가. 읽기 활동 후 교과서를 재구성하여 내용 중심의 영어수업을 진행함으로써 적극적이고 수준 높은 영어 출력의 기회를 제공하여 학생들의 잠재능력을 개발하고 창의적 사고력을 신장시킬 수 있을 것이다.

나. 적성에 따른 직업을 탐색하고 자신이 원하는 직업을 위해 갖추어야할 요건을 영어로 쓰고 말함으로써 유의미한 의사소통활동능력을 배양할 수 있다.

IV. 수업연구의 설계

1. 내용 중심 영어교육의 연계를 위한 교과서 분석

두산 중학영어(이병민) 3의 전체 콘텐츠 중 내용 중심 영어 교육이 가능한 콘텐츠를 추출하고 다른 과목과의 연계성을 조사하였다. 그 중 총 5과의 내용중심 영어수업이 가능한 과를 선정하고 본 수업연구에서는 8과의 직업과 관련된 내용을 재구성하여 읽기 후 활동으로 영어수업과 연계하고자 한다. 본 수업에서 사용할 적성유형은 전 세계적으로 진로지도와

상담에서 가장 많이 사용되고 있는 John L. Holland의 6가지 직업적 성격 유형론이다.

단원	주제	통합교과	결과물
Lesson 3 Ask Mr. Owl Anything	Interesting facts about Animals	Science	Science Report
Lesson 4 Beyond the Paintings	Interesting stories about Famous paintings	Art	Art Report (예선발표)
Lesson 7 Amy's First Korean Food	Korean Food	Home Economics	Dishes
Lesson 8 A Hero Among Us	Aptitude & Occupations	Independent Act.	Job Planner
Lesson 9 Shop Smart	Advertising	Social studies	Advertisement

2. 차시별 지도계획 : (Ⓣ-Text, Ⓐ-Activities Book)

Period	Book	Section	Study Step
1	Textbook	Warm Up, Listen&Speak Getting Started	Ⓣ p.114~115 → Ⓐ p.135 → Ⓣ p.116
	Activity Book		· 자신이 생각하는 영웅에 대해 말하기 · 내용 묻고 답하기 · 그림과 연관된 단어고르기
2	Textbook	Listen&SpeakⅡ Listen&Speak Plus	Ⓣ p.117 → Ⓐ p.136, 140, 144
	Activity Book		· 화제 이어가기 · 대화를 듣고 관련된 내용 고르기
3	Textbook	Conversation Talk&Play	Ⓣ p.118~119
			· 우리 주위의 영웅에 대해 대화하기 · 힌트를 하나씩 추가해 가는 '알아맞히기' 게임하기
4~6	Textbook	Before You Read Read&Think	Ⓣ p.120~125
			· 사진을 보고 신문기사 제목 완성하기 · 영웅에 관한 글 읽기
7	Textbook	After You Read Reading Plus	Ⓣ p.125 → Ⓐ p.137, 141, 145
	Activity Book		· 글의 내용순서대로 배열하기 · 본문 내용과 일치여부 판단하기

8	Textbook	Think & Write Writing Plus	Ⓣ p.126 → Ⓐ p.138, 142, 146
	Activity Book		· 적성과 직업조사하기 · 자신의 장래희망과 그것을 위한 자신의 미래계획 쓰고 발표하기
9	Textbook	Language in Use Language in Use Plus	Ⓣ p.127 → Ⓐ p.139, 143, 147
	Activity Book		· 그림과 표현 이용하여 문장 규칙과 구문의 의미 유추하기 · 주어진 정보를 이용하여 문장완성하기
10	Activity Book	Check Your Progress / More Reading / Culture Note / Web Activity	Ⓐ 148~152
			· 단원의 의사소통 기능 및 문법 내용에 대한 언어의 네 가지 기능 연습하기 · 단원관련 웹활동하기

3. 단원 학습지도 계획

가. Text: Middle school English 3 by Doosandonga

나. Unit : Lesson 8. A Hero Among Us

다. General Aims :

1) To learn the following functions:

a. expressions for asking about the content, "What is it about?"

b. expressions for continuing conversation, "Speaking of heroes, who's your hero?"

2) To read :

a. The main text and understand who is "a hero among us".

b. The main text and understand what had happened in the story.

3) To learn the language patterns of :

a. Using past tense when talking about the past, "He quickly decided that he would land the plane on the Hudson River."

b. Using subjunctive mood when imagining the past that hadn't happened, "If there had been any fear in his voice, the passengers would have been very scared."

4) Vocabularies : captain, career, crew, emergency, fear, fire fighter, hero, impossible, land, licence, moment, passenger, pilot.

V. 수업연구의 실제

1. 본시 수업 Profile

Unit	Lesson 8 A Hero Among Us			
Students' Level	3rd Grade Advanced Class			
Length of Class	45 min.			
Learning Aims	◉ Ss will be able to put the main text in order. ◉ Ss will be able to match career codes and occupations. ◉ Ss will be able to write and speak about their career codes and jobs.			
Teaching Aids	PPT, Handouts, Video Clips, A ball			
Activity Form	Individual work	Pair work	Group work	Whole class
	Ⓘ	Ⓟ	Ⓖ	Ⓦ
Previous class	Reading of the main text			

2. 본시 교수·학습 과정안

Pre - Task

Procedure	**Directions**	
	Interaction: T⇒Ss (T⇔Ss) Ss⇒Ss Ss⇔Ss	
	Teacher	Students
Intro-duction	◉ Greetings ◉ Warm up & Review · Have Ss say tongue twisters ◉ Introduce Today's Aims · Show the pictures about jobs · Tell Ss about today's aims	◎ Say hello & Response to the T's greeting ◎ Ss say tongue twisters.Ⓦ ◎ Think about what they will study today watching picturesⓌ ◎ Listen to today's aims.Ⓦ
	◈창의적 사고력 요소: 직업에 관한 사진을 보고 오늘 배울 내용 추측하고 예견하기	

While - Task

<table>
<tr><th>Procedure</th><th colspan="2">Directions</th></tr>
<tr><td rowspan="4">Develop-
ment</td><td colspan="2">Interaction: T⇒Ss (T⇔Ss) (Ss⇒Ss) (Ss⇔Ss)</td></tr>
<tr><td>Teacher</td><td>Students</td></tr>
<tr><td>◉ Speed game about new words & jobs
· Let Ss explain words with speed game
◉ Watching video clips
· Let Ss watch and answer the questions
◉ Graphic Organizer
· Let Ss fill in the Graphic Organizer with mutual dictations</td><td>◎ Say the answers Ⓖ

◎ Watch video clipsⓌ
◎ Answer the video clip questions

◎ Have mutual dictations and fill in the chart Ⓟ</td></tr>
<tr><td colspan="2">◈창의적 사고력 요소: Speed Quiz를 통해 단어를 설명함에 있어 창의적이고 순발력있는 영어문장과 답을 하도록 유도. 짧은 시간 동안 단어를 풀어내는 사고력과 판단력 필요, 본문의 내용에 해당하는 video clip을 보여주고 공동받아쓰기(mutual dictation)와 도식 조직자(graphic organizer)를 통하여 본문의 내용을 시간차별로 이해함으로써 읽기 후 활동을 완성함.</td></tr>
<tr><td rowspan="4">Develop-
ment</td><td colspan="2">Interaction: (T⇒Ss) (T⇔Ss) (Ss⇒Ss) (Ss⇔Ss)</td></tr>
<tr><td>Teacher</td><td>Students</td></tr>
<tr><td>◉ An Expert's Lesson
· Let Ss watch an expert's lesson and match career codes and jobs.

◉ Writing Job Planner
· Let Ss watch interview with guests
· Let Ss write about their job planners
· Let Ss have presentations</td><td>◎ Listen & Fill in the chart Ⓘ
◎ Match the jobs and career codes ⓌⒾⒼ

◎ Listen to the interviewⓌ
◎ Complete the Job Planners and speak about their career codes and jobs ⓌⒾⒼ
◎ Have presentations about their job plannersⒼ</td></tr>
<tr><td colspan="2">◈창의적 사고력 요소: 전문가로부터 Holland 진로 적성 유형에 대한 설명을 듣고 적성과 직업을 서로 연결하며 이때 학생들이 적성코드에 관해 생각하고 발화하게 함으로써 사고의 기회를 제공, 초대 손님을 모셔 자신의 진로를 위해 어떤 준비를 하였는지 알아본 후, 같은 유형끼리 그 적성유형에 알맞은 직업을 탐색하고 자신이 원하는 직업에 대해 어떤 준비를 해야 할지 쓰고 발표하게 함으로써 사고력을 키우며 말하기, 쓰기능력을 동시에 배양함.</td></tr>
</table>

Post -Task

Procedure	Directions	
Consoli-dation	Interaction: T⇒Ss (T⇔Ss) Ss⇒Ss Ss⇔Ss	
	Teacher	Students
	◉ Wrapping up with Tic-Tac-Toe · Show wrong sentences ◉ Giving them the stamp	◎ Correct the sentences & play the Tic-Tac-Toe game ⒾⒼ ◎ Receive the stamp Ⓦ
	◈창의적 사고력 요소: 오늘 했던 활동의 내용을 서술한 문장 중 잘못된 문장을 찾고 질문에 답함으로써 배운 학습의 강화 및 완성도를 높임.	

3. 교수·학습 과정안 한글 요약

단계	활동 (시간)	내 용
도입	Greeting Warm-up Introducing Aims (3′)	학생들과 인사를 나눈 후 tongue twister로 워밍업을 하고 직업에 관련된 사진을 통해 학습의 흥미를 유발하고 동기를 부여한다.
전개	Speed Game for Words (4′)	지난 시간 공부한 본문의 단어들을 Speed Game을 통해 복습하고 어려운 단어는 단어카드를 통해 다시 복습한다.
	Watching Video Clips(4′)	본문의 내용에 해당하는 video clip을 보여주고 그 내용에 대해 Comprehension Check-up을 실시한다.
	Mutual Dictation & Graphic Organizer(6′)	본문의 내용을 mutual dictation으로 완성하고 그 문장들을 시간 순으로 배열하여 본문의 이해도를 높힌다.
	Expert's Lesson(8′)	전문가로부터 Holland Career Code(Holland 직업적성유형)의 설명을 듣고 직업과 Career Code를 분류하며 자신의 career code에 대해 이해한다.
	Job Search & Planner (6′)	초대 손님을 모셔 자신의 career를 위해 어떤 노력을 했는지 들은 후, 같은 유형끼리 Job Search & Planner의 학습지를 완성한다.
	Presentations(9′)	적성유형별로 자신들의 Planner를 발표한다. 이때 한명의 학생이 자신의 job에 필요한 내용을 설명하고 quiz 형태로 다른 팀들이 그 직업을 맞추게 한다.
정리	Wrapping up with Tic-Tac-Toe (4′)	본 수업내용에 대해 전반적인 학습이해 여부를 Tic-Tac-Toe 게임으로 평가한다.
	Summary (1′)	· 오늘 배운 내용을 정리하고 차시를 예고한다. · 학생에게 I♡English 도장을 부여한다.

4. PPT 교수·학습 흐름도

도 입(학습동기부여, 학습목표소개)

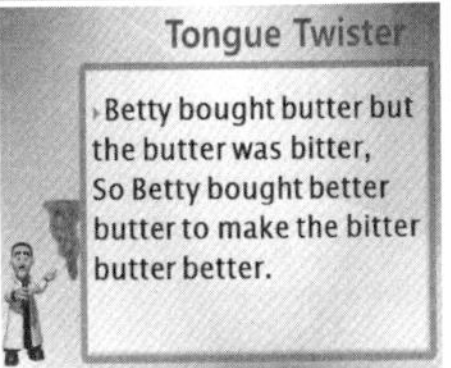

Today's Aims

- Ss will be able to put the main text in order.
- Ss will be able to match Career Codes and occupations.
- Ss will be able to write and speak about their Career Codes and jobs.

전 개 1(활동 1, 2예)

Video Clip Questions

1. Where did this plane take off?
   At the LaGuadia airport
2. Why didn't the engines work?
   Because A group of birds hit them.
3. Where did the plane land?
   On the Hudson River
4. Why did Mr. Sullenberger become a hero?
   Because he saved the lives of a lot of people.

video clip

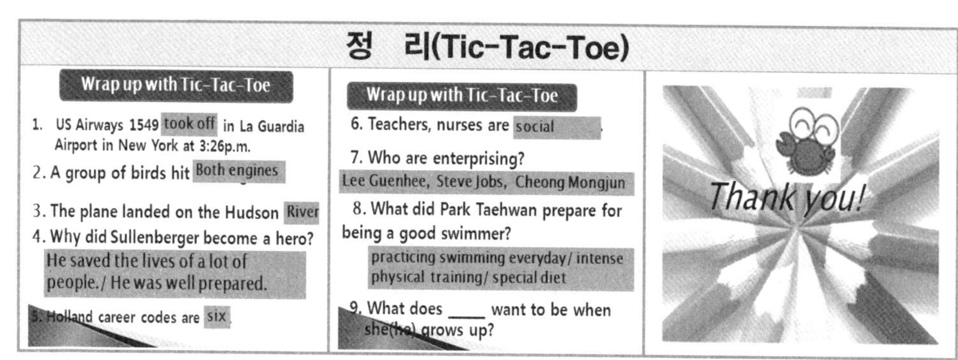

4.3.4 내용 중심 수업의 문제점

첫째, CBI는 특정 교과목을 가르치기 때문에 이 과목에 필요한 단어들을 따로 가르칠 필요가 있으며 가르쳐야 할 어휘 수 역시 많은 편이다. 이를 학생들에게 어떻게 가르칠 것인가 하는 문제가 제기된다.

둘째, CBI는 영어를 가르치기 위해 교과 내용을 도입하여 가르치는 것인데 이 때 교사의 교실 영어는 정확해야 하는가의 문제가 제기된다. 영어 교사의 교과 내용 지식에는 한계가 있을 수 있다. 그렇다고 그 과목의 전담 교사가 가르치려 한다면 영어 실력의 한계가 있을 수 있어 이 두 가지의 간극을 어떻게 좁힐까 하는 문제가 제기된다.

셋째, 영어 수준이 높지 않은 학생들에게 CBI는 효과적인 영어교육 접근법이 아닐 수 있다. 기본적인 생활영어도 알지 못하는 학생들에게 교과목과 관련된 다소 어려운 영어를 가르쳐야하는가에 대한 교사의 고민이 있을 수 있다.

넷째, CBI수업에서 학생들에게 어느 정도의 발화를 시켜야 하는가의 문제가 있다. 의사소통중심교수법에서 학생의 의사를 전달하기 위한 발화는 매우 중요하다. 그러나 활동위주의 수업을 하다보면 시간에 쫓겨 발화 시간이 부족하게 되는 문제점이 발생할 수 있다. 이 경우 학생들에게 반드시 발화를 시켜야 할 것인가에 대한 문제가 제기된다.

4.3.5 해결 방법

- 학생들에게 CBI에 필요한 어휘들을 어떻게 가르칠 것인가?

어휘를 가르치는 방법에는 크게 2가지가 있다. 개별 단어의 뜻을 명시적으로 알려주는 직접 어휘 교수법과 단어 뜻을 문맥을 통해 추론하게 하는 간접 어휘 교수법이 그것이다. 전자의 장점은 수준이 낮은 학생들에게도 단기간에 목표 어휘를 습득 시킬 수 있다는 것이고 후자의 장점은 새로운 단어를 만났을 때 혼자서도 단어의 뜻을 추론해낼 수 있는 능력을 향상시킬 수 있다는 것이다.(Jenkins, Matlock, Slocum, 1989)

따라서 목표 어휘의 중요도에 따라 이 두 가지 방법을 적절하게 혼용할 수 있다. 예를 들어 입체도형 중 원뿔을 가르친다고 가정하면 학생들은 vertex(꼭지점), slant height(모선), base side(밑면), lateral surface(옆면)과 같은 수학과 관계된 단어들을 가르쳐야 하는데 전개 단계의 첫 번째 활동에서 이러한 단어들을 가르칠 수 있도록 단어의 짝 맞추기 활동이나, 스내치 게임, 또는 이러한 단어들이 사용된 문장들을 분리하여 카드로 만들어 놓고 모둠별로 문장 빨리 완성하여 모둠원이 함께 읽기 등의 직접적 교수를 위한 활동을 구성할 수도 있고, 언어를 가르치기 위한 언어 위주의 활동보다는 함께 원뿔의 구성요소를 알아보면서 해당 단어를 알고 꼭지점 개수를 세어본다든지 모선이나 밑면, 옆면의 크기를 재어본다든지, 이러한 특징에 바탕으로 하여 원뿔을 만들어 보기 등의 활동을 통해 학생들이 자연스럽게 해당 단어를 인지하고 더 나아가서 이들을 사용할 수 있는 활동을 구성할 수도 있다.

- 교사의 교실 영어는 정확해야 하는가의 문제가 제기된다

CBI교수법을 적용할 때 교사의 영어 실력 때문에 영어 교사만이 전담하여 가르쳐야 한다, 또는 교사의 영어 실력과는 상관없이 무조건 CBI식 접근법을 도입해야 한다는 다양한 주장이 있었다. 한국은 EFL 상황이며 교실 외에서 영어를 사용해 볼 수 없는 환경이기에 문맥이나 상황에 맞는 영어를 배우기 힘들다는 비판에서 CBI가 도입되었다. 즉 학생들은 실제로 교사에게 곤충의 다리가 몇 개인지? 정육면체의 특징이 무엇인지? 등을 물어봄

으로써 실제적인 의사소통이 일어난다는 것이다. 이러한 측면에서 여전히 교사는 학생들에게 입력(Input)을 줄 수 있는 유일한 통로인 셈이다. 그러므로 교사는 가능한 한 정확한 영어 실력, 더 나아가서는 각 교과의 특성에 맞는 영어를 구사할 수 있어야 하며, 이는 CBI의 성공적 실시에 필수적이다. 그렇지 않다면 학생들은 학생들이 배워야할 목표언어 사용의 예를 제대로 알 수 없고 틀린 입력을 바탕으로 상호작용 및 출력(Output)할 것이기 때문이다. 하지만 교사는 원어민과 같은 완벽한 입력을 줄 필요는 없으며 세계어로써의 영어의 지위를 기억하고 그 속에서 이해 가능한 입력을 학생에게 주면 될 것이다.

- 영어 수준이 높지 않은 학생들에게 CBI는 효과적인 영어교육 접근법인가?

영어 수준이 높지 않은 학생들에게도 CBI는 효과적인 영어교육 접근법이다. 학생들이 교과를 영어로 배우는 것은 어려운 일이지만 제대로 된 CBI를 한다면 학생들은 교실 내에서 듣게 되는 입력을 실제적인 입력으로 느낄 수 있다. 영어 수준이 높지 않은 학생들은 영어에 대한 흥미도가 낮은 경우가 많다. 그런데 이들이 좋아하거나 친숙한 내용을 가르친다면 그들의 영어에 대한 흥미도도 높일 수 있고 더불어 이해의 문제를 조금 해결할 수 있다. 다만 이 때 영어 수준이 높지 않은 학생들에게 효과적인 접근법이 되게 하려면 CBI 활동 구성 시 인위적이고 작위적인 언어활동 구성이 아닌 실제적인 언어 활동이 되도록 하여야 하며 교과 내에서 언어가 어떻게 사용되고 말하게 되는지를 학생들이 직접 경험할 수 있도록 해주어야 한다.

- CBI수업에서 학생들에게 반드시 발화를 시켜야 하는가?

보통 CBI의 경우 책이나 교사의 말에 의해 새로운 교과를 영어로 배우고 나서 그에 대한 효과로 자연스럽게 언어가 습득되어지는 것이다. 따라서 학생들이 교사가 하는 자연스러운 발화를 충분히 듣고 학생들이 발화 준비가 될 때까지 학생들에게 발화를 강요해서는 안 된다. 진정한 CBI의 효과를 보기 위해서는 보여주는 수업 대신에 학생들 스스로가 충분히 듣고, 문맥 속에서의 사용을 인지하여 발화할 수 있을 때까지 학생들에게 지나친 발화를 강요하는 활동이나 분위기를 조성해서는 안 된다는 것이다.

4.4 역할놀이

4.4.1 역할놀이의 개요

영어를 외국어로 배우는 우리나라와 같은 환경에서는 교실에서 배운 영어를 일상생활에서 실제로 사용해 볼 기회가 거의 없기 때문에 실생활과 유사한 언어 사용 상황이 되도록 인위적인 환경 조성이 요구된다. 이러한 인위적 환경 조성에 가장 적합한 방법 중 하나로 역할놀이(Role-Play)를 들 수 있다. 역할놀이는 학습자의 의사소통 향상에 가장 적합한 한 방법으로 Livingstone(1983)은 학생들에게 언어와 역할 행동의 양상과 교실 밖에서의 그들이 필요한 실제의 역할을 연습시키는 기회를 제공하는 활동이라고 정의하고 있다. 즉 역할놀이는 상호작용(Interaction activity)의 한 형식으로 학습자에게 언어사용과 관련된 역할을 가상으로 부여하고 주어진 상황에 맞도록 말하고 행동하도록 하는 수업 방식이라고 할 수 있다.

역할 놀이의 장점은 학생들이 가상 인물을 맡아 연기함으로써 큰 흥미와 자신감을 갖게 되고 학생들을 수업 과정에 적극적으로 참여시킬 수 있다는 것이다. 또한 자신이 아닌 다른 사람이 되어 이야기 하기 때문에 목표 언어에 대한 정의적인 부담감을 최소화 할 수 있고, 의사소통의 필요성을 절실하게 느낌으로써 영어 수업에 친숙하게 참여할 수 있게 된다. 그리고 그 가상적 역할의 수행을 통하여 언어의 기능에 대한 보다 명확한 이해가 가능해지며 사회 언어학적 언어의 기능, 의미의 미묘한 차이, 어법 뿐만 아니라 다양한 문화 사이의 상황에서 더 나은 이해를 제공해 줌으로써 언어 기능에만 치우친 영어 학습을 보완해준다(최영식, 2002)

기본적인 과정안은 크게 도입, 전개, 정리로 나누어진다. 도입부분은 인사 및 대화를 통한 워밍업과 본 수업 전 흥미를 유도하기 위한 동기유발, 수업 전개에 대한 소개로 이루어져 있다. 전개부분에서는 역할놀이에 필요한 필수 어휘 및 표현들을 복습하거나 연습하기 위한 기본 학습부분과 역할 놀이에 필요한 대사를 연습하는 연습부분, 실제 역할 놀이를 수행하는 수행부분으로 구성되어 있다. 특히 역할 놀이의 특성상 대부분 4차시 중 4차시 또는 일부 3차시에 역할 놀이가 구성되어 있다. 다음은 박수진(2000)이 제시한 역할놀이 수업 모형 절차이다.

1. 역할놀이 수업 모형의 절차

1) 1단계: 집단의 분위기 조성

이 단계는 문제를 학생들에게 소개해서 그들 각자가 취급해야 할 영역으로 인정하는 단계이다. 예컨대, 분위기 조성이란 집단 내에서 어떤 문제를 규명하는 것에서부터 시작한다. 이때, 교사는 학생들에게 어떤 문제에 대해 수용적 분위기를 조성하여 모든 관점과 느낌, 행동들이 질책 받지 않고 탐색 될 수 있다는 사실을 학생으로 하여금 느끼게 한다. 또한 문제를 예를 들어가면서 분명하게 표현함으로써 학생들이 그러한 상황을 가상해서 또는 실제 상황으로 표현할 수 있도록 도와주는 일이 중요하다.

역할놀이의 상황은 여러 가지 주제 예컨대, 학급에서 자주 일어나는 학생 상호간의 문제, 신문에 자주 오르내리는 최근의 관심사들, 또는 문학 작품이나 역사적 상황 등으로부터 얻어질 수 있다. 처음 역할놀이를 할 때는 교사가 상황을 선택해 주지만 일단 익숙해지면 학생들도 제안할 수 있다.

2) 2단계: 역할놀이 참가자 선정

학생들이 대체로 상황을 이해하고 분위기가 조성되어 각자 의견을 말하기 시작했을 때 역할을 실제 맡아서 상황의 결말을 전개해 보고 싶은 학생이 누구인지 의사를 타진하며, 부드럽게 학생들을 유도하는 것이 바람직하다. 역할놀이를 처음 할 때에는 지나치게 어린이답지 않거나 성인들의 기호에 맞는 모범답안을 제시하리라고 추측되는 학생을 선정하지 않는 것이 좋다. 왜냐하면 처음부터 모범 답안식의 해결이 나면 학생들이 그 같은 상황에서 할 수 있는 자유로운 생각과 느낌에 제동을 거는 구실을 할지도 모르기 때문이며, 한편으로는 사회적으로 용납될 수 없는 행동의 결과를 탐색해 봄으로써 더 많은 것을 배울 수 있기 때문이다. 역할 선정은 교사가 용기를 북돋우거나 격려를 할 수는 있겠지만, 결국 결정은 학생 스스로 내려야 하며 억지로 어떤 역할을 떠맡기는 것은 바람직하지 못하다.

3) 3단계: 무대 설치 및 역할놀이 준비시키기

역할놀이를 처음 시작해 보면 대개의 학생들이 자신의 느낌이나 반응을 그대로 표현하기 보다는 교사가 그들에게 기대하는 것이 무엇인가를 추측해서 거기에 맞도록 행동하는 경향이 있다. 그러므로 가능한 한 학생들에게 그들의 느낌을 솔직히 말해도 그들에게 아무런 피해도 없을 것이며 바로 그 솔직한 반응이 교사가 찾고자 하는 것이라는 것을 미리 인식시킬 필요가 있다.

학생들이 심리적으로 어떤 상황 속에 놓이게 하기 위해서는 주어진 문제에 관한 이야기, 사진, 설명 등에 흥미를 가지고 깊이 참여하여 어떤 일이 벌어지고 있는가를 이해해야 한다. 때에 따라서는 상황과 관련된 인물, 관련된 감정 등에 대한 이해를 돕기 위해 미리 배경에 대해 소그룹 집단별로 토의를 하는 것이 필요하다.

일반 학급 상황에서 역할놀이 상황으로 자연스럽게 변화시키기 위해서는 장면을 설정하는 것이 좋다. 만약에 주어진 주제가 문학작품이나 역사적 상황이라면, 장면 설정으로 역할놀이의 분위기를 조성하는 것이 중요하며 당시의 일상생활 습관이나 풍속에 대한 정보를 미리 제공하는 것이 필요하다. 가구 등을 약간 움직이거나 "이 일이 벌어지는 곳이 어디지요?", "이 장소는 대체로 어떤 모습일까요?" 등의 공상적인 장면 설정에 관한 질문을 던지는 것도 바람직하다. 만약, 소품이 필요할 경우에는 칠판이나 그림을 그려서 대용하거나 특정 가구 대신 의자를 몇 개 배열해 보는 것도 바람직하다. 그러나 지나치게 소품이나 무대에 신경을 쓰는 것은 바람직하지 못하다. 간단한 소품이 가장 효과적일 수 있음을 명심해야 한다.

4) 4단계: 관찰자를 준비시키는 단계

역할을 맡을 학생들이 정해지면 역할놀이가 시작되기 전에 나머지 학생들이 좀 더 능동적이고 지적인 관람객이 될 수 있도록 준비시켜야 한다. 왜냐하면 역할놀이의 목적은 놀이에 참가하는 학생과 그것을 관람하는 학생 모두가 그 경험으로부터 배울 수 있는 것이어야 하기 때문이다. 만약 관람할 학생들의 주의가 산만하고 딴 생각에 젖어 있거나 다음에 자기들이 역할을 맡을 때를 대비해서 준비만 하게 되면 결국 역할놀이에서 어떤 일이 진행되고 있는지 이해하지 못하게 된다. 참으로 의미 있는 청중이 되려면 주의를 집중하고 예의를 지키며, 놀이의 진행 과정에 대해 이해를 함으로써 무엇을 보고 들었는지 정확히 진술할 수 있고 보고 들은 것을 해석할 수 있으며, 자신이 세워 놓은 기준에 의거하여 평가할 수 있어야 한다. 학생들에게 이 같은 참관 능력을 기르려면, 교사가 학생들에게 관람하는 동안 구체적으로 무엇을 해야 하는지 지적해 주는 것이 바람직하다.

예를 들어서 “자, 역할놀이가 행해지는 것을 보고 듣도록 하세요. 다 끝난 후에 선생님이 구체적으로 누가 무엇을 어떻게 했는가에 대해서 질문할 거예요.”, “역할놀이에서 벌어지는 일이 실제로 일어날 수 있을지 생각해 보세요” 등의 말로써 학생의 주의를 유도할 수 있다. 처음으로 역할놀이를 할 때는 학급의 모든 학생이 같은 것을 주의 깊이 보도록 하고 좀 더 역할놀이에 경험이 생기면 분단으로 나누어서 각각 다른 점에 중점을 두어 관찰하도록 할 수 있다.

5) 5단계 : 역할놀이의 실연

역할놀이를 하면서 학생들은 주어진 상황을 마치 실제 상황처럼 똑같이 느끼고 행동해야 한다. 실제로 어린 학생들이 연기를 할 때는 역할을 맡은 학생들이 자연스럽게 연기할 수 있도록 교사와 급우들이 연기를 하는 학생들에게 정신적 안정감을 주도록 협조하여야 한다.

6) 6단계: 역할놀이에 대한 토론과 평가하기

일단 한 차례 연기가 끝나면, 토의를 하여서 학생들의 통찰력을 활용하도록 해 본다. 이렇게 토의하고 재 시행하는 반복 과정을 통하여 역할놀이가 학습된다. 시행착오의 과정을 거치고 나면 학급 전체가 바람직한 의사소통에 도달할 수 있도록 이끈다. 언제 이 같은 반복 과정을 끝내야 하는가 하는 것은 교사 각자의 판단력에 따른다. 물론 학생들이 흥미 있어 하며 토의가 의미 있고 생산적인 경우에는 이를 중단해야 할 필요가 없다. 평가에서 중요한 것은 학생들의 연기력이나 극적 효과에 대해서 평가하지 않도록 하는 반면, 역할을 맡은 학생들의 의사 소통과정에 초점을 두도록 하는 것이다.

7) 7단계: 재 실연하기

재 실연할 때에는 새로운 아이디어가 시도되고, 새로운 역할자에 의해 상황이 재해석되며, 첫 번째 주어졌던 것과는 다른 각도에서 수행할 수 있도록 학생에게 역할 기회를 주어야 한다. 재연이라고 해서 되는대로 수행해서는 안 된다. 교사는 토론을 이끌고 역할자를 선정하며, 놀이를 언제 끝내야 할지 결정하고 가장 바람직하다고 생각되는 아이디어를 선택해야 한다. 몇 차례의 재연과 토론이 끝나면 학생들이 제의한 아이디어를 요약하여 생각을 정리하도록 도와준다. 또한 교사는 학생들에게 그들의 생각이나 느낌을 말하도록 요구하며, 학생들이 토론하고 묘사했던 아이디어에 대하여 결론을 도출할 수 있도록 도와준다.

8) 8단계: 경험을 공유하고 일반화하는 단계

문제 상황을 자연스럽게 학생들의 경험과 관련지을 수 있도록 자유로운 토의 분위기를 조성해야 한다. 그러한 토의를 통해서 학생들의 사회화가 가능하며, 자신의 경험과 관련된 행동의 내면화를 이루게 되는 것이다. 이를 통해서 학생들은 새로운 문제 사태에 따른 자기 나름대로의 전략을 수립하고 실행하게 되며, 민주적인 자질과 태도를 갖추게 되는 것이다.

역할 놀이의 효과를 높이기 위한 방법으로 학습 활동을 자세하게 제시하며, 학생들의 수준 및 많은 활동량을 고려하여 역할놀이 5단계 지도 순서에 따라 역할 놀이 과정안을 작성하고 수업을 진행하는 것이 좋다. 구체적인 학습 활동은 PPT 등으로 자세하게 설명하고, 학생들의 수준을 고려하여 대본을 작성할 때 다양한 수준의 학생들이 모두 역할을 선정할 수 있도록 다양하게 구성하는 등의 노력이 필요할 것이다. 다행히 교사의 부담을 줄이기 위한 외부적 시설, 즉 영어 체험실이나 스마트 보드 등이 이미 많은 학교에 구축이 된 진행된 상태이므로 이를 적극적으로 역할 놀이에 활용하는 것도 좋다. 이와 같은 여러 가지 방안들을 적용한 역할 놀이 교수·학습 과정안의 한 예를 제시하면 아래의 표와 같다.

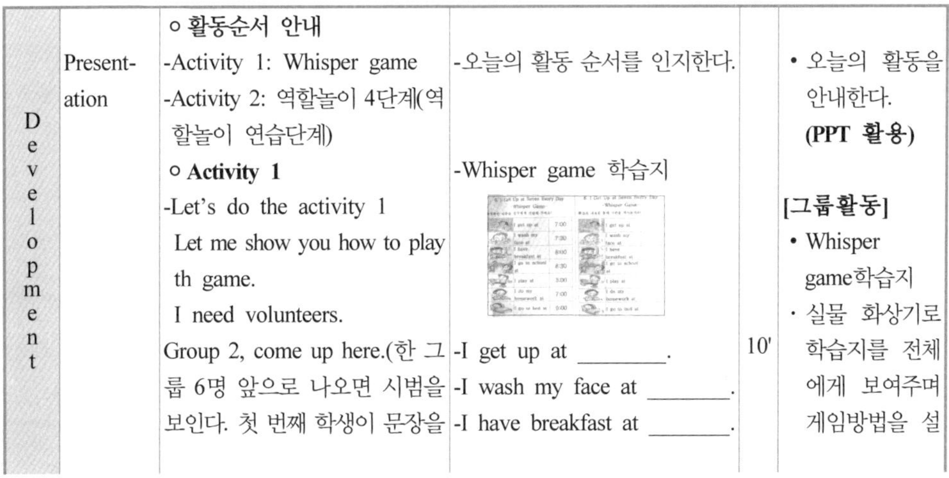

Development	Presentation	○ **활동순서 안내** -Activity 1: Whisper game -Activity 2: 역할놀이 4단계(역할놀이 연습단계) ○ **Activity 1** -Let's do the activity 1 Let me show you how to play th game. I need volunteers. Group 2, come up here.(한 그룹 6명 앞으로 나오면 시범을 보인다. 첫 번째 학생이 문장을	-오늘의 활동 순서를 인지한다. -Whisper game 학습지 -I get up at ________. -I wash my face at _______. -I have breakfast at _______.	10'	• 오늘의 활동을 안내한다. **(PPT 활용)** **[그룹활동]** • Whisper game학습지 · 실물 화상기로 학습지를 전체에게 보여주며 게임방법을 설

		귓속말로 다음 학생에게 말하면 들은 학생은 문장을 다른 학생에게 전달하고 맨 마지막 학생은 들은 시간을 기록한다.)	-I go to school at ________. -I play at ________. -I do my homework at _____. -I go to bed at ________.		명한다. • 귓속말로 소곤소곤 전하여 가까이 앉은 다른 학생에게 들리지 않도록 주의한다.
	Practice	ㅇ **Activity 2-** 역할놀이 5단계 (역할놀이 연습) -Let's do the activity 2. -상황설명: 엄마(Mom)가 학교에 가야하는 자고 있는 Tom을 깨우고 있다. 아빠(Dad)는 거실에서 신문을 보고 있다. -Let's divide group of 3. -Supply managers, come up here. Take these handouts. -Let's practice.	-7개의 시간을 전부 기록한 뒤 제출한다. -역할놀이 상황 제시 및 이해 -인물 설정 및 이해 -3명씩 그룹을 만든다. -주어진 상황에 맞게 대본을 완성 후, 역할을 나눈다. -각자 선정한 역할을 연습한다.	15'	**[그룹활동]** · 문장을 영어로 쓰지 못하면 한글로 표기하도록 허용하거나, 그룹의 Helper 역할을 맡은 학생이 도와주도록 한다. (학생들의 수준 고려) · 역할놀이 연습할 때 너무 소란스럽지 않도록한다. · 5단계 역할놀이 학습지
	Production	-Which group is first? -Ready action! -To have reflection about presenting the role-play. -Who participated best in the role-play? -Who was the best actor or actress today?	-역할놀이를 그룹별로 발표한다. (영어 체험실 활용) -역할놀이를 반성해 본다. -누가 가장 적극적으로 참여를 했는지 발표한다. -누가 가장 역할을 자연스럽게 잘 했는지 발표한다.		

역할놀이 교수·학습 과정안의 학습형태 흐름을 살펴보면, 먼저 전체학습을 통해 도입부분 및 학습목표를 안내한다. 이 후 짝활동이나 모둠활동을 통해 역할 놀이에 필요한 필수 문장, 즉 대화문을 연습하고 다시 전체 활동을 하면서 모둠에서 연습했던 역할 놀이를 동료들에게 발표하는 기회를 부여한다.

역할놀이 교수·학습 과정안의 교수·학습 활동 및 활동주체를 살펴보면, 대부분의 활동이 학생 중심으로 이루어져 있다. 현장에서의 수업 내용을 살펴보면 지난 시간에 배운 내용을 복습하거나 필수 문장을 배우고 제시하는 단계에서는 교사와 학생이 주체가 되는 경우도 많았으나, 모둠 또는 짝 활동으로 역할 놀이를 연습하고 준비하는 활동과 발표하는 활동은 대부분 학생 중심으로 이루어지고 있다.

역할놀이 교수·학습 과정안의 교수·학습 자료를 살펴보면, 기본적인 교과서, 평가지, 학습지 외에 특별히 역할 놀이를 하면서 실제 상황을 연출하기 위해 필요한 마스크, 손가락 인형, 밴드 등이 더 사용될 수도 있다. 도구 하나만으로도 역할 놀이 수업 분위기가 확 달라지는 경우가 있는데, 도구를 사용함으로써 EFL 환경의 영어 학습자들에게 실제로 영어를 사용하도록 하는 환경을 조성해 줄 수 있다.

4.4.2 역할놀이 활용 영어 교수·학습과정 세안의 실제(초등)

다음은 역할 놀이를 활용한 초등 3학년 영어 교수·학습안이다. 초등학교 3학년 학생들은 주의 집중 시간이 짧고 몸으로 활동하는 것을 좋아한다. 따라서 아래와 같이 역할 놀이를 통해 신체 활동을 하는 것은 영어에 대한 흥미를 불러일으킬 수 있으며 몰입도 높은 수업을 가능하게 한다.

1. 단 원 명 : 4. Wash your hands

2. 단원의 개관

간단한 명령문을 듣고 신체로 표현하게 함으로써 기억을 오래하게 하고, 언어를 배우는 데에 대한 부담을 줄일 수 있다. 이 단원에서는 신체의 명칭을 사용한 명령문을 익혀 영어 학습에 대한 학생들의 심리적 부담을 줄이고, 영어에 대한 흥미와 자신감을 높이고자 한다.

3. 단원의 목표

듣기	1. 신체의 명칭을 넣어 간단한 명령문을 듣고 이해한다. 2. 명령문을 듣고 행동으로 반응한다.
말하기	1. 신체의 명칭을 넣어 간단한 명령문을 말한다. 2. 명령문에 대한 응답의 말을 한다.

4. 단원 지도 계획

교과서에서 제시한 차시별 수업모형은 아래와 같다. 도입과 정리 부분부터 영어로만 수업을 진행해보고 전개에서 놀이하기의 게임설명은 우리말과 병용 후 영어 사용 비율을 점차 확대해나간다.

단계	1차시	2차시	3차시	4차시
도입	인사/복습하기	인사/복습하기	인사/복습하기	인사/복습하기
전개	듣기(1) 듣고 따라 말하기 듣기중심놀이	듣기(2) 듣고 따라 말하기 챈트하기 말하기 놀이하기	노래하기 읽기 말하기 놀이하기	역할놀이 하기 듣고 활동하기 그림 보고 말하기 실제의사소통활동
정리 발전	정리/차시예고 끝인사	정리/차시예고 끝인사	정리/차시예고 끝인사	정리/차시예고 끝인사

그림-4 **단원지도계획**

5. 역할놀이 수업모형

단계	학습과정	기대되는 효과	
개 관	역할놀이 상황제시	상상력 및 창의력 개발. 대본의 내용 파악	의사소통능력 신장
	역할놀이 대본 구성	자기 역할인지. 소품준비. 대화내용 알기	
계 획	소집단별 실연계획		
	역할 정하기		
	준비물 갖추기		
지 도	대본 외우기	흥미 및 자신감 고취	
	유창성 지도		
	실연 연습하기		
실 연	역할놀이 실연 활동	시범 실연	
정리 및 평가	집단별 소감발표	실연의 장단점. 파악 및 수정	
	교사 논평		
	대화 복습		

6. 학급실태 분석

학생들의 영어적 환경과 인지도에 대한 실태는 영어에 관심의 변화, 영어진행수업에 대한 이해도 변화, 'Role Play' 인지도 변화에 대해 기술하였다.

A. 영어 관심 변화

4월 27일 미국에 살던 이○ ○ 학생이 임시교류학습형태로 본 학급에서 2개월 학습하면서 학생들이 영어발화에 많은 어려움을 느낌과 동시에 필요성을 실감하게 되면서 영어학습에 대한 관심도가 학기 초보다 87%의 높은 흥미도를 나타냈다. 이로 인하여 교사로서는 자연적인 학생들의 학습동기가 상승되어 영어환경에 바람직하게 나타내고 있다.

B. 영어 진행 수업에 대한 인지도 변화

학기 초에 교사가 영어를 70%, 한국어가 30%사용하였으나 지금은 영어사용을 90%, 한국어를 10%만 사용하여 수업을 진행하고 있다. 이를 통해 학생들이 영어수업에 대한 불안감이 낮아지고 자아존중감이 높아졌음을 알 수 있다.

C. Role Play가 영어학습에 주는 변화

3학년 영어 입문기 발달 단계를 고려할 때 외국어 능력을 학습하기 위한 역할놀이 활동은 부끄러움이나 쑥스러움을 극복하기에 적합한 학습활동이다. 3월과 4월까지는 준비물을 들고 상대방과 발화에 시간이 걸리거나 머뭇거리고 자신의 차례가 되어도 그냥 지나가는 일들이 많았었다. 그러나 5월에 되면서 국어나 사회시간처럼 학생들이 자연스럽게 역할대본을 외우고하여 자신감을 가지고 적극적으로 참여 활동하게 되었다. 또한 학생들 스스로 영어 역할놀이를 통해 그룹별 협동심과 영어에 많은 긍정적 변화를 나타냈다.

D. 교과특색활동과의 관계 변화

아침자습시간의 Storytelling, 점심시간의 Sing a song, Step & Jump활용, 교실의 알파벳 놀이 활동들이 언어 입력의 기회가 증대되어 학기 초에 비해 자신감과 자아존중감이 높아졌다.

위의 설문조사내용을 통해서 학생들이 영어에 대한 지적, 정의적, 환경적 영역에 있어서 교수학습 활동에 긍정적 태도를 보이고 있는 것으로 나타났다.

7. 본 수업의 지도전략

역할놀이를 진행하는 중에는 다음과 같은 점을 주의해야 한다.

첫째, 자연스런 역할을 하도록 하기 위해 역할놀이 참가자들에게 안정감을 준다.

둘째, 역할놀이 요점에서 벗어나지 않도록 주의한다.

셋째, 수업 중에 나타나는 문제들은 그때 그때 해결해야 한다.

1) 만약에 역할을 맡은 학생이 당황하여 다른 학생들이 소란스럽게 웃게 되면 놀이를 중단하고 주의를 환기시킨 후 다시 시작한다.

2) 학생들이 자신의 역할에만 몰두해서 상대방의 역할에는 관심이 없고 산만하다면, 잠시 놀이를 멈추고 모든 학생에게 자기에게 주어진 고유의 역할을 있음을 상기시킨다.

3) 학급전체가 흥미를 느끼지 못하고 소란스러워지면 전체의 역할놀이를 중지시키고 그 이유를 알아본다.

8. 평가 상의 유의점

학생들이 수업시간에 서로 협동하며 여러 가지 학습활동에 참여하여 영어로 말하고 듣기를 즐기며 자신감을 가지고 활동하도록 유도하며 이를 평가의 중점으로 삼아야 한다.

A. 수행평가계획

영역		평 가 6 관 점	시기	방법
언어기능	듣기	°신체의 명칭을 사용한 명령문을 듣고 이해하는가 ? °명령문을 듣고 행동으로 반응할 수 있는가?	학습활동 중 (1, 2/4)	문답
	말하기	°신체의 명칭을 넣어 명령문을 말 할 수 있는가? °명령문에 알맞은 응답을 표현할 수 있는가 ? °"Ally bally" 노래를 부를 수 있는가?	학습활동 중 (2/4)	관찰
태 도		°학습 준비가 잘 갖추어져 있는가 ? °학습활동에 즐거운 마음으로 적극 참여하는가 ? °짝 활동, 팀 활동에 상대방을 배려하는가 ?	전 차시 중	관찰 질문지
역할놀이		°역할놀이에서 적극적으로 흥미있게 참여하는가 ? °역할놀이에서 자기의 대사를 자신있게 하는가 ?	학습활동 중 (4/4)	관찰

B. 형성 평가계획

Check up Plan			
평가 영역	평 가 내 용		평가 방법
인지적 영역	1	신체의 명칭을 사용한 명령문을 듣고 이해하는가 ?	관찰평가
	2	명령문을 듣고 행동으로 응답하는 말을 할 수 있는가 ?	
정의적 영역	3	그룹놀이 활동에서 즐거운 마음을 가지고 참여하는가 ?	관찰평가 상호평가
	4	Role-Play에서 적극적으로 흥미 있게 참여하는가 ?	

수행 평가	
4. Wash your hands	3th. Class 2. number( ) Name :
1. 역할극을 하고나서 어떤 생각이 들었나요 ? ( ) ① 대사도 외우기 쉬웠고 재미있었다. ② 대사는 외우기 어려웠지만 대체로 재미있었다. ③ 대사는 쉽지만 재미가 없었다. ④ 대사도 어렵고 재미없었다. 2. 내가 역할극에서 잘한 점과 좀 더 노력해야 할 점은 무엇인가요 ? 잘 한 점 : 노력해야 할 점 : 3. 우리 Team에서 누가 가장 열심히 한 친구는 누구인가요? 친구의 이름과 이유를 적어봅시다. 이름 : 이유 :	
선생님 의견	

C. 판서 계획

단 원 명 : **4. Wash your hands**

학습주제 : 역할놀이를 통해 명령문을 말하고 대답해보자.

활동 1 : 역할놀이 Apple, Banana, Cherry, Kiwi, Melon, Orange

활동 2 : 단원 정리학습

D. 교수·학습 과정안

English Lesson Plan					
date	**July 11, Wednesday**	**Teacher**	**So ○ ○**		
unit	**4. Wash Your Hands.**	**period**	**4 / 4**		
objectives	1. be able to say and it's response answer through Role play 2. be able to ask and answer to commands.				
proce-dures	**Teaching and Learning Activities**			**time**	**Materials and tips**
	Teacher	**Students**			
Warm-up	◎ **Greetings** Hi, everyone? How are you today? How is the weather?	- Hello, Mrs So. - I'm fine/ great / good / ok. - It's sunny/cloudy		5'	calendar

Presentat -ion	What day is it today What day was it yesterday? What subject do you have? Who has a birthday today? ◎ **Review** Who can read the title? Let's review the last lesson. Let's sing a song with action altogether	-It's Wednesday. -It was Tuesday. -English. social. math, science - It's July 11th. (If one student has a birthday, sing along for him/her) Wash your hands.	5'	TPR (song)
Practice 1	Ally bally. ally bally bee. stand up, Sit down. Hee. hee. hee Open and close open close Stand up and sit down. Hee hee, hee! (Repeat)			※ CD-ROM
	Look up here and watching. ◎ **Let's begin.** Let's watch TV and Please guess what we're going to learn today. Who can read this sentence? Let's read altogether **학습문제** 역할놀이를 통해 명령문을 말하고 대답해 보자 ◎ **It's time for Role play** Let's watch TV and listen carefully. Ask and answer questions about the role play.	-Wash your hands -Look at your hands -Role play etc.... -Some student read sentence. -Everyone reads this learning objectives. -Princess and begger. - A princess invited a begger.	5'	
	What did the princess say? What did the begger say? Say it in korean. Who can try it?	-Sit down please. -Wash your hands. -Open your mouth.		CD-ROM listen carefully

Practice 2	◎ **Now, let's role play with your group** ▣Presentation We have 6 teams Apple team, banana team, cherry team, kiwi team, melon team, orange team. Now, we will do role play presentations. Which team will start?	Let's do role play one group by one group. Students do role play in turn. Volunteer team comes to the front and do role play.	15'	※script of role play gave them 1 period ※name of team begin with A,B,C,K,M,O, students like favorite fruits's name ※Get points each teams
Product-ion	Everyone did a good job! Let's them big hands yourself. Listen to the CD-Rom and write the number under the picture. Are you done? Let's check your answers How many got right answer?	Listen to the CD-Rom and write the number under the picture. Let's check their answers. -four -five -three -two	5'	※students and a teacher do evaluation themselves, ※mask. ※sentence card.
Wrap-up Closing	◎ **Wrap-up(Mime)** You studied well today. So I'll check today's lesson now. One of each team pretend to be King and the other team is a servant. We are going to learn lesson 5. I like apples Listen carefully 2 times with CD-Rom until next time ◎ **Time's up** So long fair well to you my friends We meet again until next time Bye, bye.	Students check this lesson -Stand up please. -Wash your hands. -Touch your nose. -Look at your hands. -Yes. -Bye bye. -Thank you. -see you.	5'	★student say a little slower and confident and interests to communicative skill

4.4.3 역할놀이 활용 영어 교수·학습과정 세안의 실제(중등)

다음은 역할놀이를 적용한 중등 예시 교수· 학습 과정안이다. 초등학교에 비해 중등학교에서 역할놀이는 그렇게 많이 이루어지지 않는다. 학생들이 앞에 나와 자신들이 만든 역할놀이를 발표하는 것에 대한 두려움과 부끄러움을 가지고 있기 때문이다. 하지만 역할놀이는 상황에 맞는 대화를 만들기 위한 창의성, 사고력 뿐만 아니라 적절한 대화를 구성할 수 있는 작문 실력 까지 필요하기 때문에 오히려 중등학교에 적합한 모델이라고 할 수 있다. 초등에서 단순히 외운 내용을 발표해 시연하는 것이 전부라면 중등에서는 실제 일상생활에서 겪을 수 있는 상황들을 제시하고 이러한 상황에서 사용될 수 있는 표현들을 학생들이 직접 만들어 볼 수 있다. 부끄러움을 가진 학생들을 위해서 핸드폰을 활용하여 동영상을 찍어 영화제 형식으로 역할놀이 한 것을 발표할 수도 있다.

I. 수업 연구의 목적 및 필요성

세계화· 정보화 시대를 맞아 수많은 정보들이 최첨단 매체와 인터넷을 통해 전파되고 그 정보의 대부분이 영어로 소개되고 있으며 이제 영어는 현대의 무한 경쟁 사회 속에 살기 위한 필수 요소로 인식되어 과거 어느 때 보다도 영어 교육의 중요성이 커지고 있다. 이미 영어는 입시만을 위한 도구로 쓰이는 과목이 아니라 급변하는 세계화· 정보화 사회에 적응하는 데 없어서는 안 될 필수 도구과목으로 자리매김을 하고 있으며, 교육 환경도 마음만 먹으면 어디서든 영어 수업을 할 수 있는 유비쿼터스 학습(Ubiquitous learning) 환경이 보편적으로 갖추어져 자기 주도적인 학습을 다양하게 할 수가 있다. 이러한 현실에서 교재만을 가지고 지식 전달식의 일체적인 학습 방법은 이제 설 자리가 없는 상황이며 교사의 일방적인 강의식 수업으로는 시대 변화를 따라갈 수가 없다.

21세기 세계화· 정보화 시대에 맞는 중학교 영어 교육의 목표와 방향은 제 7차 교육과정에 잘 나타나 있다. 7차 교육과정의 영어과 수업의 특징은 개인차를 고려한 학습자 중심의 수업, 의사소통 능력을 중시하는 영어수업, 경험과 과정을 중시하는 수업, 논리적 사고력과 문제 해결 능력을 길러 국가 발전과 세계화에 기여하는 영어교육을 추구하고 있다.

실제로 많은 시간과 경비를 들여 공부해 온 영어 학습자들이 공인된 국제적인 영어 테스트에서 고득점을 받았음에도 불구하고 막상 영어를 사용해야 할 상황이 왔을 때 의사소통을 제대로 하지 못하는 경향이 나타남으로 인해 일부 기업에서는 아예 토익이나 토플 시험 성적보다는 영어로 프리젠테이션(presentation)을 하게함으로써 전체 영어 실력을 판단하는 추세로 되어가고 있다.

영어교육의 변화에 따라 본 연구자는 학생들의 의사소통 능력을 키우기 위해 가급적 영어로 진행하는 영어수업을 했고, 말하기 영역 수업은 물론이고 듣기, 읽기, 쓰기 영역 수업에서도 말하기 학습활동을 실시하였다. 또한 영어로 말하는 것을 주저하는 학생들에게 부담을 줄이고 흥미를 주기 위해 협동학습 모형 속에서 게임을 활용한 교사와 학생, 학생과 학생 간의 상호활동중심 수업을 진행하여 말하는 것을 주저하지 않고 능동적으로 참여하는 모습을 볼 수 있었다.

그러나 학생들 대부분은 일상적인 간단한 대화만 하거나 머릿속에 외워서 말할 뿐이고 이미 배워서 알고 있는 많은 어휘들을 실제 대화에서 사용하지 못하고 있었다. 특히 중학 3학년의 읽기 교재에 나오는 표현과 문장 구조는 상당히 높은 수준에 있다. 본교 3학년 학생의 영어 수준도 인근의 다른 학교에 비하여 높은 편이므로 읽기 부분의 모든 표현과 문장 구조를 다 익히고 완전히 영작까지 할 수 있었으나 그 내용에 대한 것을 교사가 영어로 묻고 학생이 대답하게 했을 때 제대로 응답할 수 있는 학생이 몇 명 되지 않았다. 응답하는 학생의 말 수준도 아는 선행 지식에 비해서 기초적인 표현에 불과했다.

이에 본 연구자는 학습 능력 차이가 큰 학습 환경에서, 과제 중심 수준별 협동학습 모형을 적용함으로서 학습 효과를 높이고, 읽기 자료에서 선행 학습된 영어 표현을 실제 대화 시에 최대한 이용할 수 있게 하기 위하여, 첫째, 본문 이해 및 암기를 통한 표현 익히기 활동, 둘째, 역할극 만들기를 통한 표현 적용 활동, 셋째, 역할놀이(role play), 발표(presentation), 문제 해결(problem and advice) 활동을 통한 현장감 있는 언어활동을 수행하여 언어 연습 과정에서 언어 습득 과정을 경험하게 함으로써 학생들의 의사소통 능력을 신장시키고자 한다.

II. 수업 연구의 이론적 배경

1. 역할극 교수·학습

역할극이란 실제 상황을 소 연극화한 것으로, 실생활의 어느 한 상황을 설정하고 그 상황에 적합한 역할을 부여하여 학생들 스스로 대화를 진지하게 나눔으로써 실제 영어가 사용되는 자연적인 상황으로 쉽게 유도할 수 있는 교수·학습 활동이다. 다시 말하면 교실에서 학생들로 하여금 실생활에 관한 대화를 자연스럽게 나누도록 하여, 잠시 동안 학생들을 교실 밖으로 데려가 영어가 사용되는 사회에 접할 수 있는 생생한 상황을 조성할 수 있기 때문에 실질적인 의사소통 중심, 과제 해결 중심 영어 학습이 이루어져, 영어 학습에 대한 흥미를 유지하고 학습한 내용을 장기간 기억하는 데도 도움이 된다.

2. 협동학습

학습 능력이 각기 다른 학생들이 같은 학습목표를 향해 소집단 내에서 함께 활동하는 수업방법이며 소집단구성원들이 공동으로 노력하여 주어진 학습과제나 학습목표에 도달하는 수업방법이다. 이 학습 목표를 달성하기 위해 공동과제를 서로 돕고 책임을 공유하며, 과제 해결 결과에 대해 공동으로 보상을 받는 것이라고 할 수 있다. 협동학습은 단순히 결과를 얻기 위해 애쓰는 것이 아니라, 학생들이 의견과 정보 교환 및 공유, 과제에 대한 질의와 응답, 모둠원들 간의 칭찬과 같은 행동을 통해 협동을 격려 받고, 교사는 학생들의 활동을 격려하고 활발한 상호작용이 이루어지도록 하는 등 수업 환경에서 각자의 역할을 충실히 함으로써 소집단의 공통된 과업을 달성하고, 인간관계를 향상시킬 수 있는 교수·학습 방법이다.

3. 의사소통 중심의 교수법(CLT)

의사소통 능력을 근간으로 삼는 교수법인 CLT의 정의 및 장점을 기술해 보면 다음과 같다. CLT는 문법 규칙의 상술보다는 문법 구조를 여러 기능적 범주에 이용할 수 있도록 하며, 내용 지도에 있어서 교과서에 국한되지 않고 실제 쓰이는 실질적인 언어를 많이 구사할 수 있도록 고안된 방법이다. 이는 학생들에게 기계적 문형 암기가 아니라 의사소통 과업 등을 통해 의미를 협상하도록 여러 가지 게임이나 역할극, 그룹 활동 등이 의사소통 활동에 포함되기를 권장하며, 수업에서 많은 언어 사용을 유도한다. 결국 CLT는 언어 습득을 지향하고 많은 기능적 상황을 인위적으로 조성하여 언어 사용을 유도하므로 학생들의 영어 사용 능력을 신장하는 데 많은 도움을 줄 수 있다

Ⅲ. 학생 실태 조사 및 분석

1. 조사대상(조사일시 20OO년 4월 8일)

○ OO여자중학교 3학년 (34명)

2. 설문내용 분석

1) 영어학습에 대한 흥미도(%)

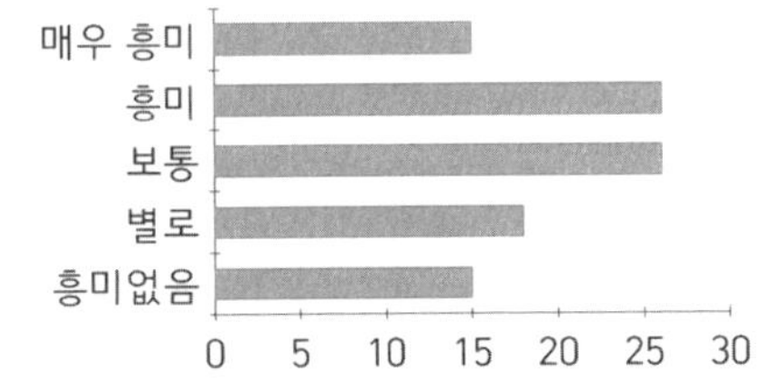

2) 영어 학습에 대한 필요성(%)

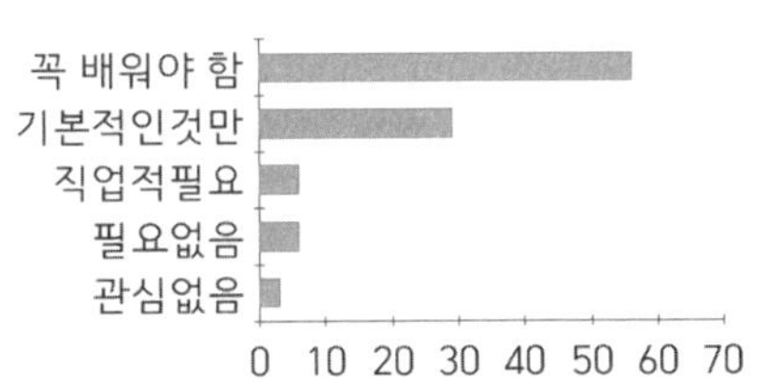

3) 영어를 꼭 배워야 하는 이유(%)

국제화 대비
직업선택의 폭
자아만족
남들이 하니까
기
0 10 20 30 40 50 60

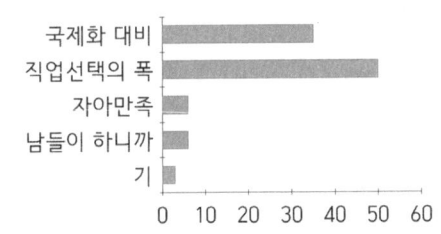

4) 개인적으로 가장 어려운 영역(%)

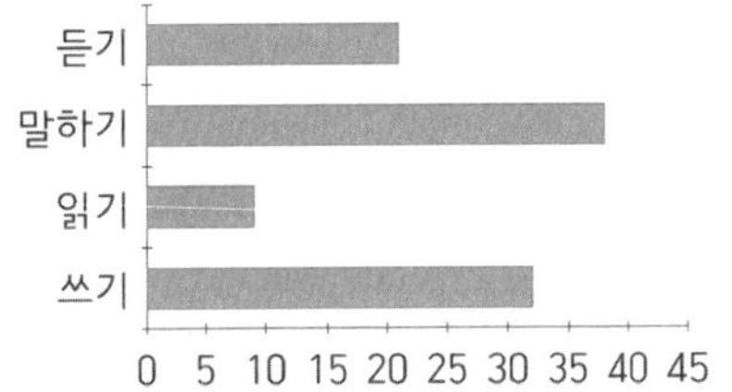

5) 영어능력 기를 수 있는 학습형태(%)

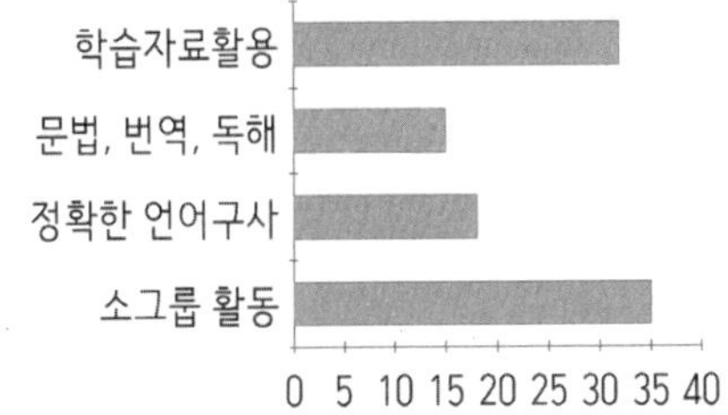

6) 영어로 진행하는 수업의 이해정도(%)

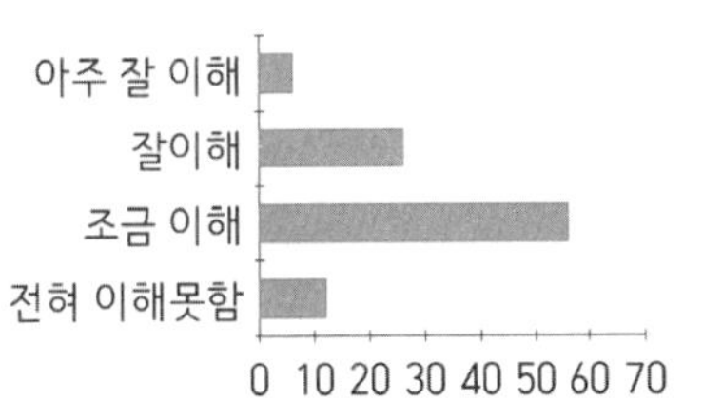

7) 역할극의 필요성(%)

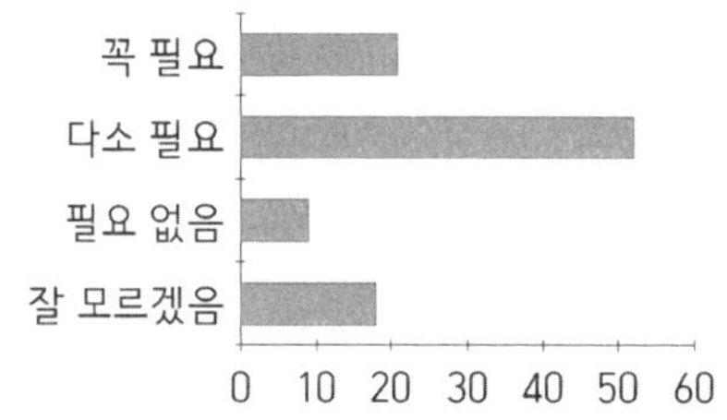

8) 역할극이 자신에게 미치는 영향(%)

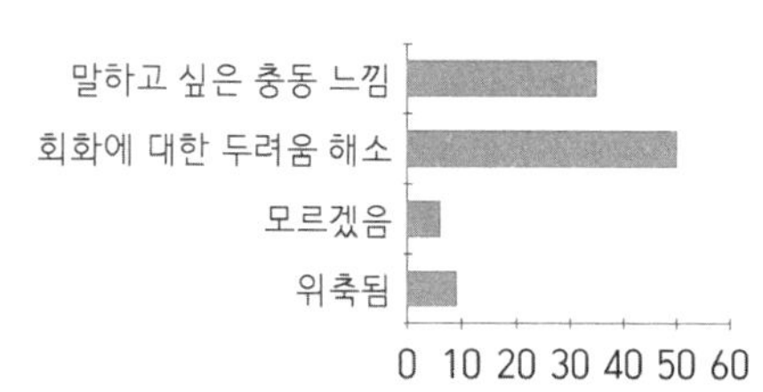

3. 설문조사에 따른 결과 분석 및 본시 수업과의 연계

학생들 34명을 상대로 설문조사한 결과, 영어학습에 대해 대체로 흥미로워 하는 편이나 흥미롭지 않다고 응답한 학생들의 비율도 33%나 되었다. 흥미도에 비하여 영어 공부는 꼭 해야 한다고 생각하는 학생이 56%이며 대부분 국제화로 변하는 사회와 직업을 염두에 둔 현실적인 이유였다(85%). 영어로 진행하는 수업에 이해도가 그렇게 높은 편이 아니며 말하기 영역을 가장 어렵게 생각하였다. 그리고 다양한 학습 자료를 활용하거나(32%) 그룹 활동이나 역할극과 같은 상호작용 활동 수업을 통해서 영어사용 능력을 기를 수 있다고 생각했다(35%). 학생들은 그룹 활동이나 역할극과 같은 상호작용 활동 중심 수업을 통해 말하고 싶은 충동을 느끼거나(35%) 실수에 대한 부담감을 덜고 영어로 말하는 것에 대한 두려움을 어느 정도 해소 할 수 있다(50%)고 생각하며, 이런 수업을 통해 자신의 영어사용 능력을 신장시킬 수 있다고 생각하는 학생이 대부분이었다.

이런 기초조사를 토대로 그룹 활동이나 역할극 등 상호작용 활동수업을 통해서 학생들이 어려워하는 말하기 영역에 역점을 둔 수업을 하고 영어로 말하는 수업은 대부분은 확실히 이해하지 못하므로 우리말과 병행하는 수업을 해야 한다.

Ⅳ. 교수학습 지도안

1. Master Plan

1. Textbook		Middle School English 3 (by Ji Hak-Sa)	
2 Unit		Lesson 10 : Colors Talk	
3. Time Allotment		10 periods 45 minutes each	
Period	**Section**	**Page**	**Activities**
1	Guess what Let's Listen	187~189	1. 그림을 보고 제10과의 내용을 예측하여 말한다. 2. 놀람, 동의, 경험을 표현하는 내용을 듣고 이해한다.
2	Listening Activities Sounds	190~191	1. 놀람, 동의, 경험을 표현하는 내용을 듣고 대화의 주제어와 세부 내용을 파악한다. 2. [ʒ]음과 [ʤ]음을 듣고 발음한다.
3	Let's talk Taking Activities	192~193	1. 동의에 대한 표현을 순서대로 대화한다. 2. 색과 성격에 대한 대화를 듣고 대화한다.
4	Functions	194~195	1. 놀람, 동의, 경험 등의 표현을 정리하고 복습한다.
5~6	Let's Read	196~199	1. 색깔과 감정에 대한 글을 읽고 이해한다. 2. 색깔을 실생활과 연관 지어 이해한다. 3. 숙제 : 각 표현들을 익히고 관련된 인터넷 사이트를 조사하여 아이디어를 생각해서 역할극을 만들 수 있도록 준비해 온다. (본시 수업 선행학습)
7	**Reading Activities**	**200**	**1. 본문 이해 확인 2. 역할극 대본 만들기 3. 역할극 대화 실시 4. 역할극 프리젠테이션**
8	Let's Write	201	1. 가정법 과거완료를 이해하고 문장을 쓴다. 2. 문장 연결사를 적절히 사용한다.
9	Writing Activities Interactions	202~203	1. 색과 성격에 대한 글을 이해하고 유사한 다른 글을 쓴다. 2. 글을 읽고 질문에 대한 답을 쓴다.
10	Challenges	204~205	영어의 네 영역에서 색에 관한 표현들을 익힌다.

2. Sub Plan

가. 본시 수업 개요

학습주제 : 읽기 자료 역할극화를 통한 의사소통 능력 향상

단원	**Lesson 10 Controls Talk.**					
수업 모형	**수준 혼합 - 소집단 협동학습 모형 (원어민과의 Co-Teaching)**					
학습 목표	**1. 본문의 체중조절에 관한 표현을 이용하여 역할극을 만들 수 있다.** **2. 역할극을 대본 없이 재현할 수 있다.** **3. Problem - Advice를 통하여 표현들을 적용할 수 있다.**					
수업 요약	▸ **활동1(학습동기유도): Music Video 시청과 Small Talk** **동영상1:** 푸른색 무대 장치 음악 동영상을 보고 푸른색이 노래의 슬픈 느낌에 영향을 준다는 사실과 학습 주제인 'Colors talk'와 연결 **동영상2:** 춤과 색으로 우리나라 역사를 표현한 브레이크 댄스 동영상을 보고 색은 사물이나 사람의 상징이 된다는 사실과 학습 주제인 'Colors talk'와 연결하고 원어민 선생님에게 우리나라 역사에 대하여 학생들이 설명하는 Small talk 실시					
	▸ **학습목표제시:** PPT로 제시하고 Chart로 수업 시간 내 항시 게시					
	▸ **활동2 (전시복습 및 숙제검사): Speed Games - point 반영**					
	▸ **활동3 (역할극 대사 제작):** 교사가 제시한 상황과 이미 교과서 본문에서 익힌 표현을 이용한 역할극 대사를 컴퓨터에 입력하며 제작(3가지 Situation을 보기로 제시, 더 좋은 Situation이 있으면 자유롭게 선택)					
	▸ **활동4 (Conversation):** 조원들끼리 서로 대화하며 표현을 익힘(반복적 언어 사용) 원어민 교사와 교사는 대화 하는 동안에 내용에 대한 수준별 형성 평가 문제 제작					
	▸ **활동5 (Presentation):** 그룹별 역할극 발표. (그룹별 내용이 형성평가에 적용됨을 미리 예고하여 경청유도), best group을 조별로 정하여 포인트에 반영					
	▸ **활동6 (형성평가): Let's Travel.** **조장** : 자기 조에 남아서 활동 운영: 다른 조원들의 질문에 답하기 -형성평가 문제로 방문한 다른 조 원들에게 질문(교사가 활동 4 때 제작한 문제) **다른 조원** : 로테이션으로 돌면서 다른 조들의 역할극 대화 다른 조 조장에게 의문점 질문- 형성평가 문제에 답하기					
	▸ **활동 7(숙제 제시): Problems and Advice** 의상 색 때문에 남편과의 의견 충돌하여 발생한 Problems에 대한 Advice를 E-mail로 보내기					
관련 사이트	http://www.infoplease.com/spot/colors1.html (psychology of color) http://www.koreaherald.co.kr (Annie'sMailbox: 고민상담코너) http://www.colormatters.com (삶과 색의 관계 및 활용법)					
ICT 도구 및 Teaching aids	cd	chart	computer	work-sheet	ppt	internet
기타 자료	**Beam Projector, Board, Marker**					

나. Teaching and Learning Procedure

▸ Step : Introduction (10")

Pro-cedure	Remarks	Teacher (Language and Contents)	Students(Response)	Aids
GREETING & MOTIVATION <인사와동기유발>	수업 전에 팝송부르기, 음악동영상 감상, 원어민 교사와 주제에 관하여 **small talk** Whole		**▶이 달의 pop 부르기** (*Until class begins*)	
		▶Greeting(인사) - Hi, my lovely students. - Did you enjoy the song ? - But you look a little bit nervous. Don't worry. This is a good chance to show your English ability. OK?	 - Hi, Ma'am! - Yes. - OK!	
		▶Activity1 (활동1) <Watching the music videos and Small Talk> - Let's start by watching the colorful music videos. The first one is 'Blue Day' sung by 'Brown Eyed Soul'. The second one is Gambler's performance in 2005 Boty'. *(After Watching the videos)* - Do you know what Boty is? - Absolutely right. Enjoy it and try to understand what the colors represent. - Wow! Great performance, wasn't it? - What do you think about the blue colored stage? Why the stage was lit blue? - Peter, do you agree with her? - Oh I see. .Are there anybody to talk about the second videos? - Exactly right. Peter, can you guess what the colors of their clothes are talking? - Good guess. - What is the meaning of their blue and red colors? Can anyone else help him understand our country's	**▶음악 동영상 시청** **동영상1**: 푸른색 무대 장치 **동영상2**: 브레이크 댄스와 색으로 우리나라 역사 표현 **▶원어민 교사와 Small Talk** **동영상1**: 동・서양에서의 푸른색 의미에 대하여 대화 **동영상2**: 우리나라 역사를 색과 관련하여 대화 - The name of the break dancing contest. - Yes. - Maybe to express a mood of sadness better. -Yes. Western people associate blue with sadness like you do. - Here, Ma'am. They are talking about our country's history through the dance and the colors. - I don't know Korean history very well, but I think the colors of clothes are from the Korean national flag. - The red color means North Korea, the blue color means South Korea. - Absolutely. Owing to your help, I can understand Korean history better, They quarreled when they were wearing in the same colors.	

		history better through the colors? - Good job. Peter, does this help you understand Korean history better? - Is there any special meaning about the white color? Who can answer it? - Great explanation! - I think Peter is interested in Korean history. So he can understand it better with your help. right? - Anyway, as you see, colors say a lot, So what is today's topic?	As result of that, they were divided into two parts. But finally they danced happily in the white clothing all together. - The white color means we koreans are white clothing people and will be one in a unified country. - Sure. Thank you for that. - Colors talk.	
학습목표	학습목표를 ppt로 제시하고 chart로 수업도중 보게 함	**▶학습목표 제시** We are going to do some activities about that topic today. Look at the screen. Here are today's aims. Repeat them, please. See the aims on the chart to remind you of them. please.	**▶학습목표 다 같이 읽기** To read the aims together. **▶Chart 보기 (학습목표제시)** To look at the chart on the board.	
REVIEW ＜복습＞	숙제검사 겸 복습을 스피드 게임으로 실시 **Individual** 수준별로 다른질문을 하여 성취감을 주도록 함 **Group**	**▶Activity 2 (활동2)<Speed Games>** **1. 게임방법 설명** - Please enjoy the speed games to review key expressions from the main text. If you know the answer, call your group number quickly and answer it. If you have to write the answer, write it down on the board quickly in time. **2. 게임실시** - Look at the quiz on the screen. Read the expressions and correct the underlined word. This is a stars' game. Write down the answer on the yellow board and raise it. The other members can help them but don't spell the answer. - Let me see which teams have the correct answers *(to give them points)* - Listen and repeat it after the teacher. Peter, would you like	**▶수준별 Speed 게임 실시** 팀 번호를 먼저 부르고 정답을 말하거나 보드에 정해진 시간 내에 정답을 쓰는 팀이 득점 ① Stars(낮은 레벨 학생)게임 word 1 문제 ② Energizers(중간 레벨 학생) Scrambled words 1 문제 듣고 괄호 채우기 1문제 ③ Supports(높은 레벨학생) 영작 2 문제 **<포인트 주는 방법>** * 자기 수준 문제와 자기보다 높은 수준 문제에만 대답 * 자기 수준 질문에 대한 정답자: 각 1점 * 상위 수준 질문에 대한 정답자: 높은 수준만큼 1점씩 가산(하위 수준 학생을 가르치도록 유도)	ppt

to read it?
(Ss read after him)
- Good pronunciation! The next quiz is for Energizers. Stars can answer it as well. If you know the answer, call your group number quickly. Look at the scrambled word and say it in the correct order.*(Ss call their group numbers)*
- I listen two first. Answer it please. *(S:answers)* - Is that right? (*Ss:Yes, It is.)*
- Ok. You are an Energizer, so you deserve one point. Now here is another quiz for the Energizers. If you know the answer, call your group number quickly.
Listen and fill in the blanks please.

(*Ss call their group numbers)*
- Group 3 is the first caller (***S*** *answers*)
- Fantastic!(***T*** *gives her group points*)
The next quiz is about the long sentence translations for the Supporters. You know any members can answer in the Supporters' quiz. It could be good chance to get more points for the Energizers or the Stars. Are you ready to answer? Here we go.

(***Ss*** *call their group numbers and answer*)
- Wow! You are a Star, so you deserve three points., you look like a real star.

<팀 구성>

이름	인원	수준
Supporter	2	상
Energizer	2	중
Star	2	하

<수준별 문제에 대한 배점 >

수준별 문제 / 정답자	Supporter 문제	Energizer 문제	star 문제
Supporter	1	.	.
Energizer	2	1	.
Star	3	2	1

※*Ss: Students*

▸ Step: Development (25")

Pro-cedure	Remarks	Teacher (Language and Contents)	Students(Response)	Aids
P R O J E C T W O R K ∧ **과** **업** **수** **행** ∨ **(25")**	6명의 조원들이 협력하여 과업수행 역할극을 만드는 과정에서 사전찾기 관련 인터넷 검색, 대사쓰기 의논을 협력하여 수행 **Group** 원어민교사와 영어교사의 Correcting	**▶Activity3: Creating Scripts(10")** 역할극 만드는 방법 안내 - Now It's time to make scripts for role-play. Peter will give you some advice to help you. (*Peter explains how to make scripts by reading the materials on the screen*) - You have worksheets about situations. Look at them please. You can find three kinds of situation. One is for a Business Owner and a Paint Store Sales Person, another is for an Art Gallery Owner and a Art Buyer, the other is a psychologist and a Patient. Select just one situation your group wants. Create a dialogue between them and type down the scripts on the computer to present them to your friends. If you have a better idea about a situation, you can use it. You have already memorized many expressions from the main text and searched some sites to get ideas from the internet. Besides there are gambits(시작하는 말) on the bottom of your worksheet. Please make use of them. You can also use a dictionary on the computer. Most of all Peter and I will help you. Please work together.	**▶역할극 제작** ① 주어진 세 가지 상황 중 그룹 별로 하나만 선택 *사업가와 페인트 가게 주인 *갤러리 주인과 고객 *심리학자와 환자 *더 좋은 아이디어가 있으면 자유롭게 선택 ② Gambits(시작하는말) 참고(유인물에 제시) ③ computer에 대사 입력 ④ 컴퓨터 사전, 인터넷을 이용함 ⑤ 원어민 교사의 오류 수정 (즉시 오류는 피함) ⑥ **에너자이저**는 대사를 입력하고 **스포터**는 **스타**가 잘 이해하도록 도와준다. ⑦ 완성된 대사는 교사 공유 파일에 입력하여 presentation 할 때 모두 다 대사를 볼 수 있도록 한다. To choose the situation Try to creat scripts with good ideas and type them on the computer screen. Energizers type and Supporters help Stars understand what the meanings are and how to pronounce them.	**ppt**
		▶Activity4: Conversation(5") **Role Play 재현 방법 안내** * 대화 실시 동안 교사와 원어민 교사는 각 조별 내용에 대한 상.하 수준별 2문제씩 제작하여 각 조에 둠. (형성평가에 사용함)	**▶대화하기** ① 실제 상황처럼 대화 ② 상황에 따라 둘. 셋 또는 모두 역할에 참여한다. Doing a role play according to the situations	

Pro- cedure	Remarks	Teacher (Language and Contents)	Students(Response)	Aids
P R O J E C T W O R K ∧ 과 업 수 행 ∨	pair - work 혹은 모든 조원이 역할을 분담하여 참가 (실제 상황처럼 대화) **Pair** **- Work** **Group**	▸ **Activity5: Presentation(10'')** ▸ **presentation 방법 안내** - Let's enjoy our presentation. Choose the best team of your presentation teams. You can do pair work or all together work. You will have the formative test about the other groups dialogue. So you should pay attention to their presentation. Which team is going to present first? Group 2, come forward, please. You are supposed to choose just one team and give it a point. While they are presenting their dialogue, think about which team is more realistic and creative. *(After all the groups presented)* - Are you my students? You look like actors. I think you should choose the best team. One member of each group come forward and put the point magnet under your groups' number on the score board.	▶ **Presentation 실시** ① Beam projector화면에 대사를 보여준다. ② 상황에 따라 역할을 분담하여 대화를 한다. ▶ **presentation 관람** ① 조원들은 내용을 잘 경청하고 모르는 단어는 찾아서 서로 알게 한다. ② 형성평가 대비하여 다른 조원의 프리젠테이션을 잘 경청하여 표현과 내용을 숙지한다. ③ 컴퓨터에서 모르는 단어를 찾는다 ④ 가장 잘 된 조를 조별로 뽑는다.	**Beam projec-tor**
FOR-MAT-IVE **TEST**	**Group**	▶ **Activity 6 : Let's Travel (8'')** **(수준별 질문과 대답)** - It's time for 'Let's travel as a formative test. You have already paid attention to the other groups' presentation. You will have a formative test about that. Peter will explain how to 'Let's travel.	▶ **여행를 떠나요** 조장을 제외하고 나머지 조원들은 그 다음 조로 옮겨서 상주해있는 조장의 지시에 따라 컴퓨터 화면의 역할극 대사를 보면서 대화를 하 고 활동 4시간에 그 내용에 관하 여 교사와 원어민 교사가 제작했던 플래시 카드 문제로 Q & A를 실시함	**flash card.**

▶ Step: consolidation(10'')

Pro- cedure	Remarks	Teacher (Language and Contents)	Students(Response)	Aids
FORMATIVE TEST **∧형성평가∨** **(8'')**	**Group** 다른 조의 역할극을 해보고 조장의 지시에 따라 서로 묻고 대답함으로써 표현들을 다시 익힐 수 있다	*(Peter explains how to 'Let's travel')* - Move to the next group except Captains. Have a conversation with the scripts of next group. All Captains ask them questions on the flash cards. Yellow one is for the Stars and white one is for the other members. If they answer correctly, give them point magnets in the basket. (Students move to the next group singing a song 'true color and do their activity according to the other group captain's order) *(After their activity)* Listen~~! -Did you get many points? Come forward and put your point magnets on the board. Let me see the total points on the point table. today's best team is...... Group ~ - Congratulations! How about giving them a big hand? - The first best group has 3group points, the second best group 2 points, and the third best group 1 point.	**▶게임실시** ① 조장들은 자기 조에 남는다. ② 다른 조원들은 다음 조로 이동하여 빠른 시간 내에 대화하고 뜻을 파악한다. ③ 조장들이 수준별 상. 하 문제를 방문한 다른 조원들에게 물어본다. * 노란 플래시 카드(Stars를 위한 문제) * 하얀 플래시 카드 (Energizers와 Supports를 위한 문제) ④ 정답자에게 자석 포인트를 준다 ⑤ 로테이션 방식으로 다른 조의 역할극 대사를 가지고 대화 한 후 내용에 대하여 형성평가 - Carefully!*(Silence)* - Yes. *(자석 포인트를 받은 학생들은 점수판에 붙임)* - Group 2!. *(Clapping)* **▶Group 점수 :** point가 가장 많은 조 3점 순서대로 2점, 1점 부여	전자 사전 플래쉬 카드
CLOSING **(2'')**	**Indivi- dual 개인 활동**	**▶Activity 7: Problems and Advice(2'') (Homework)** I'll give you some homework. You can see Mrs. Lee's **problem** on your worksheet. Please give her some **advice** Send her your advice by e-mail. Any Questions? You did a very wonderful job today. Thank you for your effort. Bye!	**▶고민 해결 과제 (수준별)** 어두운 색 옷에 익숙해져 있는 부인이 밝은 색 옷을 강요하는 남편의 극성 때문에 생긴 Problems에 Advice함으로써 실제 상황에 색에 대한표현들을 적용 (수준별 과제 부여) (To look at their worksheet) **▶Pop song** 10월의 노래(True colors) 를 부르며 끝냄	W

Powerpoint 화면으로 보는 수업진행

Procedure	Slide	Contents & Remarks
MOTIVATION <동기유발>	 True Colors - Cyndi Lauper	True Colors - Cyndi Lauper You with the sad eyes, Don t be discouraged, oh I realize It s hard to take courage in a world full of peo ple You can lose sight of it all And the darkness inside you Can make you feel so small But I see your true colors shining through I see your true colors and that s why I love yo u **▶음악 동영상** 수업 실시 전 관람 및 따라 부르기 수업 주제인 “Colors talk”와 연관된 가사로 동기 유발
	 Activity 1 Watching the music movies & Small Talk	**▶활동 예고** 음악 동영상을 보고 원어민 교사와의 간단한 대화 하는 활동을 명확하게 ppt 자료로 시각적으로 알림으로서 학습 준비 자세 도모
		Blue Day (Brown Eyed Soul) **▶동영상 감상** 무대의 파란색 조명 처리는 슬픈 노래를 더욱 효과적으로 표현하기 위한 것임을 알고, 색은 사람의 mood 에도 영향을 준다는 사실을 주제인 “Colors talk”와 연관시킴으로서 학습 동기 유발
		BOTY2005 겜블러 퍼포먼스 **▶동영상 감상** 우리나라의 역사를 색과 무용으로 표현한 동영상을 보고 색은 특정한 사물이나 사람의 상징이 되기도 한다는 사실을 주제인 “Colors talk”와 연관시키고, 원어민 선생님에게 상징적인 색을 가지고 우리나라 역사를 설명함으로서 학습동기 유발과 의사소통 능력 향상

Procedure	Slide	Contents & Remarks
학습목표	Learning Aims Students will be able to... 1. Make role-play scripts by using the expressions about colors 2. Do a role-play without scripts. 3. Use those expressions in a real situation.	▶**학습목표 제시** 학습목표를 animation으로 처리하여 효과적으로 제시함으로서 학습목표를 명확히 알고 수행
REVIEW <복습>	Activity 2 Speed Games	▶**활동 예고** Speed 게임을 통하여 본문 내용 및 표현 익히기 숙제를 검사함과 동시에 복습하는 활동을 미리 시각적으로 ppt 자료로 알림으로서 학습 준비 자세 도모 **speed games** : 문제를 보고 먼저 이해하고 정답을 쓰거나 말하는 사람이 득점
	Correcting the underlined words People associate **blue** with a love story	▶**Questions for Stars** 틀린 단어를 뜻과 같은 푸른색으로 명시하여 주의를 끔 -그룹에서 가장 학습 능력이 떨어지는 멤버인 **Stars**에게 깔끔이 판에 단어를 쓰게 하고 나머지 멤버들은 답을 말할 수는 있으나 철자를 알려 줄 수 없게 하며 답이 너무 늦으면 득점 기회를 잃게 되는 활동
	The answer is.... People associate **pink** with a love story	▶**Answer** 답을 animation으로 처리하여 효과적으로 명확히 주지시킴 ▶**Listen and Repeat** 원어민 선생님의 발음을 따라서 읽음

Procedure	Slide	Contents & Remarks
REVIEW 〈복습〉	Scrambled expressions Green and blue have a *cnaglmi* and *rlxeaign* effect	**▶ Questions for Energizers** 그룹에서 학습 능력이 중간정도인 Energizers의 수준에 맞도록 문장 속에서 두개의 scrambled words 문제 제시 * 먼저 손을 들어 말하는 그룹이 득점 * Energizer의 문제는 Energizer와 그보다 낮은 수준인 Star도 대답할 수 있으며 Energizer가 맞추면 그룹 point 1개, Star가 맞추면 그룹 point 2개
	The answer is…. Green and blue have a *calming* and *relaxing* effect	**▶ Answer** 답을 animation으로 처리하여 효과적으로 명확히 주지시킴 **▶ Listen and Repeat** 원어민 선생님의 발음을 따라서 읽음
	Listen and fill in the blanks Colors have an effect on our moods. Bright colors, such as yellow, red and orange make us (cheerful). For example, a yellow room makes us more (cheerful) than a dark green one. A red dress brings a (warm) feeling to the saddest winter day. Orange-colored umbrellas bring a (happy) feeling to a rainy day.	**▶ Questions for Energizers** 색이 우리의 감정에 영향을 미친다는 내용을 듣고 괄호 속의 단어를 채우는 문제 제시를 내용과 같은 색의 그림으로 처리함으로써 실제 색의 느낌 경험 그룹에서 학습 능력이 중간정도 멤버인 Energizer에게 깔끔이 판에 단어를 쓰게 하고 나머지 멤버들은 답을 말할 수는 있으나 철자를 알려 줄 수는 없게 하며 답이 늦으면 득점 기회를 잃게 되는 활동 **▶ Listen and Repeat** 원어민 선생님의 발음을 따라서 읽음
	Translation 사람들은 핑크색을 사랑이야기와 연관시키고, 하얀색을 깨끗해 보이기 때문에 의사와 간호원과 연관시킨다	**▶ Questions for Supporters** 학습능력이 우수한 Supporter의 수준에 맞는 긴 문장 영작 문제를 제시함으로 자기 주도 학습 유도와 성취감 고취 (Supporter 문제를 Energizer가 맞추면 그룹 포인트 2개 Star가 맞추면 그룹 포인트 3개)

Procedure	Slide	Contents & Remarks
REVIEW <복습>	The answer is…. People associate pink with a love story, and they associate white with medical doctors and nurses, because of its clean look. .	▶**Answer** 답을 에니메이션으로 처리하여 효과적으로 명확히 주지시킴 ▶**Listen and Repeat** 원어민 선생님의 발음을 따라서 읽음
	Translation 그 다리가 핑크색으로 칠해졌다면 자살 시도의 수가 훨씬 감소했을텐데	▶**Questions for Supporters** 학습능력이 우수한 Supporter의 수준에 맞는 긴 문장 영작 문제를 제시함으로써 자기 주도 학습 유도와 성취감 고취
	The answer is…. The number of suicide attempts would have decreased even more if the bridge had been painted pink .	▶**Answer** 답을 animation으로 처리하여 효과적으로 명확히 주지시킴 ▶**Listen and Repeat** 원어민 선생님의 발음을 따라서 읽음

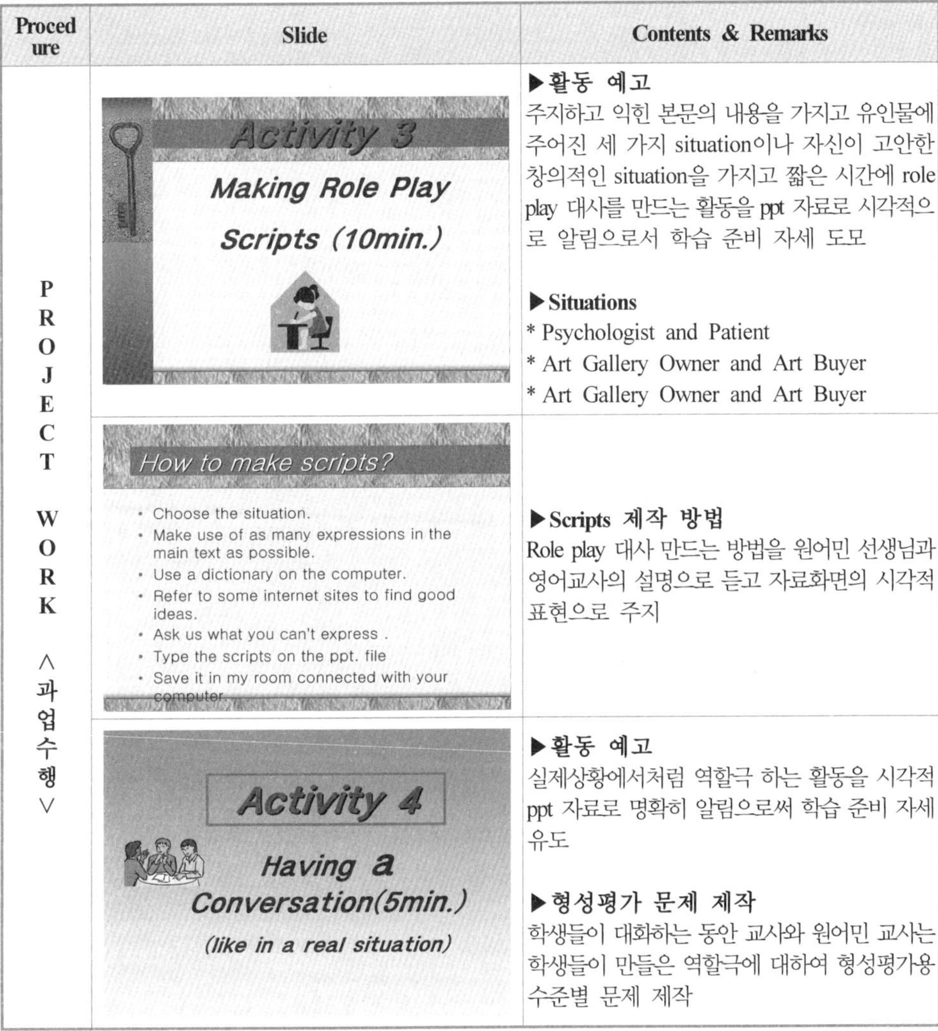

Procedure	Slide	Contents & Remarks
PROJECT WORK <과업수행>	Activity 3 Making Role Play Scripts (10min.)	**▶활동 예고** 주지하고 익힌 본문의 내용을 가지고 유인물에 주어진 세 가지 situation이나 자신이 고안한 창의적인 situation을 가지고 짧은 시간에 role play 대사를 만드는 활동을 ppt 자료로 시각적으로 알림으로서 학습 준비 자세 도모 **▶Situations** * Psychologist and Patient * Art Gallery Owner and Art Buyer * Art Gallery Owner and Art Buyer
	How to make scripts? • Choose the situation. • Make use of as many expressions in the main text as possible. • Use a dictionary on the computer. • Refer to some internet sites to find good ideas. • Ask us what you can't express . • Type the scripts on the ppt. file • Save it in my room connected with your computer.	**▶Scripts 제작 방법** Role play 대사 만드는 방법을 원어민 선생님과 영어교사의 설명으로 듣고 자료화면의 시각적 표현으로 주지
	Activity 4 Having a Conversation(5min.) (like in a real situation)	**▶활동 예고** 실제상황에서처럼 역할극 하는 활동을 시각적 ppt 자료로 명확히 알림으로써 학습 준비 자세 유도 **▶형성평가 문제 제작** 학생들이 대화하는 동안 교사와 원어민 교사는 학생들이 만들은 역할극에 대하여 형성평가용 수준별 문제 제작

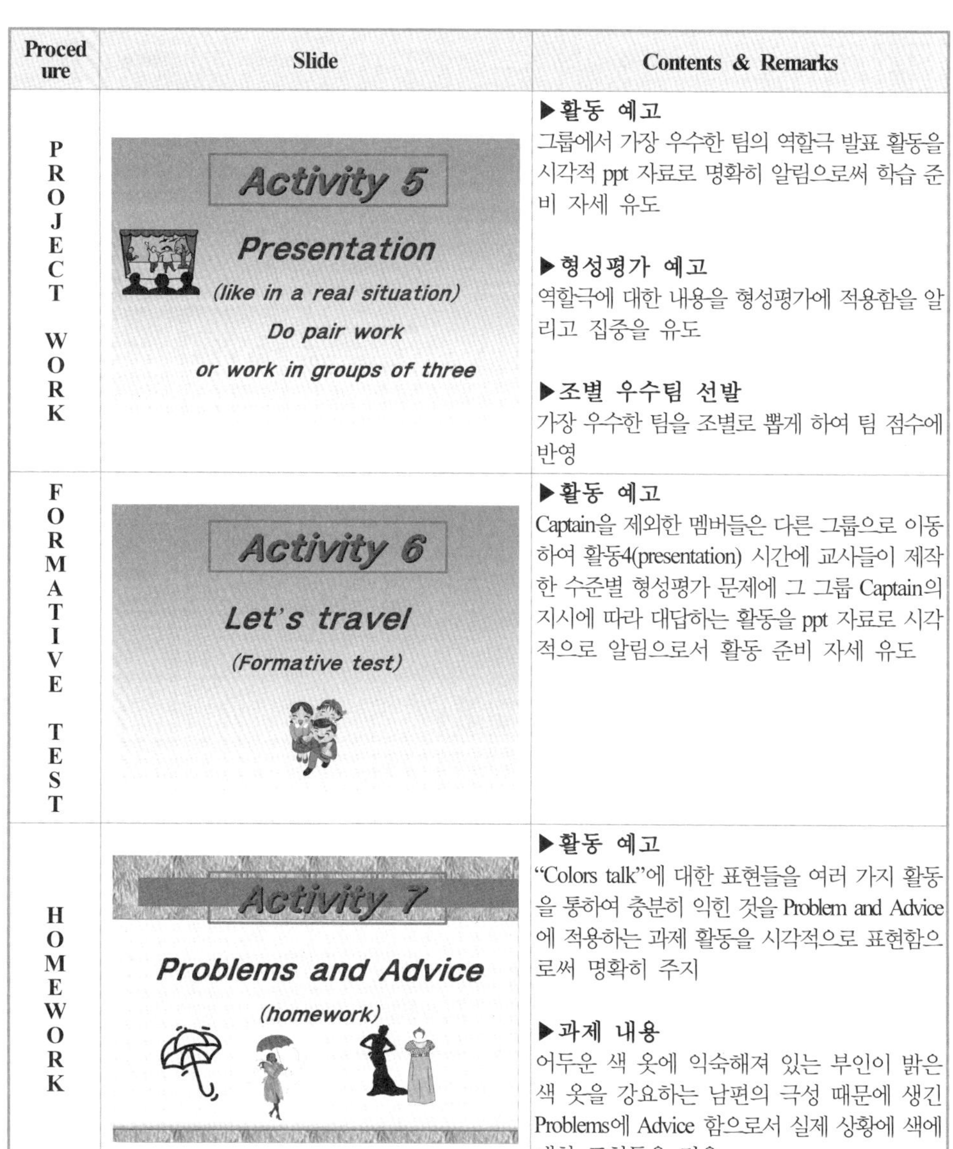

Procedure	Slide	Contents & Remarks
PROJECT WORK	Activity 5 Presentation (like in a real situation) Do pair work or work in groups of three	▶**활동 예고** 그룹에서 가장 우수한 팀의 역할극 발표 활동을 시각적 ppt 자료로 명확히 알림으로써 학습 준비 자세 유도 ▶**형성평가 예고** 역할극에 대한 내용을 형성평가에 적용함을 알리고 집중을 유도 ▶**조별 우수팀 선발** 가장 우수한 팀을 조별로 뽑게 하여 팀 점수에 반영
FORMATIVE TEST	Activity 6 Let's travel (Formative test)	▶**활동 예고** Captain을 제외한 멤버들은 다른 그룹으로 이동하여 활동4(presentation) 시간에 교사들이 제작한 수준별 형성평가 문제에 그 그룹 Captain의 지시에 따라 대답하는 활동을 ppt 자료로 시각적으로 알림으로서 활동 준비 자세 유도
HOMEWORK	Activity 7 Problems and Advice (homework)	▶**활동 예고** "Colors talk"에 대한 표현들을 여러 가지 활동을 통하여 충분히 익힌 것을 Problem and Advice에 적용하는 과제 활동을 시각적으로 표현함으로써 명확히 주지 ▶**과제 내용** 어두운 색 옷에 익숙해져 있는 부인이 밝은 색 옷을 강요하는 남편의 극성 때문에 생긴 Problems에 Advice 함으로서 실제 상황에 색에 대한 표현들을 적용

본문내용(Colors talk)

The world is full of life with color. How many colors can you name? Red, blue—what else? What color are your eyes? What colors are the clothes you're wearing? What color is the sky today?

All right. What color do you like, then? Do you like yellow, orange, or red? If you do, you must be a warm-hearted or active person. Do you prefer green, blue, or gray? If you do, you are probably a cool-headed or passive person.

Colors have an effect on our moods. Bright colors, such as yellow, red, and orange, make us cheerful. For example, a yellow room makes us more cheerful than a dark green one. A red dress brings a warm feeling to the saddest winter day. Orange-colored umbrellas bring a happy feeling to a rainy day.

Art paintings with bright colors leave a different feeling with us than those with cool colors. For instance, the French artist Claude Monet was interested in creating a field of brightly colored flowers in his painting, Tulips in Holland. That's why the picture makes us feel warm; we notice mostly red and yellow jumping out of it. Light colors make us not only feel warmer but also become more active.

On the other hand, green and blue have a calming and relaxing effect, while dark gray and black create a depressing effect. For example, a black bridge over the Thames River in London used to be the place of more suicides than any other bridge in the area. But the number of suicide attempts decreased when it was painted green. Perhaps it would have decreased even more if the bridge had been painted pink.

In addition, people often associate a certain color with different things and different ideas. They associate red with stop signs and fires. They associate pink with a love story, and they associate blue with the sad music "blues." Sometimes they associate white with medical doctors and nurses, because of its clean look.

Remember, in any case, that colors talk a lot. If you feel low, you can make your day bright with a new shirt. When you find out what colors your friends like, you will know them better. Don't forget that anyone can also guess a lot about you by the color of socks you choose.

Situation 설정

♠Here are three kinds of situations to help you make your role plays. Select one of those situations and use gambits. If your group has a better situation, make role plays in that situation.
(보기의 세 가지 상황 중 한 가지 상황을 선택하여 시작하는 말을 활용하여 역할극을 만들고 더 좋은 상황이 있는 조는 그 상황을 이용하여 역할극을 만드세요.)

Situation 1 : Business Owner and Paint Store Sales Person

〈 사업가와 페인트 가게 주인 〉

G a m b i t s (이야기의 실마리)

SP:: Hi can I help you with anything?

BO: I am just trying to choose some colours, I am repainting my business and I have heard colours can affect how people work and feel.

Continued

(계속 대화를 만들어보세요)

Situation 2 : Art Gallery Owner and Art Buyer

〈갤러리 주인과 고객〉

G a m b i t s (이야기의 실마리)

O: Hello and welcome to my Gallery.
Is there something in particular you are looking for.

B: Yes, I am looking for a painting to brighten up a very dull room in my apartment.
What do you recommend?

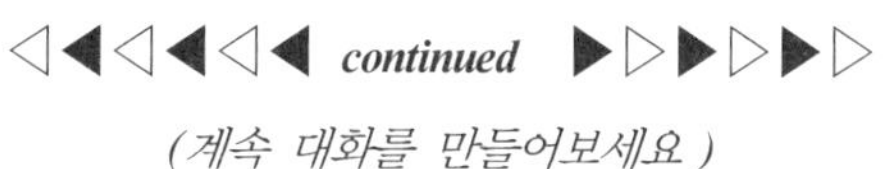
continued
(계속 대화를 만들어보세요)

Situation 3: Psychologist and Patient

〈심리학자와 환자〉

G a m b i t s (이야기의 실마리)

Ps: Hi Bob, How have you been feeling this week?

P: I have been so depressed, I have just stayed at home all week, mostly in my dark bedroom.

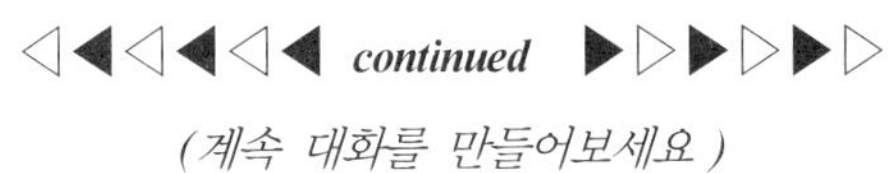
◁◀◁◀◁◀ *continued* ▶▷▶▷▶▷
(계속 대화를 만들어보세요)

★ Make use of as many expressions in the main text as possible while you are creating the role play scripts.

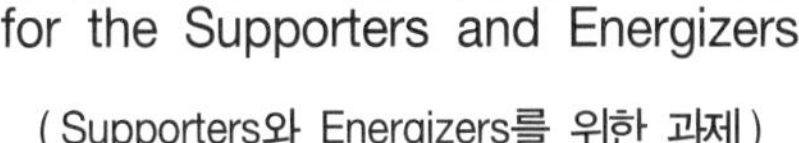

for the Supporters and Energizers

(Supporters와 Energizers를 위한 과제)

- If you were Annie, what advices would you give Mrs. Lee?
  E-mail her your kind and wise advices
- Use these gambits effectively

G a m b i t s (이야기의 실마리)

Why don't you~, In my opinion~, I think~, You'd better ~

Mrs. Lee's Problems

Dear Annie

Last week, my husband and I were invited to a fancy dinner party. It took me 3 hours to get ready and I thought I looked beautiful. But when my husband saw me, he said I looked like I was going to a funeral. I was so upset. I love wearing black and white but recently, he is always criticising me and telling me to wear brighter and warmer colored clothing. He ever said the umbrella I took to work looks like dark cloud and that I should take the red one that He bought for me for my birthday. Who wants a red umbrella? He has never criticised me before. Is it my problem or his?

My mother always told me to wear formal and plain clothing as an expression of respect and I guess old habits are hard to break. What can I do? Should I change even if it makes me feel uncomfortable?

Please help me.

E-mail : mouton1@paran.com

☋ Assingment ☋

for the Stars

(Stars를 위한 과제)

☀ If you were Annie, what advices would you give Mrs. Lee?

E-mail her your kind and wise advices

(당신이 Annie라면 어떤 충고를 Mrs. Lee에게 하겠습니까?

그녀에게 친절하고 현명한 충고를 이 메일로 보내주세요)

☀ Use these gambits effectively

(아래의 이야기 실마리를 효과적으로 사용 하세요)

G a m b i t s (이야기의 실마리)

Why don't you~(~하는게 어때?), In my opinion~ (나의 의견으로는),

I think~, You'd better ~(~하는 편이 낫다)

Model Expressions <충고의 예문>

You'd better wear bright colors to look more beautiful.

(더 아름답게 보이기 위해서 밝은 색 옷을 입는 것이 낫다)

Why don't you wear dark color clothing to be comfortable?

(편안하기 위하여 어두운 색 옷을 입는 것이 어떨까?)

Mrs. Lee's Problems

Dear Annie

I like wearing black and white colours.

But my husband wants me to wear bright colors.

My mother always said to me,

"Wear formal and plain clothing to be respected, my dear"

(존경을 받기 위해서는 정장과 평범한 옷을 입어야한다)

It is very hard to break habits. (습관을 깨는 것은 매우 어렵다)

What shall I do?

단원	Lesson 10	학번		이름	
영역	10월의 Pop Song True Colors Sung by Cyndi Lauper				

☞ 노래를 잘 듣고 빈 칸에 들어갈 노래 말과 짝을 지으세요.

You with the sad eyes ( ) Oh I realize ( ) In a world full of people ( ) And the darkness, inside you ( )	① It's hard to take couraged ② Don't be discouraged ③ makes you feel so small ④ You can lose sight ot it all
But I see your true colors ( ) I see your true colors ( ) So don't be afraid to let them show ( ) True colors are beautiful ( )	① And that's why I love you ② Your true colors ③ Like a rainbow ④ Shinging through
Show me a smile then ( ) When I last saw you laughing ( ) And you've taken all you can bear ( ) Because you know	① If this world makes you crazy ② Just call me up ③ Don't be unhappy, can't remember ④ I'll be there
And I see your true colors ( ) I see your true colors ( ) So don't be afraid to let them show ( ) True colors are beautiful ( )	① And that's why I love you ② Your true colors ③ Like a rainbow ④ Shinging through
So sad eyes Take courage now Realize	
If this world makes you crazy ( ) Just call me up ( )	① Because you know I'll be there ② And you've taken all you can bear
And I see your true colors ( ) I see your true colors ( ) So don't be afraid to let them show ( ) True colors are beautiful ( )	① And that's why I love you ② Your true colors ③ Like a rainbow ④ Shinging through

* Let's study some words!!!

☞ **알맞은 뜻을 찾아 연결해 보세요.**

* afraid		1. 낙담하는
* bear		2. 용기
* color		3. 사람들
* courage		4. 어둠
* crazy		5. 두려워하는
* darkness		6. 무지개
* discouraged		7. 마지막으로
* full		8. 가득찬
* inside		9. 슬픈
* last		10. 참다, 견디다
* laughing		11. 미소
* lose		12. ~을 통해
* people		13. 시야, 보는 것
* rainbow		14. 잃다
* realize		15. 색깔
* remember		16. 불행한
* sad		17. 깨닫다, 알다
* shining		18. 참을 수 없는
* sight		19. 기억하다
* smile		20. 빛나는
* through		21. 웃고있는
* unhappy		22. ~안에

* Word Puzzle !!

Z	R	Y	K	Q	E	D	E	F	T	S	S	V	G	E
Q	E	V	P	U	S	D	C	H	K	M	H	N	W	L
L	B	G	R	P	I	S	R	Z	I	G	I	D	Y	P
U	M	T	M	S	A	O	E	L	U	H	N	J	T	O
B	E	X	N	B	U	H	E	N	G	R	I	A	X	E
E	M	I	C	G	E	V	N	U	K	T	N	G	Z	P
S	E	C	H	O	J	A	A	U	S	R	G	L	H	H
O	R	U	V	I	U	L	R	A	F	R	A	I	D	U
L	N	D	E	G	A	R	U	O	C	S	I	D	S	H
R	E	A	L	I	Z	E	A	L	O	O	I	D	A	X
C	Y	Z	A	R	C	N	K	G	L	M	G	G	D	J
O	L	A	S	T	N	J	E	H	E	U	Y	Z	H	Z
L	G	F	A	Q	C	I	T	L	W	Z	F	L	U	T
O	A	A	V	H	W	O	B	N	I	A	R	O	C	G
R	D	Z	S	R	O	D	H	Z	S	I	S	W	W	T

A Plan of the Seating Arrangements

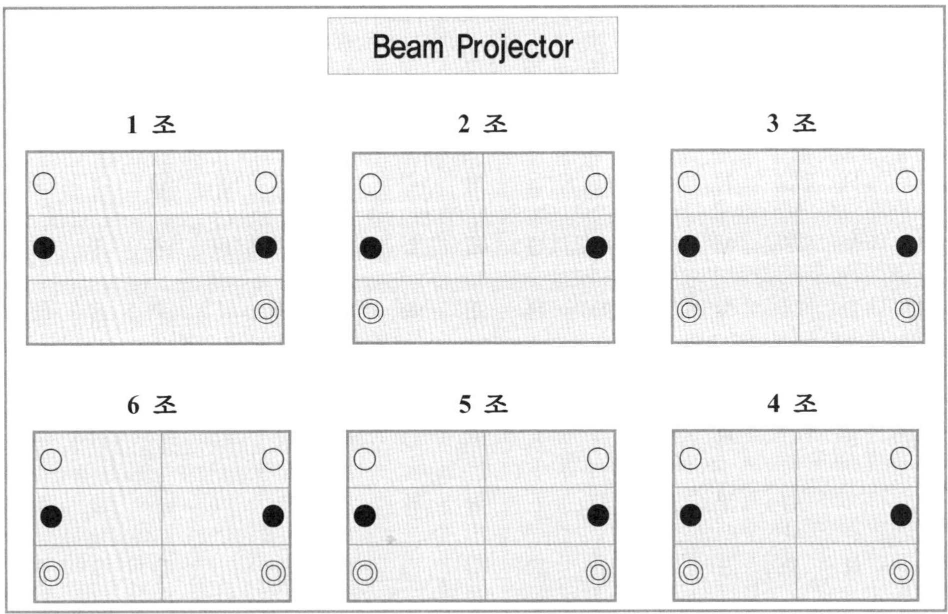

Members' Names of Each Group

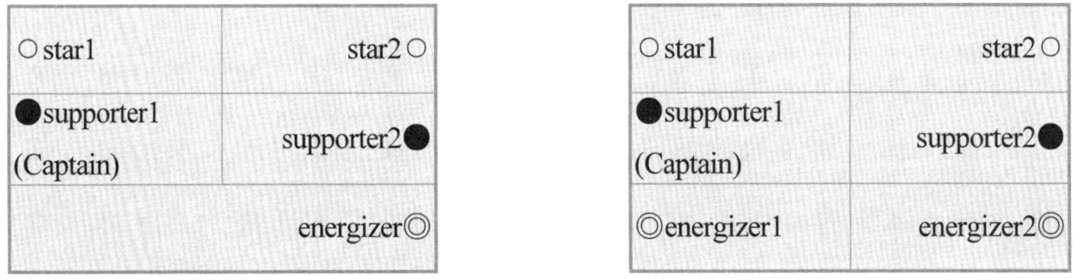

Pair work

Star1 ⇔ Supporter1, Star2 ⇔ Supporter2, Energizer1 ⇔ Energizer2

이질 분단 편성

< low-level(○), intermediate-level(◎), Advanced-level(●) >

※ 정기 고사 (듣기, 말하기 수행평가 포함) 결과를 기준으로 학생들의 level을 나눈다.

※ 각 그룹을 5~6명의 이질 집단 학생들로 구성하여 서로 상호간에 도움을 주고받을 수 있도록 한다.

※ 교사는 학생들이 공통 기본 과정을 학습한 후 자신의 수준에 맞는 개별 및 협동학습을 할 수 있게 한다.

영어 학습에 대한 설문조사

○ ○ 여자중학교

다음은 효과적인 영어 수업 계획 수립을 위해 여러분들의 영어 과목에 대한 견해를 알아보고자 하는 설문 조사입니다. 질문에 솔직하고 성실하게 답변해 주시기 바랍니다.

1. 영어학습에 대한 흥미도는 어느 정도 입니까?
   ① 매우 흥미롭다
   ② 흥미로운 편이다
   ③ 그럭저럭 보통이다
   ④ 별로 흥미롭지 않다
   ⑤ 매우 흥미 없다

2. 영어 학습에 대한 필요성은 어느 정도로 느끼고 있습니까?
   ① 시대의 흐름에 발맞추어 누구나 영어는 꼭 배워야 한다
   ② 생활에 필요한 기본적인 것만 배우면 된다
   ③ 직업적으로나 영어를 필요로 하는 사람만 배우면 된다
   ④ 배워야 할 필요성이 없다
   ⑤ 관심 없다

3. 영어를 꼭 배워야 하는 이유는 무엇이라고 생각합니까?
   ① 세계 공용어이고 국제화 시대에 발맞추기 위해서
   ② 영어를 잘하면 직업적으로 선택의 폭이 넓으므로
   ③ 스스로에 대한 자아 만족감이 높아지므로
   ④ 남들이 하니까
   ⑤ 기타 :

4. 영어에서 가장 어려운 파트는 무엇입니까?
   ① 듣기 ② 말하기 ③ 읽기 ④ 쓰기

5. 영어 사용 능력을 기를 수 있는 가장 좋은 수업 형태는 무엇이라고 생각합니까?
① 수업 중 다양한 학습 자료를 활용함으로써
② 정확한 문법과 함께 번역과 독해 연습을 통해서
③ 정확한 언어 구사를 추구함으로써
④ 급우들과의 소그룹을 통한 상호작용 활동이나 역할극을 통해서

6. 영어로 진행하는 수업의 이해정도는 어느 정도 입니까?
① 아주 잘 이해한다.
② 잘 이해하는 편이다.
③ 조금 이해한다.
④ 전혀 이해하지 못한다.

7. 상호작용 활동 중심의 그룹 활동이나 역할극의 필요성은 어느 정도라고 생각합니까?
① 꼭 필요하다.
② 다소 필요하다.
③ 필요하지 않다.
④ 잘 모르겠다.

8. 상호작용 활동 중심의 그룹 활동이나 역할극이 자신에게 어떤 영향을 끼칩니까?
① 수업시간에 말하고 싶은 충동을 많이 느끼게 된다.
② 실수에 대한 부담감이 덜해서 영어로 말하는 데에 대한 두려움을 어느 정도 해소 할 수 있다.
③ 너무 시끄럽고 산만해서 무슨 내용을 배우는지 모르겠다.
④ 남을 의식하게 되고 위축된다.

참고 문헌 및 인터넷 사이트

1. 부산중등영어교육연구회, 중등영어 교수・학습 자료집, 2005
2. 한국교육과정평가원. (2002). 교수・학습 자료 질 관리 연구.
3. 한국교육과정평가원. (1998). 제7차 교육 과정 개정에 따른 영어과 수준별 교육 과정 적용 방안과 교수・학습 자료 개발 연구. 협동학습연구회.(2004). 아이들과 함께하는 협동 학습.

4. Brown, H. D. (Longman 2001). Teaching by principle
- an interactive approach to language (2nd edition).
5. Golebioska, Alexandra. (1990). Getting students to talk, Prentice Hall.
6. 케이건 협동학습 센터 http://www.kagancooplearn.com:협동학습의 권위자인 케이건 박사의 협동학습 센터 홈페이지
7. http://www.me.mtu.edu/~peckcho/korean.htm :조 벽 교수님의 참신한 교실강의법과 교육철학이 담겨 있는 자료가 수록되어 있고 다운로드도 할 수 있다
8. www.koreaherald.co.kr :한국의 대표적 영자신문이며 고민 상담 칼럼인 Annie's Mailbox에서 살아있는 영어를 접할 수 있다.
9. www.internet4classrooms.com : 선생님들이 활용할 수 있는 자료가 풍부함.
10. http://www.infoplease.com/spot/colors1.html : 색과 심리에 관한 자료.
11. http://www.colormatters.com 삶과 색의 관계 및 활용법

4.4.4 역할놀이 수업의 문제점

가. 학습단계 - 과제의 명료성 부족

다른 기본적인 과정안과 마찬가지로 역할놀이 과정안도 도입(Introduction)-전개(Development)-정리(Consolidation)의 형식을 갖추고 있다. 도입부분에서 워밍업, 복습, 동기유발, 목표 진술 등의 활동이 이루어지고, 전개부분에서 각종 활동들이, 정리 부분에서 복습 및 정리, 평가가 이루어지는데 많은 과정안들이 도입 부분에서 역할 놀이 수업을 하기 전 학습 활동이 구체적으로 무엇인지 잘 나타나지 않거나 학습 활동 제시 부분이 기재되어 있지 않는 경우가 많기에 이를 유의하여 작성하여야 한다. 학생들이 본 수업에서 해야 할 과제가 명료하게 제시되지 않을 경우, 학생들이 자기 주도적으로 수업에 참여하기 어렵게 만드는 요인이 될 수 있다.

나. 학습 형태 - 수준별 학습에 대한 배려의 부족

역할놀이의 학습 형태를 보면, 전체를 대상으로 도입부분 및 주요 표현 제시 부분을 진행하고, 모둠이나 개인별로 연습을 한 후, 전체로 다시 모여 역할 놀이를 발표하면서 공유하는 형태를 많이 가지고 있다. 이때, 모둠이나 개인별로 연습을 할 때 학생들의 수준

을 고민을 해 보아야 하는데, 대부분의 역할 놀이 과정안이 학생들의 수준차를 어떻게 고민하고 수업을 구성하였는지 제시하지 않고 있다. 특히 역할 놀이는 학생들의 듣기 및 읽기, 말하기 능력이 어느 정도 갖추어져야 가능한 것으로, 이 점에 있어 학생들의 수준 차를 고려한 수업 구성은 매우 중요하다고 할 수 있다. 한 교실에서 보통 수준의 학생들뿐만 아니라 낮은 수준과 높은 수준의 학생들도 수업에 참여할 수 있도록 역할 놀이를 구성하고 계획하는 것이 역할 놀이의 성패에 중요한 열쇠가 될 것이다.

다. 교수·학습 활동 - 활동량에 비해 절대적 시간 부족

역할놀이 학습에 있어 활동량은 많을 수밖에 없다. 역할놀이의 특성상 역할 놀이에 필요한 기초 표현 및 단어들을 배우고, 본인들이 작성한 대사 또는 부여된 대사를 연습하며 기타 역할 놀이에 필요한 것들을 준비하는 활동들이 필수적이기 때문이다. 역할 놀이의 활동량이 많은 것을 고려해 본다면, 한 차시로 역할 놀이를 구성하기 보다는 여러 차시로 구성하는 것도 한 방법이 될 수 있을 것이다.

라. 교수·학습 자료 - 방대한 양의 자료

역할 놀이의 특성상 실제 상황처럼 만들기 위해서는 많은 교수·학습 자료가 필요할 것이다. 한 차시를 위한 방대한 교수·학습 자료의 준비는 교사의 부담이 될 수 있고 이에 정작 필요한 수업의 질을 높이는 데는 신경을 못 쓸 수도 있다. 그러므로 역할 놀이의 효과를 극대화하기 위해 여러 가지 자료들로 실제 상황처럼 만들어 주는 것도 중요하지만, 실제적인 교사의 부담도 줄이기 위한 방안도 같이 마련되어야 할 것이다.

4.4.5 해결 방법

가. 학습단계 - 과제의 명료한 제시

학습 단계에서 도입부분에 필요하다고 생각되는 과제, 즉 본 수업의 활동 소개 부분을 앞서 제기하였다. 학습 활동이 구체적으로 제시되어 있지 않으면, 학생들이 수업을 예상하기 어렵고, 이는 자기 주도적으로 수업에 참여하기 어려운 원인을 제공할 수 있다. 따라서 수업 시간에 해야 할 학습 활동들을 PPT 등으로 작성하여 자세하게 제시하여 명료한 수업이 되도록 해야 할 것이다. 정확한 학습 활동 뿐만 아니라 수업 목표 또한 명료하게 제시되어야 할 것이며, 이에 대한 적절한 수행평가도 제시된다면 더욱 명료한 수업이 진행될 것이다.

나. 학습 형태 - 수준별 학습에 대한 배려

역할 놀이는 학생들의 듣기 및 읽기, 말하기 능력이 어느 정도 갖추어져야 가능한 것으로, 이 점에 있어 학생들의 수준 차를 고려한 수업 구성은 매우 중요하다고 할 수 있다. 수준별 학습에 대한 배려로 여러 가지 방법이 있을 수 있으나, 여러 가지 상황 즉, 학생들의 영어 학습 수준, 지역별 차이, 부모님의 경제적 차이 등 다양한 변인들에 의해 수준별 학습 계획은 수업하는 교사가 철저히 학생들을 분석하여 구성해야 할 것이다. 일반적으로 수준별 학습지를 보충, 심화로 나누어 준비하여 조별로 선택하도록 하거나, 역할 놀이 대본을 수준이 낮은 학생 역할, 수준이 높은 학생 역할, 보통 수준 학생의 역할로 구성하고 위화감을 조성하지 않으면서도 학생들이 눈치를 못 채도록 자연스럽게 수준에 맞는 역할을 선정하도록 유도하는 것도 한 방법이 될 것이다.

다. 교수·학습 활동 - 활동량에 따른 적절한 시간의 배분

역할놀이의 특성상 활동량이 많은데 시간이 없다고 수업시간에 역할놀이 활동 결과를 발표하거나 시연하는 기회를 부여하지 않는 것은 역할 놀이 수업의 효과를 반감시킬 수 있다. 그러므로 시간이 부족할 경우, 전부는 못하더라도 2 모둠 정도라도 발표할 수 있는 기회를 부여하거나 역할 놀이 수업을 3, 4차시로 나누어 여유 있게 역할 놀이를 준비 및 시연할 수 있는 기회를 부여하는 것도 좋은 방법이 될 수 있겠다.

라. 교수·학습 자료 - 외부적 시설의 도움

역할 놀이의 효과를 극대화하기 위해 여러 가지 자료들로 실제 상황처럼 만들어 주는 것도 중요하지만, 그에 따른 교사의 부담을 줄이기 위한 방안도 같이 마련되어야 할 것이다. 이를 위한 한 방법으로 여러 가지 상황을 구성할 수 있는 영어 체험실을 만들어 미국의 한 도로나, 상점, 비행장 등을 형성하고, 역할 놀이를 일반 교실에서 하기보다 이런 영어 체험실을 통해 한다면, 이미 구성되어 있는 준비물과 시설로 교사의 부담도 줄이면서 역할 놀이의 효과도 극대화할 수 있을 것이다.

4.5 수준별 수업

4.5.1 수준별 수업의 개요

영어는 사교육의 영향으로 학생들 간의 수준차가 큰 과목이다. 다양한 수준의 학생들이 한 교실에서 수업을 하게 되니 학생의 눈높이에 맞는 교육을 하기 어렵다. 수준이 높은 학생의 경우 학교에서 배우는 내용이 너무 쉬워 학습에 흥미를 느끼기 어렵고 반대로 수준이 낮은 학생들은 단어를 읽는 것도 힘든데 수준 높은 내용의 읽기 내용을 소화하려니 영어가 힘든 과목이 될 수밖에 없다. 이처럼 학습자 개개인의 학습 능력에 맞지 않은 획일적 수업은 학생들을 수동적 존재로 만들며 학습 동기와 흥미, 효율성을 낮아지게 만들어 학습 결손을 심화시킨다.

이를 해결하기 위해 7차 교육과정에서는 수준별 수업을 운영하게 된다. 수준별 교육과정은 학습자 개개인을 교육의 대상으로 보고 각 개인에 적합한 교육내용과 방법을 제공하는 교육과정이라고 볼 수 있다. 이는 7차 교육과정이 기존의 교육과정과 구별되는 가장 큰 차이점이며, 학습자 중심의 교육을 의미한다. 이전의 학교교육이 교과서의 내용을 동일한 방법과 동일한 속도로 가르쳐 왔다는 것과 학습자의 개인적 변인을 고려하지 않았다는 반성에서 출발하였으며, 수준별 교육과정은 학습자 개개인의 적성과 흥미 그리고 학습 능력에 따라서 다양한 수업이 진행되어야 한다는 적합성의 원리에 기반을 두고 있다.

학생 및 학부모들의 질 높은 학교교육에 대한 요구를 반영하고 현재의 학교 교육의 위기를 벗어나며 사교육비를 경감하기 위해서는 학생들의 학업성취수준에 따라 교육의 내용이나 방법을 달리하는 수준별 교육을 실시하는 것이 필요하다. 우수학생에게는 그들의 수준에 맞는 교육 내용과 방법을 제공하여 그들의 잠재력을 최대한 실현할 수 있는 기회를 제공하고 부진 학생에게도 역시 그들의 수준에 적절한 교육 내용과 방법을 제공하여 개별 학생 각자에게 의미 있는 학습이 이루어지도록 할 필요가 있다(박선화, 2005).

박상옥(2004)은 효과적인 수준별 영어 수업을 운영하기 위해 다음의 4가지를 제시하고 있다. 첫째, 개별 활동과 다양한 종류의 소집단 활동을 탄력성 있게 활용한다. 둘째, 수행평가의 성적 산출은 수준별로 절대평가 방식을 채택함으로써 하위집단에 불이익이 가지 않도록 해야 한다. 셋째, 교과서 내용의 범위 내에서 기본활동, 보충활동, 심화활동으로의 적용이 가능하다는 교사의 인식전환이 필요하다. 이는 교안작성, 교수시연과 같은 교사 교육을 통해 이루어질 수 있다. 넷째, 하위집단 학생들에게는 암기가 지나친 부담으로 작용하지 않도록 배려해야 한다. 수준별 수업이 지향하는 교육의 평등성과 개별성의 목표에 상당 수준 도달 할 수 있게 하기 위해서는 모든 학생들에게 유익한 수업을 보장해야 한다.

구체적 수업 단계에 따라 수준별 수업 지도안을 살펴보면 다음과 같다. 도입 단계에는 인사(Greeting), 복습(Review), 학습 목표 제시(Presenting objectives)가 공통적으로 포함되고 학습 분위기 조성(Warm up), 출석 체크(Roll call)가 부분적으로 포함될 수도 있다. 전개 단계에서는 대부분 3개의 활동(Activity)가 있으며, '전체-모둠(전체)-개인(수준별 학습)', '전체-전체-모둠(수준별 학습)' 또는 '전체-모둠(수준별 학습)-전체'의 3가지 중 하나의 활동 순서로 진행하는 학습 형태를 띠고 있는 경우가 많다. 수준별 학습에서는 심화 활동과 보충 활동으로 나누어 학생들이 이미 배운 표현을 다시 한 번 활용하도록 하는데 중점을 두는 경우가 많은데 심화 활동에서 학생들은 이미 배운 표현을 활용하여 자유롭게 활동하고, 보충 학습에서 학생들은 교사와 함께 안내되어지고 부분적으로 제한된 활동을 통해 학습한 기본 핵심 표현을 복습한 후에 다른 활동을 통하여 기본 핵심 표현을 익히도록 한다. 게임, 챈트, 노래, 역할극 등 다양한 활동들을 통하여 반복적으로 학생들이 배워야 할 영어 표현들을 제시, 활용하게 함으로써 학생들이 쉽게 영어표현을 습득할 수 있도록 해 줄 수 있다. 정리 단계에서는 정리(Wrap up), 평가(Evaluation)가 대체로 공통적으로 들어가고 복습(Review), 과제 제시(Homework), 차시예고가 부분적으로 들어가기도 한다.

도입 부분에서는 '전체' 활동이 주가 되며 시간은 5~8분정도 소요된다. 도입 단계에서는 학생들의 흥미와 동기를 유발하기 위하여 노래, 비디오 자료를 제시하여 이전 시간에 배운 내용들을 복습하고, 배울 내용에 대한 목표를 제시한다. 즉 '전시 학습에 대한 복습'의 경우 이전 시간에 배운 학생들이 잘 알고 있는 노래를 들려줌으로써 학생들이 자발적으로 따라 부를 수 있도록 안내하고 유도하는데, 학생들에게 노래를 부르도록 강요하거나 부담감을 주지 않도록 한다. 또한 전시학습에서 하였던 역할극을 자발적 자원자에 한하여 다시 한 번 수행하게 함으로써 학생들 스스로 전시 학습의 복습에 능동적으로 참여할 수 있도록 한다. '동기 유발'로는 학생들에게 제시했던 학습과 관련된 쉬운 과제를 학생들이 자발적으로 발표하게 함으로써 수업에 대한 흥미와 관심을 가지게 한다. '목표 제시'는 수업 관련 동영상이나 교사의 마임을 통하여 학생들이 스스로 학습 목표에 대하여 추측하고 발표할 수 있도록 구성한다.

전개 단계에서는 '전체-모둠(전체)-개인(수준별 학습)', '전체-전체-모둠(수준별 학습)', '전체-모둠(수준별 학습)-전체'의 '3가지 활동 순서'가 있으며 시간은 27~31분정도 소요된다. 전개 단계에서는 친숙한 활동과 관련하여 학생들에게 다양한 실물자료를 사용하고, 'Activity 1'에서는 게임을 활용하는데, '전체 활동'을 통하여 오늘 배울 주요 표현을 익히도록 한다. 'Activity 2'에서도 게임을 활용하는데, '그룹 또는 개별 활동'을 통하여 이미 익힌 주요 표현을 반복하여 활용할 수 있도록 하고, 'Activity 3'에서는 '그룹 또는 개별 활동'을 활용하여 '심화-기본-보충의 3단계 심화·보충형 수준별 활동'을 하도록 한다. 이때 학생들은 자신의 수준과 능력에 맞는 '심화, 기본, 보충 학습'에 능동적으로 참여할 수 있으며 자신의 수준에 맞는 학습 내용을 습득하게 된다.

정리 단계는 '전체' 활동으로 시간은 4~5분 정도를 할당한다. 정리 단계에서는 자발적 참여자에 의한 역할극, 노래나 챈트를 시연하여 오늘 배운 표현을 정리하고, 학생들의 활동을 관찰한 관찰 기록, 자기평가, 포트폴리오 등을 활용하여 평가한다. 평가 방법은 주로 학습지와 관찰법을 사용하는 경우가 많다. 또한 비디오, 스토리텔링, 원어민 교사의 마임 등을 활용하여 학생들에게 다음 시간에 배울 내용을 추측할 수 있도록 차시예고를 한다. 마지막으로 학생들이 교실을 나갈 때 출입문 앞에 서서 학생들과 하이파이브를 하면서 오늘 배운 주요 표현을 묻고 답하는 활동을 통하여 다시 한 번 더 학생들에게 오늘 배운 표현을 활용해 볼 수 있도록 한다.

그러나 기본적인 수업의 3단계인 '도입-전개-정리'를 이외에도 수업의 주제, 차시, 내용, 학생들의 수준, 학급 분위기, 학생들의 심리 상태 등에 따라 변화를 주어 수업을 구성할 수 있다. 이때 가장 기본적인 사항은 '학습자 중심-학생의 능동적 수업 참여'를 꾀하는 수업이 되어야 한다. 즉, 학생들의 수준과 능력에 맞는 활동 단계를 구성하여 학생들이 재미와 흥미를 가지고 수업에 능동적으로 참여할 수 있도록 하고, 쉽고 재미있게 학습 내용을 습득할 수 있도록 구성해야 한다. 이를 위한 전제 조건으로 교사는 수업을 도와주는 안내자, 조력자, 도우미의 역할을 수행해야 하며, 원어민 교사는 원활한 수업 진행의 보조자로서의 역할을 해야 한다. 또한 교사는 미리 학생들의 수준과 능력을 파악하고 있어야 하는데, 이를 위해 관찰기록법, 수행평가, 학습지, 포트폴리오, 학생의 자기평가 등 다양한 방법의 평가를 통하여 각 학생의 수준을 정확하게 알고, 각 학생의 능력과 수준에 맞는 활동들을 구성하여 학생들로 하여금 능동적으로 자신의 수준에 맞는 활동을 통해 쉽고 재미있게 학습 내용을 습득할 수 있도록 해야 한다.

교수·학습 자료는 CD-ROM, 그림카드, 학습지, 주사위, flash card, chant bottle, hand puppet, 활동조사표, spinner, 공, 말판, 게임용 보드 등 각 활동에 필요한 다양한 학습 자료가 사용되어 수업을 다양하고 재미있게 운영할 수 있다. 학습형태는 심화·보충 형태인 수준별 학습의 형태를 띠는데, 심화 과정은 수업시간에 배운 기본 핵심 표현을 활용하여 여러 가지 활동을 통하여 완전하게 익히는 과정이고, 보충 과정은 기본 핵심 표현을 다시 한 번 복습을 하고 난 후에 심화 과정보다는 약간 수준이 낮은 다른 활동을 통하여 기본 핵심 표현을 익히는 학습의 형태를 띠는 경우가 많다.

4.5.2 수준별 수업 교수·학습과정 세안의 실제(초등)

다음은 제안하고 답하기에 관한 쉽고 간단한 문장을 소리 내어 읽고 의미를 이해한다. 라는 성취기준을 달성하기 위한 초등학교 5학년 수준별 교수·학습 지도안이다. 이 수업에서 인상적인 부분은 Group Reading을 활용하였다는 것이다. 스토리북을 활용한 영어 수업에 대해서는 많은 논문들이 그 효과성을 나타내고 있지만 한 학급의 학생 모두에게 적합한 동화책을 고르는 일은 쉽지 않다. 이러한 문제를 해결하기 위해서 이 수업에서는 비슷한 수준의 학습자들이 자신의 수준에 적합한 책을 선정하여 함께 'Read aloud'를 하면서 어휘와 내용에 대한 의견들을 공유할 수 있도록 하였다.

1. 수업을 준비하며

학기 초에 실시한 진단평가에서 5학년 학생 중 영어의 부진학생은 한 명도 없었다. 하지만 학생들을 접하면서 그들의 실제적인 영어 의사소통 능력은 성적과 차이가 있음을 알게 되었다. 그 중에서 특히 문자언어의 측면이 더욱 그러했으며 학생별 수준도 크게 차이가 났다. 다양한 수준의 우리 학생들을 위한 적절한 문자언어 교육을 위한 방안이 필요했다.

2010년 1월부터 파견연수로 6개월간 시카고의 Goudy elementary school에서 5학년 학생들의 수업을 참관할 수 있었다. 14개의 나라에서 이민 온 아이들로 구성되어 있다 보니 아이들의 문자언어 능력은 많은 차이가 있었다. 그 때 담임선생님께서 활용하신 방법이 'Group Reading'이었다. 비슷한 수준의 학생들이 자신의 수준에 적합한 책을 선정하고 함께 'Read aloud'를 하면서 어휘와 내용에 대한 의견들을 공유할 수 있도록 하였다. 이러한 학생들끼리의 읽기는 교사와의 읽기보다 이해하기 쉽고 부담이 적은 장점이 있다. 성공적인 Group reading을 위해서는 그룹의 조직이 중요하다. 읽기 능력이 뛰어난 학습자와 조금 부족한 학습자, 적극적인 학습자와 소극적인 학습자, 학습자들 간 친밀도를 고려해야 한다. 또한 활동이 잘 이루어지고 있는지 교사는 각 그룹들을 순회하며 확인하고 필요시에는 도움을 줄 수 있다.

이에 본 수업자는 Group Reading을 6단원(천재교육(윤여범 외)) "Let's Go Fishing"의 4차시 읽기수업에 적용해 보았다. 학생들을 수준별 low, intermediate, advanced 3단계로 또한 적극성과 친밀도를 고려하여 모둠을 구성하고 수준에 적합한 책을 선정하여 함께 읽고 수준별 독후활동을 실시하도록 하였다.

1. 본시 교수·학습의 개요

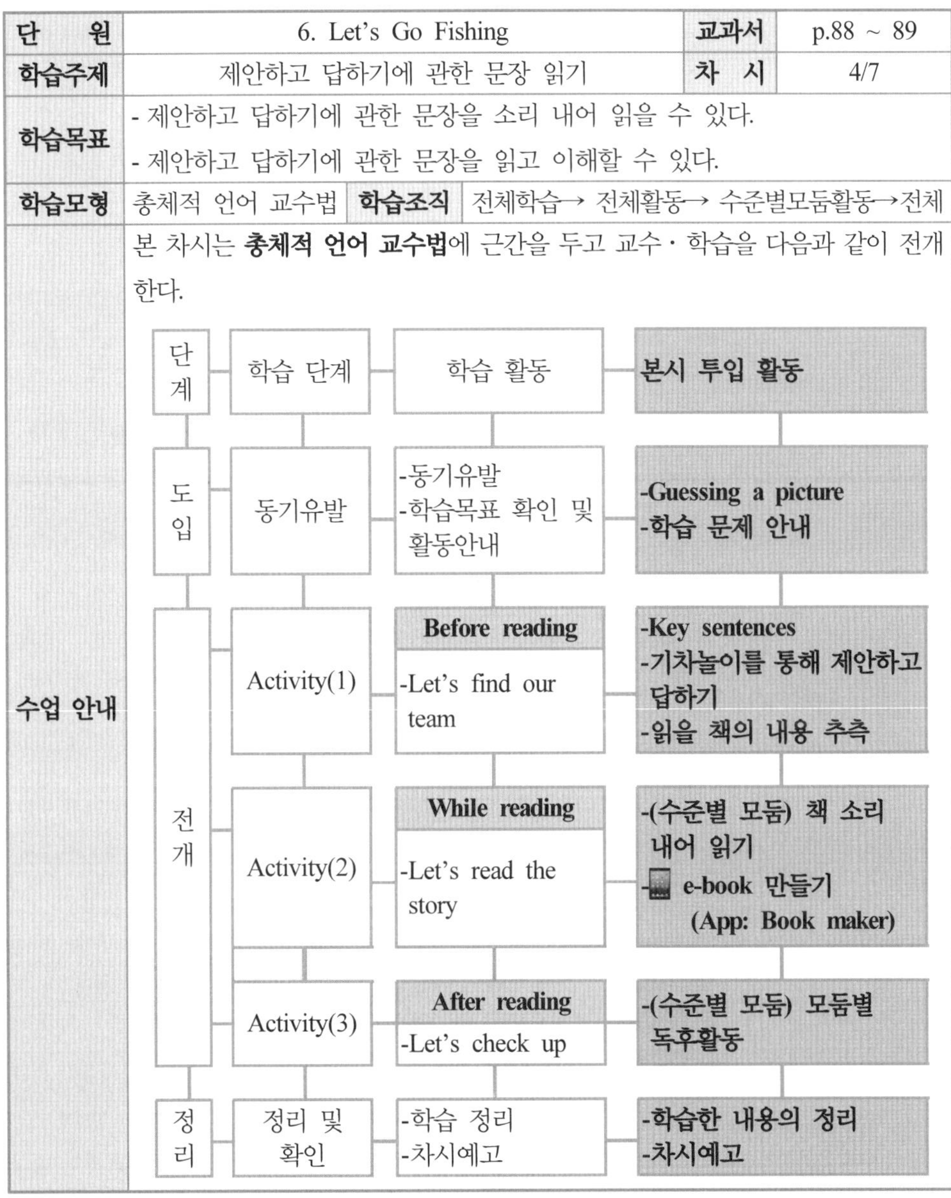

단 원	6. Let's Go Fishing		교과서	p.88 ~ 89
학습주제	제안하고 답하기에 관한 문장 읽기		차 시	4/7
학습목표	- 제안하고 답하기에 관한 문장을 소리 내어 읽을 수 있다. - 제안하고 답하기에 관한 문장을 읽고 이해할 수 있다.			
학습모형	총체적 언어 교수법	학습조직	전체학습→ 전체활동→ 수준별모둠활동→전체	
수업 안내	본 차시는 **총체적 언어 교수법**에 근간을 두고 교수·학습을 다음과 같이 전개한다.			

단계	학습 단계	학습 활동	본시 투입 활동
도입	동기유발	-동기유발 -학습목표 확인 및 활동안내	-Guessing a picture -학습 문제 안내
전개	Activity(1)	**Before reading** -Let's find our team	-Key sentences -기차놀이를 통해 제안하고 답하기 -읽을 책의 내용 추측
	Activity(2)	**While reading** -Let's read the story	-(수준별 모둠) 책 소리 내어 읽기 - e-book 만들기 (App: Book maker)
	Activity(3)	**After reading** -Let's check up	-(수준별 모둠) 모둠별 독후활동
정리	정리 및 확인	-학습 정리 -차시예고	-학습한 내용의 정리 -차시예고

2. 본시 교수·학습의 전개

Step (min)	Procedure	Instruction-Learning Activities		Aids(★) & Notice(☞)
		Teacher' Activities	**Learners' Activities**	
Introduc-tion (5')	Before the class	T: Everyone, line up.	S: (Students line up in the hallway)	☞지난 차시에 평 가한 내용을 바탕으로 수준별로 카드를 제공한다.
		T: (Give the level group cards) Please read the sentence on your card and I'll answer. T : That's a good idea ... / Sorry, I can't ...	S: (Get the cards and read sentences)	☞카드를 이용하 여 중요표현을 복습한다.
	Greeting	T: Hello, everyone. T: How is it going?	S: Hello, tomato teacher. S: I'm fine(great, happy...) And you?	
	Motivation	T: I'm okay. Today I've prepared something for you.	S: (Look at what teacher show them)	★ S'more
		T: Do you know what it is? T: This is a S'more. When you go camping, you can eat one.	S: Yes. / No.	☞camping 문화와 관련된 S'more을 제시하여 흥미롭게 학습할 문장을 제시한다.
		T: Do you want to go camping and eat S'mores?	S: Yes.	
	Learning Aims of the class	T: Then what can you say?	S: Let's go camping and let's eat S'mores.	★ PPT ☞동작으로 힌트를 제시하며 가려진 부분를 제거하여 문장을 제시한다.
		T: Well done. If you want to do something, you can say "Let's ...."		
		T: Can you guess what we're going to study?	S: 제안하는 말을 배울 것 같습니다.	
		The aim of this lesson 제안하고 답하기에 관한 문장을 읽어 봅시다.		☞학습문제를 명확히 제시하여 학습효과를 높일 수 있도록 한다.
		T: These are today's activities.	S: (Check the activities)	★activity cards
		Activities **Activity 1** **Let's Find Our Team** (읽기 전 활동) **Activity 2** **Let's Read the Book** (읽기 중 활동) **Activity 3** **Let's Check up** (읽기 후 활동)		
	Before Reading Key sentences	T: Today I prepared 6 books for you. Please read the titles aloud.	S: Yes. (Read the titles)	★book covers PPT ★ , card
		T: Good job. We can make a suggestion using "Let's..." and "How about...?" Then what can we answer?	S:( ) Okay./ That's a good idea./Sounds good... ( ) Sorry, I can't. Sorry, I'm ...	☞ 카드를 붙이며 승낙의 대답을 카드를 붙이며 거절의 대답을 칠판에 붙인다.

Step (min)	Procedure	Instruction-Learning Activities		Aids(★) & Notice(☞) 스마트교육( )
		Teacher' Activities	**Learners' Activities**	
	Before Reading Let's Find Our Team	**Activity 1** **Let's Find Our Team** (읽기 전 활동)		☞학교 홈페이지에 동영상을 탑재해 책의 내용을 미리 들어볼 수 있도록 앞 차시에 과제를 제시한다.
		T: We have 6 teams. Each team will read their book. We'll play Choo Choo to find your team.	S:(Listen to the teacher)	
		< Direction > 1) If they have blue stickers on their card, they are the engine. 2) The engines stand up and say to students, "Let's go..." ► If it matches their card, they answer Then they become the cars of the train. ► If it doesn't match, they answer Then they just stay in their seat and the engine moves. 3) If the engines find all members, they come to front.		☞모둠 이동시에 활용하는 "Choo Choo(기차놀이)" 게임을 이용하여 수준별 모둠 자리로 이동한다.
		T: The engines, stand up. Please find your team. T: Let's move to your team seats. T: Let's check the title, the book cover and the cards you have. They give you hints about the story. Can you guess the story?	S: (Students play Choo Choo.) S: (Move to their team seats) S: (Look at the title, the book cover and the cards.) S1: 캠핑 가서 텐트를 칠 것 같습니다. S2: 낚시 가서 큰 물고기를 잡을 것 같습니다.	☞제안하고 답하는 표현을 충분히 발화할 수 있는 기회를 제공한다. ☞책이름과 표지, 카드를 통해 읽을 내용을 추측할 수 있게 한다.
Develop -ment (30')	**While Reading** Let's Read the Book (수준별 학습)	**Activity 2** **Let's Read the Book** (읽기 중 활동)		★수준별 제작된 영어책 (6종류)
		T: Let's read the book with your team. **Level 1(low)** **Level 2(intermediate)** **Level 3(advanced)**	S: (Group reading)	☞모둠원들은 서로 도와 책을 읽는다. 교사는 level 1 학생들을 집중적으로 도와준다. **스마트 교육** ★아이패드(App: Book maker)
		< Direction > 1) Each member reads their pages of the book. 2) Read them again. 3) Read them faster. 4) Make an e-book.		☞학생들이 충분히 연습이 되면 Book Maker로 녹음하여 e-book을 만들 수 있도록 한다.

<table>
<tr><th rowspan="2">Step (min)</th><th rowspan="2">Procedure</th><th colspan="3">Instruction-Learning Activities</th><th rowspan="2">Aids(★) & Notice(☞)</th></tr>
<tr><th>Teacher' Activities</th><th></th><th>Learners' Activities</th></tr>
<tr><td rowspan="4">Develop -ment (30')</td><td rowspan="4">After Reading

Let's Check up

(수준별 학습)</td><td colspan="3">Activity 3 Let's Check up (읽기 후 활동)</td><td></td></tr>
<tr><td>T: Let's check what you read in the books. I'll give you workboards.</td><td colspan="2">S: (Get the workboard and work with their team)</td><td>★ worksheet workboard</td></tr>
<tr><td>Level 1(low)
1) connect words to pictures
2) Yes/No question
3) Matching the pictures to the sentences</td><td>Level 2(intermediate)
1) connect sentences to pictures
2) Yes/No question
3) -My shopping list
-Make sentences</td><td>Level 3(advanced)
1) connect sentences to sentences
2) T/F questions
3) -Complete the story</td><td>☞ 수준별 활동을 협동하여 해결할 수 있도록 한다. 활동후에는 발표 준비를 할 수 있도록 한다.
☞ 교사는 level 1 학생들을 집중적으로 도와준다.</td></tr>
<tr><td>T: Are you done?
T: Please show your e-book and your work.
(Check student's achievement)
T: Excellent, everyone.
When you have Free reading time, you can read other teams' books and these books.</td><td colspan="2">S: Yes.
S: (Show their work)

S: (Check the books)</td><td>★check list e-book
☞ Checklist와 결과물을 이용하여 성취수준를 평가한다.
☞ <도전과제> 자유독서시간을 이용하여 다른 모둠의 책 및 관련된 다른 책들을 읽을 수 있도록 흥미를 유발한다.</td></tr>
<tr><td rowspan="2">Consoli -dation (5')</td><td>Review</td><td>T: Now we'll do Relay Talk. Please make "let's" sentence sing the words in the book.
T: Are you ready?</td><td colspan="2">S: (Look at the words of the workboards)

S: Yes, I'm ready.
(Students do relay talk)</td><td rowspan="2">☞ workboard의 단어들을 활용하여 "Let's~" 문장을 만들 수 있도록 한다.</td></tr>
<tr><td>Previous Announce -ment of next class</td><td>T: Great. Next time, we'll write the let's sentences and answers.
T: That's all for today.
See you next time. Bye.</td><td colspan="2">S: Good-bye.</td></tr>
</table>

3. 평가 계획

성취 기준	성 취 수 준			방법
제안하고 답하기에 관한 쉽고 간단한 문장을 소리내어 읽고 의미를 이해할 수 있다.	인지적 영 역 (읽기)	상	제안하고 답하기에 관한 쉽고 간단한 문장을 소리내어 정확하게 읽고 그 의미를 분명하게 이해할 수 있다.	체크 리스트, e-book, worksheet, workboard
		중	제안하고 답하기에 관한 문장을 소리내어 읽고 대략의 내용을 이해할 수 있다.	
		하	제안하고 답하기에 관한 쉽고 간단한 문장을 소리내어 읽고 의미를 이해하는데 어려움이 있다.	
	정의적 영 역	상	적극적으로 활동에 참여하며, 모둠 학습에 도움을 준다.	체크 리스트
		중	학습활동에 참여하나, 모둠 학습에 소극적이다.	
		하	흥미와 자신감이 부족하여 학습 활동에 관심이 없다.	

4. 판서 계획

6. Let's Go Fishing (4/7)

제안하고 답하기에 관한 문장을 읽어 봅시다.

Let's Read the Book

Let's Check Up

Let's Find Our Team

key expressions

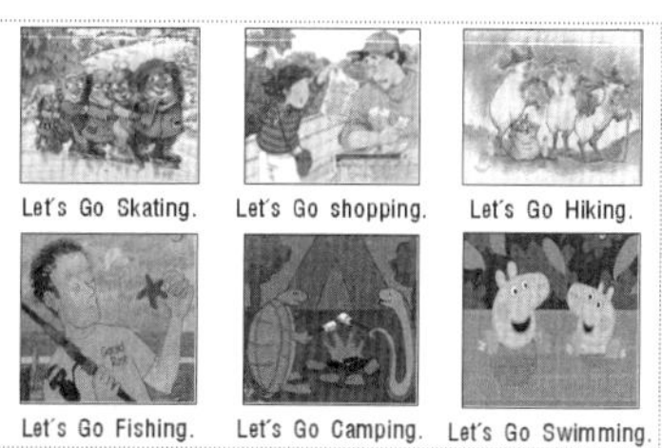

참고 문헌

- 교육과학 기술부(2013). 교사용 지도서 초등학교 영어 5학년. 천재교육
- 김진철 외(1999). 초등영어지도법. 서울:한국문화사
- 이완기(2002). 초등영어교육론. 서울:문진미디어
- 이수화(2004). 효과적인 초등학교 영어 읽기 교육을 위한 균형적 읽기 교수 적용 방안 연구. 석사 학위 논문. 연세대학교 교육대학원
- 이정인(2010). 동화책 반복 읽기 유형이 초등학생의 영어 어휘 습득 및 읽기에 미치는 영향. 석사 학위 논문. 이화여자대학교 교육대학원

4.5.3 수준별 수업 교수학습과정 세안의 실제(중등)

다음은 임희자의 2010 중등교사 수업발표대회 본선 수업지도안이다. 이 수업은 등위 접속사를 익히기 위한 수업으로 수준별 수업으로 진행된다. 수준별 수업이라 하더라도 보통 전체 활동이 수준별 수업으로 이루어지는 것이 아니라 활동의 일부분이 수준별 수업으로 이루어진다. 전체 전개 과정을 살펴보면 학생들이 직접 만든 UCC를 활용해 배운 내용을 복습하고 John이야기에 나오는 접속사들을 살펴봄으로써 동기 유발을 한다. 다음 교과서에 나오는 문법 사항에 대한 설명 후 활동지를 수준별로 해결하도록 한다. 학생들의 수준은 basic level, on level, challenging level 로 나누어지며 어떤 학생에게는 단어를 주고 빈칸에 알맞은 선택하도록 하고 어떤 학생들에게는 단어를 주지 않고 빈칸을 알맞은 단어를 생각해서 넣도록 하는 등의 방법으로 난이도를 조정하였다. 그리고 수준별 학습 이후에는 Jeopardy Game과 평가로 수업을 마무리하게 된다.

Ⅰ. 수업 연구의 개요

1. 수업연구의 필요성과 목적

우리나라 중등학교 영어 교과의 목표는 일상생활과 일반적인 주제에 관하여 기본적인 영어를 이해하고 표현할 수 있는 의사소통 능력을 기르는 것이다. 의사소통 능력이란 언어의 구조나 그 구성 성분들에 대한 지식만이 아니라, 언어가 사용되는 맥락과 상황에 맞게 적절한 표현과 책략을 사용하여 유창하고 정확하게 언어를 사용하는 능력이다. 이러한 의사소통 능력을 신장하려면 교실 수업 환경에서도 언어 형태에 대한 지식 뿐 아니라 특정한 형태의 언어가 사용되는 다양한 환경과 맥락을 제공함으로써 상황에 적절한 표현과 책략을 사용할 수 있는 기회를 제공해주어야 할 것이다. 따라서 언어 형태 중심의 수업을 구안할 때도 규칙과 지식만을 독립적으로 가르치는 것이 아니라 학생들이 다양한 상황에서 언어를 보고 듣고 접하게 함으로써 스스로 규칙을 발견하고, 상호작용하는 과정을 통해 그 언어 형태를 사용할 수 있는 활동들을 구안하여 적용해야 할 필요가 있다.

본 수업연구는 학생들의 의사소통능력 향상을 위하여 교과서 내용을 재구성하고 학습

목표를 상세화하여 여러 가지 상황을 활용한 문법 학습 활동과 과제를 구안하고 이를 적용하여 그 효과를 살펴본 후 다양한 교실 수업 현장에 일반화될 수 있는 문법 지도방법을 제안하는데 그 목적이 있다. 이를 위하여 역할극 활동을 구안하여 적용함으로써 단원 관련 주제를 확장하고 흥미를 가지고 영어를 사용할 수 있는 기회를 제공한다. 또한 한국에 살고 있는 외국인의 이야기와 단원 주제 관련 미국 드라마를 활용하여 실생활 속에서 사용되는 언어 형태를 습득할 수 있는 기회와 보고 들은 내용에 대해 묻고 답하는 과정을 통해 목표 언어를 사용할 수 있는 기회를 제공한다. 마지막으로 학습한 목표 언어 형태를 게임에 적극 참여하는 가운데 자연스럽게 습득할 수 있도록 기회를 제공하고 이를 통하여 궁극적인 의사소통 능력을 기를 수 있도록 게임 활동을 구안하여 적용하고자 한다.

2. 이론적 배경

1) 의사소통 능력

의사소통 능력이라는 말은 외국어 교육의 새로운 방향과 방법이 제시되었던 1970년대 후반에 들어서면서부터 자주 사용되고 강조되어 왔다. Canale과 Swain(1980)은 의사소통 능력을 문법적 능력, 담화 능력, 사회 언어학적 능력, 책략적 능력이라는 네 가지 구성 성분 또는 하위 범주로 구성된 구인이라고 정의하였다. Bachman(1990)은 언어 능력, 책략적 능력, 심리·생리적 기제로 구성된 의사소통 언어능력을 제안하면서 의사소통 언어 능력이라고 하는 것은 주어진 상황을 평가하여 필요한 언어 능력을 결정하고 상황에 알맞은 의사소통 구성 요소의 결정을 통해 표현기능이나 이해 기능을 배양하는 것과 관련된 포괄적인 능력으로 설명하고 있다.

우리나라 교육과정의 목표인 의사소통 능력을 상세화하여 제시된 성취기준도 이러한 맥락에서 언어에 대한 지식을 습득하는 것 뿐 아니라 언어를 맥락과 상황에 맞게 적절한 표현과 책략을 사용하여 유창하고 정확하게 언어를 사용할 수 있는 능력을 기를 것을 포함하고 있다. 따라서 이러한 성취 기준을 상세화하여 가르칠 때도 언어의 체계와 사용에 대한 지식 뿐 아니라 그 지식을 맥락과 상황에 맞게 적절하게 실제로 사용할 수 있는 능력도 기를 수 있도록 학습 활동과 과제를 구안하여 적용할 필요가 있다.

2) 의사소통 능력 향상을 위한 문법 교육 방법

Bachman(1990)의 의사소통능력 구인 중 하나인 언어능력은 한 문장 안에 있는 단어들의 배열과 관계를 지배하는 규칙 체계에 대한 지식을 가리키는 조직적 능력(organizational competence), 문장이 갖는 의미에 대한 영역(semantics), 다양한 맥락에서의 문장의 사용에 대한 영역(pragmatics)으로 구성된다. 문법을 어떻게 가르치는가에 대한 이론과 실천은 문법을 독립시켜 개별 규칙들의 벽돌 쌓기처럼 가르치는 문법번역교수법으로부터 의사소통 상황에서 언어를 사용하면서 저절로 익혀야 한다는 의사소통교수법, 의사소통 과정에서 언어의 형태에 주의를 기울이게 해야 한다는 형태중심교수법(focusing on form)에 이르기까지 다양하다. 의사소통능력을 구성하는 문법은 언어 능력으로 이어져 궁극적으로 의사소통능력을 갖추도록 가르쳐져야 한다.

Batstone(1995)은 의사소통능력 향상을 위한 문법 학습 활동 과정을 인식(noticing), 구조화(structuring), 절차화(proceduralizing) 단계로 제시하였다. 인식 단계는 규칙을 인식하고 단어와 의미의 관계를 이해하는 단계이나 직접 그 언어를 조작하지는 않는다. 성공적인 인식 활동으로 형태를 의미와 함께 제공하고 형태를 담화와 맥락 가운데서 제시하며, 이미 알고 있는 다른 형태와 비교하여 가르치고 학습자가 적극 참여할 수 있도록 하며 직접 언어를 발화할 수 있는 활동을 구안할 것을 제안한다. 또한 구조화 단계에서는 학습자가 의미를 전달하기 위해 형태를 바꾸면서 언어를 조작하고 의미를 전달하기 위해 배운 것을 적용할 수 있는 내용을 선택할 수 있게 하고 즉석에서 사용할 수 있는 기회를 제공할 것을 제안한다. 절차화 단계는 새롭게 배운 문법을 의사소통상황에서 즉각적이고 유창하게 사용할 수 있도록 준비시키는 단계로서 의미를 표현하기 위해 형태를 선택하고 사용하는 연습을 요구한다. 이 단계에서는 효과적인 의사소통 뿐 만 아니라 문법에 대한 주의를 기울이게 하는 과제를 사용할 것을 제안했다.

MaKay(1985)는 문법을 가르치는 기술로 차트, 실물, 지도와 그림, 대화, 글(written texts)의 활용 등의 다섯 가지 범주로 분류하여 제시하였다. Cameron(20010은 문법 규칙의 구조화 기회를 제공하는 언어 연습 활동으로 설문조사, 퀴즈, 정보차 활동을 제안하였으며, 절차화 활동으로 Dictogloss를 제안하였다. 본 수업에서는 문법 학습이 궁극적인 의사소통능력 향상에 기여하도록 그림, 실생활에서의 대화, 학생들의 역할극, 퀴즈 등을 사용하여 다양한 맥락에서 목표 언어를 사용할 수 있는 최대의 기회를 제공하는데 주안점을 두었다.

Ⅱ. 학생 실태 조사 및 분석

1. 6월 전국연합 학력평가(2010. 6. 16 실시) 결과 및 분석

6월 전국연합 학력평가 백분위 분포 현황

백분위(%)			100~90		89~80		**79~70**		**69~60**		**59~50**		49~40		39~30		29~20		19~10		9~0		계
학급	인원 (명)	누적인원 (명)	9	9	10	19	**8**	**27**	**6**	**33**	**4**	**37**	1	38	1	39	1	40	0	40	0	40	40
학급	비율 (%)	누적비율 (%)	23	23	25	48	**20**	**68**	**15**	**83**	**10**	**93**	2.5	95	2.5	98	2.5	100	0	100	0	100	100
전국	비율 (%)	누적비율 (%)	10	10	10	20	**10**	**30**	**10**	**40**	**10**	**50**	10	60	10	70	10	80	10	90	10	100	100

○○고 1학년 7반 학생들의 전국연합 학력평가 영어 성적 분포를 보면 전국 상위 40% 이내에 83%, 전국 상위 50% 이내에 93%의 학생들이 분포되어 있는 것을 통해 영어 성적이 전국 평균보다 월등하게 높은 것을 알 수 있다. 따라서 교과서 외에도 다양한 학습 자료와 과제를 개발·적용하여 학생들의 영어 의사소통능력을 신장시키고 영어 과목에 대한 흥미와 자신감을 지속시킬 수 있는 수업이 필요하다.

2. 학습 과제활동 재구성과 문법 지식과 사용 관련 설문 조사

학습 과제활동 재구성과 문법 지식과 사용 관련 설문 응답 현황

기능	영역	선택지 / 응답자수	매우 그렇다	그렇다	보통이다	그렇지 않다
교과서재구성 과제·활동	흥미도	응답자수(비율)	24명(60%)	12명(30%)	4명(10%)	0명(0%)
	만족도	응답자수(비율)	20명(50%)	16명(40%)	4명(10%)	0명(0%)
문법 지식	필요성 인식	응답자수(비율)	28명(70%)	10명(25%)	2명(5%)	0명(20%)
	자신감	응답자수(비율)	4명(10%)	12명(30%)	12명(30%)	12명(30%)
상황 속의 문법 사용	학습 경험	응답자수(비율)	2명(5%)	6명(15%)	8명(20%)	22명(55%)
	기대감	응답자수(비율)	12명(30%)	20명(50%)	8명(20%)	0명(0%)

설문 결과 학생들이 교과서를 재구성한 과제와 활동에 대한 흥미도와 만족도가 높았고 문법 지식에 대한 필요성은 인식하나 자신감이 부족하며 상황 속에서 문법을 사용할 기회를 갖는 수업에 대한 기대감은 높으나 학습 경험이 부족하였음을 알 수 있다. 따라서 학생들이 상황 속에서 문법 지식을 학습하게 하여 맥락 속에서 사용되는 지식을 습득하게 하고 이를 사용할 수 있는 학습 환경을 제공할 필요가 있다. 또한 학생들이 영어 학습에 대한 흥미도와 자신감을 갖게 하고 학습한 문법 지식을 적용하여 의사소통 수단으로 사용함으로써 교육과정의 궁극적인 목표인 의사소통능력 향상에 기여하는 문법 수업에 대한 연구와 적용이 필요하다.

Ⅲ. 단원 목표·활동의 재구성

1. 단원 목표의 재구성

Textbooks	1) High School English (능률교육 by Jang, et al.) 2) High School English Activities (능률교육 by Jang, et al.).
Unit	Lesson 7. The Science of Fingerprints
General Aims	Students will be able to 1) listen to many different kinds of talks such as dialogues, radio programs, and the telephone dialogues, catch specific information and complete comprehension tasks in the textbook. 2) apologize, give advice, and talk about their habits using given expressions 3) read and comprehend the reading material about the science of fingerprints and its use and complete various tasks in the textbooks according to their levels. 4) ***distinguish different uses conjunctions and interact in many different situations using the conjunctions.***
Specific Goals	1) Theme: The Science of Fingerprints 2) Communicative Functions a. apologizing: Sorry, I owe you an apology. Sorry, it's my fault. I can't tell you how sorry I am. b. giving advice: If I were you, I'd try this. I think you should try this. You had better try this. c. complimenting other people: I usually work out at a gym. I am in the habit of going jogging every morning. I make it a rule to exercise three times a week. 3) Language Functions

a. what as a question pronoun introducing an indirect question and as a relative pronoun starting the relative clause that is subject, object, or complement of another clause
  - ***What*** some people fear is that the technology may interfere with their privacy.

b. conjunction 'whether' used when someone does not know which of two possibilities is true
  - It will allow them to know ***whether*** a student is riding the right bus ***or not.***

c. conjunction 'unless' used for saying that if something does not happen, something else will happen or be true as a result
  - ***Unless*** there is a witness, no one can tell what actually happened.

2. 단원 차시별 활동의 재구성

TB(Textbook), AB(Activity Book), RC(Reconstructed: bold and italicized part)

Prd	Section		Activity	Textbook Materials or Students' Worksheet or Students' Work	
1	TB	Listen In Ⅰ & Ⅱ Speak Out Ⅰ & Ⅱ (p.108~111)	· listening to short dialogues, and radio programs and doing various tasks · practicing the dialogues using the communicative functions and talking about their habits		
				<Listen In Ⅰ &Speak Out Ⅰ>	<Listen In Ⅱ &Speak Out Ⅱ>
2	AB	Listen In Speak Out Basic (p.124-125) On level (p.129-130) Challenging (p.134-135)	· choosing one level based on their needs or competence level · various listening and speaking tasks in the activity book based on their levels		
				<Basic Level>	<On Level>
	TB	Friends (p.112)	· completing the dialogue of a cartoon in the textbook · doing role-play using the text in 'Friends'		
				<Challenging Level>	<Friends>

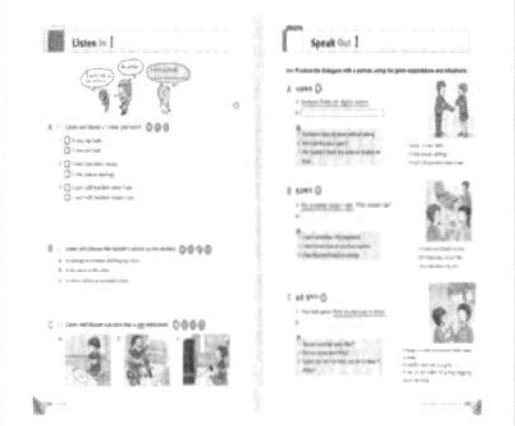

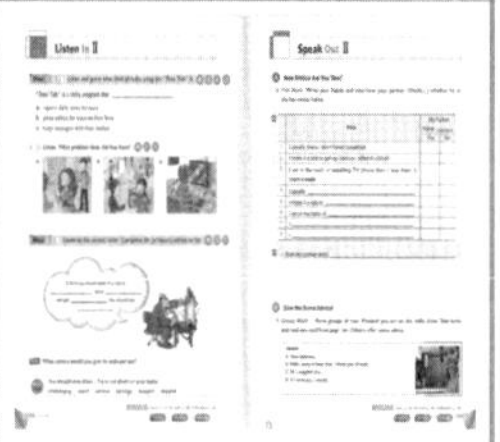

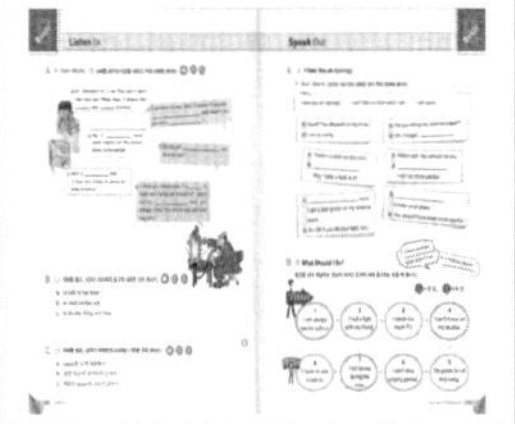

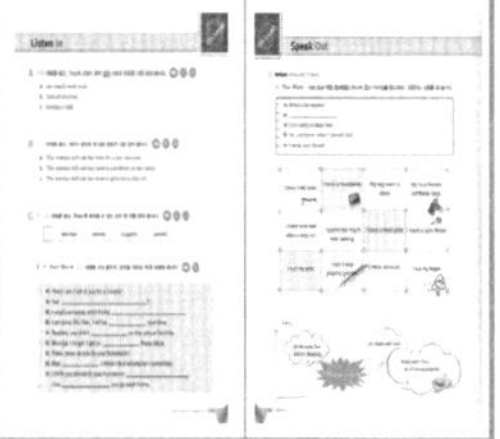

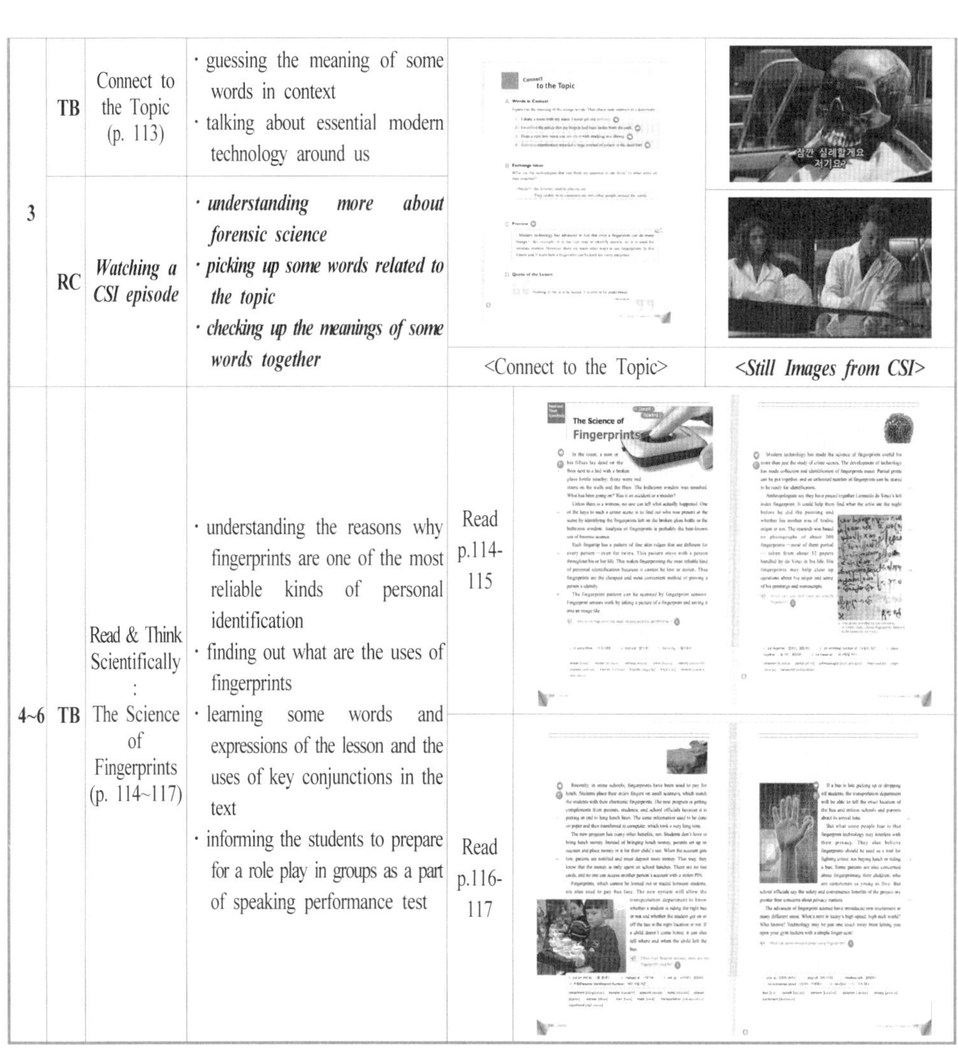

Prd.		Section	Activity	Textbook Materials	
3	TB	Connect to the Topic (p. 113)	· guessing the meaning of some words in context · talking about essential modern technology around us		
	RC	*Watching a CSI episode*	· *understanding more about forensic science* · *picking up some words related to the topic* · *checking up the meanings of some words together*	<Connect to the Topic>	*<Still Images from CSI>*
4~6	TB	Read & Think Scientifically : The Science of Fingerprints (p. 114~117)	· understanding the reasons why fingerprints are one of the most reliable kinds of personal identification · finding out what are the uses of fingerprints · learning some words and expressions of the lesson and the uses of key conjunctions in the text · informing the students to prepare for a role play in groups as a part of speaking performance test	Read p.114-115 Read p.116-117	

Prd.		Section	Activity	Textbook Materials	
7	TB	Think Out(p.118)	· completing the sentences about the reading text · distinguishing between fact and opinions · talking about other ways to identify a person and discussing its benefits and problems	<TB Think Out>	<Basic Level>

	AB	Think Out Basic(p.126) On level (p.131) Challenging (p.136)	· choosing one level based on their needs or competence level · doing various tasks related to the text in their textbooks according to their levels		
	TB	Focus In I (p.119)	· finding out about prefix; -ment, -sis, -ation · learning useful expressions; 'put an end to', 'interfere with', 'be concerned about'	<On Level>	<Focus In Ⅰ>
8	RC	*Role Play: Student-created CSI episode*	*· making a script for the role play regarding fingerprints in the group* *· submitting their scripts and videos before the class demonstration* *· performing their role play in the class as a part of the speaking performance test*		
				<still images from role plays for Lesson 1>	
9	TB	**Focus In II (p. 120)**	**· studying 'grammar in use' and 'grammar in context' in the textbook** **· practicing the use and context of the conjunctions 'what', 'whether ~ or not', 'unless' in a variety of situations**	**< This Period >** **A Communicative Form-Focused English Lesson** **- Conjunctions in Situation with Interaction -**	
	AB	**Focus In Basic level (p.127) On level (p.132) Challenging (p.137)**	**· Basic Level: completing the diary and completing sentences with given words** **· On Level: changing direct questions into indirect questions with 'whether ~or not'** **· Challenging Level: completing the sentences using the given words or phrases and matching them with each culture**		
10	TB	Write Out (p.121)	***· sharing their three-line stories from the previous lesson*** · listening to a presentation on fingerprints and completing the notes	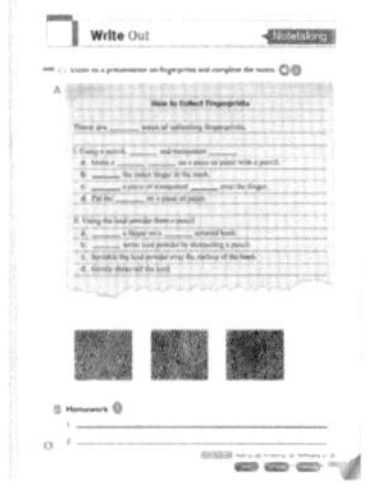	
	AB	Basic level (p.128) On level (p.133) Challenging (p.138)	· Listening to the instructions about how to make a blue carnation completing the notes in their activity book depending on their level	<TB Write Out>	<On Level>
	TB	Way Out (p.122) Future Prediction	· ticking their predictions about their predictions of what the future will be like · comparing and talking about their predictions and ideas in their group · discussing the prospects of fingerprint technology of the future	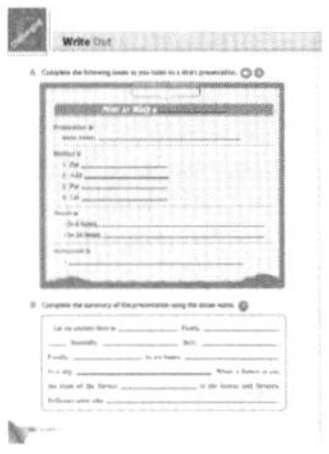	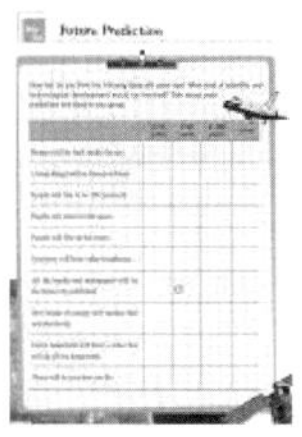
				<Challenging>	<Way Out>

Ⅳ. 본시 교수·학습 과정안

1. 본시 수업의 개요

1. Unit	7. The Science of Fingerprints
2. Period	The 9th period of 10 periods - Focus In Ⅱ in the Textbook & Focus In from the Activity Book -
3. Concept	A Communicative Form-Focused English Lesson - Conjunctions in Situations with Interaction -
4. Date & Time	6th period (14:40 ~15:30), Wednesday, September 15th, 2010
5. Participants	40 students from Class 1-7 in Yang-Woon High School
6. Learning Aims	The students should be able to 1) distinguish different meanings of conjunctions 'what', 'whether', 'unless' in the sentences such as: - What some parents fear is that fingerprint technology can interfere with their privacy. - It will allow them to know whether a student is riding the right bus or not. - Unless there is a witness, no one can tell what actually happened. 2) complete the communication tasks in each level using their textbooks according to their level ***3) use appropriate conjunctions when asking and answering in many different situations*** ***- a video from a foreigner*** ***- a video footage from a CSI episode*** ***- a jeopardy game*** ***- a summary of text***
7. Method of Grouping	Level-based grouping for level-based textbook activities & Heterogeneous grouping for all the other activities
8. Praise	A prize to the winning team and the best student
9. Teaching Aids	Powerpoint, Worksheets, Video Clips, Jeopardy Game, UCC
10. Summary of the Procedure	1. Review: A student-created UCC - a role play regarding fingerprints 2. Motivation and introduction : UCC - John's story 3. 'Focus In Ⅱ' Activity in Textbook 4. 'Focus In' Activity in Activity Book - level-based activity 5. Watch and talk about a CSI episode using three conjunctions 6. Play 'Jeopardy Game' as a practice and review 7. Formative test - a summary of the text

2. Teaching·Learning Procedure

Part 1. Introduction (10')	
Steps and Activities	◉ Greetings and small talk(1') ◉ Review: A role play (4') ◉ Motivation: John's Story (4') ◉ Informing today's learning tasks and goals (1')
Learning Aids	UCC clip, Powerpoint, Worksheet
Grouping	Original Group (Heterogeneous Group)

Steps	Teacher's Role	Students' Role	Aids
INTRODUCTION	**1. Greetings and a Small Talk**		
	· saying hello to the students · talking about the previous lesson and today's lesson	· saying hello to the teacher · responding to the teacher about how they liked the previous lesson	
	2. Review: A Student-Created UCC		
	· showing a video clip from the previous lesson as a speaking performance test · talking about the video and fingerprint technology <a role play scene from Lesson 1>	· watching the video selected by the teacher from the previous lesson · responding to the teacher about the video and fingerprint technology	
	3. Motivation : John's Story		
	What I always dreamed of doing was to live in another country and to learn more about another way of living. So ***when*** I graduated from the university, I was trying to think ***whether or not*** I should become a teacher. ***What*** I like best about living in Korea is the friendly people and the healthy, delicious food. ***Unless*** I tried to study Korean, I thought my life would be very difficult. I'm not sure ***whether*** I will live in Korea forever. ***Unless*** I find my true love, I don't think I will live in Korea forever.		
	· showing them a video · telling them to write down conjunctions that they hear	· watching the video clip · writing down conjunctions that they hear	
	· asking them about the story and conjunctions they heard and the meaning of conjunctions · introducing today's lesson <John's story>	· answering the questions and saying the conjunctions · listening to the teacher and responding to the questions	
	4. Informing Today's Learning Tasks and Goals		
	By the end of the lesson, the students should be able to 1) distinguish different meanings of conjunctions 'what', 'whether' and 'unless' in context 2) complete the communication tasks in each level in their textbooks according to their level 3) use appropriate conjunctions when asking and answering in many different situations		
	· stating the goals and asking the students to read them out loud together · encouraging them to participate actively and complete their tasks successfully	· reading the goals out loud together keeping them in mind · responding to the teacher by saying "Yes, we can."	

<table>
<tr><th colspan="2">Part 2. Development Ⅰ : 'Focus In' Activity (17')</th></tr>
<tr><td>Steps and Activities</td><td>◉ Studying conjunctions using the textbook in the original group (11')
◉ Doing 'activity book' tasks in the level-based group (6')</td></tr>
<tr><td>Learning Aids</td><td>textbooks, activity books, powerpoint, conjunction chart</td></tr>
<tr><td>Grouping</td><td>Original group (Heterogeneous Group) → Level-based group</td></tr>
</table>

<table>
<tr><th>Steps</th><th colspan="2">Teacher's Role</th><th>Students' Role</th><th>Aids</th></tr>
<tr><td rowspan="8">D
E
V
E
L
O
P
M
E
N
T</td><td colspan="3">1. Textbook Activities : 'Focus In Ⅱ' (p.120)</td><td rowspan="8"></td></tr>
<tr><td colspan="3">◇ Grammar in Use ◇
1. What some people fear is that the technology may interfere with their privacy.
2. It will allow them to know whether a student is riding the right bus or not.
3. Unless there is a witness, no one can tell what actually happened.</td></tr>
<tr><td colspan="2">· explaining the role of conjunctions and some other words that act like conjunctions like relative words and their different meanings</td><td>· understanding the role of conjunctions and some other words that act like conjunctions and their different meanings</td></tr>
<tr><td colspan="2">· explaining a relative pronoun 'what' when it introduces a topic or emphasizes something
· showing some more sentences in context and having students choose the right word</td><td>· listening to their teacher's explanation and taking notes on their textbooks or handout
· understanding the use of 'what' and choosing the right word in the sentence</td></tr>
<tr><td colspan="2">· explaining the form, meaning, and use of 'whether(or not)' in context
· showing example sentences in context and having students choose the right word</td><td>· listening to the explanation and taking notes
· understanding the use of 'what' and choosing the right word in the sentence</td></tr>
<tr><td>· explaining the form, meaning, use of 'unless' in context
· showing example sentences in context and having students choose the right word</td><td>Joe can't hear unless you shout.</td><td>· listening to their teacher's explanation and taking some notes
· understanding the use of 'unless' and choosing the right word in the sentence</td></tr>
<tr><td colspan="3">◇ Grammar in Context ◇
1. You don't know whether you can afford a four-course lunch?
2. What you're offered is not only a great price but high quality food for your satisfaction.
3. We'll run out of it unless you come early.</td></tr>
<tr><td colspan="2">· having students look at page 120 'Grammar in Context' and check if they understand the meanings of conjunctions in the context
· quoting John's story as another example
· telling the students they will create their own story by using three conjunctions as their homework</td><td>· reading the context where three conjunctions are used telling the teacher they understand the meaning of the conjunctions in 'Grammar in Context'
· responding to the teacher and asking questions to the teacher or their friend if they don't understand
· thinking of their own situation</td></tr>
</table>

Steps	Teacher's Role	Students' Role	Aids
DEVELOPMENT	**2. Level-based Tasks in the 'Activity Book': 'Focus In'** ◇ **Basic Level** ◇ 1) completing Lucy's diary by choosing the right words in context 2) completing the story by rearranging the words given ◇ **On Level** ◇ 1) practicing 'whether (~or not)' with their partners taking turns 2) completing the interpretation of a dream using the words given ◇ **Challenging Level** ◇ 1) completing the sentences using the given words or phrases 2) matching the picture in a situation with the story in each culture		
	Basic Level (p.127) / On Level (p.132) / Challenging Level (p.137) 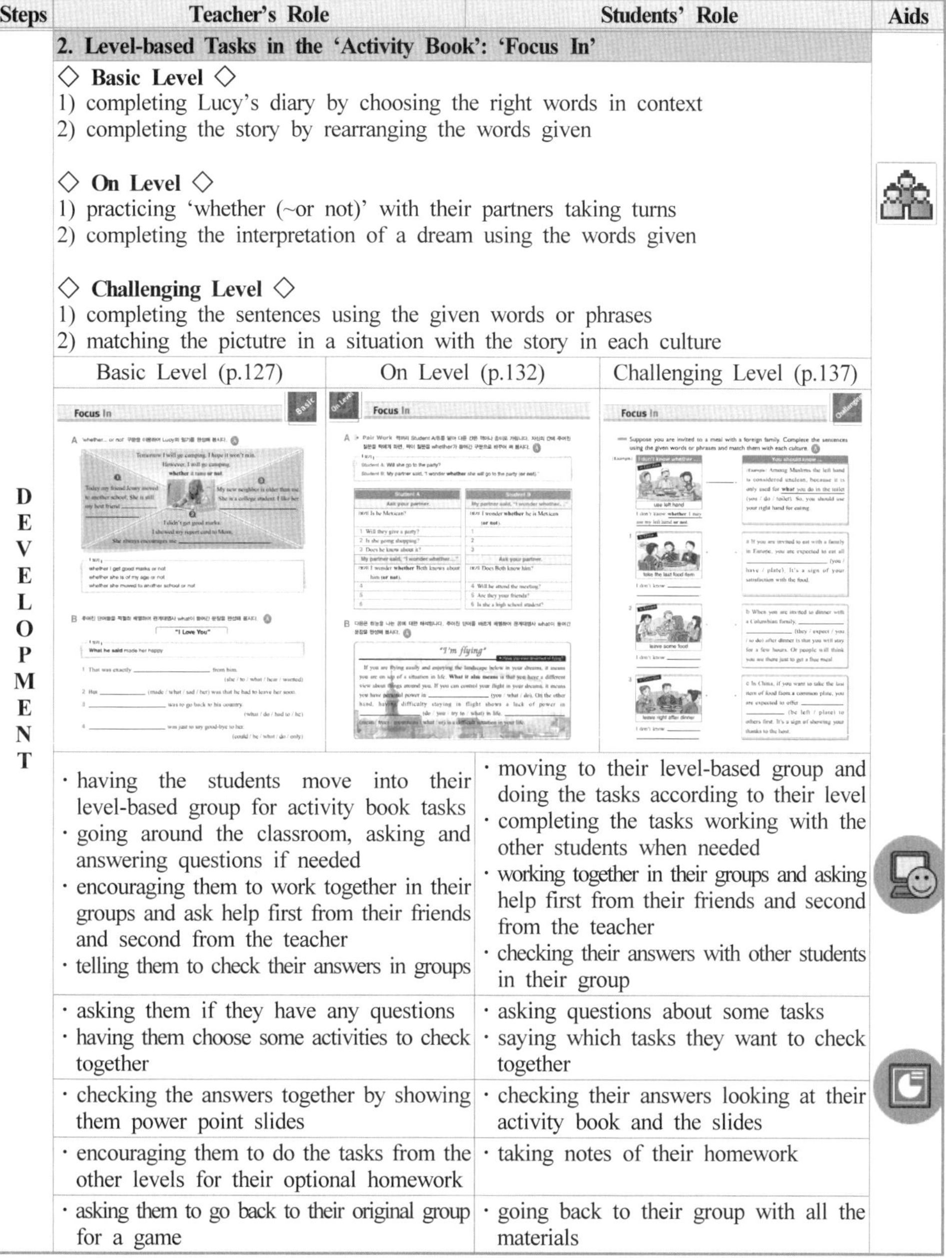		
	· having the students move into their level-based group for activity book tasks · going around the classroom, asking and answering questions if needed · encouraging them to work together in their groups and ask help first from their friends and second from the teacher · telling them to check their answers in groups	· moving to their level-based group and doing the tasks according to their level · completing the tasks working with the other students when needed · working together in their groups and asking help first from their friends and second from the teacher · checking their answers with other students in their group	
	· asking them if they have any questions · having them choose some activities to check together	· asking questions about some tasks · saying which tasks they want to check together	
	· checking the answers together by showing them power point slides	· checking their answers looking at their activity book and the slides	
	· encouraging them to do the tasks from the other levels for their optional homework	· taking notes of their homework	
	· asking them to go back to their original group for a game	· going back to their group with all the materials	

Part 3. Development Ⅱ : CSI Episode and Jeopardy Game (18')	
Steps and Activities	◉ A Video Clip from a CSI Episode (8') ◉ Playing a Jeopardy Game in Groups (10')
Learning Aids	A CSI Video, Jeopardy Game Template
Grouping	Heterogeneous Group : Groups of Eight

Steps	Teacher's Role		Students' Role	Aids
DEVELOPMENT	**3. More Practice of Conjunctions Using a CSI Episode**			
	Q What did the tourists discover on the back of the bus? A What the tourists discovered on the back of the bus was a human skeleton. Q What did the parents want to know? A The parents wanted to know whether the skeleton belonged to their son or not. A Unless the investigators checked the camera, they wouldn't have been able to catch the killer. A What the investigators discussed was whether the skeleton was real or not.			
	· showing a video summary from a CSI episode · asking questions about the video and requesting students to answer in full sentences	<a scene from CSI>	· watching the video summary from a CSI episode · answering the questions trying to use full sentences using the conjunctions	
	4. Jeopardy Game: Conjunctions in Situations			
	◇ **Contents in Each Category** ◇ ① Textbook Summary: the science of fingerprints ② John's story: his dream and future ③ Sentences from 'Focus In' in the textbooks ④ CSI Episode ⑤ Sentences from Everyday Situations ◇ **How to Play the Jeopardy Game** ◇ ① The duration and the rules of the game may vary depending on students' comprehension level and the time left for the game. ② Whichever team says the full sentence with the correct answer first should get the point. If one team doesn't get the right answer, any other team who stands and shouts the right answer will get the points. ③ The team who gets the previous question right can choose the next question from any category, and generally the order of difficulty level is to be kept.			
	· telling the students of the purpose and the rule of the game · telling them about the prize of the winning team · asking them to keep listening while the other teams is talking	<main page of the game>	· keeping the purpose and the rules of the game in mind · trying to get as many scores as possible by cooperating in their groups · keeping the scores that they get on the game board	

Part 4. Conclusion (5')	
Steps and Activities	◉ Formative test with a summary (2') ◉ Homework Assignment: creating a three-line story (2') ◉ Closing remarks: complimenting, next class (1')
Learning Aids	worksheet, powerpoint
Grouping	Heterogeneous Group (original group)

Steps	Teacher's Role	Students' Role	Aids & remarks
CONCLUSION	**1. Formative Test : Completing the Summary of the Text**		
	1)___________ there is a witness to a crime, nobody can actually know 2)__________ exactly happened. Using fingerprints is one way to find out who was present at the scene of the crime. Fingerprints are now used for paying for a students lunch paying bus fare. This new system keeps track of the students and their location and knows 3)_________ ____ _______ a student is on the right bus. However, 4)__________ some people are concerned for is 5)_________ fingerprint technology interferes with people's privacy, but others say that security is more important than privacy.		
	· asking students to fill in the blanks with the correct conjunctions · checking the answers together · asking how many answers they get right	· completing the summary with correct conjunctions on their worksheet · reading the summary out loud together · correcting the wrong answers if any	
	2. Homework Assignment : A three-line Story		
	◇ **An Example Story** ◇ ***What*** I want to do most is win this teaching competition. ***Whether*** I win the competition ***or not***, I'd appreciate this opportunity to improve my teaching skills. ***Unless*** I entered this competition, I wouldn't have any chance to challenge myself.		
	· telling the purpose of making a story using key conjunctions · telling an example story of mine	· listening to the purpose of making a story using key conjunctions · listening to an example story of mine	
	3. Closing Remarks		
	· Informing of homework and the next lesson · Complimenting the students · playing a song - "Love is a crime"	· listening to the teacher · giving thanks · cleaning up their seats	

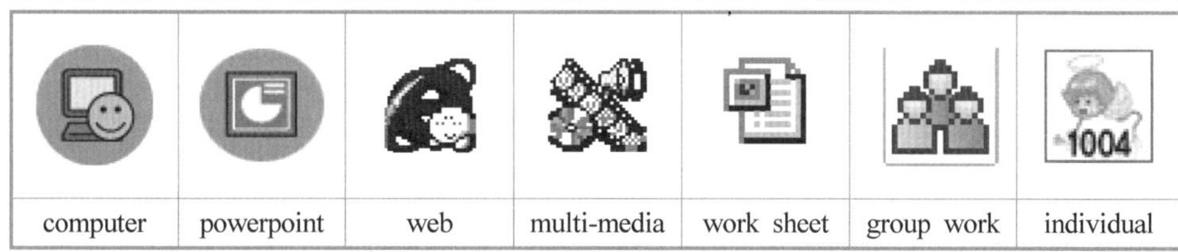

1004
computer
powerpoint
web
multi-media
work sheet
group work
individual

〈자료 1〉 본시 학습 집단 구성

대상 학생들을 6월 학력평가 성적을 기준으로 동질 집단 또는 과 소그룹과 대그룹의 이질 집단으로 구성하고, 활동 과제의 성격에 따라 수준별 또는 협동학습을 실시하도록 하였다.

1. 수준별 동질 집단 구성 현황 및 좌석 분포도

교탁

Challenging 1	

Challenging 2	

Challenging 3	

Challenging 4	

Basic 1	

Basic 2	

* challenging level: 상위 16명
* on level: 차상위 16명
* basic level: 하위 8명

On Level 1	

On Level 2	

On Level 3	

On Level 4	

2. 수준별 이질 소집단 및 대집단 구성 현황 및 좌석 분포도

교탁

Group 1-1	
Leader	supporter
supporter	Star

Group 1-2	
Leader	supporter
supporter	Star

Group 2-1	
Leader	supporter
supporter	Star

Group 2-2	
Leader	supporter
supporter	Star

Group 3-1	
Leader	supporter
supporter	Star

Group 3-2	
Leader	supporter
supporter	Star

*leader: 상위 10명(소그룹 당 1명)
*supporter: 차상위 20명(소그룹 당 2명)
*star: 하위 10명(소그룹 당 1명)

Group 4-1	
Leader	supporter
supporter	Star

Group 4-2	
Leader	supporter
supporter	Star

Group 5-1	
Leader	supporter
supporter	Star

Group 5-2	
Leader	supporter
supporter	Star

〈자료 2〉 Worksheet

Lesson 7. Focus In Ⅱ (p.120) IMJA **handout no. (9/11)**

Time: Wednesday, September 15th, 2010 학번 ( ) 이름 ( )

< Today's Learning Aims >

By the end of the lesson, you should be able to

1) distinguish different meanings of conjunctions 'what', 'whether' and 'unless' in context.

① ***What*** some people fear is that the technology may interfere with their privacy.

② It will allow them to know ***whether*** a student is riding the right bus ***or not***.

③ ***Unless*** there is a witness, no one can tell what actually happened.

2) complete the communication tasks in each level in their textbooks according to their level.

3) use appropriate conjunctions when asking and answering in many different situations.

1. Listen to John's story and write down conjunctions that you will hear.

CONJUNCTIONS ACTUALLY

2. Complete the summary of the text with conjunctions.

< A Textbook Summary >

1)____________ there is a witness to a crime, nobody can actually know 2)__________ exactly happened. Using fingerprints is one way to find out who was present at the scene of the crime. Fingerprints are now used for paying for a students lunch paying bus fare. This new system keeps track of the students and their location and knows 3)_________ a student is on the right bus ____ ______. However, 4)_________ some people are concerned for is that fingerprint technology interferes with people's privacy, but others say that security is more important than privacy.

〈자료 3〉 단원 재구성 학습 과제 및 학생 활동의 예

Lesson 1. Six Things to Remember as a High School Student

Prd.	Section	Activity	Students' Worksheet or Work		
3	'Me-Pie' Activity connect to the topic	· Filling out 'Me-Pie' on their worksheet · making a poster of 'Me-Pie' in heterogenous groups · talking about their likes and dislikes, hopes and dreams, and their resolutions in the group	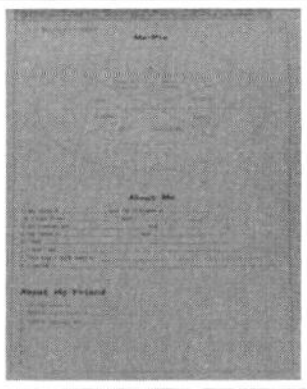 <Me-Pie Worksheet>	 <A Group Poster>	
5	Career Words Activity read and think	· Finding more career words in the newspaper and making a word list on the career words worksheet in groups · Finding new stories that has career words and doing more work on the 'Occupations in a Newspaper' worksheet	 *<career words> (group worksheet)*	 *<a classroom scene> 'occupations in a newspaper'*	
7	Group Presentation	· Restructuring the text and presenting it in their own ways such as a role play, powerpoint presentation, and theme song in heterogeneous group · Finding a news story about their role model in the newspaper and some key grammatical structures in the story and making a poster for homework	 <UCC: Some Exercises>  *<a powerpoint presentation> Team 'eight noodles'*	 <UCC: A Role Play> 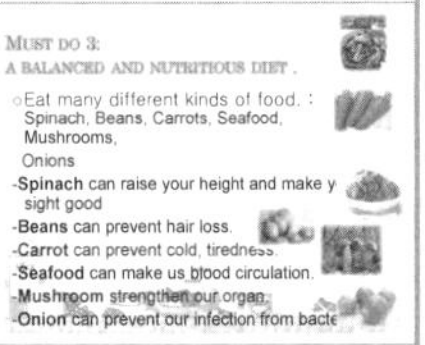 *<a powerpoint presentation> Team 'goddess'*	
8	Making a Poster about their hero in a newspaper Think Out	Heros in a Newspaper (Worksheet) My Hero in a Newspaper (Posters)	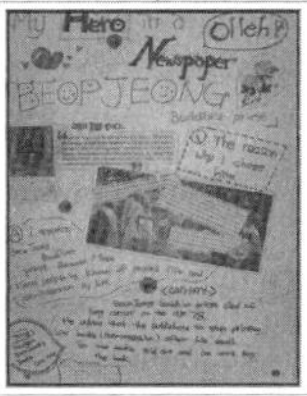 My Hero in a NP	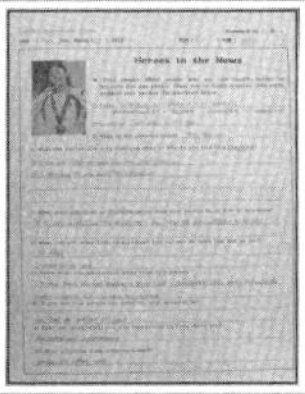 Heroes in the Newspaper	 My Hero in a NP

4.5.4 수준별 수업의 문제점

수준별 교육과정을 바탕으로 흔히 겪을 수 있는 문제들을 살펴보면 다음과 같다. 이때 각각의 문제점들을 'introduction-development-consolidation'의 단계에 따라 'material issues, teacher issues, students issues, atmosphere' 등의 척도에 따라 분석한다.

<수준별 수업의 단계별 문제점>

분석도구 / 단계		material issues	teacher issues	students issues	atmosphere
Introduction		노래, 챈트, 비디오 등	전시복습, 목표제시	수동적 학습	수동적 태도
Development	Activity 1	다양한 자료	게임, 활동의 안내	게임, 활동	능동적 태도
	Activity 2	다양한 자료	게임, 활동의 안내	게임, 활동	능동적 태도
	Activity 3	다양한 자료	게임, 활동의 안내	게임, 활동	능동적 태도
Consolidation		노래, 비디오, 학습지 등	평가, 정리, 차시예고	수동적 학습, 평가	수동적 태도

도입 단계에서는 학생들의 흥미와 동기를 유발하기 위하여 노래, 챈트, 비디오 등을 활용하여 이전 시간에 배운 내용들을 복습하고, 배울 내용에 대한 목표를 제시하였다. 이때 대부분의 활동은 교사 위주의 활동이 주가 되었으며 학생들은 수동적으로 교사가 묻는 질문에 대한 대답을 함으로써, 이전 시간에 배운 내용을 복습하는 활동을 하였다. 또한 배울 내용에 대한 목표 제시도 대부분의 교수·학습 과정안에서 학생들 스스로의 활동을 통한 추측이 아닌 교사의 일방적인 목표 제시가 주를 이루었다.

전개 단계에서는 크게 3개의 활동(Activity 1, Activity 2, Activity 3)을 포함하고 있으며, 이 3개의 활동 중 하나가 수준별 활동으로 운영되었다. 이때 각 활동들에는 노래, 챈트, 역할극, 게임 등이 있었으며 이를 위한 노래, 챈트 가사, 역할극 대본, 주사위나 보드판과 같은 게임 준비물 등을 활용하였다. 교사는 각 활동을 위한 안내자로서 학생들에게 활동을 어떻게 하는지 직접 시범을 보여주었으며, 학생들은 교사의 시범을 보고 능동적인 태도로 활동에 임하였다. 대부분 'Activity 1'에서는 오늘 배울 주요 표현을 익히고, 'Activity 2'에서는 주요 표현 활용, 'Activity 3'에서는 주요 표현의 복습 및 확장을 위해 심화·보충형 수준별 활동으로 구성되었다. 특히 심화·보충형 수준별 활동에서 학생들은 자신의 능력과 수준에 따라 심화 활동 또는 보충 활동을 하게 되는데, 보충 활동에서는 기본 표현을 다시 복습하여 익힌 다음 심화 활동으로, 심화 활동에서는 기본 표현을 바탕으로 보다 확장된 어휘나 표현을 습득하였다.

정리 단계에서는 노래나 챈트를 활용하여 오늘 배운 표현에 대한 정리활동, 학습지나 관찰법을 활용한 평가, 비디오 등을 활용한 차시예고가 있었다. 이때 대부분 교수·학습 과정안에서 교사는 각 활동에 대한 자세한 안내를 하고 학생들에게 질문을 하였으며, 학생들은 도입 단계에서와 같이 교사에 의해 안내된 활동에 대한 응답을 하는 수동적 태도를 보였다.

즉 '도입-전개-정리'의 각 단계에 대한 교수·학습 과정안이 공통적으로 가지고 있는 대표적인 문제점들을 정리해 보면, 도입 단계에서는 '동기유발 및 목표제시와 관련하여 학생들의 능동적인 활동을 활용한 동기유발 및 목표 제시 방법 모색', 전개 단계에서는 '심화·보충형 수준별 활동을 '심화와 보충'의 2단계 분류가 아닌 '심화-기본-보충'의 3단계 분류를 통한 활동 방법 모색', 정리 단계에서는 '학생들의 능동적인 활동을 통한 정리, 평가, 차시예고 방법 모색'을 들 수 있었다.

4.5.5 해결 방법

대부분의 학교에서 실시하고 있는 수준별 이동수업은 다인수 학급에 대한 대안으로 제시되었다. 하지만 학교현장에서 수준을 나누어 수업을 한다고 해도 그 안에 또한 다양한 층위의 학생들이 존재할 수밖에 없다. 다양한 수준의 학생들이 교사와 상호작용과 활발한 피드백을 받기 위해서는 그룹 활동을 현명하게 활용해야 한다. 또한 이동하는 불편을 감수하는 학생들에게 학급에 대한 소속감과 낮은 수준의 학생들에게도 스스로에 대한 자신감을 심어줌으로써 학생들이 수업의 주체가 되도록 유도해야 할 것이다.

수준별 교육과정을 바탕으로 여러 교수 학습 지도안이 공통적으로 가지고 있는 문제점에 대한 해결 방안을 살펴보면 다음과 같다. 이때 각각의 해결점들은 'introduction-development-consolidation'의 단계에 따라 'material issues, teacher issues, students issues, atmosphere' 등의 척도에 따라 제시한다.

<수준별 수업의 단계별 해결 방안>

단계 \ 분석도구		material issues	teacher issues	students issues	atmosphere
Introduction		노래, 챈트, 비디오 등 다양한 자료 제시	전시복습, 목표제시	능동적 학습	능동적 태도
Development	Activity 1	다양한 자료 제시	게임, 활동의 안내	게임, 활동	능동적 태도
	Activity 2	다양한 자료 제시	게임, 활동의 안내	게임, 활동	능동적 태도
	Activity 3	다양한 자료 제시	게임, 활동의 안내, 수준별 활동 (심화, 기본, 보충)	게임, 활동	능동적 태도
Consolidation		노래, 비디오, 학습지 등 다양한 방법 사용	평가, 정리, 차시예고	능동적 학습, 평가	능동적 태도

도입 단계에서는 학생들의 흥미와 동기를 유발하기 위하여 노래, 챈트, 비디오 외에 그림카드, 원어민 교사, 역할극 등 다양한 자료를 활용하여 이전 시간에 배운 내용들을 복습하고, 배울 내용에 대한 목표를 제시하는 것이 필요하다. 교사는 전시 복습, 동기유발, 목표 제시 등의 활동을 하는데 있어서 최소한의 역할만을 수행하여야 하며, 교사가 주도적인 수업의 주체가 되지 말아야 한다. 즉, '전시 학습에 대한 복습'의 경우도 전시학습과 관련된 동영상이나 그림 카드를 활용하여 학생들이 배운 내용을 자발적으로 추측하여 표현할 수 있게 하거나 전시학습에서 하였던 역할극을 자발적 자원자에 한하여 다시 한 번 수행하게 함으로써 학생들 스스로 전시 학습의 복습에 능동적으로 참여할 수 있도록 한다. '동기 유발'로는 학생들에게 내주었던 학습과 관련된 쉬운 과제를 학생들이 자발적으로 발표하게 함으로써 수업에 대한 흥미와 관심을 끌어 올릴 수 있다. '목표 제시'는 교사에 의한 일방적인 제시가 아닌 학생들이 스스로 수업의 목표를 찾게 하는 것이 필요한데, 이를 위해 수업 관련 동영상, 편지, 역할극, 원어민 교사의 마임 등 다양한 방법을 활용할 수 있다. 이때 중요한 것은 반드시 학생들이 스스로 수업의 목표를 찾도록 해야 한다는 것이다. 이렇게 함으로써 학생들은 수업에 대한 흥미, 관심과 자신감을 가지고 되고, 능동적으로 학습에 참여하게 된다.

전개 단계에서는 대부분 3개의 Activity와 관련된 다양한 활동들과 실물자료들이 사용된다. 교사는 활동에 대한 안내자, 학생들의 조력자가 되며 학생들은 능동적인 태도로 각 활동에 임하게 되는데, 3개의 Activity 중 하나의 Activity를 심화·보충형 수준별 활동으로 운영한다. 이때 대부분의 수준별 활동은 '심화·보충형의 2단계 수준별 활동'으로 구성 되었다. 이는 학생들의 다양한 수준의 차를 반영하는 활동이라고 할 수 없다. 물론 학생들의 다양한 수준의 차를 반영하려면 학생들의 수만큼 많은 단계를 구성하는 것이 좋겠지만 시간, 노력, 학습 성취 등의 여러 가지를 고려하여 '심화-기본-보충의 3단계 심화·보충형 수준별 활동'으로 구성하는 것이 바람직하다. 즉 '심화 단계'에서는 배운 표현들을 활용하여 확장된 어휘와 표현을 습득하는 활동으로 구성하며, '기본 단계'에서는 배운 표현들을 다시 한 번 더 복습하고 이를 습득하면 '심화 활동'을 하도록 구성하며, '보충 단계'에서는 기초적인 표현들을 복습하고 오늘 배운 표현들을 습득할 수 있도록 활동을 구성한다. 이러한 '심화-기본-보충의 3단계 심화·보충형 수준별 활동'을 통하여 학생들은 보다 자신의 수준에 맞는 학습에 능동적으로 참여할 수 있으며 자신의 수준에 맞는 학습 내용을 습득하게 된다.

정리 단계에서는 오늘 배운 표현에 대한 정리활동, 평가, 차시예고 등이 있다. 대부분의 교수·학습 과정안 에서는 교사가 활동의 주체가 되고 학생들은 수동적인 활동을 하게 되는데, 이를 극복하기 위해서는 학생들 스스로가 능동적인 참여자가 될 수 있도록 구성한 노래나 챈트, 그림카드, 동영상, 역할극 등의 다양한 방법을 활용하여 배운 표현에 대한 정리활동, 학습지나 관찰법, 자기평가, 포트폴리오 등을 활용한 다양한 방법의 평가, 비디오, 스토리텔링, 교사의 마임 등을 활용하여 학생들이 다음 시간에 내울 내용을 추측할 수 있도록 하는 차시예고가 있다.

즉 '도입-전개-정리'의 각 단계에 대한 대표적인 문제점들에 대한 해결 방안을 정리해 보면, '도입 단계'에서는 '동기유발 및 목표제시와 관련하여 학생들의 능동적인 활동을 통해 교사의 역할은 수업의 안내자, 조력자의 역할을 하고, 학생들은 스스로 전 시간에 배운 내용을 찾아 복습하고 오늘 배울 내용의 목표를 스스로 찾을 수 있게 활동을 구성해야 한다. '전개 단계'에서는 '심화-기본-보충의 3단계 심화·보충형 수준별 활동'을 통하여 학생들이 스스로 자신의 수준에 맞는 학습에 능동적으로 참여하게 하고 자신의 수준에 맞는 학습 내용을 즐겁게 습득할 수 있도록 구성해야 한다. '정리 단계'에서는 교사 주도에 의한 수동적인 학습 내용의 정리, 평가, 차시 예고가 아닌 학생들 스스로 능동적인 참여에 의한 학습 내용 정리, 평가, 차시 예고가 이루어 질 수 있도록 구성해야 한다는 것이다.

제5장

영어과 수업 대안 (Alternative Plan)

영어과 교수법 및 수업모형은 전통적인 것들에서부터 비교적 최근에 대두되는 것들까지 매우 다양하다. 교사는 수업을 계획 시 교수·학습 목표, 학습자 특성, 학습자 수준 등 여러 가지 수업 요소를 고려하고 그에 적합한 교수법 또는 수업모형을 선택하여 교수·학습 과정안을 작성할 필요가 있다. 그러나 국내의 학교 영어교육 현장에서는 PPP 수업모형이 일반적으로 널리 사용되고 있으며, 그 외의 영어과 수업모형에 대해서는 잘 알지 못하거나 알고 있다 하더라도 교실현장에 쉽사리 적용하지 못하는 경우가 많다. 늘 똑같이 반복되는 패턴의 수업 방식은 학생들로 하여금 지루함을 느끼게 할 수 있을 뿐만 아니라 영어과 수업의 개선 및 발전을 꾀하기 어렵다. 전형적인 틀을 과감히 깨고 새로운 방식, 다양한 방식의 수업 모형 및 교수법을 도입하여 수업을 계획하고 현장에 적용함으로써 보다 효과적으로 영어과 수업의 목표를 달성할 수 있을 것이다.

본 장에서는 전형적인 영어과 수업의 대안으로 활용할 수 있는 영어과 교수법 및 수업모형에 대해 살펴보고 예시 교수·학습 과정안을 제시함으로써 교사가 교실 현장에서 보다 발전적인 영어과 수업을 계획하고 실현하는데 도움을 주고자 한다. 그 대안으로서 TPRS(Total Physical Response Storytelling), TBL(Task-based Learning), ESA(Engage-Study-Activate),

마지막으로 거꾸로 학습(Flipped Learning)에 대해 살펴보도록 하겠다.

5.1 TPRS(Total Physical Response Storytelling)

5.1.1 TPRS의 개요

TPRS란 TPR(전신반응교수법)과 스토리텔링의 장점을 고루 적용한 교수법으로 학습자들의 유창한 언어 사용을 목표로 하고 있다.

TPR은 저학년과 문자 도입 이전의 학생들에게 사용하면 좋은 교수법으로 언어학습을 TPR로 시작했을 때 이로운 점은 무엇보다도 교사나 학생 모두 신체활동을 통해 즐겁게 즐기는 와중에 활동에 빠져들고 학생들은 빨리 자연스럽게 언어를 습득하게 된다. 그럼에도 불구하고 TPR은 심각한 한계를 가지고 있는데 첫째, 주로 명령문으로 이루어져 목표어의 나머지 문장 형태를 배제하고 있는 것이 일반적이다. 둘째, 종종 짧은 구나 한 가지 어휘 항목에만 초점을 둔다. 셋째, 수동적인 언어 기능을 주로 기른다. 결과적으로 TPR에 의해서만 배운 언어는 의미 있는 의사소통을 위해 필요한 이야기체나 서술적인 방식으로 발전되어질 수가 없으며, 게다가 TPR 활동 중 교사와 학생들은 명령들을 수행하는 데 결국 싫증을 느껴 'TPR Wall'이라는 것으로 빠지는 경향이 생기는 것이다.

TPR로 습득한 단어나 명령문으로 이루어진 단순한 언어 능력에서 문장으로 이루어진 서술문을 구사하는 복잡한 언어능력으로 향상시키기 위해서는 더 적극적인 학생 위주의 활동이 필요하다. 따라서 학생들에게는 습득한 단어를 직접 말해보고, 써보고, 고쳐보고, 다시 말해보고, 다시 써보는 과정이 절대적으로 필요한데, 캘리포니아의 스페인어 교사인 Blaine Ray에 의해 개발된 TPRS는 TPR과 Storytelling이라는 매개체를 통하여 이러한 반복 학습을 흥미로운 과정으로 이끄는데 매우 유용하다.

TPRS는 이야기 맥락 안에서 새로운 어휘를 학습하도록 하고 목표어로 사고할 기회를 학습자에게 준다. 교사는 학습자들의 흥미와 수준을 고려한 이야기를 제시하며 창의적이고 적극적인 학습 활동을 이루어 나가도록 한다. TPRS는 학생들에게 많은 양의 의미 있는 자료를 입력하고 학생들이 심리적으로 편안한 환경에서 제 2 언어를 배울 수 있도록 침묵기를 허용한다. 이 수업에서 교사는 학생들이 언어를 창의적으로 사용할 수 있도록 격려하고 2년내지 3년간 형식적인 문법 교육을 보류했다.

TPRS는 단어의 이해 기능 이외에도 학습 초기부터 표현 기능을 강조하고 있다. 표현을 하는 과정에서 문법이나 정확성을 추구하기보다는 자연스러운 분위기 속에서 학습자가 자신감을 갖고 발화를 시작하도록 하고 유창성을 증진시켜주고, 의미 전달을 강조하게 한다. 이야기 맥락 내에서 영어로 제시되는 이야기를 듣고 이해하며, 나아가 습득한 내용을 창의적으로 자신의 목소리로 표현하도록 도와준다. 학습자는 먼저 교사의 이야기를 듣고 교사의 명령이나 이야기의 내용을 동작이나 신호, 몸짓 등 신체로 반응한다. 학습자가 흥미로워하는 이야기의 맥락 안에서 새로운 어휘를 습득하도록 도와주며 목표어로서 사고할 기회를 학습자에게 부여해 준다. 또한 학습자가 이미 알고 있는 이야기는 어휘 학습의 성취도를 높여 준다. TPRS는 이러한 상호작용 원리를 전제로 한다.

Ray(1998)는 TPRS의 장점을 다음과 같이 기술하고 있다.

첫째, TPRS의 가장 큰 장점은 학생들이 단어를 곧바로 이해하고 잘 기억하도록 도와주는 것이다. 학생들은 교사가 들려주는 이야기와 손동작을 통해 목표언어에 충분히 노출되고 학생들은 새로운 단어를 기억하고 목표 단어를 말할 수 있다. 학생들은 단어를 의미있는 상황에서 다양한 방법으로 그 단어를 수차례 부딪쳐서 완전히 습득하게 되면 그 단어를 정상적인 발화 속도에서도 이해할 수 있고 말하기나 쓰기에서도 그 단어를 사용할 수 있다. 단어를 말하기와 쓰기에서 사용할 수 있는 능력은 곧 문장 단위의 말하기와 쓰기의 유창성으로 연결된다.

둘째, TPRS는 정확성과 함께 유창성을 개발시키는데 도움을 준다. 학생들은 재미있는 방법으로 목표어를 습득하고 옳은 소리를 들을 수 있는 '귀'를 갖게 된다. 결과적으로, 학생들은 자기들에게 옳게 들리는 언어를 말하도록 배운다(Burling, 1982). 이러한 과정은 어린아이들이 모국어를 습득하는 상황과 같다.

셋째, 즐겁고 재미있게 학습할 수 있다. TPRS의 이야기는 재미있고 우스꽝스럽고 과장되어 있다. 이는 학생들에게 유머를 제공하고 그것은 장기간의 기억으로 이어지며, 새로운 언어에 대한 긍정적 태도를 갖게 한다. TPRS 교수법을 활용하는 교사는 학생들의 실생활과 연관지어 얼마든지 이야기를 재구성할 수 있으며 학생들의 관심을 기울이게 할 수 있다.

TPRS를 적용한 일반적인 수업의 과정은 학급의 상황이나 학생의 수준에 맞도록 교사가 다양하게 진행할 수 있을 것이다. 다음 표는 Ray의 TPRS 학습단계에 따라 한 단원의 수업을 진행하는 과정을 TPR, Mini-story, Main-story의 세 가지 활동으로 구분하여 제시한 것이다.

Ray(1998)의 TPRS 학습단계

TPR을 통한 어휘학습 단계	• 학습할 어휘목록으로 그림, 행동 등으로 그 의미를 제시한다. • 명령을 통해 학생의 반응 확인 • Aural comprehension check • Pair work 및 Role reversal
Mini-story 활용단계	• New word 지도(hand TPR, 연상, 그림 등 이용) • Mini-story 들려주기 • Mini-story 실연하기(배역 설정 및 연기) • Aural comprehension test • 전체 학생 실연 • 2-3명 정도 retell 시키기 • 짝끼리 retell(Guide words 사용한 후 지우고 retell)
Main-story 활용단계	• 중심 이야기 말하기 : 교사가 학생들에게 main-story를 들려준다. 이때, 그림이나 TPR을 사용하여 학생들의 이해를 돕도록 한다. - 들은 내용을 중심으로 이해도 측정 실시 • 교사가 main-story를 말하면 지명된 학생이 연기하기 • 이야기를 반복하며 틀린 부분을 제시하면 학생들이 수정하기 • 그림 보여주고 이야기하면서 간단한 질의 응답하기 • 전체 학생이 이야기를 들으며 연기하기 • 우수아를 지명해 retell 시키기(core story) • 짝끼리 retell 하기(그림 제시) • 유사한 이야기로 바꾸기 : 중심 이야기를 살리며 상황, 등장 인물 등을 바꿔 유사한 이야기로 바꾼다. • 학급에서 이야기 만들기 : 학급의 학생들이 새로운 이야기를 만들어 가는 과정으로 토의를 하거나 짧은 구, 간단한 문장 만들기 등으로 중심 이야기에 근거한 새로운 이야기를 만든다. 그 후 완성된 이야기를 전 학생에게 다시 들려주며 이해할 수 있도록 한다. • 개별 학생이 이야기 만들기 : 위 단계의 학습 경험을 통해 개별로 나름의 이야기를 만든다. • 평가(Matching vocabulary, Q&A)

5.1.2 TPRS 교수·학습과정 세안의 실제(초등)

본 수업의 교사 조○ ○는 교육과정을 분석한 후 Ray(1998)의 TPRS 학습 모형을 적극적으로 활용하기 위해 다음의 수업 전략을 구안하였다.

TPRS 수업모형

단계	과정
Inroduction	학습목표 확인
Develpoment	TPR
	Mini-story 학습
	Main-story 학습
Consolidation	평가 및 정리

또한 교과서 재구성을 통한 차시별 교수·학습 전략 전개 과정을 다음과 같이 제시하였는데, 학습의 초기와 정리에 해당하는 1, 4차시에는 학생들의 이해와 수준에 따라 내용을 가감할 수 있도록 하였고, 2, 3차시에는 주로 심화, 기본, 보충의 수준별 학습이 이루어질 수 있도록 진행하였다.

교과서를 재구성한 TPRS 수업 모형 활용 수업 전략 과정

<table>
<tr><th>도입</th><th colspan="2">전개</th><th>정리</th></tr>
<tr><td rowspan="3">○ 동기유발
(이야기 및
간단한 TPR)

○ 전시학습 상기

○ 학습목표 제시</td><td>1차시</td><td>○ TPR을 통한 듣기 및 그에 따른 행동하기
- 새로운 어휘 제시, 이해하기 쉬운 입력
○ Mini-story 듣고 내용 파악, 연습하기
○ Chant & Song / Game</td><td rowspan="3">○ 본시학습
어휘 확인

○ 학습목표
도달도 및
내용정리
활동

○ 차시예고 및
인사</td></tr>
<tr><td>2차시</td><td>○ Mini-story 듣고 내용 파악
○ 전체 및 짝, 그룹 활동으로 지시하고 말하기 연습
- Role reversal, Pair work
○ 관련 활동하기(수준별 소그룹 활동)
-심화 : Mini-story와 관련된 Role-play
-기본 : 게임
-보충 : 주요 어휘, 표현 익히기</td></tr>
<tr><td>3차시</td><td>○ Main-story 듣고 내용 파악
○ 몸짓으로 표현하며 이야기하기
(짝, 그룹 활동으로 연습)
○ 실연하기(수준별 소그룹 활동)
-심화 : 지난 단원에서 배운 내용까지 어휘와 표현 확장
-기본 : 해당 단원에서 배운 어휘와 표현 활용
-보충 : 기본 단어 및 문장 학습
○ Main-story에 나오는 낱말 읽기 및 낱말 배열하여 문장 만들기 게임하기(4학년 2학기 이상)</td></tr>
<tr><td>○ 동기유발
(이야기 및
간단한 TPR)

○ 전시학습 상기

○ 학습목표 제시</td><td>4차시</td><td>○ TPR로 새로운 어휘 익히기
○ Main-story 듣고 내용파악
○ 이야기 다시 듣고 Retelling
- Core-story를 자신이 이해한대로 말하기
○ 연습하기(짝, 그룹 활동)
○ Making a new version story
- 인물, 장소, 내용을 창조해서 이야기 꾸미기
(개인, 짝, 그룹 활동)
- 학생의 수준에 따라 가감될 수 있으며 다른 활동으로 대체 가능함</td><td>○ 본시학습
어휘 확인

○ 학습목표
도달도 및
내용정리
활동

○ 차시예고 및
인사</td></tr>
</table>

본 예시 수업안의 학습 단원은 동물을 이용하여 수를 묻고 답하는 표현과 무엇이 크거나 작다고 말하는 표현을 익히는 단원의 2/4차시이다. 동물과 숫자에 연관된 다양한 Story와 활동을 통해 재미있게 숫자 세는 법을 익히고 자신감을 키워 이를 실생활에 적용할

수 있는 의사소통의 수단으로 활용할 수 있도록 하기 위해 mini-story를 듣기 전, TPR을 통해 핵심 어휘와 표현을 우선적으로 익힐 수 있도록 하였다. 그런 다음, 교사는 mini-story를 들려주고 이에 대한 Q&A 시간을 가져 내용을 파악하고 이해 정도를 확인하였으며, 간단한 게임을 통해 story에서 제시된 핵심표현을 연습할 수 있도록 하였다. 이후, 학습자 수준에 따라 세 그룹으로 나누어 각각 role-play, information gap activity, 그리고 주요 어휘, 표현을 익히기 위한 활동을 진행하였으며, 마지막으로 role-play 활동을 한 그룹의 시연과 함께 학습한 내용을 확인하며 수업을 마쳤다.

○ 본시 교수학습 과정안

Student	3 - 5	2009. 9. 30.(수) 5교시	**Place**	English-room	**Teacher**		조 ○ ○ (Sophie)
Unit	6. How Many Cows?			**Subject**	동물의 수를 묻고 답하기		
Objectives	○ 동물의 수를 묻고 답할 수 있다.			**Period**	2 / 4	**Time**	40 Min.
학습 개선 전략	학습 유형	'TPR Storytelling' 수업 모형					
	학습 집단	전체학습 - 소집단학습 - 전체학습					
	활용 자료	학생 : 그림카드 교사 : 동물그림, 숫자카드, 자작 플래시동화(Toondoo.com), Activity 자료					
학습 전 활동	○ 동물과 숫자에 대해 알아보기, 역할놀이 대본 생각해오기, 동물 스티커 붙여오기						

Steps	**Contents**	**Teaching ·Learning Activities**		**Time**	**Teaching Aids(·) & Remarks(※)**
		Teacher	**Student**		
Introduc-tion	Warm-up	■ **Greeting**			
		○ Hello, everyone!	**- Hello, Ms. Cho!**	3'	· Song - Juniver
		○ Let's sing 'Old Mc-Donald' song with big motions and loud voices together.	○ Sing a song loudly together.		※즐겁게 노래할 수 있도록 허용적인 분위기를 유도한다.
		○ Good job! Now, let's begin our exciting English class.			
		○ How are you?	- Good/Tired/Not bad.....		· 날짜, 날씨카드
		○ What day is it today?	- It's Wednesday.		
		○ What date is it today?	- It's September 30th.		
		○ How's the weather outside?	- It's sunny/cloudy....		
		○ All right. Excellent.			
	Review	■ **Let's Review**			
		○ We learned about names of the animals		3'	

		and numbers from 1 to 10 last class and let's review again with these pictures. When I show you pictures, please say each word with motions and sounds. Are you ready? ○ What's this? ○ Excellent! Good, good very good!	- Yes, I am. - It's a pig, oink, oink~		· 동물, 숫자카드
	Confirma-tion of Objectives	■ **Confirmation of Objectives** ○ Now, I'll give you a quiz about animal. Listen carefully and if you know the answer, please hands up quietly, OK? ○ My colors are white and black. I have 2 legs and 2 wings. I usually eat fish. I can't fly but I can swim very well. I live in the cold area. Can you guess who I am? ○ Right. How many penguins? Let's count them together. One, two, three. We have 3 penguins. ○ Can you guess what we're going to learn today? ■ **Checking the Objectives** ○ Good job! Today, we'll learn the expression about counting animals.	- Yes. - It's a penguin. - I think we'll learn about animals and numbers. / counting animals.	5'	· 퀴즈그림자료 ※다양한 답이 나올 수 있도록 격려한다. *활동을 통해서 추측할 수 있도록 목표를 가려놓는다.

Develop -ment	Guiding Today's Activities	♣ 동물의 수를 묻고 답할 수 있다. ■ **Guiding Today's Activities** ○ What's this sound? Maybe someone's crying now. Oh, here. What happened to you little penguin? <My name is 뽀로로. I went swimming with 포비 but I lost him and I don't know the way back home. Can you help me?> Boys and girls, can you help him to go back home? ○ Oh, thank you. How kind of you! To find his house, we have to go along this road and do these activities. ·【Activity 1】: Listen and Do ·【Activity 2】: Look and Listen ·【Activity 3】: Practice ·【Activity 4】: Group works	- Yes, of course!	5'	· 학습목표 · 인형, 그림자료 · 학습안내
	T P R	■ **Listen and Do** ○ Now, I'll show you a cartoon related to counting animals. Before it, let's learn new words and key expressions with pictures and motions. ○ They are Willy and his Mom. Look at the picture and repeat after me doing big motions. Are you ready?	- OK. - Yes, I am.	3'	· 어휘 그림카드 ※ 신체표현에 적극적으로 참여할 수 있도록 유도한다. ※ 정확한 발음지도에 유의한다.

	- How many + Cows, monkeys, ducks, lions, pigs - on the grass, in the tree, on the pond, in the zoo, in the farm			
Mini-story	■ **Look and Listen** ○ This time, I'm going to tell you a story. The title is "Willy Can Count". Please listen carefully.	○ Listen to the story.	5'	자작플래시동화 ※ 이야기에 집중하면서 들을 수 있도록 주의를 끈다.
	Mom, I can count from 1 to 10! Good boy, Willy! See what you can count. How many cows are on the grass? - Five. How many monkeys are in the tree? - Seven. How many ducks are on the pond? - Ten. How many lions are in the zoo? - Three. How many pigs are in the farm? - Only one. Well done, Willy!			
Personalized Q & A	■ **Personalized Q & A** ○ All right. Let's see if you listened carefully. So, I'll ask you a few questions. If you think the answer is true, please make a circle with your arms and if not, make a cross, OK? ○ Willy can count from 1 to 10. Ducks live on the grass. Monkeys are in the farm. 3 lions are in the zoo. ○ Excellent! Good, good, very good!	- OK / Yes. - Make a circle.(T) - Make a cross.(F) - Make a cross.(F) - Make a circle.(T)		※ 실수하더라도 부끄러워하지 않도록 격려한다.

Practice	■ **Practice(1)** ○ Now, let's practice key sentences. Repeat after me with motions. ○ This time, you'll say the first part of the sentence and I'll go the rest. For example, if you say "How many cows" first, and then I'll say "are on the grass?" Ready? Go!	○ Repeat after the teacher. ○ Say the key expression looking at pictures.	8'	· 어휘 그림카드 ※ 적극적으로 참여할 수 있도록 즐거운 분위기를 유도한다.
	○ This time, when I show you a picture of the animal and number, you have to say the sentence together in groups with motions. ○ Excellent! You did a good job. ■ **Practice(2)** ○ We'll play "Board Game" in pairs using 'How many~?'. ○ First, do rock-scissors-paper and the winner will roll the dice. Second, the other student will ask "How many ~ ?" and then he(she) has to answer the number. You got it? ○ Are you ready? ○ All right. Let's begin now. Please take out your board.	○ Say the sentences in groups. - You did a good job. - Yes. - Yes, I am. ○ Play the game.		· 말판, 주사위 ※ 게임을 통해서 목표언어를 충분히 연습할 수 있도록 교사는 순회하며 개별 지도한다.
Group Works	■ **Group Works** ○ Now, it's time for group works. If you think you can do role-play using today's expressions, move to the group A, and if you		8'	· Activity 자료 ※ 자신의 수준을 고려하여 좋아하는 활동으로 이동하도록 지도한다.

		like to do Information Gap Activity, move to the group B, if you think today's activities are a little bit difficult, move to the group 'Can Can', please. Ready? Go! **<Leveled Activities>** Supplementary Group : Vocabulary, Bingo Basic Group : Information Gap Activity Advanced group : Creative Role-play ○ All right, time's up. Did you enjoy your activity? Then, let's check what you did. Group A, please come up and show your role-play to the class. Ready? ○ Fantastic! Good, good, very good!	○ Move to each groups while singing. - Action!		※ 수준별 활동에 적극적으로 참여하도록 유도한다.
Consolida-tion	Wrap-up	■ **Evaluation** ○ I want to check how much you enjoy this class. I'll go to each group and ask individually so answer the right sentence for the picture quickly, OK? ■ **Summarize today' class** ○ Now, let's review today's key expressions. How many ~ ? ■ **Telling about the next class and Saying good-bye** ○ Today, you did a very good job and all of you are the winners. ○ Wow, finally, Pororo can reach his house.	○ Say the sentence individually. - Number... - We are the winners! - Bye~ ○ Sing 'Good bye' song.	5'	· 동물, 숫자카드 ※ 소란스럽지 않고 빠르게 평가기 진행될 수 있도록 한다. ※ 배운 언어를 생활 속에서 활용할 수 있도록 격려한다.

		Let's see if there's Poby in the house. Pororo met Poby and he's big and Pororo is small. Next time, we 'll learn about "big and small". I also want you to use "How many ~?" in your everyday life during this week. Thank you and let's wrap up the class with 'Good bye song'.			

○ 판서 계획

6. How Many Cows?

♣ 동물의 수를 묻고 답해 봅시다.

Today is Wednesday, Sep. 30th

Activities

1. Listen & Do
2. Look & Listen
3. Practice
4. Group Works

○ 수행 평가 계획 및 관점

영역	듣기/말하기	관련단원	**6. How Many Cows?**
목표	• 동물의 수를 묻고 답할 수 있다.		
평가방법	• 관찰평가 / 자기평가		
평가과정 및 유의점	• 동물의 수를 묻고 대답하는 말을 듣고 이해하는가? • 동물의 수를 묻고 대답하는 말을 할 수 있는가? • 다양한 신체 반응과 활동에 적극적으로 참여하는가?		
평가기준	• 상: 동물의 수를 묻고 대답하는 말을 듣고 이해하며 즉각적으로 신체 반응을 나타내고 활동에 매우 적극적으로 참여한다. • 중: 동물의 수를 묻고 대답하는 말을 듣고 이해하며 신체 반응을 나타내고 활동에 즐겁게 참여한다. • 하: 동물의 수를 묻고 대답하는 말을 듣고 이해하지 못하여 신체 반응을 나타내지 않으며 활동에 참여하지 않는다.		

5.1.3 TPRS 수업 교수학습과정 세안의 실제(중등)

본 수업의 교사 박연숙(2003)은 실업계 고등학교 학생들을 대상으로 보다 다양하고 흥미있는 영어수업을 진행하기 위한 하나의 방안으로 TPRS를 활용하였다. 한 단원을 총 3개의 차시로 구성하였는데 1차시는 TPR 및 짧은 예화를 통한 단어 익히기, 2차시는 본 이야기와 이해 점검 및 학급 전체가 새로운 글 구성하기, 3차시는 본 이야기 수정하여 새로운 이야기 만들기와 후속 활동이 따른다.

1차시에는 새로 나온 단어를 듣고 이해하기 위해 TPR 동작을 중심으로 학습이 이루어진다. 교사는 학생 대부분이 단어를 이해했는지 늘 수시로 확인하며, 새로 제시된 어휘를 학생들이 어느 정도 수지하였으면 짧은 예화를 통해 그 단어를 내재화하도록 하였다. 중간에 예화의 이해를 돕기 위한 질의응답이 이루어진다.

2차시에는 1차시에 학습한 단어를 몸동작으로 복습을 하고 간단한 질문을 한다. 교사는 학생들이 단어를 파지했는지 확인하고 짧은 예화를 약간 각색해서 들려주고 간단한 내용 이해 점검을 한다. 처음 이야기를 들려 줄 때는 초보 학습자도 이해할 수 있도록 이야기 핵심을 간단한 문장으로 들려주고 그 후에는 이야기의 줄거리를 두세 번 더 들려주는데 핵심 이야기에 세부사항을 첨가하며 학생들의 흥미를 유지시키도록 하였다. 이때 등장인물의 이름이나 외모를 덧붙이기도 하며 배경을 설정하고 대화를 삽입하기도 한다. 세 번째 이야기를 들려줄 때는 처음 이야기의 길이나 내용 면에서 두세 배가 될 수도 있다. 이야기를 들은 후에는 구두로 이해 점검을 하고 간단한 듣기 연습이나 문장 연습이 선택적으로 이루어진다. 질의응답이나 실연 부분은 짧은 예화의 경우와 비슷하게 진행하는데, 학급 전원이 교사와 함께 확산형 질문에 맞춰 공동의 창작물을 얻는 과정이 매우 흥미롭다.

3차시에는 1차시에서 배운 기본 어휘와 짧은 예화, 2차시에서 배운 본 이야기를 내용 점검하고 개인적으로 새로운 이야기를 만들어 보는 등 다양한 후속 활동을 하는 시간이다. 학생들의 창의력과 사고력을 개발할 수 있는 시간이므로 교사가 어떻게 운영하느냐에 따라서 그 성과는 크게 좌우된다. 학생들이 이야기 자료를 이용하여 할 수 있는 후속 활동으로는 다음과 같은 것들이 있다.

① 크게 읽기 : 본문을 개인적으로 읽거나 여럿이 같이 읽어도 좋고, 한 줄씩 번갈아 가면서 읽어도 유용하며 때로는 모국어로 해석을 해보는 것도 좋다.

② Written Exercises : 문장 완성하기, 자신의 단어로 질문에 답하기, 다른 시점에서 이야기 쓰기, 자신의 질문에 답하기, 이야기의 뒷 부분을 다르게 꾸미기, 문제 해결책 쓰기 등

③ 이야기 쓰기 연습 : 학습 초기에는 배운 내용을 그대로 베껴 쓰기를 하다가 점차 학생들의 언어로 표현하기를 기대한다.

④ 구두 질의 : 교사는 이야기 맥락에 맞춰 세부 사항에 관한 질문을 한다.

⑤ 단어 복습 : 그림 제시, 번역, 손동작, 연상작용 등을 통해 단어를 복습한다.

○ 1차시 교수학습 과정안

Unit	The Country Mouse		**Period**	1/3
Aims of the Period	1. Students can internalize of vocabularies in rich comprehensible input. 2. Students can practice the new vocabulary through mini-stories.			
Stages	**Process**	**Learning Teaching Process**		**Remarks**
Introduction	• Greetings	T: Hello, everyone. Ss: Hi, Ms. Park. T: Today, I'm going to tell you a very interesting story. Before going to the next steps, let's preview the new words. Look at me and listen carefully. Don't repeat. Just pay attention to me.		
Development	• Teaching Vocabulary through Hand-TPR • Check understanding • Work in pairs • Teaching vocabulary using personalized	T: (Introduce words 'walk, return, chew' orally first and do the action.) Close your eyes. Don't repeat me. Listen carefully and do the actions. Ss: (When teacher says a new word, students response with 'silent' TPR-no sounds or noises.) T: (Put up guide words on the board.) Ss: Work in pairs. One student says the new word and the partner lestens carefully and do TPR action. T: (Ask personalized questions.) Last night I slept only for three hours. How long did you sleep last night? For 10 hours? For three hours?		

	questions • Novel commands • Tell the mini-story and check comprehension	I'm very sleepy and tired. T: (Do the novel commands.) Look for a beautiful woman in this class. I hid candy and chocolate in this room, please look for it. Blow out your candle. Blow this paper. T: I'll tell you this story. (T tells the story two or three times.) T: In this picture, Hyorung is very bored, so where does she go? Good, OK. What does Youngkyu give her?	
Consolidation	• Work in groups • Retelling the mini stories • Review	T: How many hours did they talk? Let's move on to the next step. Make a small group of 3 people. One person tells a story and another plays Hyorung role, the other will be Youngkyu. Are you ready? T: Did you enjoy this story? Can you understand that? Will you look at this picture? Please tell me about this picture. Good job. Will you tell me about all of these pictures? Who of you will come out and retell this story? Any volunteer? 위와 같은 hand-TPR, mini-stories, role-presentation, personalized Q&A를 반복한다. T: (Check students' comprehension)	

○ 2차시 교수학습 과정안

Unit	The Country Mouse	**Period**	1/3
Aims of the Period	1. Students can review vocabulary with hand-TPR and mini-stories. 2. Students can understand the main story and do comprehension exercises.		
Stages	**Process**	**Learning Teaching Process**	**Remarks**
Introduction	• Greetings • Review the new words with TPR	T: Hello, everyone. Ss: Hi, Ms. Park. T: Today, let's review vocabulary we learned yesterday. Would you please close your eyes? When you hear the new words, please do the actions. (walk, returm speak, chew, for three hours, blow, float, bubble, enter, escape) Ss: Do the actions. Act out with different actors.	

Development	• Review the mini stories • Check understanding • Tell the main story	T: Can you remember this pictures? I'll tell you another story about this picture. T: (Retell the story two or three times, being careful not to read it or to say it. Try for a narrative approach.) First, tell the core story. The, add more detail to the core story. Present the main story.	
	• Check comprehension of the main story	T: Can you understand? Did you enjoy the story? This mouse has many friends, right? Ss: No, no friend. T: Good. He lives in the city, right? Ss: No, in the country. T: The mouse wnats to eat the cat, right or wrong? The mouse floats inside the bubble, right or wrong? The mouse is in the air for three hours. T: The mouse blows a big ________. Floating under the bubble, the mouse escapes through an ________. The mouse floats for ________ ________. Ss: (Answer at first with single words) T: You did a good job. And then I will ask you a question. Where does the mouse live? Where does the mouse go? What does the mouse look for in the city? Where does the mouse run? What kind of factory is it? What does the mouse do with the gum? How does the mouse escape?	
	• Work in pairs	T: (Put on the guide words on the blackboard and have students narrate the story.)	
	• Retelling the mini stories	T: Start with reading practice Pre-writing exercises Listening comprehension Sentence comprehension	
Consolidation	• Making a class creation	T: (Ask open-ended questions about the story that are not present in the original version, and creat an extension of the main story and revies the story.)	
	• Presentation	T: (Present the new extension of the class)	

○ 3차시 교수학습 과정안

Unit	The Country Mouse		**Period**	3/3
Aims of the Period	1. Students can review mini-stories and main-stories. 2. Students can stimulate their creation and revise a story. 3. Students can do the reading comprehension exercises.			
Stages	**Process**	**Learning Teaching Process**		**Remarks**
Introduction	• Greetings • Review class creation • Check understanding	T: Hello, everyone. Ss: Hi, Ms. Park. T: Today, let's review vocabulary we learned yesterday. Did you enjoy our new story? Would you please close your eyes? When you hear the new story, can you visualize in your head? Make a group of 3 people. One person read through it line by line. And others do the actions.		
Development	• Revising the story • Presenting their stories • Reading exercise • Reading aloud • Chapter test	T: It's time for you to write your own story. It's very difficult but I will help you. Please draw a picture and make a new story. T: Who of you will come out and present the new story? Oh, good for you. T: (Gives each student new reading material having the guided words. Have the students listen what teacher tells them and visualize the plot in their heads. And read one more time.) Ss: (Do the reading comprehension exercises) Ss: (Read aloud) Ss: (Do the writing exercises and review the vocabularies)		
Consolidation	• Review	Review all they have learned and check their understandings and figure out what they learn.		

5.1.4 TPRS 수업의 문제점

교실에는 능동적으로 참여하는 학생이 있는가하면 TPRS 동작을 따라하기 귀찮아하는 학생들이 늘 있기 마련이다. 교사는 이러한 학생들의 관심을 어떻게 지속적으로 고취시키고 유지할 것인지에 대한 방안을 강구할 필요가 있다. 그리고 TPRS를 적용하기 위해 교사의 교재 재구성 능력이 필요하다. 교육과정을 이해하고 재구성하는 것은 일반 교사들에게는 쉽지 않은 것이다. 또한, 이야기를 단원별 어휘와 표현에 맞게 만들고 자료를 제작하는 데 많은 시간과 노력이 필요하다. TPRS에서는 이야기 제작 못지 않게 중요한 것이 이야기를 효과적으로 전달하는 것인데, 교사가 이야기를 학생들에게 생동감 있게 들려주기 위해서는 이야기 전달자로서의 자질 또한 필요하다. 교사의 전문적인 낭독 기술이 부족하여 음의 고저(pitch), 악센트(accent), 쉼표(pause) 등의 처리에 문제가 있어서 효과적인 학습이 되지 못할 가능성도 있다. 그리고 학생들의 이야기 이해를 위해 이야기 전 단계에서 어휘 학습이 충분히 이루어지는 것도 중요하다. TPR 학습이 제대로 훈련되지 않거나 어휘를 제대로 익히지 않고 스토리텔링 단계로 넘어가면 학습의 효과를 기대하기 어렵다. 마지막으로 학생들이 새로운 이야기를 꾸미거나 다시 말하기(retelling)를 할 때는 어휘 및 표현력의 부족으로 인해 어려움을 느끼고 발표하는 것에 대해 부담감을 갖게 될 수도 있으므로 학생들의 불안감, 부담감을 완화시켜 자신만의 이야기를 창작하고 그것을 공유하는 것에 즐겁게 동참할 수 있도록 해야 한다.

5.1.5 해결 방법

TPRS 수업의 활성화를 위해 우리의 교육 현실과 상황, 학습자 수준에 적합한 이야기, 학습자가 흥미를 가질만한 이야기를 개발하기 위한 노력이 필요하다. 학생들이 잘 알고 있는 고전명작이나 영화, 드라마 등의 내용을 패러디 또는 각색해서 이야기를 구성하거나, 이야기의 등장인물을 학습자 주변의 친숙한 대상으로 바꾸어서 재구성함으로써 학생들이 이야기에 빠져들고 집중하게 할 수 있을 것이다. 또한, 효과적인 이야기 전달을 위해 교사의 읽기 훈련을 위한 노력도 필요하다. 원어민의 음성을 녹음해서 들려주는 것도 좋지만, 이때는 이야기 전달자의 표정을 읽을 수도 없고, 교실 분위기나 이야기 듣는 학생들과 호흡을 맞추기도 힘들다. 교사가 이야기 전달자로서의 역할을 충실히 할 수 있도록 하는 훈련 프로그램이나 연수가 도움이 될 것이며, 원어민의 시청각자료도 적절하게 활용하는 방안 또한 연구해 볼 필요가 있다. 그리고 학생들의 이야기 이해를 돕기 위해 사전에 충분한 어휘 학습이 이루어져야 하며 학생들의 이해도 점검을 수시로 해야 한다. 학생들이 이야기를 재구성하거나 다시 말하기 활동을 할 때는 학생들이 이미 익힌 단어 또는 활용가능한 단어들을 칠판에 게시해두는 것이 학생들의 불안감을 줄일 수 있을 것이다. 무엇보다 교사가 학생들에게 기대하는 수준을 낮추고 학생들의 활동에 대해 긍정적으로 반응해 주며 허용적인 분위기를 조성함으로써 학생들의 적극적인 참여를 유도할 수 있을 것이다. 발표를 할 때에는 교사가 발표 순서를 적절히 조정할 필요도 있다. 활동 초기에 우수 학생의 수준 높은 발표를 듣게 되면 나머지 학생들이 자신감을 잃고 발화를 꺼릴 수도 있기 때문에 수준 높은 발표는 가급적 활동 후반으로 미루는 것이 좋을 것이다.

5.2 TBL(Task-based Learning)

5.2.1 TBL의 개요

학교 영어교육의 중요한 목표는 학습자로 하여금 영어를 공부하게 하거나 언어 연습을 하도록 유도하는 것이 아니라, 영어를 실제로 사용할 수 있는 능력을 기를 수 있도록 그 터전을 마련하는 것이다. 의사소통 중심 언어교수법의 중요한 한 갈래인 과제중심 교수법(TBL)은 교사의 가르침보다는 주로 학습과제 자체를 학습자의 학습과정 속으로 끌어 들여 학생들이 학습의 과정에 능동적으로 참여하도록 하는 것이다. 과제중심교수법은 영어로 의사소통을 하면서 서로 협력해야만 해결할 수 있는 과제를 고안하여 학생들에게 제시하고 그 과제를 완수하도록 하는 교수방법으로, 이 과정에서 교사는 주로 학생들의 과제수행상의 어려움 등을 해결해 주고 도와주는 활동을 하게 된다.

TBL에서는 목표언어를 사용하도록 하는 과제를 제시하는 것이 중요하다. 예를 들어 정보 차 활동(information gap)을 이용하여 두 사람간의 정보에 공백을 만들어 주면 정보의 공백을 메우기 위해서 스스로 생각도 많이 해야 하고 상대방이 가진 정보도 이용해야 하므로, 모국어를 사용하지 않는 진정한 의사소통에 매우 근접하게 접근할 수 있다. 이와 같이 언어의 실제 사용 측면과 더불어 무엇보다도 중요한 것은 학생들이 스스로 생각하면서 다른 학생과 상호 활동을 해 본다는 것인데, 다시 말해서 학생들이 학습 과정에 직접 참여하여 경험을 축적해 나간다는 것이다.

이를 위해서는 한 학급의 전체 학생을 여러 개의 조나 소집단으로 나누어 그룹별로 활동을 시켜야 한다. 그룹별로 활동을 하면 의사소통을 할 수 있는 상황을 제공해 줄 수 있을 뿐만 아니라, 언어 연습의 경우에도 학생들이 같은 형태의 질문이나 대답을 반복하는 데에 대한 이유를 제공해 줄 수 있다. 교사가 전체 학생을 대상으로 질문하고 대답하는 것보다 학생들이 조별로 구성원끼리 질문하고 대답하게 하면 학생들 개개인의 언어 연습 기회가 훨씬 많아진다. 또한, 학생들이 그룹별 활동을 함으로써 학생들 개개인이 사용하는 전체적인 영어의 양이 그렇지 않은 경우보다 훨씬 많아진다. 그리고 학생들 자신이 자신의 학습과정에 참여하게 되므로 그 학습에 대하여 책임지는 셈이 되고, 책임감을 가지면 가질수록 학습한 내용은 그만큼 학생들 자신의 것이 될 확률이 높다.

TBL에서 교사는 촉진자(facilitator)로서 항상 학습을 위한 주요 조건을 유지해야 한다(Nunan, 1989). 학습을 촉진하는 것은 노출의 양과 언어사용의 적당한 양과의 조화를 말한다. 여기서 강조하는 것은 교사의 안내를 통하여 학습자가 주로 짝이나 소집단으로 과제를 수행하는 것이다. 각 단계별로 교사의 역할이 중요한데, 과제 전 단계에서 교사는 미리 구성한 과제를 학습자가 이해한 후 수행할 수 있도록 적절하게 안내하는 역할을 하고, 과제 단계에서는 과제의 목표에 따라 학습자들이 능동적으로 참여하여 과제를 수행하도록 한다. 이때 교사는 수행할 과제의 목표에 따라 역할을 달리한다. 과제 후 단계에서 교사는 언어의 형식에 초점을 둠으로써 언어 안내자(language guide)로서의 역할을 하기도 한다.

Willis(1996)는 다음과 같이 과제중심 수업모형을 제시하였으며 과제 수행 교수법의 수행 절차를 크게 3단계로 나누고 있다. 첫 번째 단계는 Pre-task 단계로 교사가 학습자와 함께 주제를 탐색하며 유용한 어휘나 구를 강조하여 가르치고 학생들이 과제를 이해하고 준비하도록 돕는 단계이다. 예를 들면 학생들은 유사한 과제의 녹음 자료를 듣고 수행해야할 과제에 대한 팁을 얻는다. 두 번째 단계는 Task Cycle 단계이다. 이 단계는 세부적으로 task, planning, report의 세 가지로 구성된다. Task 단계는 실제로 과제를 수행하는 단계로, 학생들은 짝이나 소집단으로 과제를 수행하고 교사는 학습자들을 모니터한다. Planning 단계는 학습자들이 전체 학습에게 자신들이 수행한 과제에 대해 구두 또는 문자로 보고할 준비를 하는 단계를 말하며, Report 단계에서는 학습자들이 자신들이 수행한 과제를 전제 학습에 보고하거나 결과를 비교해 보고서를 교환한다. 마지막 세 번째로는 Language focus가 있다. 이 단계에서 학습자들은 기록된 내용의 구체적인 특징에 대하 검토하고 논의하며 자료에 나타나는 새로운 어휘, 구, 패턴 등을 연습한다.

과제수행 수업모형(Willis, 1996)

	과제 전 단계 (Pre-task) 주제나 과제의 소개 (Introduction)	
과제 수행 (Task)	과제 수행 단계 (Task cycle) 과업수행결과보고 계획 (Planning)	과제 수행 결과 보고 (Report)
분석 (Analysis)	언어 초점 단계 (Language focus)	연습 (Practice)

TBL을 수업에 적용했을 때 과제 전, 과제, 과제 후의 세 단계에 따른 교사와 학생의 역할을 다음과 같이 정리해볼 수 있다.

TBL을 적용한 수업모형

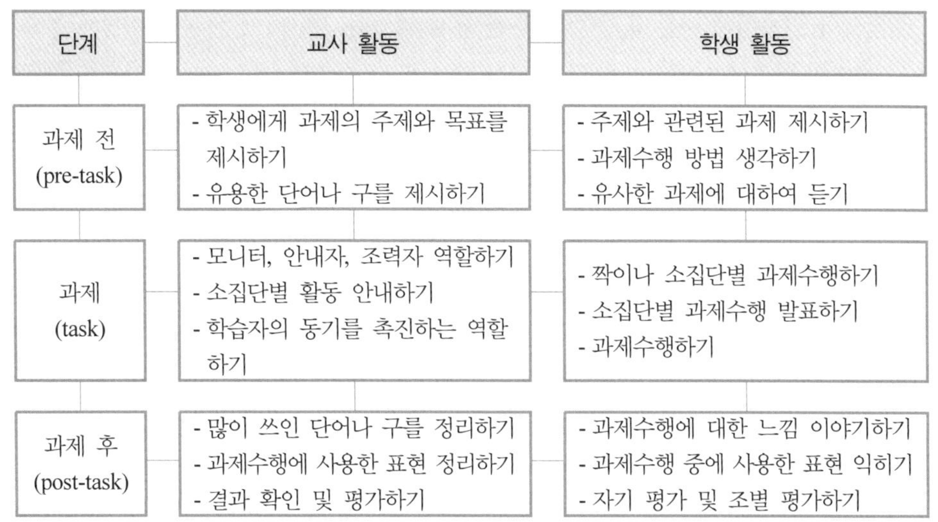

단계	교사 활동	학생 활동
과제 전 (pre-task)	- 학생에게 과제의 주제와 목표를 제시하기 - 유용한 단어나 구를 제시하기	- 주제와 관련된 과제 제시하기 - 과제수행 방법 생각하기 - 유사한 과제에 대하여 듣기
과제 (task)	- 모니터, 안내자, 조력자 역할하기 - 소집단별 활동 안내하기 - 학습자의 동기를 촉진하는 역할하기	- 짝이나 소집단별 과제수행하기 - 소집단별 과제수행 발표하기 - 과제수행하기
과제 후 (post-task)	- 많이 쓰인 단어나 구를 정리하기 - 과제수행에 사용한 표현 정리하기 - 결과 확인 및 평가하기	- 과제수행에 대한 느낌 이야기하기 - 과제수행 중에 사용한 표현 익히기 - 자기 평가 및 조별 평가하기

5.2.2 TBL 교수·학습과정 세안의 실제(초등)

본 수업의 교사 이○ ○은 초등학교 영어교과서에 제시된 언어 소재들을 바탕으로 초등학교 6학년을 대상으로 한 과업을 개발하였는데 수업 모형을 유사 과업 단계(similar task), 본 과업 단계(main task), 과업 정착 단계(consolidating task)의 세 가지 학습 단계로 구성하였다. 유사 과업 단계는 기존의 과업 전 단계(pre-task), 본 과업은 과업 수행 단계(task), 과업 정착 단계는 과업 후 단계(post-task)와 맥락을 같이 한다고 볼 수 있겠으나, 유사 과업을 사전에 수행해 보고, 과업 수행에 필요한 언어 요소를 미리 연습하는 활동을 통해 EFL 상황의 단점인 목표어 노출 부족의 문제를 보완하고자 하였다. 각 단계의 목적과 구체적인 활동 내용은 다음과 같다.

첫째, 1차시 유사 과업 단계의 가장 중요한 목적은 학습자들로 하여금 본 과업의 원활한 수행을 돕고자 하는데 있다. 다시 말해 과업의 상황, 과업의 절차, 과업에 사용되는 언어요소 등을 똑같지는 않지만 비슷한 주제와 상황을 지닌 유사 과업을 통해 미리 살펴봄으로써 차후 본 과업 수행의 준비를 시키는 단계라 할 수 있다. 유사 과업 단계의 구체적인 내용은 과업 친밀화 활동과 언어 연습 활동 1로 구성되어 있다. 우선, 과업 친밀화 단계는 그림이나 학습자들의 개인적 경험 등을 활용하여 배경 경험을 활성화시켜 내용적으로 과업에 익숙하게 하는 과정이다. 또한 유사 과업을 간단하게 실제로 수행해 봄으로써 본 과업의 절차에도 자신감을 갖게 하는 단계라 할 수 있다. 언어 연습 활동 1 단계는 유사 과업에서 사용되는 단어, 구, 문장 등을 제시하고 전체적으로 발화하고, 소집단별로 유도된 의사소통 활동을 수행하여 봄으로써 차후 본 과업과 관련된 언어 요소를 연습할 수 있는 기회를 부여하는 것이다. 언어 연습 활동 1은 특히 언어의 출력보다는 입력에 초점을 두고 있으며, 과업 친밀화 활동과 함께 어린 학생 어린 학생들의 과업 수행 부담을 덜어주려는 시도라 할 수 있다. 언어 기능 측면에서 유사 과업 단계는 듣기와 말하기를 주로 연습할 수 있도록 설계되어 있다.

둘째, 2차시와 3차시의 본 과업 단계의 목적은 실제 과업을 수행해 봄으로써 목표어를 실제성을 지닌 상황 속에서 연습하는 계기를 마련하는 데 있다. 본 과업의 구체적인 내용은 언어 연습 활동 2와 과업 수행 활동의 두 차시로 구성되어 있다. 우선, 언어 연습 활동 2를 실시 한 다음 과업 수행 활동을 하는데, 언어 연습 활동 2에서 관련 단어나 구, 문장 등을 생각해 보고, 조별 발화, 통제 의사소통 활동을 수행함으로써 언어적으로 과업 수행의 준비를 하는 과정이다. 언어 연습 활동 2는 유사 과업 단계의 언어 연습 1과는 다르게 언어의 입력보다는 출력에 초점이 맞추어진 활동이라 할 수 있다. 중요한 것은 과업 절차에 관해 어린 학생들이 충분히 숙지하여 당황하는 일이 없도록 준비시켜야 하는데, 동영상을 이용해서 수행 방법을 제시하는 것이 매우 효과적이다. 학생들이 실제 해야 할 과업을 미리 시청함으로써 절차의 숙지뿐 아니라 심리적으로 자신감도 준비하게 된다. 본 과업 단계는 유사과업 단계와 같이 듣기, 말하기 활동 뿐 아니라 의사소통 활동도 동시에 이루어진다.

셋째, 4차시의 과업 정착 단계의 목적은 유사 과업 단계와 본 과업 단계에서 학습한 내용적 요소와 언어적 요소를 내면화시키는 데 있다. 다시 말해 과업 수행능력과 그 바탕을 이루는 대화문의 언어 형식을 내면화시킴으로써 종국적으로는 음성언어 의사소통 능력을 신장시키는데 주안점이 있다. 과업 정착 단계의 구체적인 내용은 언어형식 발견 활동과 과업 내용 내재화 활동으로 구성되어 있다. 언어형식 발견 활동에서는 그림과 문자와 함께 대화문을 제시함으로써 언어 요소에 대한 명시적 지도를 하며, 다시 그림과 상황만을 제시하여 학습자로 하여금 적절한 발화를 유도함으로써 언어요소들을 암시적으로 지도하게 된다. 본 단계에서는 듣기, 말하기 뿐 아니라 문법과 읽기 기능의 학습까지도 포함하고 있다. 그러나 음성언어 의사소통 능력을 신장시키기 위한 보조적 수단으로서의 문법과 읽기 기능 학습이라 할 수 있다.

다음은 교사 이상훈(2007)이 6학년을 대상으로 개발한 과업들 중 'shopping'의 교수·학습 지도안이다.

ㅇ 1차시 교수학습 과정안

<table>
<tr><td>언어 소재</td><td>사회 생활</td><td>대상</td><td>6학년</td><td>관련 단원</td><td>5과</td><td>차시</td><td>1/4</td></tr>
<tr><td colspan="2">과업명</td><td colspan="6">Shopping</td></tr>
<tr><td colspan="2">수업 목표</td><td colspan="6">1. 물건사기에 관한 표현을 영어로 듣고 이해할 수 있다.
2. 물건사기 표현들을 말하여 사고 팔 수 있다.</td></tr>
<tr><td colspan="2">관련 어휘</td><td colspan="6">toy helicopter, toy car, doll, pencil case, flower, soccer ball</td></tr>
<tr><td colspan="2">관련 문장</td><td colspan="6">- May I help you?
- How much is it? How much is ________? 및 동일 패턴의 문장들
- It's _____dollars.</td></tr>
<tr><td colspan="2">활동 절차</td><td colspan="3">교수학습 활동</td><td>시간</td><td>학습 자료</td><td>참고</td></tr>
<tr><td>과업 전 단계</td><td>과업 친밀화 활동</td><td colspan="3">◎ 상호 인사 및 수업 분위기 조성
◎ 유사과업 및 주제 소개
◎ 배경경험 활성화
▶ 개인경험, 그림 등을 활용함
- 쇼핑한 경험에 대해 이야기 해본다.
- 물건값이 내가 생각한 가격보다 비싸면 어떻게 하는가? 이야기 해보자.
◎ 유사과업 수행방법 동영상 보기
▶ 물건값 알아보기 과업 소개
▶ 과업 절차와 방식에 관한 동영상을 시청하여 학습자들은 방식과 절차에 대해 완전히 숙지한다.

<과업 절차 및 방법>
1. 4인 1조의 조를 만든다.
2. 한 조를 다시 두 팀으로 만든다.
3. 주사위 그림과 모의 화폐 그림을 준비한다.
4. 가위바위보를 하여 이긴 팀은 손님의 역할, 진 팀은 점원 역할을 한다.</td><td>25</td><td>주사위, 모의 화폐</td><td>*과업수행 절차에 대해서 학생들이 혼란을 겪지 않도록 충분히 소개한다.</td></tr>
</table>

		5. 점원 역할 팀이 손님을 맞는다. (May I help you?) 6. 손님 역할 팀은 물건 주사위를 던져 물건 가격을 말한다. 7. 점원 역할 팀은 가격 주사위를 던져 물건 가격을 말한다. 8. 모의 화폐를 지불한다. 9. 역할을 바꾼다. 일정한 시점에서 가진 돈을 계산하여 돈을 적게 가진 팀이 이긴다. ◎ 유사과업 수행하기			
	언어 연습 활동 1	◎ 언어 입력 활동 ▸ 유사과업 관련 단어, 구, 문장 연습하기 - 그림 자료와 함께 제시 - 음성 자료와 함께 제시 ◎ 언어 출력 활동 ▸ 전체 발화 - 듣고 따라 말하기(단순 모방) - 그림 보고 대화문 따라 말하기 (학습자 중 한 사람이 준비된 물건 그림을 보여주고 교사는 값을 적당히 말한다. 그런 다음 역할을 바꾸어 교사가 물건 그림을 보여주면서 가격표를 보여 주며 동시에 가격을 물으면 학생들은 가격을 함께 말한다.) ▸ 유도 의사소통 활동 (guided communicative activity) - 소집단별로 안내된 의사소통 활동하기	15	그림카드, 단어카드, 문장카드	*구문소개에 있어 하나의 어휘항목처럼 소개하고 발화하게 한다. *시범을 보여주기 위해 교사가 먼저 발화해 본다.

○ 2-3차시 교수학습 과정안

언어 소재	사회 생활	대상	6학년	관련 단원	5과	차시	2-3/4
과업명		Shopping					
수업 목표		1. 물건사기에 관한 표현을 영어로 듣고 이해고 말할 수 있다. 2. 물건사기 표현들을 이용하여 점원과 손님이 되어 시장놀이를 할 수 있다.					
관련 어휘		comic book, jacket, watch, sneakers, DVD, cap, flower, earphone, steal, expensive, price, high					
관련 문장		- May I help you? / How can I help you? - How much is it? How much is ________? 및 동일 패턴의 문장들 - It's/They're _____dollars. - Do you have another one? / It's a steal. / It's too expensive. OK. I'll take it. / Come again.					

활동 절차		교수·학습 활동	시간	학습 자료	참고
본 과업 단계	언어 연습 활동 2	◎ 상호 인사 및 수업 분위기 조성 ◎ 언어 입력 활동 ▶ 본 과업관련 단어, 구, 문장 생각해보기 - 유사과업활동에 바탕을 두고 본 과업에서 사용될 것들을 브레인스토밍 기법을 활용하여 생각해 본다. ▶ 그림, 문자, 음성 자료 제시하기 ◎ 언어 출력 활동 ▶ 조별 발화 - 그림 제시하기 - 조장을 중심으로 의논하기 - 조별로 그림에 알맞은 발화하기 (한 조는 그림을 보여주고 다른 조는 조장을 중심으로 토의한 후 발화) ◎ 통제 의사소통활동 - 조별로 통제된 의사소통하기 ▶ 두 조가 한 짝이 되어 우선 한 조가 물건 그림들을 보여주면, 다른 조는 조장을 중심으로 의논하여 적당한 가격을 말한다.	40	그림카드, 단어카드, 문장카드	*구문소개에 있어 하나의 어휘 항목처럼 소개하고 발화하게 한다. *시범을 보여주기 위해 교사가 먼저 발화해 본다.
	휴 식(recess time)				
	과업 수행 활동	◎ 상호 인사 및 수업 분위기 조성 ◎ 유사과업 상기 ▶ 유사과업에 대해 이야기하기 - 절차, 방법, 내용에 대해 상기하기 예) 물건값이 예상보다 비싸지만 꼭 필요한 물건이면 어떻게 해야 하나? 물건값이 무조건 싸다고 좋은 것인가? 등 - 물건값을 흥정해본 경험에 대해 이야기해보자. 분수에 맞는 소비생활의 중요함에 대해 이야기해보자. ◎ 본 과업 및 주제 소개 ◎ 과업 수행방법 동영상 보고 생각해보기 ▶ 과업 절차와 방식에 관한 동영상을 시청하며 학습자들은 과업 방식과 절차에 대해 완전히 숙지한다. **<과업 절차 및 방법>** 1. 학생들을 10인 1조로 만들고 다시 하위 5인 2조로 나눈다. 2. 한 조가 5인의 점원들이 되며, 다른 조 5인이 손님이 된다. 3. 손님에게는 각각 $20와 물건 리스트가 주어진다. 4. 점원들은 각각의 물건에 대해 자신이 물건 값을 정할 수	40	물건카드, 물건목록, 모의화폐	*과업수행 절차에 대해서 학생들이 혼란을 겪지 않도록 충분히 소개한다. *과업수행 시 소란이 예상될 수 있으나 통제는 최대한 자제하며, 교사는 학생들의

		있다. 5. 손님은 자신이 사야할 물건들을 여러 가게를 돌아다니며 물건이 다 팔리기 전에 가장 싸게 사는 것이 목적이고, 점원은 최대한 비싸게 팔아 이윤을 많이 남기는 것이 목적이다. 6. 나중에 돈을 계산하여 손님은 가장 적은 가격으로 리스트에 적힌 물건을 다 산 학생이 베스트 손님으로, 점원은 가장 돈을 많이 번 학생이 베스트 점원으로 선정된다. 7. 역할을 바꾸어 다시 해 본다. ◎ 과업 실시(의사소통 활동) ▶ 과업 해결 방법 논의 ▶ 역할 배정 ◎ 결과 보고 ▶ 조장을 중심으로 결과 발표 준비 ▶ 발표하기			의견교환 과정에 영어사용의 어려움을 도와준다.

○ 4차시 교수학습 과정안

언어 소재	사회 생활	대상	6학년	관련 단원	5과	차시	4/4
과업명		Shopping					
수업 목표		1. 물건사기에 관한 영어표현에 사용되는 언어 규칙을 알 수 있다. 2. 물건사기 영어표현에 언어 규칙을 상황에 맞게 사용할 수 있다.					
관련 어휘		toy helicopter, toy car, doll, pencil case, flower, soccer ball, comic book, jacket, watch, sneakers, DVD, cap, flower, earphone, steal, expensive, price, high					
관련 문장		- May I help you? - May I help you? / How can I help you? - How much is it? How much is ________? 및 동일 패턴의 문장들 - It's/They're _____dollars. - Do you have another one? / It's a steal. / It's too expensive. OK. I'll take it. / Come again. - How much is it? How much is ________? 및 동일 패턴의 문장들 - It's _____dollars.					
활동 절차		교수학습 활동			시간	학습 자료	참고
과업 후 단계	과업에 사용된 언어 형식	◎ 상호 인사 및 수업 분위기 조성 ◎ 과업에 사용된 대화문 정리하기 ▶ 명시적 지도 - 그림과 함께 제시된 대화문 듣고 상황을 생각해보기				그림카드, 단어카드, 문장카드	*구문소개에 있어 하나의 어휘항목처

	발견 활동	- 그림과 함께 문자로 제시된 대화문 보고 정리하기 ◎ 과업에 사용된 대화문 도출하기 ▶ 암시적 지도 - 교사가 그림을 보여주며 적절한 발화 유도 (교사는 그림을 보여주며 물건값을 물어보고 학생들은 물건값을 영어로 답한다.) - 조장이 그림을 보여주며 적절한 발화 유도			럼 소개하고 발화하게 한다.
	과업 내용 내재화 활동	◎ 반복 · 대체 연습 ▶ 2인 1조의 유도 의사소통활동 (guided communicative activity) - 똑같은 물건값을 반복해서 물어보고 다른 학생은 가격을 달리하며 답변한다. ◎ 역할 발화 ▶ 2인 1조가 되어 과업에 적절한 역할을 맡아 의사소통하기 - '과일 가게 점원과 손님' 입장에서 발화해보기	10	그림카드, 단어카드, 문장카드	* 역할발화를 통해 좀더 실제적 상황 속에서 언어형식의 쓰임을 내재화함

5.2.3 TBL 교수·학습과정 세안의 실제(중등)

본 수업의 교사 김○○은 고등학교 1학년 학생들을 대상으로 과업 전 활동, 과업활동, 과업 후 활동, 형성평가 및 수행평가로 과업 중심 교수·학습 과정을 진행하였다. 각 단계별 지도 방안을 표로 제시하면 다음과 같다.

과업 중심 교수학습 과정

단계	내용	교사활동	학생활동
과업 전 활동 (Pre-task)	주제와 과업 설명	• 학습자와 함께 주제 탐색 • 유용한 어휘 및 표현 제시 • 학생이 과업이행에 대한 지시내용을 이해하도록 상세한 설명 제시	• 자신의 과제 인식 • 조원과 교사로부터 도움 받기 • 과제 수행에 관련된 자료 탐색하기 • 과제 이행 관련 지문 듣기, 읽어보기
과업 활동 (Task Cycle)	과업	• 과업 이행 활동 관찰 • 학생 개개인의 활동성 파악 및 참여 유도 • 정확성 보다는 유창성이 유지되도록 지도	• 조 활동-짝 활동-개별 활동 • 자신의 과업 결과 점검 및 연습
	활동 내용	• 발표할 과제 이행 절차 지도 점검	• 조원들과 비교하여 의견 교환하기

	요약	• 질문 받기 • 교사의 견본 제시하여 과제물 결과에 대해 점검 • 안내자 역할	• 과제 수행 과정 발표 요약하기 • 조원들과 비교하여 오류 정정하기 • 발표 준비하기
	발표	• 사회자 역할, 발표 순서 제시 • 평가 기준 제시	• 발표에 참여하기 • 조원 간, 조별간 보고내용 비교 • 동료 평가에 참여하기
과업 후 활동 (Language Focus)	정리	• 과업 수행시에 사용한 표현과 어구 정리하기 • 결과 확인하기	• 과업 수행 시 사용한 표현 및 어휘 정리하기 • 과업 보고 후 자신의 결과물 정리 또는 발표
형성평가 및 수행평가	과업 성취도 평가	• 수행한 과업과 관련된 평가 문항 제시 • 구두 또는 지필 문제 제시	• 문제를 통하여 과업 이행도 점검 • 의사소통능력 향상과 접목하기

과업 전 활동 단계(Pre-task)는 과업을 수행하기 전 학습자의 동기 유발, 전시학습에 대해 복습을 하면서 학습자와 함께 주제 탐색을 한다. 교사는 유용한 어휘 및 표현을 제시하고 이때 학생이 과업이행에 대한 지시내용을 이해하도록 상세하게 반복 설명함으로써 과제 이행에 어려움을 덜어주도록 하고, 학생들은 자신의 과제를 인식하고 과업 수행에 어려움이 있을 때 조원과 교사로부터 도움을 받도록 하며 관련 자료를 탐색하면서 과업에 참여할 준비를 하게 된다.

과업 활동 단계(Task)는 Willis(1996)가 Task Cycle이라고 하여 task, planning, report로 제시한 것을 토대로 과업, 활동 내용 요약, 발표로 구분하여 적용하였다. 먼저 과업(task) 단계에서는 학생들이 과업을 이행하는 동안 활동정도를 관찰하여 적극적인 활동이 되도록 안내하고, 활동 중 필요한 부분을 기록하여 정리 시에 활용할 피드백 자료를 확보한다. 발음이나 어색한 표현 또는 어법상의 오류를 활동 중에 지적하기보다는 활동 후에 언급을 하였으며, 활동 중 가능하면 영어를 사용하도록 격려하되, 자세한 설명이나 한국말이 필요할 경우에는 한국말을 사용하도록 허용적인 분위기를 유지하여 모두가 참여하는 가운데 과업을 수행하도록 하였다. 활동 내용 요약 단계(planning)에서는 발표할 과제에 대해 어떤 절차를 거쳐서 이행했는지에 대해 준비하도록 안내를 하고 결과물이 가급적 실행과업 요소에 알맞은 발표가 되도록 질의응답을 갖는다. 교사는 모델이 될 수 있는 결과물을 제시하기도 하면서 안내자의 역할을 수행한다. 학생들은 조원들과 비교하여 의견을 교환함으로써 과제이행을 충실히 하고, 발표를 준비하는 동안 자신의 결과물과 조원들의 것을 비교하면서 가급적 오류를 줄일 수 있도록 한다. 발표(report) 단계에서는 자신이 이행한 과업을 성의 있고 최선을 다해서 발표하도록 분위기를 조성해야 하며, 장난기 없이 진지하게 발표에 참여하도록 수행평가나 동료평가를 병행하고 때에 따라 점수표를 제시하기도 한다.

과업 후 단계(Language Focus)는 언어 초점 단계로 과업이나 과업을 수행하는 과정에서 얻어지는 언어 이해능력이나 문제점 등을 점검하여 교사와 학생 간에 의견이 교환될 수 있도록 하는 단계이다. 이 단계를 통해 언어표현의 정확성을 키우고 응용력, 적응력을 길러서 의사소통능력 향상의 기본이 되도록 한다. 이 전의 단계에서 관찰·정리해 두었던 내용을 토대로 어법이나 표현의 오류 등을 점검한다.

평가 단계는 과업 이행 정도를 파악하기 위하여 한 단원에 대해 2회 정도 형성평가 내지는 총괄 평가지를 만들어 실시하였으며 이를 수행평가로 적용 했다.

위의 교수·학습 과정을 토대로 'The Beauty of Hanbok'이라는 주제의 과업중심 수업을 각각 듣기·말하기, 읽기, 쓰기를 중심으로 한 세 개의 차시로 구성하여 지도하였으며, 교수·학습 과정안은 다음과 같다.

Lesson Plan

○ General Information

- Class Level : 1st grader in high school
- Length of Activities : 50mins

○ Topic : The Beauty of Hanbok

○ Objective

- Students will be able to speak differences of traditional clothing among Korea, Japan, and China.
- Students will be able to listen and comprehend the reading passage about the traditional clothing.

- Students will be able to comprehend the reading passage through tase based learning activity.
- Students will be able to write their own idea or feeling about the clothing.

○ Linguistic Skills

* Vocabulary : traditional, bottom, vest, consist of, curve, collar, sleeve, hem, combination, go well with, hold true for, contrast with

* Grammar

- Present Perfect Passive : Koreans have long been known to prefer white-colored clothing.
- Ellipsis of redundancy : A purple collar on a women's jeogori represented her husband, and blue cuffs her sons.

○ Task-based Teaching & Learning Model

Step	Procedure	Activities
Introduction	**Pre-task** (warm up) group/pair/individual work	• Greetings • Roll Calling • Review • Inducing motivation(Video Clip) • Presenting today's learning objectives • Introducing tasks
Development	**Task cycle** : task group work	• jigsaw task, information-gap task, problem solving task for the respective speaking, reading, writing objectives
	Task cycle : planning group / pair / individual work	• summarizing the result task • ordering & sequencing the result task
	Task cycle : report individual/pair work	• Presenting the result task • Comparing each group work • Evaluating each group work
Consolidation	**Language Focus** : Analysis/Practice activities	• Semantic concepts • Functional notion • Categorizing the meaning or usage

○ Task-based Procedural Lesson Plan for Listening & Speaking

INTRODUCTION : PRE-TASK (6min)			
Procedure	**Activity**		**Materials**
	Teacher	**Students**	
Greetings	• greeting • calling the roll	• greeting • responding the roll	video clip, PPT
Warm-up	• playing the 'arirang' • showing a video clip with Hanbok • explaining the objectives • introducing the tasks	• appreciating the music • watching the video clip associating it with 'arirang' • knowing the objectives & tasks	
DEVELOPMENT : TASK CYCLE (37min)			
Task (filling & completing worksheet)	• asking students to fill in the word puzzle about Hanbok by completing the given sentences and definition • giving out good & bad points work-sheets regarding wearing Hanbok • presenting basic expression used in sharing opinions	• listening to the directions to deal with the task • watching the screen • filling in the blanks by completing the given sentences • completing good & bad points worksheets • talk about their opinions on wearing Hanbok	video clip, worksheet, PPT, CD-ROM
Planning	• asking students to make a dialog regarding good and bad points wearing Hanbok • suggesting the example dialog • asking students to present the dialog	• making the dialog regarding good and bad points wearing Hanbok with basic expressions they learned • elaborating the dialog • practising the dialog	PPT, white board
Reporting	• asking students report their dialog • presiding the presentation • commenting on peer evaluating	• setting the groups' presenting order • reporting their dialog • evaluating other groups	students' drawings/ dialog script
CONSOLIDATION : LANGUAGE FOCUS (7min)			
Analysis & Practice	• asking how today's task activities were • saying key words and expressions used for dialog • designating the group to answer the questions	• responding today's task activities • answering key words and expressions - white-colored, be founded - Can you tell me more about it? - I couldn't agree with you. - I'm afraid I don't agree with that idea.	video clip, CD-ROM
Formative Test	• giving test questions about key words and expressions	• solving the questions	worksheet

○ Task-based Procedural Lesson Plan for Reading

Procedure	Activity: Teacher	Activity: Students	Materials
INTRODUCTION : PRE-TASK (6min)			
Greetings	• greeting & calling the roll	• greeting & responding	video clip, PPT
Warm-up	• showing pictures of traditional clothing, Hanbok and asking 1) What is it? When do you usually wear Hanbok? 2) What is called? (Jeogori, I-yam, Bi-nye, and so on...) 3) What are the differences between Hanbok and Japanese Kimono? • explaining the objectives • introducing the tasks	• watching the PPT pictures comparing Hanbok with other clothing • knowing the objectives & tasks 1) Students will be able to tell differences of traditional clothing among Korea, Japan, and China. 2) Students will be able to comprehend the reading passage through jigsaw reading task.	
DEVELOPMENT : TASK CYCLE (37min)			
Task (reading material and catch the task)	• presenting the new words and expressions • giving out worksheets for their own groups's task activity • asking them to get the main idea of the passage so as to be an expert member	• knowing the new ones and keep them in mind • participating group activities • gaining the main idea and key expressions • comprehending the whole paragraph of their own	worksheet, PPT, CD-ROM
Planning (group reassembling)	• telling students to join the other groups with original group's task • asking them to explain each group's task : key words & expressions and the main idea of their paragraph	• joining the other groups with original group's task • explaining the task about their paragraph • knowing the whole passage's main idea and key points : new words, expressions, and grammar	PPT, white board
Reporting (original group activity)	• asking group to report their understanding about the whole passage • suggesting the teacher's additional comment	• reporting the main idea and key point of the whole passage • asking teacher to get the specific meaning or grammar points and so on	students' drawings/ dialog script
CONSOLIDATION : LANGUAGE FOCUS (7min)			
Analysis & Practice	• asking how today's task activities were • saying key words and expressions used for report • designating the group to answer the questions	• responding to the teacher's questions • answering key words and expressions - tradition, bottom, vest, curve, collar, practical, sleeve, combination, contrast with	video clip, CD-ROM
Formative Test	• giving test questions about key words and expressions	• solving the questions	worksheet
	• suggesting the pre-homework for writing	• doing the homework task for the next writing	

○ Task-based Procedural Lesson Plan for Writing

<table>
<tr><th colspan="4">INTRODUCTION : PRE-TASK (6min)</th></tr>
<tr><th rowspan="2">Procedure</th><th colspan="2">Activity</th><th rowspan="2">Materials</th></tr>
<tr><th>Teacher</th><th>Students</th></tr>
<tr><td>Greetings</td><td>• greeting & calling the roll</td><td>• greeting & responding</td><td rowspan="2">video clip, PPT</td></tr>
<tr><td>Warm-up</td><td>• playing the 'interview'
• showing a video clip about Korean Folk Village
• explaining the objectives
• introducing the tasks</td><td>• listening to the inverview
• watching the video clip about Korean Folk Village
• knowing the objectives & tasks</td></tr>
<tr><th colspan="4">DEVELOPMENT : TASK CYCLE (37min)</th></tr>
<tr><td>Task
(filling & completing worksheet)</td><td>• asking students to fill in the worksheet after they listen to the interview
• showing the picture through CD-ROM related writing materials
• presenting basic expressions to be used in writing news article</td><td>• listening to the directions to deal with the task
• watching the pictures and filling in the blanks after listening to the interview
• knowing how to write a travelogue
• collecting outlines for writing an article</td><td>worksheet, PPT, CD-ROM</td></tr>
<tr><td>Planning</td><td>• asking students to make key sentences for plot in travelogue
• suggesting the key model sentences and a paragraph with meaningful idea
• asking students to complete the article</td><td>• making the several key sentences with co-related meaningful idea after interviewing about Korean Folk Village
• completing the paragraph with their own idea
• elaborating the article</td><td>PPT, white board</td></tr>
<tr><td>Reporting</td><td>• asking students report their article
• presiding the presentation
• commenting on peer evaluating</td><td>• setting the groups' presenting order
• reporting their article
• evaluating other group's article</td><td>writing script</td></tr>
<tr><th colspan="4">CONSOLIDATION : LANGUAGE FOCUS (7min)</th></tr>
<tr><td>Analysis & Practice</td><td>• asking what they need to write in a travelogue
• tell them write the key sentences to express the beauty of Korea</td><td>• answering the questions
- the title, date, the place we went, people we went with, the transportation we took
• writing the key sentences to express the beauty of Korea</td><td>PPT</td></tr>
</table>

5.2.4 TBL의 문제점

TBL 수업에서는 학습자가 학습과정의 중심이 되고, 학습자 자신의 필요와 관심에 따라 학습자 스스로 생각해 보면서 다른 학생과 상호작용하도록 한다. 그러나 학습자가 과업 자체에 흥미나 매력을 느끼지 못한다면 적극적으로 과업을 수행하려고 하지 않을 것이다. 그리고 초등학생들은 영어에 대한 사전 지식이 부족하기 때문에 과업중심의 학습만으로 수업을 전개하기에는 많은 무리가 따른다. 또한, 목표 언어에 대한 충분한 연습의 기회가 부족하기에 정확한 언어를 배우기 어려우며 여러 번의 수정을 거치는 과정에서 정확한 표현에 대한 혼란을 발생시키거나 언어 중심 단계에서 학습자들의 언어 습득 상태를 확인하기 어렵다. 특히 우리나라와 같은 EFL 상황에서는 적용상의 어려움이 많다.

학습자간 수준 차이로 인한 어려움도 발생할 수 있는데, 영어로 의사소통을 하며 과업을 수행하는 과정 속에서 자연스럽게 학습이 이루어지는 만큼, 영어 사용이 비교적 자유로운 상급 수준의 학습자에게는 적합할 수 있으나 영어 사용이 서툰 초보자들에게는 적용하기 어려울 수 있다. 이러한 이유로 소집단 활동 중 무임승차자가 발생할 수 있으므로 성공적인 TBL 수업을 위해 교사는 이에 대한 적절한 대책을 마련해야 할 것이다.

5.2.5 해결방법

TBL 수업에서는 학습자가 과업에 흥미를 갖고 학습의 과정에 능동적, 적극적으로 참여하도록 하기 위해 교사가 매력적인 과업을 제시하고 이에 대해 충분한 동기를 유발해 주는 것이 중요하다. 초등학생의 경우, 과업중심의 학습만으로 수업을 전개하기에 무리가 따른다고 판단이 된다면, 일반적인 수업으로 목표언어를 충분히 연습한 후 마지막 한 두 차시를 과업중심수업으로 진행함으로써 목표언어의 내재화 또는 심화학습을 도모해 볼 수 있을 것이다.

학습과정에서의 개인차를 고려하기 위해 교사는 학생들의 과업수행과정을 유심히 관찰하며, 특히 어려움을 느끼는 학생들을 대상으로 조력자의 역할을 해주거나 소그룹 안에 조력자의 역할을 대신할 수 있는 학생에게 그 역할을 부여함으로써 무임승차자의 발생을 예방할 수 있을 것이다. 또한, 학습과정에서 교사가 전체 학생을 대상으로 질문하고 대답하는 것보다 소그룹활동을 보다 강화시켜 학생들이 조별로 구성원끼리 질문하고 대답하게 함으로써 학생들 개개인의 언어 연습의 기회를 늘릴 수 있다.

5.3 ESA(Engage-Study-Activate)

5.3.1 ESA의 개요

영어수업모형에서 PPP가 가장 일반적인 수업모형이었지만 이는 교사 중심의 모형으로서 학생 중심의 교수·학습을 강조하는 흐름과는 맞지 않아 PPP에 대한 변화 및 대안을 주장함에 따라 등장한 모형이 바로 ESA(Engage-Study-Activate) 모형이다.

참여(Engage) 단계는 PPP 수업 모형의 제시(Presentation)와 비슷하다고 할 수 있다. 교사가 학생들에게 주제를 제시하여 교사와 학생은 서로 주제에 대해 협의한다. 이 단계에서 가장 중요한 것은 학생들의 흥미를 유도하는 것으로 학습목표 내지 학습할 내용에 대해 학생들이 호기심을 갖고 즐겁게 참여하도록 해야 한다. 즉, 교사는 학습목표와 관계되는 내용의 과제나 활동을 통하여 학생들이 즐겁고 재미있게 발화하고 상호작용할 수 있도록 도와주어야 한다. 예를 들어 목표 언어 내용과 관련된 게임이나 호기심을 유발하는 그림, 사진, 동영상 등을 통해 학생들이 학습에 몰입할 수 있도록 만드는 것이 중요하다. 활동은 해당 학습 목표와 관계된 것이나 학습자가 목표 문형과 의식적으로 연결시키지 않도록 부담스럽거나 어렵지 않은 것을 선택해야 한다. 학습자가 해당 목표언어를 자연스럽게 사용할 수 있게 하는 시작이며 배경 지식을 일깨우는 단계이다.

학습(Study) 단계는 PPP 수업 모형의 연습(Practice)과 비슷한 단계라고 할 수 있지만 Harmer(2007)는 교사 중심의 설명은 줄이고 더 다양한 과제나 활동으로 접근해야 한다고 강조한다. 이 단계에서는 언어에 초점을 두고 언어가 구성되어 있는 구조나 의미를 파악하는 활동으로 이루어진다. 즉, 학생들이 서로 상호작용하면서 나타내는 문법적인 오류와 어휘들을 연습하는 단계이다. 교사는 목표 문형을 제시할 때에도 일방적으로 하는 것이 아니라 학습자들이 스스로 규칙을 발견할 수 있도록 도와주며 학습자들이 가지고 있는 배경 지식 속의 언어 지식을 끌어낼 수 있도록 도와주어야 한다. 교사에 의한 통제된 활동이지만 학습자들이 텍스트를 읽고 어휘를 찾거나 모둠활동을 통해 언어 구조와 의미를 명시화하는 활동을 권장한다.

활동(Activate) 단계는 PPP의 마지막 단계인 발화(Production) 단계와 비슷하지만 자연스러운 의사소통 활동(free and communicative activities)을 강조한다. 즉, 학생들이 상호작용하는 가운데 목표언어를 사용하여 의사소통하도록 한다. 이때 교사는 학생들에게 특정한 언어사용을 제한하지 않으며 자신이 하고 싶은 말을 전달하거나 수행하여야 할 과제를 해결하는 데 더욱 집중하도록 도와준다. 교사는 학생들이 개인적인 생각이나 상황, 경험을 말하거나 표현할 수 있도록 개별화 학습을 하도록 하며, 역할극 등의 다양한 활동을 통하여 학생들이 언어의 4가지 기능을 자연스럽게 두루 쓰이도록 돕는다. 이 단계에서 교사는 도중에 오류를 수정하여 학생들의 언어표현의 흐름을 방해하지 않도록 주의해야 한다.

ESA 수업 모형의 가장 큰 특징은 각 단계가 고정적이지 않고 유동적이라는 점이다. 실제 교실에서 학생들의 숙달도나 성향에 따라 교사가 각 단계를 자유롭게 반복하거나 바꿀 수 있는 장점이 있다. 학생들이 늘 같은 패턴에 지루함을 느꼈을 때 새로운 신선함을 주며 교수·학습을 효과적으로 이끌 수 있다. ESA 모형은 다음과 같이 세 가지 유형이 있다(박정아, 2012).

1) 직선 모형(straight arrows lesson procedure)

직선 모형은 참여(Engage)→학습(Study)→활동(Activate) 순서로 이루어지며 가장 기본이 되는 절차로 PPP와 같다. 참여 단계에서는 교사가 학생에게 그림이나 상황을 주어 학생을 참여하게 한다. 학습 단계에서는 언어의 의미나 형태가 설명되는데, 교사는 시범을 보이고 학생들은 교사를 따라 연습하게 된다. 활동 단계에서 마침내 이를 활용하여 자신의 문장을 만들어낸다. 직선모형은 PPP수업 모형과 매우 유사하다고 할 수 있다.

ESA 수업 모형 중 직선모형을 다음과 같이 도표로 정리해볼 수 있다.

ESA: 직선모형

2) 부메랑 모형(boomerang lesson procedure)

부메랑 수업 모형은 과업 중심 학습에 가까우며 참여(Engage)→활동(Activate)→학습(Study) 순서로 진행된다. 부메랑 학습 절차의 근간을 이루는 생각은 TBL에서와 마찬가지로 교사는 학생들의 요구가 있을 때에만 응답하는 것이다. 그들이 필요로 하기 전까지 교사는 가르치지 않는다. 어떤 면에서 학생들이 무엇을 배우고자 하는지 그리고 교사가 무엇을 가르쳐야 하는지의 관계가 좀 더 투명해질 때 교수 관계가 이루어지며, 이렇게 될 때 좀 더 나은 언어 감각을 기를 수 있을 것으로 본다(김지용, 2004).

아래 그림에서와 같이 부메랑 학습의 절차는 ①과 같이 Engage(투입) 단계에서 학습 주제를 제시하고 상황 설정을 위한 협의를 거치며, 연습 단계를 거치지 않고 직접 Activate(활동) 단계로 진행된다. 이 단계에서는 실제 상황 중심의 의사소통 활동이 이루어진다. ②에서는 Activate(활동) 단계에서 드러났던 문법적 어휘나 오류들을 Study(학습)하고 ③에서는 Study(학습)단계에서 수정된 언어 자료로 유사한 또는 다른 내용의 Activate(활동)단계로 진행된다. 따라서 Engage→Activate→Study의 절차나 Engage→Activate→Study→Activate의 절차로 진행할 수 있다.

또한 부메랑 수업 절차의 특징은 학생들이 과업을 수행한 후 또는 과업 수행 도중에라도 과업 수행에서 나타나는 문제점을 즉시 수정하여 Activate(표현)단계로 이동할 수 있는 유연성과 Study(학습) 후에도 유사한 과업을 수행하는 보완성을 갖고 있다.

ESA: 부메랑 모형

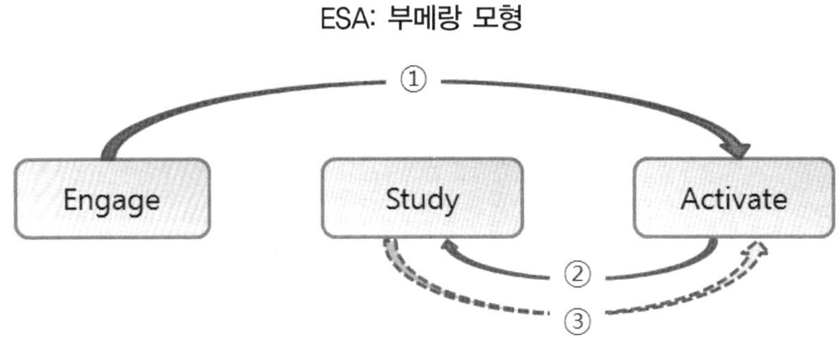

3) 패치워크 모형(An example of a patchwork lesson procedure)

교사는 학생들의 성향이나 교실 환경, 분위기 등에 따라 다양하게 수업절차를 변경해야 하는 경우가 생기는데 이때 교사가 활용해 볼 수 있는 유형이 패치워크 모형이다. 이 유형은 ESA 수업 각 단계를 E→A→A→S→A→S→E→A(etc.) 등과 같이 단계를 줄이거나 늘이고, 필요하다면 반복하면서 다양한 방식으로 수업을 구성할 수 있다. 다양한 단계를 활용한 이러한 수업은 학생들의 수준과 목표 언어, 주제 등을 고려하여 교사가 창의적으로 적용할 수 있는 장점이 있다.

아래 그림의 ①에서 보면 학생들은 Engage(투입) 단계에서 Activate(활동) 단계로 들어가 교사가 제시한 1차 과업을 수행한다. 그리고 나서 1차 과업의 문제점을 분석하며 ②에서는 1차 과업과 관련이 있는 2차 과업을 수행하고 ③과 같이 Study(학습)단계로 넘어간다. 이 단계에서는 1, 2차 수행한 과업에서 나타난 언어 형태를 분석하고 연습한다. 그런 다음 ④와 같이 Activate(활동)단계로 다시 이동한다. 학생들은 변형된 3차 과업을 수행한다. 3차 과업의 수행 후 ⑤의 Study(학습)단계로 이동한다. 이 단계에서 교사는 학생들이 3차 과업을 수행하는 과정에서 문제가 되었던 언어 구조에 초점을 맞추어 연습한다. 그런 후에 1, 2, 3차 과업과 관련된 화제(Topic)를 토대로 좀 더 발전적이고 색다른 과업을 제시하기 위해 ⑥의 Engage(투입)단계로 이동한다. 마지막으로 ⑦에서는 Activate(활동) 단계의 최고 단계로 가장 창의적인 활동이 전개되며 끝을 맺는다.

ESA: 패치워크 모형-EAASASEA

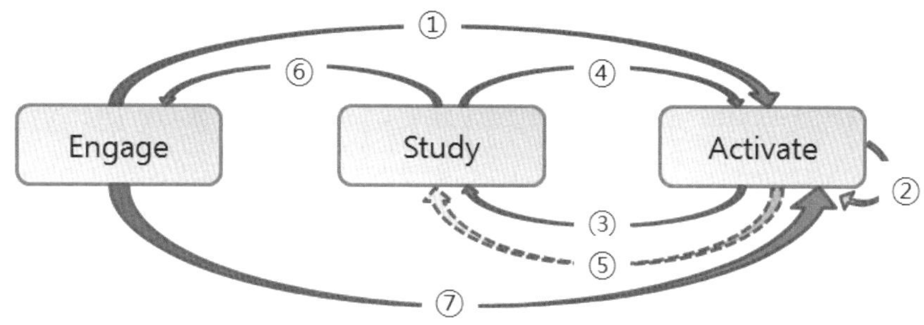

위에서 살펴본 바와 같이 ESA 수업모형은 다소 과업중심학습과 비슷하나 모형이 고정되어 있지 않고 ESA, EAS, EASA, EASASEA와 같은 여러가지 수업 모형을 다양하게 취할 수 있으며, 무엇보다 다양한 표현활동이 수반된 학습자 중심의 학습이라는 점에서 효과적이다.

5.3.2 ESA 교수·학습과정 세안의 실제(초등)

본 수업 교사 김○○은 초등학교 6학년을 대상으로 원어민과 협력 수업을 실시하였으며, ESA수업모형 중에서도 부메랑 모형의 기본형을 적용하여 Engage→Activate→Study의 순서로 수업을 진행하였다. 활동 내용은 미래의 계획을 나타내는 표현을 활용하여 간단한 방학 계획을 세우는 것이다. 활동 목적은 자신의 실제 방학 계획을 세우는 것이긴 하나, 학생들의 학업에 치중한 단조로운 일상을 고려했을 때 현실적으로 실행 가능한 계획을 세울 경우에 사용하는 어휘나 표현이 매우 제한적일 수 있어서 실현가능성보다는 자신이 하고 싶은 것들을 생각하며 방학 계획을 세우도록 하였다.

도입 부분에서는 동기유발로 학교 선생님들의 사진과 그들의 실제 방학 계획을 추측하여 사진과 문장카드를 연결해 봄으로써 자연스럽게 목표언어를 제시하였다.

Engage 단계에서 교사는 학생들에게 주제를 제시하고 활동에 대한 흥미를 유발함과 동시에 활동의 예시를 보여주기 위해 원어민 선생님이 자신의 방학 계획을 학생들에게 소개한다. 원어민 선생님의 방학계획 소개를 들으며 학생들은 이미 전 차시에서 익혔던 표현들을 상기시킬 뿐만 아니라 계획을 나타내는 다양한 표현들을 접하게 된다. 그런 다음 전체 활동으로 방학 계획을 묻고 답하는 과정을 통해 학생들은 배경지식을 활성화시키게 된다. 이때, 교사는 학생들로부터 나온 응답에서 사용된 표현들을 칠판에 받아 적음으로써 워드뱅크를 만들고 학생들이 활동 시 참고할 수 있도록 하였다.

Activate 단계에서는 두 가지 활동으로 나뉘게 되는데 하나는 여름방학 계획 세우기(쓰기 활동)이고, 다른 하나는 guessing activity(읽기 활동)로 방학 계획을 듣고 누구의 계획인지 맞추는 활동이다. 우선 학생들이 본격적으로 자신의 방학계획을 세우게 되는데, 소그룹 활동으로 서로 의사소통을 하면서 계획을 작성하게 할 수도 있겠지만, 쓰기 활동 이후에 이루어지는 guessing activity를 위해 개별 활동으로 구성하였다. 학생들은 활동지에 자신의 여름방학 계획을 작성하는데, 초급 수준의 학습자를 위해 요청하는 학생들에 한하여 다양한 표현이 제시되어있는 보조 자료를 제공하였다. 본 수업은 여름방학 전에 이루어졌기 때문에 학생들은 자신이 방학 동안 하고 싶은 것들을 생각하며 과업에 몰입하여 능동적으로 참여할 수 있었을 것이다. 이때, 교사는 교실을 돌아다니며 학생이 도움을 요청할 때 도움을 주는 동시에 학생들이 활동 중 대체적으로 겪는 어려움이나 오류 등을 파악한다. 쓰기 활동이 끝나면 학생들은 자신의 활동지를 접어서 주머니 안에 넣고 guessing activity가 시작된다. 발표자가 교실 앞으로 나와 주머니에서 활동지를 꺼내고 활동지에 써진 내용을 읽어주면 나머지 학생들이 누구의 계획인지를 맞추는 활동이다. 이 활동을 통해 쓰기 활동 결과를 게임으로 연결하면서 자연스럽게 읽기 활동도 함께 이루어진 것을 알 수 있다. 학생들이 활동하는 도중에 교사는 학생들의 문장에서 발생하는 오류들을 칠판에 메모해둔다.

Study 단계는 언어에 초점을 두고 언어 구조와 의미를 명시화 하는 단계이다. 교사는 Activate 단계에서 메모해둔 학생들의 오류가 담긴 문장들을 보여주며 학생들로 하여금 오류를 찾고 수정해보도록 한 뒤 교사의 설명을 곁들인다. 그리고 마지막으로 목표언어와 관련하여 문장의 오류를 파악하는 ox퀴즈를 통해 수업을 마무리하였다.

수업자는 부메랑 모형을 수업에 잘 적용하였으나, 개별 쓰기 활동으로 진행되다 보니 학생들 사이의 의사소통이 많지는 않은 점이 아쉽다. EAS로 수업을 마무리하였지만, 학습단계에서 익힌 내용을 토대로 의사소통 중심의 활동을 제시하고 또다시 학습단계로 돌아가는 등 좀 더 단계를 늘려서 진행해도 좋은 ESA 모형의 수업의 예가 될 수 있을 것이다.

지도대상	6학년	장소	영어실	수업자	김○○, Patrick
단 원	**8. I will go to the Mud Festival.**			차 시	4/6
학습주제	방학 계획을 세우며 간단한 문장 써보기				
학습목표	• 미래에 하고 싶은 일을 묻고 답하는 표현을 어구와 문장으로 쓸 수 있다. • 방학 계획을 세우며 짧고 간단한 문장을 쓸 수 있다.				
교수·학습자료	교사	선생님사진, 문장카드, 낱말카드, 프리젠테이션 자료(원어민 방학계획, OX퀴즈), 학습지(방학계획 세우기), 주머니, OX마커			
	학생	교과서, 필기도구			

Stage (time)	Contents	Teaching-Learning Activities	Materials(M) Remarks(R)
Introduction (6')	Review & Motivation Objective	■ Review & Motivation ○ Good afternoon, everyone. ○ Here are some word cards. Who can make a key sentence with these word cards? - (Volunteers make key sentences.) - I will go swimming. / I will study English... ○ (Teacher shows teachers' pictures and some lists of what the teachers want to do this summer.) These are the lists of what the teachers want to do this summer. Take a guess and match the teacher with the sentence. ○ What will Patrick/Joanne do this summer? - He will go to Jeju Island./She will go hiking. ■ Objective ○ Can you guess what we're going to do today? - We're going to make our plans for this summer vacation. ○ Right. Today, we are going to make a plan for your summer vacation and do a guessing activity.. ♠ Let's make a plan for this summer vacation.	(M) word cards (M) eachers' pictures, sentence cards of teachers' plans
Engage (8')	Activating Language	■ Activating Language ○ Patrick is going to tell you about his plan for this summer vacation. Can you guess what he will do this summer? He will go swimming. / He will go hiking. ○ Let's listen to his plan. ○ (Patrick tells about his plan for this summer.) ○ Wow, his plan sounds great. Now, let's think about what you want to do this summer. (Brainstorming - Teacher presents some verbs and elicits vocabulary or phrases that can be used with the verbs.)	(M) PPT-Patrick's summer plan (M) word cards of verbs

<table>
<tr><td></td><td></td><td>○ Where will you go this summer? / Who will you visit this summer? / What will you play this summer?
- I will go to the K-pop Festival. / I will visit Lee Jong Seok. / I will play computer games....</td><td>(R) Teacher makes a word bank on the board</td></tr>
<tr><td rowspan="2">Activate
(20')</td><td>Make a plan</td><td>■ Make a plan for this summer vacation (Individual)
○ Now, it's time to make your own plan for this summer vacation. Think about three things that you will do this summer and write them down on your Post-it note. If you have any questions, raise your hand.
- (Students make a plan for this summer.)

My plan for this summer vacation
1 I will go to the K-pop Festival.
2 I will go swimming.
3 I will play soccer.

○ (While students are doing their task, teachers walk around the classroom and help students. Also, the teachers need to make notes of students' errors, or mistakes.)</td><td>(M) worksheet, reference materials, Korean-English dictionaries

(R) Give reference materials for low- level students.

(R) Teachers move around the classroom and help students to write.</td></tr>
<tr><td>Guess whose plan it is</td><td>■ Guess whose plan it is
○ When you're done making your own plans, fold the worksheet two times and put it in this pocket. Patrick will call a number. The student come to the front and pick out one from this pocket and read it. The other student take a guess whose plan it is. For each correct guess, you can earn a class point.
- (While students are doing the guessing activity, teacher writes down their mistakes on the board.)</td><td>(M) pocket</td></tr>
<tr><td>Study
(3')</td><td>Study more</td><td>■ Study more
○ (Showing the wrong sentences on the board) Look at this sentence. Is this correct or not?
- It's not correct.
○ Can you correct this?
- (Students correct the wrong sentences.)</td><td>(R) Teacher may introduce new vocabulary or expressions that students want to know or they used.</td></tr>
<tr><td rowspan="2">Consoli
dation
(3')</td><td>Check up</td><td>■ OX quiz
○ I'll show you some sentences. If it's correct, show me O. If not, show me X.</td><td>(M) PPT(OX quiz), OX marker</td></tr>
<tr><td>Closing</td><td>■ Closing
○ You did a really great job today. I hope you have a great summer vacation.
○ Good bye.</td><td></td></tr>
</table>

♣ 평가 계획

영역	평가 내용 및 관점	평가 방법	평가 시기	결과 활용
쓰기	· 방학계획을 세우기 위한 간단한 문장을 쓸 수 있는가?	관찰, 학습지	수업 중, 후	칭찬 및 피드백

♣ 칠판 활용 계획

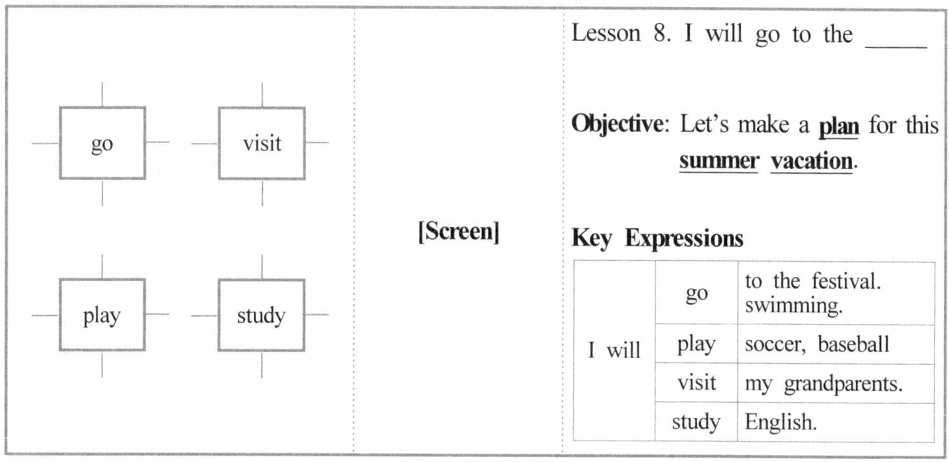

5.3.3 ESA 교수·학습과정 세안의 실제(중등)

본 수업 교사 백○○은 중학교 1학년을 대상으로 ESA수업모형의 기본형을 적용하여 Engage→Study→Activate의 순서로 수업을 진행하였다. 'Traveling the World'라는 주제로 비행기 티켓을 예약하기 위해 필요한 어휘, 표현을 학습하고, role-play를 통해 항공사 직원과 고객 사이의 대화를 통해 비행기 티켓 예약을 간접적으로 경험해볼 수 있도록 활동을 구성하였다.

도입 부분에서는 전시학습에 대한 복습 및 동기유발로 여행 사진을 보면서 여행할 때의 느낌에 대해 이야기를 나눈다.

Engage 단계에서 교사는 교사가 실제 방문했던 여행지에 관한 간단한 퀴즈를 통해 학생들의 흥미를 유발하고 집중을 유도한다. 그리고 실제 여행 사진을 보여주면서 여행지 및 학생들의 여행 경험에 대해 이야기를 나누면서 자연스럽게 활동 목표를 제시한다.

Study 단계에서 학생들은 비행기 티켓을 예약하는 기본적인 대화를 나누면서 대화의 빈 칸을 채우는 information gap activity를 통해 목표언어를 학습한다. 그리고 교사는 관련된 또 다른 어휘를 제시하고 학생들로 하여금 그 의미를 추측해보게 한다.

Activate 단계에서는 Pre-task, During-task, Post-task의 세 단계로 구성되는데 Pre-task 단계에서는 group work으로서 여행상품에 대한 안내 자료를 보고 여행지 결정 및 그 여행지를 선택한 이유에 대해 서로 의견을 나눈다. During-task 단계에서는 pair work으로 짝과 함께 role-play를 하는데 한명은 항공사 직원, 다른 한명은 고객의 역할을 한다. 학생들은 여러 개의 역할 카드 중에 골라서 role-play를 하게 되는데, 역할 카드에는 각각 다른 비행기 탑승 정보, 고객 정보 및 여행 관련 정보가 담겨 있다. Post-task 단계에서는 다시 group work으로 돌아와 역할 카드를 모은 다음 돌아가면서 카드를 뽑아 role-play를 한다. 그룹 활동이 끝나면 전체 앞에서 role-play를 presentation하면서 활동을 마무리한다.

마지막 정리 단계에서는 학습한 내용 정리와 함께 차시 예고를 하며 수업을 마친다.

Traveling the World				
Date	**Class**	**Level**	**Language Skills**	**Teacher**
Nov. /29 /2010	1-3 (28 Students)	Intermediate	Listening, Speaking, Writing, Reading	백○ ○
Aims	• Students will be able to make a reservation when they go on a trip using the following expression : A: Thank you for calling. Can I help you? B: **I'd like to make a reservation for** a flight from ~ to ~.			

Sub Step		**Procedures**		**Teaching Aids**	**Inter-action**	**Time**
		Teacher	**Students**			
INTRODUCTION	**Warm-up (Small talk)**	▸ ***Greet and Roll Call*** Hello, everyone. Did you have a good lunch? How was it?	Hello, Ms. Baek Yeah. Delicious/Tasty	•	T-Ss	30"
	Review	▸ ***Review the expressions that students learned in the previous class with some pictures and key phrases.***	▸ *Ss describe the pictures with the adjectives Ss learned.*	TV, PPT, Compu-ter	T-Ss	4' 30"

		Last class we learned about some expressions used to describe the feeling of traveling. Let's look at the pictures on screen. How does each trip look to you? (T shows Ss three pictures.) Ok. When we travel different places, how do you feel? So am I. I'd love to go on a trip.	(Picture#1) It looks active, fantastic, fun, interesting, exciting, joyful... (Picture#2) concerned, nervous, confused, depressed, awful, annoyed, worried.. (Picture#3) relaxing, calm, satisfied, easy, contented... fun, interesting..			
D E V E L O P M E N T	**Engage**	▸ ***Quiz Time*** You know what? Today, I'm going to introduce my best tourist attractions to you which are interesting, fantastic, relaxing, or annoying. Now. this is quiz time. Let me give some quizzes describing the place I visited. If you know the answer, please raise your hand and answer the question. Question #1. When you go to this place, you can see statue of liberty. What is this place? Hint. This place is in the U.S.A. Question #2. It's said that all roads lead to this city, which is like a huge museum.	Question#1. (Ss guess the answer and raise their hand and answer.) The answer is New York. Question#2. (Ss guess the answer and raise their hand and answer.) The answer is Rome.		T-Ss	5'

		Question #3. 2010 Asian game is held in this place. What is this nation?	Question#3. (Ss guess the answer and raise their hand and answer.) The answer is Guangzhou in China.			
		▸ ***List of Tourist Attractions*** Let me show the pictures of some of the most visited tourist attractions, cities in the world. (Show the pictures by PPT) Do you know where it is? How many countries do you have ever been to? How was it?	(Ss look at the pictures and say the name of the places) Grand Canyon, Tajmahal, Las vegas, Sydney, New York, Uluru One, three, or none.. Exciting, or boring...	PPT, TV, Compu-ter	T-Ss	3'
	Engage	▸ ***Present a Today's Aim*** What do we need to do for perfect travel in advance? Which one would be the most important thing to do at first? That's right. Making a reservation is the first one to do. When you make a reservation, where do you call? OK. Then, when you call an airline agent and you want to go to L.A, what would you say to him? That's right. We can say "I would love to make a reservation." (T writes target sentence on the board.)	(Ss guess and discuss it.) We have to make a reservation. Probably, airport or passenger terminal. (Ss say possible answers and then correct one.) I'd love to make a reservation./ I want to book airline tickets.	Black board, PPT, TV, Comput er	T-Ss	4'
		▸ ***Information Gap Activity (Pair work)*** We're going to have a pair work. (T hands out work-sheet#1, #2 to each student in a pair.) You have to choose who is going to be A or B. One	(Ss gets work-sheet#1 and work-sheet#2) (Ss read their work-sheets and one	Worksh eet#1, Worksh eet#2	Ss-Ss	5

		student needs to read his part to the other and then fill in the blank with missing information the partner gives. Are you ready? Go ahead.	student gives information to the other. They complete the work.)			
	Study	▸ ***Learn Key Expressions*** Are you done? Ok. Looking at the worksheet you have, there are similar expressions in it. So, which phrases have the similar meaning. discuss it with your partner and circle the phrases on the paper. Which phrases are similar to each other? (T write target phrases on the board.)	(Ss discuss the task and find the similar expressions "make a reservation", "reserve" and "book") "make a reservation", "reserve" and "book" are similar.	Worksheet#1, Worksheet#2, Black board	Ss-Ss	4
		▸ ***Learn New Vocabulary*** Right, and look at the monitor, please. Why don't you infer a meaning of those words in the sentence? (T shows following words on screen and read interesting sentences including those words: "round-trip ticket, one-way ticket, open ticket, first class, business class, economy class, waiting list, on discount, available, cancellation.")	(Ss infer the meaning of the new words in the sentence.) "왕복티켓, 편도티켓, 날짜가 지정되지 않은 티켓, 일등석, 이등석, 일반석, 대기자 명단, 할인, 예약가능한 or 공석인, 취소"	PPT, TV, Computer	T-Ss	3'
	Activate	▸ ***Pre-Task: Decision Making Activity (Group Work)*** Now, let's suppose we are going to travel the place we would like to go to. (T distributes worksheet#3 to Ss.) Please make each group with four members.	(Ss get the worksheet#3.) (Ss make groups.)	Worksheet#3 (an advertisement for a trip)	Ss-Ss	6'

		You have to make a decision to choose one of several nations on an ad for a trip with your group member. Also, after choosing one of countries, your group should explain why you pick up that nation. Have you finished? Ok. Is there any volunteer?	(Ss discuss which nation is the most favorable. Ss decide one of countries to go traveling.) (One of groups share their decision with Ss)			
	Activate	▸ ***During-Task : Role play (Pair Work)*** Great! Now your group has decided the place where you visit. Before the beginning, you have to reserve tickets. In this role card, there are countries you want to visit. I'll give each pair a bundle of six role cards. In pairs, A students get a set of the card number1 and B students have a set of the card number 2. A and B students need to pick up one of the role cards and do a role play. Are you ready? Please start. (T goes around the class and gives Ss a help.)	(A students get a set of the card#1 and B students get a bundle of the card#2.) (One of students picks up a role card: a play of the client. The other of them chooses the role card: a play of airline agent.) (Ss do a role-play with cue cards.)	Bundles of Role Cards	Ss-Ss Ss-Ss	7'
		▸ ***Post-Task: Role play (Group Work)*** Ok. Times up everyone. Now I want all members in your group to collect the role cards which have all different travel information. Each student picks up one of the cue cards at random.	(A group with four members gather the role cards and choose the cue cards.) (Ss do role plays.)	Role cards	Ss-Ss	6'

		After finishing this activity, some of you do role plays in front of others. Ok. Is there any volunteer? Very good. Thank you.	(Some groups do a role play in front of the Ss.)			
C O N S O L I D A T I O N	**Summary**	Can you make a reservation for airline tickets? What do I have to do when we make a reservation? Great.	Yes, ma'am. I'd like to make a reservation for /reserve/book tickets.	PPT, TV, Compu-ter	T-Ss	2'
	Closing Remarks	Next class, you will call a real airline agency to make a reservation in English. Let's call it a day. Goodbye, everyone.	OK. Goodbye.	•	T-Ss	

5.3.4 ESA 수업모형의 문제점

ESA수업모형은 유연성과 보완성을 가지고 있다는 장점도 있으나, TBL에서와 마찬가지로 학습자의 주도적이고 능동적인 활동이 주가 되는 만큼 언어에 대한 경험이 적은 저학년 또는 초급수준의 학습자에게는 적용하기 어렵다는 단점이 있다. 또한, 학생들의 성향이나 성취정도, 교실 환경 등 경우에 따라 다양하게 변화를 주며 교실현장에 적용하기 위해서는 교사의 창의성과 전문성이 요구된다.

5.3.5 해결 방법

ESA수업모형을 실제 우리 한국 학생들에게 효과적으로 적용하기 위해서는 교육과정의 재구성이 필요할 것이다. 그리고 학습자 특성, 관심사 등의 다양한 측면을 고려하여 학생들이 흥미 있어 하는 학습자 중심의 활동을 고안하고, 이를 통해 서로 상호작용할 수 있는 기회를 제공하여야 한다. TBL에서와 마찬가지로 교사의 적극적인 teaching이 이루어지기 전에 활동이 이루어지기도 하기 때문에 학생들이 활동에 몰입할 수 있도록 Engage단계에서 학생들을 충분히 동기유발시키고 목표언어의 필요성을 느끼게 하며 사전지식 또는 배경지식을 활성화하도록 한다. 그리고 Activate 단계에서는 교사의 적극적인 teaching은 지양하고 학생들이 필요로 할 때 도움을 제공한다. ESA수업모형에서는 교사가 학생 수준과 교실 상황에 맞도록 필요에 의해 단계를 다양하게 구성할 수 있으며 그 과정이 다소 까다로울 수는 있지만, 교사가 의욕을 갖고 얼마든지 창의성과 전문성을 발휘한다면 교실현장에 가장 잘 부합하는 수업을 계획하고 진행할 수 있을 것이다.

5.4 거꾸로 학습(Flipped Learning)

5.4.1 거꾸로 학습의 개요

거꾸로 학습(Flipped Learning)이란 기존의 수업에서 이루어지던 '교실-강의 청강, 방과 후-과제 수행' 방식을 '방과 후-비디오 강의 시청, 교실-과제 수행'으로 수업 방식을 거꾸로 뒤집은 것을 가리키는 용어로서 수업 방식의 변화를 의미한다. 거꾸로 학습에서 주목되는 것은 교실 내에서는 학습자의 상호작용 활동이, 교실 밖에서는 학생들의 선행 학습으로서 비디오 강의 시청이 강조된다는 것이다. 이러한 거꾸로 수업이 가능하게 된 이유는 언제 어디서든지 접근이 용이해진 컴퓨터 기술의 발달과 학습자 중심 학습 관점에 대한 관심의 증대이다. 거꾸로 교실은 다양한 문화적 배경과 학습 특성을 지닌 학생들로 구성된 교실에서 학생 간 편차를 고려하거나 개별적인 지도가 가능한 대안적인 수업 모델로서 주목 받고 있으며, 거꾸로 학습, 뒤집힌 학습, 뒤집힌 교실, 역전 학습, 역전 교실, 반전 학습, 반전 교실 등으로 다양하게 번역되어 사용되고 있다.

Bishop과 Verleger(2013)는 거꾸로 교실을 정의하면서 다음의 그림을 제시했다.

거꾸로 수업의 이론적 틀

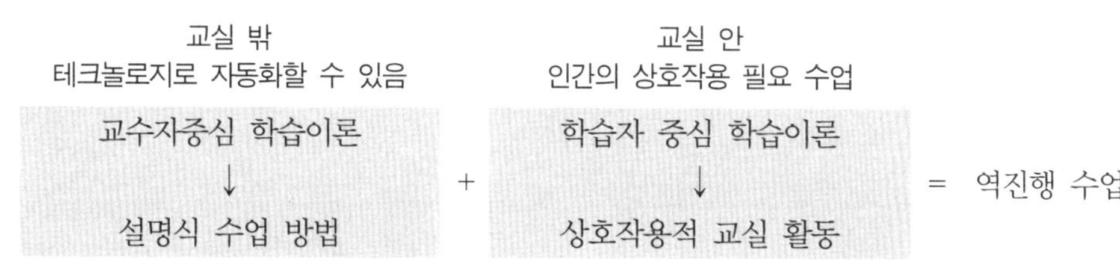

이는 기존의 전통적인 교실 수업의 핵심이었던 교수자의 강의가 동영상 수업의 제작을 통해 교실 밖으로 이동하여 교실 수업의 구조가 전면적으로 변한다는 것을 의미한다. 즉, 수업의 주류가 교실의 학생 전원을 대상으로 하는 교수자의 획일적인 강의에서 학습자의 활동 중심의 개별화된 수업으로 변화됨으로써 전통적인 교실에서 '지식 전달자'의 역할을 하던 교수자는 학습자의 학습 활동을 도와주는 '학습 촉진자'의 역할을 하게 된다.

기존 수업 모형과 거꾸로 수업 모형을 비교하면 다음 표로 정리해 볼 수 있다.

기존 수업 모형과 거꾸로 수업 모형의 비교

구분	전통적인 교실 수업	거꾸로 수업
수업방법과 내용	교사의 강의와 가르침 중심, 교과지식 전달	수업 전 시청한 교과내용의 이해와 심화를 위한 학생 활동과 배움 중심
교수자의 역할	통제적 훈육자, 지식 전달자	조력자, 학습 촉진자
교사와 학생의 상호작용/학생 간 상호작용	교사와 학생간, 학생간 상호작용이 제한적	조별 혹은 개별의 활발한 상호작용, 또래 학습의 촉진
교실수업 분위기	통제적 분위기, 학생들의 행동은 매우 수동적	자유로운 분위기, 학생들의 적극적인 참여로 이루어짐

이러한 점을 반영한 거꾸로 수업을 활용한 영어수업 모형은 아래와 같이 제시할 수 있다.

거꾸로 수업을 활용한 영어수업 모형 초안

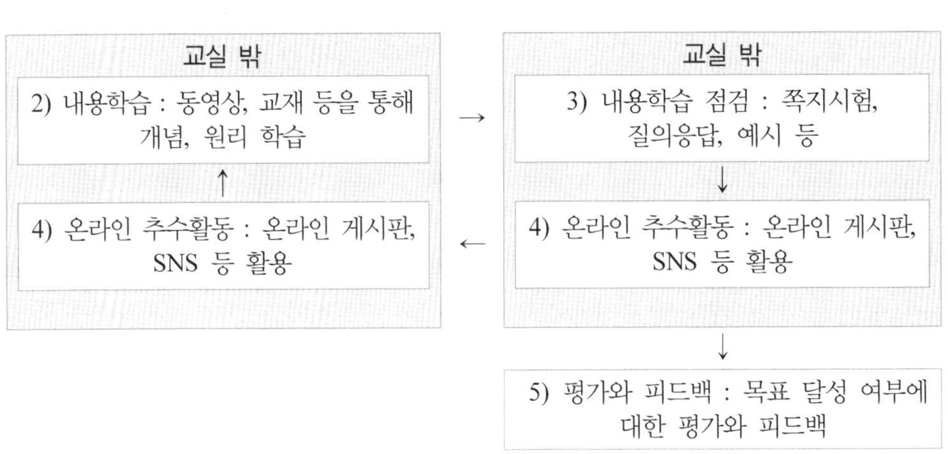

1) 내용요소 분석 : 교수자는 교과에서 다루고 있는 내용요소를 분석한다. 내용요소는 개념, 모형, 원리와 같은 이론적 내용으로 그 중 필수적인 내용만을 선정해야 한다. 강의 분량이 줄어들기 때문에 전이력이 높은 내용요소들을 선정하여 명확히 학습하게 하는 것이 중요하다.
2) 내용학습 : 학습자는 강의 동영상을 통해 해당 단원의 주요 개념 및 내용을 학습한다. 전통적인 영어수업에서는 일반적으로 학생들이 수업 교재를 미리 읽어오거나 사전을 보고 옴으로써 예습이 이루어졌는데, 거꾸로 수업에서는 교수자가 링크하거나 개발한 강의 동영상을 시청함으로써 예습이 이루어진다. 학습자는 예습자료가 텍스트일 때 보다 동영상으로 제공될 때 예습할 확률이 높아진다. 학습자는 반복적으로 강의비디오를 시청할 수 있고, 교실에서 이루어질 학습활동을 수행하기 위해 충분한 예습을 할 수 있다.
3) 내용학습 점검 : 교실에서는 강의동영상과 강의교재를 통해 학습한 이론적 지식의 이해도를 점검하는 활동을 한다. 이를 위해 쪽지시험, 질의응답, 조별토의, 사례제시 등이 사용가능하며, 교수자나 동료학습자로부터 교정, 보완 및 점검이 이루어진다.

따라서 교실에서는 주로 소그룹을 만들어 면대면 상호작용을 극대화할 수 있는 활동을 하게 된다. 강의 동영상을 통해 학습한 개념과 내용에 대한 점검 활동을 소그룹 내에서 하고, 학습한 개념을 점검하기 위해서는 수업 동영상이나 수업 교재에 미리 제공된 질문들을 사용한다.

4) 온라인 추수활동 : 교실 수업이 끝난 후에는 교실에서 부족했던 학습을 보완하는 추수 활동이 이루어진다. 여기에서는 SNS와 같은 테크놀로지를 사용하여 자신의 소그룹 동료나 교수자와 자료를 공유하고 피드백을 주고받을 수 있다.
5) 평가와 피드백 : 위 2), 3), 4)를 반복하여 목표 달성 여부에 대한 평가와 피드백을 한다.

거꾸로 학습의 특징으로는 첫째, 학생들이 수동적인 학습자에서 능동적이며 활발한 학습자로 바뀌게 된다. 전통적인 수업에서는 수동적으로 교사의 설명을 듣고 따라하는 학습자였다면, 거꾸로 학습에서의 학습자는 능동적으로 스스로 강의 자료를 찾아 선행학습을 수행하게 된다. 둘째, 수업시간과 과제를 하는 시간의 개념이 바뀌게 된다. 전통적인 수업에서는 수업시간에 새로운 내용을 배우고 집에서 과제를 수행하던지 숙제를 통해 복습하는 것이 일반적이었지만, 거꾸로 학습에서는 배울 내용에 대해 집에서 스스로 학습하는 것이 선행되고, 실제 수업 시간에는 목표 언어를 활용한 활동 등에 집중할 수 있는 형태로 바뀌게 된다. 셋째, 사전 학습이 이루어진 상태에서 교실 수업이 이루어지기 때문에 전통적인 수업보다 더욱 많은 시간을 토론 및 활동에 할애할 수 있다. 전통적인 수업에서는 학습할 내용을 수업시간에 배우게 됨에 따라 이를 활용하거나 보충할 수 있는 시간이 부족했으나, 거꾸로 학습에서는 이를 가정에서 먼저 학습하고 오기 때문에 수업 시간에 이를 보충할 수 있고, 더욱 고차원적인 문제 해결을 위한 시간으로도 활용할 수 있다.

거꾸로 학습의 요소를 살펴보면, 크게 4가지로 정리할 수 있다(Flipped Learning Network, 2014). 첫째, 유연한 환경으로 거꾸로 학습에서는 보다 탄력적이고 다양한 학습의 형태를 허용한다. 둘째, 학습 문화의 변화로서 거꾸로 학습에서는 교사 중심의 수업에서 학생 중심의 수업으로 진행한다. 셋째, 의도된 내용으로서 거꾸로 학습에서는 교사가 의도적이고 분명한 계획과 내용을 가지고 수업을 실시한다. 학생이 사전에 어떠한 내용을 학습해 오는지 그 내용을 선별하고 체계적인 학습이 이루어 질 수 있도록 해야 한다.

넷째, 전문성을 갖춘 교사로서 거꾸로 학습에서는 학생 중심의 수업이기 때문에서 기존의 단순한 지식 전달자가 아닌 학생 스스로 학습을 할 수 있도록 유도하는 역할을 교사가 수행해야 한다. 이를 수행하기 위해서는 전문적인 능력을 갖춘 교사가 필수적이다. 이와 같은 거꾸로 학습의 설계모형을 살펴보면 아래 표와 같다(이동엽, 2013).

거꾸로 학습 설계 모형

단계	각 단계의 요소	
분석	교사와 학생의 특징	디지털 리터러시 교수 형식 학습 형식
	수업 목표와 내용 특징	수업 목표 분석 수업 내용 분석
	학습 환경의 특징	학생의 ICT 환경 교실의 ICT 환경 학급 형식
설계	학습 내용 선택 및 재조직 선행학습을 위한 교수·학습 활동 선택 교실학습을 위한 교수·학습 활동 선택 효과적인 플립드 학습을 위한 전략 수립	
개발	선행학습을 위한 학습 자료 및 도구 개발 교실학습을 위한 교수·학습 방법 및 자료 개발 학습의 각 단계별 활동의 수립	
실행	학습 자료의 준비와 교수·학습 환경 구축 수업 실행을 위한 전략 연습 개별 학습을 위한 피드백 제공	
평가	수업 실행에 대한 평가 및 성찰 학습 결과에 대한 평가 및 성찰 플립드 학습을 위한 교수 학습 모형의 평가 및 성찰	

5.4.2 거꾸로 수업 교수·학습과정 세안의 실제(초등)

본 수업 교사 정명기(2015)는 스마트 교육 환경에서 활용 가능한 플립드 교수·학습 모형에 대해 연구하였는데, 초등 영어 스마트교육을 위한 플립드 교수·학습 모형을 다음과 같이 제시하였다.

초등 영어 스마트 교육을 위한 플립드 교수·학습 모형

개념 탐색 단계에서 학생들은 웹사이트 또는 비디오, 오디오 자료 등을 통해 개념을 사전에 탐색하고 주요 학습 내용을 학습할 수 있는 기회를 가진다. 시연·적용 및 생산·공유 단계에서 학생들은 이를 교실 현장에서 다양한 활동을 통해 다시 학습 할 수 있는 기회를 가질 수 있다. 이후 의미 생산 단계에서 학생들은 온라인 토론이나, 퀴즈, 블로깅 등을 통해 학습한 내용을 다시 확인해 보는 기회를 가질 수 있다.

모형의 각 단계별 구체적인 수업 내용을 정리하면 다음과 같다.

플립드 교수·학습 모형 단계별 수업 내용

단계	수업 내용(언어 항목)	스마트 및 플립드 요소
학습 계획	• 학습 목표 및 학습 단계 확인 • 학습에 필요한 자료 및 환경 점검	• 스마트 교육 환경 점검 (핵심역량 & 스마트 구성요소)
개념 탐색 (온라인)	• 주요의사소통기능의 실제적 소개(구조적+비구조적) • 학습 동영상 시청 후 주요 어휘 및 표현 학습 • 학습 목표 및 수업 전개 활동 확인	• 비동시적, 개별, 학습자-내용 - 플립드(사전 어휘 및 표현 학습) - Youtube, Google+, Classting
시연·적용 학습	• 주요 어휘 및 표현 복습(정확성 증진) - 플립드 학습에서 사전에 익힌 내용 간단히 복습	• 전체, 학습자-교수자 플립드(학습단계 최소화) - Prezi, PPT • 협동, 학습자-학습자 - 플립드(활동단계 최대화) - 활동에 필요한 ICT 자료 - QR code, Google Drive • 동시적, 협동, 학습자-학습자 - SNS 활용 정보교환 - 과제 해결을 위한 자료 탐색
시연·적용 활동 (오프라인)	• 학생 중심 의사소통 및 과제 활동(유창성 증진) - 게임, 역할극 등을 통한 의사소통 활동 - 목표언어 활용 과제(문제해결) 활동 • On-Off line 연계 활동(Online 활동 가능할 시) - 검색 및 활용한 자료에 대한 정보교환 활동 - 탐색한 자료를 활용한 개별 Activity	
생산·공유 (오프라인 +온라인) -2차시로 분리가능	개념탐색(온라인) • 학습 동영상을 통한 주요 표현 복습 및 학습 결과물 산출 방법 소개 • 정보 시각화 활동(유창성+정확성) - 학습한 활동에 대한 학습 결과물 산출 - 각종 도표, 그래프, 시각자료의 제작 - 산출물 발표 및 상호 피드백(2차시 수업 시) • 학습 결과물의 공유 - 학습 결과물의 공유 및 상호 보완	• 2차시로 분리할 경우 개념 탐색 단계 추가 • 정보 생산 및 공유 활동 - 플립드(학습 기회 부여) - 개별 활동 결과물 산출 - 산출물 발표 및 피드백 - SNS 및 무선네트워크 활용 결과물의 공유 활동 - Classting, Google Drive, Prezi
의미 생산 (온라인)	• 새롭게 배운 내용 확인 및 정리(정확성 증진) - 학습 내용과 방법에 대한 Q&A - 학습 내용 과정의 정리 - 학습한 문법, 발음, 어휘 요소 확인 - 차시 안내 및 과제 제시	• 비동시적, 개별, 학습자-내용 - 플립드(웹을 통한 학습정리) - 퀴즈 활동을 통한 학습정리 - 과제 확인 및 피드백 제공 - E-mail, Blog, Classting
주의 사항	• 학습 양에 따라 개념 탐색-시연·적용(1차시), 생산·공유-의미 생산(2차시)로 구성 가능 • 학습 동영상 제작 시 영상 시간 최소화(5분여 권장) • SNS(클래스팅) 댓글 기능을 활용한 영상 강의 시청 여부 확인 및 피드백 부여	

학습 계획 단계에서 교사는 스마트 교육에 필요한 스마트 기기 및 스마트 환경을 점검하고, 학습 목표 및 학습 단계를 확인하며, 학습에 필요한 자료를 탐색 및 점검한다. 일반적인 수업에 비해 본 모형의 수업은 스마트 기기 및 최신 정보통신기술을 활용하기 때문에 수업을 진행할 때 최신 기기의 오작동이나 최신 기술 운용의 미숙함으로 수업에 방해가 되지 않도록 주의를 기울여야 한다. 이에 교사가 본 모형을 학습에 적용하기 전, 학습 계획 단계에서 학습 준비를 충분히 할 수 있도록 학습 계획 단계를 구성하였다.

온라인에서 이루어지는 개념 탐색 단계에서는 주요 의사소통기능 구문을 실제적으로 소개하고, 학습 동영상을 통해 학습 목표를 제시하고 주요 어휘 및 표현을 학습하게 한다. 이 단계에서는 Youtube, PPT, Google+, Classting 등 다양한 웹 2.0 도구 및 멀티미디어 자료와 스마트 기기의 결합으로 학생들의 흥미를 고취시키고, 교실에서 수업을 하기 전 온라인에서 미리 학습을 해 올 수 있도록 하는 것이 중요하다. 이때 영상에 담겨진 내용을 기기를 통해 학습하기 때문에 학습자-내용 간의 상호작용이 이루어지고 개별학습이 이루어지나, 이를 보완하기 위해 교사가 웹 2.0 도구를 활용하여 피드백을 부여하는 등의 활동도 가능하다. 또한, 수업 전 봐야하는 영상 강의에 대해 학생들이 부담을 가질 수 있기 때문에 이를 최소화하기 위해서 영상 강의의 시간을 최소화하여 5분여 정도로 영상을 제작하는 것이 효과적일 것이다. 반면, 교사는 플립드 학습의 관리를 위해 클래스팅 등의 SNS 서비스 댓글 기능을 활용하여 영상 강의의 시청 여부를 확인하고 피드백을 부여할 수 있을 것이다.

오프라인 교실에서 이루어지는 시연·적용 단계에서는 주요 어휘 및 표현을 연습해보는 학습 단계와 의사소통 및 과제 활동, On-Off line 연계 활동 등 다양한 활동을 하는 활동 단계로 나누어진다. 이 단계에서는 ICT 활용 상호작용과제 기반 모형의 원리를 적용하여 스마트 기기 및 기술을 활용하여 학생들의 상호작용을 증진시킬 수 있는 과제 및 활동을 부여한다. 스마트 기기 및 기술의 도움으로 학습자와 학습내용, 학습자와 학습자, 학습자와 교수자의 상호작용을 활성화함으로써 초등 영어 교육의 목적인 의사소통 능력을 함양시키고 더 나아가 21세기 핵심역량인 협업 능력, 창의성, 비판적 사고력 또한 함양시킨다. 스마트 기기의 활용이 어려울 경우에는 학습지 등 기존의 교수·학습 도구를 활용하여 과제 및 활동을 제시한다. 이때 플립드 학습의 효과를 증대시키기 위해서는 학생중심의 의사소통중심 활동과 과제중심활동 구성이 중요하며, 영상 강의를 통해 수업 시간에 이루어지던 강의 시간을 줄이거나 생략할 수 있기 때문에 더욱 많은 시간을 학생 중심의 활동으로 구성할 수 있다.

생산·공유 단계에서는 오프라인과 온라인에서 모두 이루어지는데, 오프라인에서는 정보 시각화 활동을 통한 정보 생산 및 발표 활동이 이루어진다. 학생들이 시연·적용 단계에서 학습한 내용에 대한 결과물을 산출하고 이를 각종 도표, 그래프 등 시각자료를 통해 발표하는 단계이다. 반면 온라인에서는 산출된 학습 결과물을 SNS 및 무선 네트워크 기술을 활용하여 공유한다. 이때 Classting, Google Drive, Prezi 등의 웹 2.0 도구들을 사용할 수 있다. 이와 같이 스마트 기기와 기술은 학습자들에게 학습 결과물에 대한 피드백을 바로 공유할 수 있도록 함으로써 학습 결과물 발표에 적극적으로 참여할 수 있도록 유도할 뿐만 아니라, 다른 학습자들의 즉각적인 피드백을 통해 학습 내용을 정리하고 확장하는 데 도움을 준다. 이 단계에서도 스마트 기기의 활용이 어려울 경우에는 학습지 등 기존의 교수·학습 도구를 활용하여 피드백을 공유하도록 한다. 만약, 학습 양이 많거나, 더욱 많은 상호작용을 유도하기를 원한다면, 시연·적용 단계까지를 1차시로, 생산·공유 단계부터 2차시 수업으로 진행할 수도 있다.

마지막으로 온라인에서 이루어지는 의미생산 단계에서는 새롭게 배운 내용을 확인하고, 동료 평가 및 자기 평가 활동을 한다. 상호 평가 활동 또는 온라인 퀴즈 등을 통해 학습 내용과 과정을 정리한다. 학습 내용 정리 시에는 정확성 관련 활동(문법, 발음, 어휘)을 추가하여 유창성뿐만 아니라 정확성도 익힐 수 있도록 한다. 학습을 정리할 때는 E-mail, Blog, Classting 등의 스마트 기술을 활용하여 자료를 웹에 탑재한다. 학습 정리 자료뿐 만 아니라 다음 차시 안내 및 과제 제시도 웹에 탑재하여 학습자들이 언제 어디서든 확인이 가능하도록 하여 복습 및 예습이 가정에서 쉽게 이루어질 수 있도록 한다. 또한, 다음 차시 학습에 필요한 자료가 있을 경우에도 Classting 등의 웹 서비스를 활용하여 공유가 가능하다. 특히 Classting의 알림장 기능은 학교의 알림장과 매우 비슷한 환경을 제공하고, 언제 어디서나 확인이 가능하기 때문에 교사나 학생이 쉽게 사용이 가능하다.

이를 토대로 교사 정명기(2015)는 초등학교 4학년을 대상으로 스마트 교육 환경에서 활용 가능한 플립드 교수·학습 모형에 따른 교수·학습 과정안을 다음과 같이 구안하여 적용하였다.

<table>
<tr><td>Subject</td><td>English</td><td>Date</td><td>2014. 10. 1(Wed)</td><td>grade</td><td>4 grade</td><td>teacher</td><td>Jeong</td></tr>
<tr><td>Unit</td><td colspan="3">11. I'm Making Bubbles</td><td>place</td><td>English C</td><td>period</td><td>2/4</td></tr>
<tr><td>Topic</td><td colspan="3">Asking acting , Asking weather</td><td>model</td><td colspan="3">Flipped T & L model</td></tr>
<tr><td rowspan="2">Objective</td><td>핵심 역량</td><td colspan="6">- 날씨와 하고 있는 동작을 묻고 답하면서 의사소통능력을 배양한다.</td></tr>
<tr><td>학습 목표</td><td colspan="6">- Ask the question “What are you doing?” and respond.
- Ask and answer the question “How‘s the weather?” and respond.</td></tr>
<tr><td rowspan="3">Strategy</td><td>SMART 학습 활동</td><td colspan="6">Ⓢ 스스로 수업 전 학습 영상 보고 오기
Ⓜ 교사 시연을 보고 주제 추측하기
Ⓐ 자기 수준에 맞는 주요 표현을 사용하여 정보 수집하기
Ⓡ 인터넷을 활용하여 다양한 정보 검색하기
Ⓣ 스마트 폰 및 웹 2.0 도구를 이용하여 학습 활동 하기</td></tr>
<tr><td rowspan="2">교수·학습 자료</td><td>교사</td><td colspan="5">전자칠판, 스마트 폰(패드), 웹 2.0, 기타</td></tr>
<tr><td>학생</td><td colspan="5">스마트 폰(패드), 웹 2.0, 기타</td></tr>
</table>

<table>
<tr><th>단계</th><th>수업 내용</th><th>시간</th><th>스마트 및 플립드 요소</th></tr>
<tr><td>학습 계획</td><td>■ Check objectives & steps
· Check today's objective and learning steps.

■ Setting learning environment & teaching materials
· Check smart learning environment & materials.
- Check smart devices and materials for the lesson.
- Arrange team members and set environment.</td><td>사전</td><td>- 교사는 사전에 스마트 교육을 위해 스마트 기기 및 환경을 점검한다.</td></tr>
<tr><td>개념 탐색 (온라인)</td><td>■ Flipped Learning
· Teacher makes the lesson movie and upload it on web.
· Students Watch the movie clip for next lesson at home.
· Learning main words & expressions with movie clip.

■ Learning Key words & expressions
· Personal learning key words & expressions with the movie by using web 2.0 tools.

■ Deduce lesson objective & guide steps
· Guess lesson objective with the movie instruction.
· Guide learning steps for next lesson.</td><td>사전</td><td>- , You Tube
- 영상 업로드
- 개인 기기활용 학습

- 사전 학습을 통해 시연·적용에서의 학습 시간을 줄이고 활동 시간 확보</td></tr>
<tr><td>시연·적용 (오프라인)</td><td>■ Showing Demonstration
· Showing examples for motivation
- 선생님이 원어민 선생님과 스마트폰으로 날씨와 하고 있는 동작을 묻고 답하는 실제적 활동을 보여준다. 상황은 호주의 시드니에 살고 있는(가정) 원어민과 통화하는 내용이다.
- What am I doing now?
- What did I ask to my friend on the phone?</td><td>28'</td><td>-
-교사는 사전에 학습내용과 관련된 전화내용을 정선하고 전화통화 내용을 보여준다.</td></tr>
</table>

	▣ Reviewing Key words & expressions · Input strengthening activities on related contents by using Electronic Board. · Practice the key words & expressions with pictures. ▣ Communicative activity · Now, let's play the information searching activity related to today's objective. I will explain how to do this activity. ※ Activity : Investigate the weather and acting. 1. Students choose the best city where they want to live around the world. 2. Find information on the weather & acting of the city. 3. Ask & answer the weather & acting with peers. ▣ Task activity · Let's compare the info you found with other friends. ※ Activity : Making a guidepost 1. Distribute the chart consisting of four rows (Name, City, Weather, Acting) and columns as much as number of students of a group. 2. Fill in the chart from the first column to the end with information of group members by asking and answering my information and other's. 3. Fill in the five blank columns with Name, City, Weather, Acting Information of other group members by asking and answering related information with completed chart.		- , , - 플립드 학습을 통해 배운 주요 표현 및 단어 짧게 복습 플립드 학습을 통해 의사소통 및 과제 활동 기회 최대한 부여 - , - 정보 검색 등 스마트 기기 활용 시 수업 전 소개하고 사전에 활용방법을 개별적으로 익히도록 지도 - 학습지 - 조별 활동은 본 차시와 관련된 영어표현을 활용할 수 있도록 지도
생산 · 공유 (온+오프라인)	▣ Information visualization activity · The teacher shows students the bar graph presenting the information - What can you find from the bar graph? - Let's talk to what you found from the bar graph. · Students organize the information and make a document - Let's make an introductory material associated with the weather and acting by using Tablet or paper. ▣ Sharing a document · Students share the introductory material on weather and acting to the teacher.	10' or (12')	- , - 학습 결과를 모든 학습자가 공유하고 확인할 수 있도록 한다. - 스마트 기기활용이 가능할 시 8 활용 (불가능할 시 학습지 활용)
학습 활동 점검 (온라인)	▣ Checking Learning point · What did you learn in this lesson? · Checking the lesson learnt with Quiz, Blogging, etc . - key words & expressions review through classting	2' or (사후)	- C - 사후 웹을 통한 학습 정리(플립드 학습)

5.4.3 거꾸로 수업 교수·학습과정 세안의 실제(중등)

본 수업 교사 송○ ○는 중학교 2학년을 대상으로 e-교과서를 활용하여 거꾸로 수업을 진행하였다. 학생들은 교사가 제공하는 온라인 콘텐츠를 바탕으로 언어표현 및 구문을 선행학습한 후, 교실 상황에서 교사-학생간, 학생-학생간 상호작용을 통해 언어사용의 기회를 최대화하고자 하였다. 마지막으로 스마트도구를 활용하여 활동을 한 뒤 피드백을 주고 받는다. 이처럼 학습자 주도적인 수업 과정 속에서 학생 모두가 자기주도적 학습을 지속적으로 하여 완전한 학습을 하도록 하는 데 목적을 두었다.

Flipped Classroom 기반 e-교과서 활용 영어 수업

소속: ○○중학교
교사 : 송○○

Ⅰ. 수업안 기본정보

수업사례명	Flipped Classroom 기반 e-교과서 활용 영어 수업		
학교급	( ) 초등학교 (√) 중학교		
과 목	영어	교과서 출판사명	천재교과서(정사열)
학 년	2	단원명	5. Life Brings Memories
차시명	Language Focus (7/8)		
활용도구	e-교과서, socrative, Youtube동영상, Toondoo, 클래스팅		
교과서 활용 유형	( ) e-교과서 중심 서책 교과서 병행 ( ) 서책형 교과서 중심 e-교과서 병행 (√) e-교과서만 사용 ( ) 서책형 교과서만 활용		
수업전략	( ) 의사소통중심학습 (√) 표현활동중심학습 ( ) 문제해결학습 ( ) 교류학습 ( ) 기타 ________		
교실환경	( ) 일반교실 (√) 특별교실(스마트교실, 컴퓨터실 등) ( ) 교과교실 ( ) 기타 ________		
기기환경	( ) 교사 1기기(학생 기기 미활용) ( ) 모둠형 기기(학생 모둠별 1기기) (√) 학생 개인별 기기(학생 1인당 1기기) ( ) 기타 ________		

<table>
<tr><td rowspan="2">수업
기대효과</td><td>학습자
역량</td><td>(√) 창의성 (√) 문제해결력 (√) 의사소통능력
(√) 협업능력 (√) 정보활용능력 (√) 자기주도학습력
(√) 유연성 ( ) 기타 ____________</td></tr>
<tr><td>학습태도</td><td>(√) 집중도(몰입) (√) 흥미도
(√) 자신감 ( ) 기타</td></tr>
</table>

II. e-교과서 활용 수업의 실제

■ 수업정보

교과	영어	단원	5. Life Brings Memories	차시	8/8
학습 주제	플립러닝모델을 적용한 과거진행형 학습				
학습 목표	1. I should be able to organize the concept of past progressive tense on my own. 2. I should be able to make a dialogue by using past progressive tense.				

■ Flipped Learning의 개념

플립러닝(Flipped Learning)은 '역진행학습', '역전학습', '반전학습', '거꾸로 교실' 등과 같이 다양한 용어로 표현되고 있다. 플립러닝은 '기본적이고 핵심적인 교과내용을 동영상을 통해 학생들이 수업 전에 미리 보고 오게 하고 수업시간에는 질의 · 응답이나 토론, 협력학습 등 학생 중심 학습으로 바꿈으로써 기존의 수업 형식을 뒤집은 학습방법으로 수업시간 중 교사는 학생들의 과제 수행을 도와주는 조력자 역할을 한다. 학생들은 주어진 과제를 서로 협업하여 풀거나 교사의 개별적인 지도를 통해 심화 · 보충학습을 진행하게 된다.

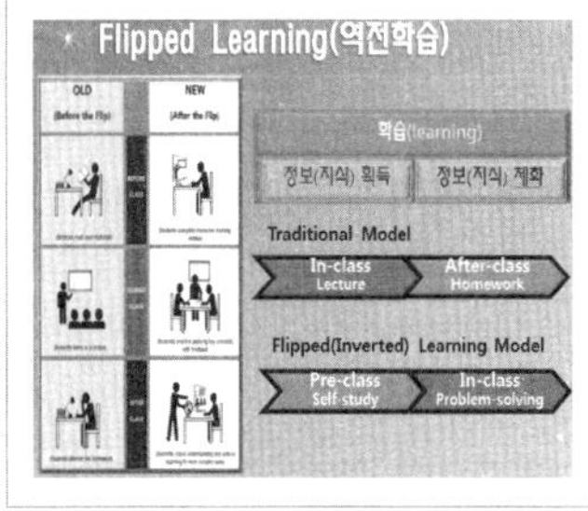

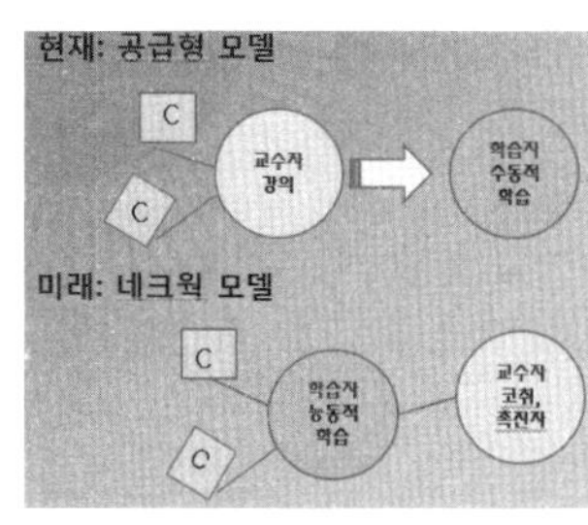

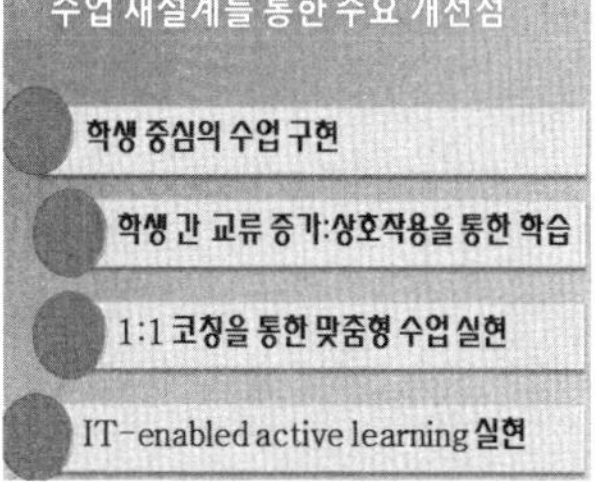

III. Simple Flow Chart of the Teaching Procedure

STEP	Procedure	Teaching-Learning Activities	Function of e-book	Teaching Aids (외부도구)
Introduction	Preview	과거진행형에 관해 온라인 콘텐츠 선행학습하기	인터넷 링크	QR코드 Youtube
Development	Pre-Activity (3')	소크라티브 실시간 형성평가 도구를 활용해 학습내용 이해 여부 확인하기	인터넷 링크	socrative
	While-Activity (25')	과거진행형 개념에 관해 mindmapping하기 및 예시문 만들기 Toondoo 만화그리기 사이트를 활용하여 대화문 만들기	자료연결기능 인터넷링크	클래스팅 Toondoo
	Post-Activity (10')	완성된 만화 작품 발표하기 및 피드백 주기	미러링	Toondoo
Consolidation	Feedback (7')	e-교과서를 활용하여 과거진행형 문제 풀기	쓰기 기능 정답보기	e-교과서

IV. 교수·학습 활동

S#	온/오	수업 단계	교수학습 활동내용	유의점
S#1	On	온라인 콘텐츠 선행학습	▶ 오늘의 학습내용인 과거진행형에 관한 Youtube동영상을 QR코드로 제시하여 시청하도록 합니다. 과거진행형의 의미, 형태, 쓰임, 예시문을 학습합니다. 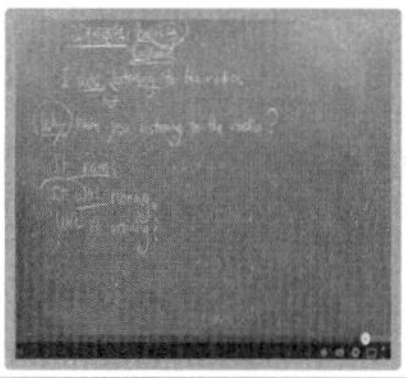	※e-교과서의 에듀넷 검색 기능을 통해 과거진행형과 관련된 강의를 볼 수 있다. • 과거진행형이란? • 과거진행형 형태 • 과거진행형 쓰임 • 과거진행형 퀴즈 풀기

S#2	On	퀴즈를 통한 학습내용 이해 확인 (3’)	▸ socrative 실시간 평가도구를 활용하여 과거진행형에 관한 퀴즈를 제시하고 실시간으로 학생들의 과거진행형 이해도를 측정합니다. 각 문제를 풀 때마다 각 선택지를 선택한 학생 수가 그래프로 나타나기 때문에 학생의 수업 이해도를 교사가 금방 파악하여 이를 토대로 피드백을 줄 수 있습니다. 학생들의 이해 정도를 파악한 뒤 과거진행형에 관해 간단히 개념 정리를 해 줍니다.	※ 교사용과 학생용 화면이 다르며, 미리 저장해둔 형성평가 문제를 실행하면 학생용 화면에 문제가 나타난다. 학생들이 푼 후에 결과에 대한 피드백을 즉시 제공하여 완전학습이 이루어지도록 한다.
S#3	On	과거진행형에관한 Mindmapping 활동 및 예시문 만들기 (10’)	▸ 그룹별로 그룹 보드에 마인드맵 형식으로 과거진행형개념을 정리하고 과거진행형이 활용된 예시문을 2~3개 정도 만들어 봅니다. 결과물을 찍어서 클래스팅에 올린 후 댓글과 빛내기를 통해 피드백을 주고 받습니다. 이 때 교사는 과거진행형이 잘못 사용되었거나 문장이 어색한 부분에 관해 피드백을 줄 수 있습니다. ▸ 피드백 결과를 미러링을 통해 공유하고 제일 많은 빛내기를 받은 그룹이 과거진행형에 관한 개념과 예시문을 발표합니다.	※ 교사는 예시문을 통해 학생들이 과거진행형의 개념과 쓰임을 잘 이해하고 있는지 확인하고 댓글로 피드백을 준다.
S#4	On	대화문 만들기 (15’)	▸ Toondoo 만화그리기 사이트 (www.toondoo.com)에 접속하여 모둠별로 과거진행형을 활용해 대화문을 만듭니다. 만화 컷을 4개 이상을 기본으로 해서 만들도록 안내합니다.	※ 사전에 Toondoo만화 그리기 도구 활용법을 충분히 익히도록 한다.

S#5	On	미러링을 통한 작품 발표 및 피드백 (10')	▶ 모둠별로 완성된 만화 작품을 미러링해서 발표합니다. 이때, 재미를 더하기 위해 대화내용에 따라 다양한 어조로 발화를 하도록 지도합니다. 	※ 모둠구성원 모두가 role-play에 참여할 수 있도록 안내한다.
S#6	On	e-교과서를 활용한 마무리 (7')	▶ e-교과서의 Fun Writing에 있는 문제를 풀면서 과거진행형 학습에 관해 스스로 평가를 하도록 합니다. 문제를 푼 후, e-교과서의 정답 보기를 눌러 정답을 확인하도록 합니다.  	※ 문제를 다 풀고 e-교과서의 정답보기를 누를 수 있도록 지도한다.

5.4.4 거꾸로 수업의 문제점

거꾸로 수업은 체계적인 구성이 선행되어야 한다. 수업을 계획하고 사전 학습을 위한 동영상을 제작하기까지 교사의 많은 시간과 노력이 필요하므로, 현실적 측면에서 교사들의 열정과 희생 없이는 거꾸로 수업의 실효를 거두기가 어렵다.

한편, 학생들은 수업 전 봐야하는 영상 강의에 대해 부담을 가질 수도 있으며, 교사의 입장에서도 모든 학생들에게 영상 강의를 보게 하고 이를 관리하기에 힘든 점이 많을 수 있다. 수업 전에 학습이 이루어지는 만큼 학생들의 동기 유발을 위해서도 많은 노력을 기울여야 한다.

그리고 수업의 특성 상 다양한 컴퓨터 기기, 스마트 기기, 소프트웨어 등을 활용하게 될 수 있는데 이러한 기기 및 프로그램에 대한 숙달이 이루어지지 않으면 수업 진행에 오히려 방해요소가 될 수 있으며, 수업 도중 갑작스런 오작동이 발생할 수도 있으므로 항상 돌발 상황에 대한 대비 또한 필요할 것이다.

또한, 전반적인 수업이 학습자 주도적으로 진행되다 보니 교실 수업 환경이 혼란스럽고 어수선해질 수도 있는데 교사는 이에 대해 적절히 통제할 수 있어야 한다.

5.4.5 해결 방법

교사는 우선 학생과 학습 환경, 수업에 대한 철저한 분석을 바탕으로 선행학습의 형태로 학습되어질 부분과 교실 수업을 통해서 이루어질 부분까지 체계적으로 계획을 수립하여 수업을 진행해야 한다. 그리고 거꾸로 수업에서 학생들이 활용할 수 있는 다양한 양질의 동영상 자료를 제작하고 거꾸로 수업에 유용한 프로그램 및 웹사이트 등에 대한 정보를 공유하려는 분위기가 교사들 사이에 정착되는 것이 필요하다.

수업 전 봐야하는 영상 강의에 대한 학생들의 부담을 최소화하기 위해서는 영상 강의의 시간을 최소화하여 5분여 정도로 영상을 제작하는 것이 효과적일 것이다. 또한, 교사는 거꾸로 학습의 관리를 위해 클래스팅 등의 SNS 서비스 댓글 기능을 활용하여 영상 강의의 시청 여부를 확인하고 피드백을 부여할 수도 있을 것이다.

수업에 활용하는 다양한 기기 및 프로그램이 방해요소가 되지 않게 하기 위해서 교사는 사전에 기기 및 프로그램의 사용 방법을 숙지하고 학생들도 이들을 친숙히 다룰 수 있도록 충분한 사전교육이 필요하다.

거꾸로 수업이 성공적으로 실행되기 위해서 가장 중요한 것은 교사의 역할이다. 교사는 학생들에게 지속적으로 적절한 피드백을 제공해야 하며, 학습 과정을 통하여 학생들의 성취도를 꾸준히 측정해야 한다. 또한 적절한 교실 규칙, 학습 규칙을 수립함으로써 혼란스럽고 어수선한 교실 수업 환경에 대해서 적절한 통제를 할 수 있어야 하며, 이러한 일련의 과정을 반성적으로 관찰하며 끊임없이 학생들의 성취도를 높일 수 있도록 수업 환경을 개선해야 할 것이다.

참고문헌

강문희, 이혜상. (1997). 『학생문학교육』. 서울: 학지사

경기도 교육청. (2011). 『EPIK 원어민 영어보조교사 초청・활용 우수 작품집』. 경기: 경기도 교육청.

권영란. (2002). 원어민 교사와의 협력수업 모형연구. 미출간석사학위논문. 건양대학교 교육대학원, 대전.

김성곤, 송미정, 윤정미, Hass, Hohanna L. 김춘수, 류애현, 문도식, 박용예. (2009). 『Middle School English 1』. 서울: 두산.

김정렬. (2000). ICT를 활용한 영어과 교수・학습 활동. 월드와이드웹: http://www.ktrf.re.kr/journal/37/article8.htm에서 2015년 11월 21일에 검색했음.

김정렬. (2002). 『영어 교육론』. 서울: 한국문화사.

김정렬. (2003). 『초등영어통합교육론』. 서울: 한국문화사.

김정렬. (2009). 『영어과 원어민 협력수업』. 서울: 한국문화사.

김정렬. (2014). 『스마트교육으로 미래를 연다』. 서울: 북스힐.

김지용. (2004). 의사소통능력 향상을 위한 부메랑 수업절차의 적용 효과. 미출간석사학위논문. 공주교육대학교 교육대학원, 충남.

김충배, 신명신. (1988). 『영어교육의 제 문제』. 서울: 한신출판사.

박상옥. (2004). 효과적인 중학교 수준별 영어 수업 방안에 관한 연구. 『교사교육』, 21(3), 71-89.

박선화. (2005). 『수준별 수업 활성화 방안연구』, 한국교육과정평가원,

박수진. (2000). 역할놀이 수업모형을 통한 초등영어 학습의 효과 연구. 『현대영어영문학』, 49(1), 173-196.

박연숙. (2003). TPRS를 활용한 효율적인 영어 교수 학습 방안 연구 : 실업계 고등학생을 중심으로. 미출간석사학위논문. 한국교원대학교 대학원, 충북.

박정아. (2012). PPP 수업 모형과 ESA 수업 모형의 효과 비교 : 영어 듣기.말하기 능력 신장과 정의적 측면. 미출간석사학위논문. 서울교육대학교 교육대학원, 서울.

배두본. (1997). 『초등학교 영어교육』. 서울: 한국문화사.

백영균, 정재엽, 윤성철. (2006). 『교육매체 제작의 이론과 실제』. 서울: 문음사.

부산교육대학교 부설초등학교. (2002). 수업장학 및 교수·학습 길잡이, 부산: 새부산문화사.
양은미, 이정원, 전영주, 김현진, 허근, 이상기, 하명정, 정숙경, 김경한, 김정태, 이효신. (2014). 『영어 수업지도안 작성의 이론과 실제』. 서울: 한국문화사
유지나. (2006). 원어민을 활용한 co-teaching 영어과 교수 · 학습 계획안. 인천 제 7회 교실수업개선 수업연구발표대회 수업지도안.
이길영. (2000). 21C의 영어교사 무엇이 요구되는가?. 『영어교육연구』, 12(1), 337- 369.
이남숙. (1998). 협동수업을 통한 원어민 보조교사의 효과적인 활용방안. 미출간석사학위논문. 한국교원대학교 대학원, 충북.
이동엽. (2013). 플립트러닝(Flipped Learning) 교수 학습 설계 모형 탐구. 『디지털정책연구』, 11(12), 83-92.
이상훈. (2007). 초등학교 영어 의사소통 능력 신장을 위한 과업중심 언어 교수-학습 모형의 개발과 적용. 석사학위논문. 한국교원대학교 대학원, 충북.
이선아. (2004). 초등영어 내용중심 통합수업 프로그램의 개발 및 적용에 관한 연구. 팬코리아 영어교육학회 발표자료집(pp. 17-26).
이재관. (2000). 외국어 습득을 위한 학습자의 상호작용에 관한 연구. 미출간 박사학위논문. 한국교원대학교 대학원, 충북.
이창희. (1995). 교단 개혁의 조기정착을 위한 과제. 『충남교육』, 113, 24-28.
이현지. (2009). 학습자 중심의 스토리북 선정 기준제시와 활용방안 연구. 미출간 석사학위논문. 부산외국어 대학교, 부산.
임희자. (2010). 2010 중등교사 수업발표대회 본선 수업지도안. 부산: 2010 중등교사수업연구대회.
전병만, 박준언, 유제명, 최희경. (2006). 『초 · 중등 영어교육 현황 분석』. 서울: 교육인적자원부.
정길정, 연준흠. (1997). 협동 수업(Team Teaching) 지도론. 서울: 한국문화사.
정명기. (2015). 초등 영어 스마트 교육을 위한 플립드 교수·학습 모형의 개발 및 적용. 박사학위논문. 한국교원대학교 대학원, 충북.
정사열, 이성림, 홍숙한, 강윤희, 이현주, 심현영, 박유진, 윤현정. (2013). 『Middle School English 1』. 서울: 천재교과서.
조명원. (1979). 실행능력에 입각한 영어교사교육의 모형 연구. 『영어교육』, 18, 75-102.
조미선. (2011). 2011 중학교 교사 수업연구발표대회 본선 영어 교수학습과정안.
최영식. (2002). 역할놀이 활동을 통한 학습이 초등영어 듣기 말하기 능력향상에 미치는 효과. 미출간석사학위논문, 부산교육대학교 교육대학원.

최와니. (2010). 균형 있는 의사소통 향상을 위한 언어 기능 통합 방안 교수학습지도안. 서울: 에듀넷 우수교사수업 동영상자료.

최희경, 오마리아, 최와니, 한은미, 안정은, 김영아, 박정아, 지현주. (2011). 『초등학교 5학년 영어 교사용 지도서』. 서울: YBM

함순애, 박선호, 이양순, 김혀아, 안소연, Frances S. (2010). 『초등학교 3학년 영어 교사용 지도서』. 서울: 천재교육.

Amidon, E. & Hunter, E. (1967). *Improving teaching: The analysis of classroom verbal interaction*. New York: Holt, Rinehart, &Winston.

Bishop, J. L. & Verlager M. A. (2013). *The flipped classroom: A survey of the research.* Paper presented at the American Society for Engineering Education, Atlanta, GA.

Brinton, D. M., Snow, M. A. & Wesche, M. B. (1989). *Content-based second language instruction*. Boston: Heinle and Heinle Publishers.

Brown, H. D. (2000). *Principles of language learning and teaching* (4th ed.). Englewood Cliffs, NJ: Prentice Hall.

Brown, R. (1990). The place of beliefs and of concept formation in a language teacher training theory. *System, 18*(1), 85- 96.

Burling, R. (1982). *Sounding right*. MA: Newbury House.

Carle, E. (2004). *Papa, please get the moon for me*. New York: Aladding Paperbacks.

Carroll, J. (1965). The Prediction of Success in Intensive Foreign Language Training. In R. Glaser.(ed.). *Training, research and education.* New York: Wiley.

Curtain, H. & Pesola, C. (1994). *Language and children: Making the match.* New York: Longman.

Doughty, C. & Pica, T. (1986). "Information gap" tasks: Do they facilitate second language acquisition? *TESOL Quarterly, 20*(2), 305-325.

Dulay, H., Burt, M., & Krashen, S. (1982). *Language two*. Oxford: Oxford University Press.

Ebbinghaus, H. (1913). *Memory: A contribution to experimental psychology (No. 3).* University Microfilms.

Ellis, R. (1985). *Understanding second language acquisition*. Oxford: Oxford University Press.

Ely, C. (1986). Language learning motivation: A descriptive and causal analysis. *The Modern*

Language Journal, 70(1), 28-35.

Finocchiaro, M. & Bonomo, M. (1973). *The foreign language learner*. New York: Regents Publishing.

Flipped Learning Network. (2014). The four pillars of F-L-I-P. Retrieved January 12, 2014, from the World Wide Web: http://www.flippedlearning.org/definition.

Freeman D. & Freeman Y. (1998) Whole language content Lessons for ESL students. Paper presented at the Annual Meeting of the Teachers of English to Speakers of Other Languages(22nd, Chicago, March 8-13, 1988)

Gage, N. L. (1963). Paradigms for research on teaching. In N. L. Gage(ed). *Handbook of research on teaching* (pp. 57-78). Chicago: Rand McNally.

Gardner, R. (1985). *Social psychology and second language learning*. London: Edward Arnold.

Gass, S. M. & Varonis, E. M. (1985). Non-native/non-native conversations: a model for negotiation of meaning. *Applied Linguistics, 6*(1), 37-53.

Harmer, J. (2007). *The Practice of English teaching*. Harlow: Pearson Longman.

Hatch, E. (1983). *Psycholinguistics: A second language perspective*. Rowley, MA: Newbury House.

Heinich, R. M., Molenda, M. & Russell. J. D. (1982). *Instructional media and the new technologies of instruction*. New York: John Willey & Sons Inc.

Hofstede, G. (1991). *Cultures and organizations: Software of the mind*. Maidenhead, UK: McGraw-Hill.

Jakobovits, L. (1971). *Foreign language learning; A psycholinguistic analysis of the issues*. Rowley, MA: Newbury House Publishers.

Jenkins, J., Matlock, B. & T. Slocum. (1989). Two approaches to vocabulary instruction: The teaching of individual word meanings and practice in deriving word meaning from context. *Reading Research Quarterly*, *24*(2), 215-235.

Klauer, K. J. (1985). Framework for a theory of teaching. *Teacher and Teacher Education, 1*, 5-17.

Krashen, S. D. (1982). *Principles and practices of second language acquisition*. Oxford: Regents.

Livingstone, C. (1083). *Role play in language learning*. Harlow: Longman.

Nunan, D. (1989). *Designing tasks for the communicative classroom*. Cambridge: Cambridge University Press.

Nunan, D. (1995). *Language teaching methodology*. London: Prentice Hall.

Oller J. (1981). Language as intelligence? *Language Learning*, *31*, 465-492.

Ray, B. & Seely, C. (1998). *Fluency Through TPR Storytelling*. Ca: Command Performance Language Institute.

Richards, J. C. & Lockhart. C. (1994). *Reflective teaching in second language classrooms*. Cambridge: Cambridge University Press.

Rigg. P. & Enlight S.(1986) Children and ESL: Integrating Perspectives, Washington D.C: TESOL.

Rivers, W. (Ed.). (1987). *Interactive language teaching.* Cambridge: Cambridge University Press.

Robertson, E. (1987). Teaching and Related Activities. In M. J. Dunkin(ed.) *International encyclopedia of teaching and teacher education* (pp. 176-199). Oxford: Pergamon.

Rubin, J. (1975). What the "Good Language Learner" can teach us. *TESOL Quarterly, 9*(1), 41-51.

Schulman, L. (1987). Knowledge and teaching; Foundations of the new reform, *Harvard Educational Review, 57*, 1-22.

Seliger, H. W. (1977). Does practice make perfect?: A study of interaction patterns and L2 competence. *Language Learning, 27*(2), 263-278.

Spolsky, B. (1989). Communicative competence, language proficiency, and beyond. *Applied Linguistics, 10*, 47-62.

Thornbury, S. (1999). *How to teach Grammar*. Harlow: Pearson Longman.

Wells. G. (1981). Becoming a communicator. In G. Wells et al. (Eds.), *Learning through interaction: The study of interaction development* (pp. 78-93). Cambridge: Cambridge University Press.

Widdowson, H. (1978). *Teaching language as communication*. Oxford: Oxford University Press.

Willis, J. (1996). *A framework for task-based learning*. Harlow: Longman.

Wright, T. (1987). *Roles of teachers and learners*. Oxford: Oxford University Press.

찾아보기

■ 용어색인

ㅎ

기타

■ 인명색인

영어과 교수·학습 과정안

1판1쇄 발행 2017년 2월 24일

지 은 이 김 정 렬
펴 낸 이 김 진 수
펴 낸 곳 **한국문화사**
등 록 1991년 11월 9일 제2-1276호
주 소 서울특별시 성동구 광나루로 130 서울숲 IT캐슬 1310호
전 화 02-464-7708
전 송 02-499-0846
이 메 일 hkm7708@hanmail.net
홈페이지 www.hankookmunhwasa.co.kr

책값은 뒤표지에 있습니다.

ISBN 978-89-6817-465-0 93370

이 도서의 국립중앙도서관 출판예정도서목록(CIP)은 서지정보유통지원시스템
홈페이지(http://seoji.nl.go.kr)와 국가자료공동목록시스템(http://www.nl.go.kr/kolisnet)에서
이용하실 수 있습니다.(CIP제어번호: CIP2017003299)